国外语言学译丛
经典教材

CONSTRUCTIONALIZATION
AND
CONSTRUCTIONAL CHANGES

构式化与构式演变

〔美〕伊丽莎白·特劳戈特 著
〔英〕格雷姆·特劳斯代尔

詹芳琼 郑友阶 译

2019年·北京

© Eizabeth Closs Traugott and Graeme Trousdale 2013

Constructionalization and Constructional Changes was originally published in English in 2013. This translation is published by arrangement with Oxford University Press. The Commercial Press is solely responsible for this translation from the original work and Oxford University Press shall have no liability for any errors, omissions or inaccuracies or ambiguities in such translation or for any losses caused by reliance thereon.

《构式化与构式演变》英文版最初于2013年出版。此次简体中文版翻译是与牛津大学出版社合作出版的。商务印书馆对原作品的翻译负全部责任,牛津大学出版社对简体中文版翻译的任何错误、遗漏、不准确或歧义,或因以上原因造成的任何损失都不承担责任。

国外语言学译丛编委会

主　编：
沈家煊（中国社会科学院语言研究所）

编　委：
包智明（新加坡国立大学）
胡建华（中国社会科学院语言研究所）
李　兵（南开大学）
李行德（香港中文大学）
李亚非（美国威斯康星大学）
刘丹青（中国社会科学院语言研究所）
潘海华（香港中文大学）
陶红印（美国加州大学）
王洪君（北京大学）
吴福祥（中国社会科学院语言研究所）
袁毓林（北京大学）
张洪明（美国威斯康星大学）
张　敏（香港科技大学）
朱晓农（香港科技大学）

总　序

商务印书馆要出版一个"国外语言学译丛",把当代主要在西方出版的一些好的语言学论著翻译引介到国内来,这是一件十分有意义的事情。

有人问,我国的语言研究有悠久的历史,有自己并不逊色的传统,为什么还要引介西方的著作呢?其实,世界范围内各种学术传统的碰撞、交流和交融是永恒的,大体而言东方语言学和西方语言学有差别这固然是事实,但是东方西方的语言学都是语言学,都属于人类探求语言本质和语言规律的共同努力,这更是事实。西方的语言学也是在吸收东方语言学家智慧的基础上发展起来的,比如现在新兴的、在国内也备受关注的"认知语言学",其中有很多思想和理念就跟东方的学术传统有千丝万缕的联系。

又有人问,一百余年来,我们从西方借鉴理论和方法一直没有停息,往往是西方流行的一种理论还没有很好掌握,还没来得及运用,人家已经换用新的理论、新的方法了,我们老是在赶潮流,老是跟不上,应该怎样来对待这种处境呢?毋庸讳言,近一二百年来西方语言学确实有大量成果代表了人类语言研究的最高水准,是人类共同的财富。我们需要的是历史发展的眼光、科学进步的观念，加上宽广平和的心态。一时的落后不等于永久的落后，要超过别人，就要先把人家的（其实也是属于全人类的）好的东西学到手，至少学到一个合格的程度。

还有人问，如何才能在借鉴之后有我们自己的创新呢？借鉴毕竟是手段，创新才是目的。近一二百年来西方语言学的视野的确比我们开阔，他们关心的语言数量和种类比我们多得多，但是也不可否认，他们的理论还多多少少带有一些"印欧语中心"的偏向。这虽然是不可完全避免的，但是我们在借鉴的时候必须要有清醒的认识，批判的眼光是不可缺少的。理论总要受事实的检验，我们所熟悉的语言（汉语和少数民族语言）在语言类型上有跟印欧语很不一样的特点。总之，学习人家的理论和方法，既要学进去，还要跳得出，这样才会有自己的创新。

希望广大读者能从这套译丛中得到收益。

沈家煊
2012 年 6 月

目　　录

丛书总序 ·· i
致谢 ·· iii
图表 ·· vii
缩写 ·· ix
记法目录 ··· xiii
数据库和电子语料库 ···································· xv

第一章　理论框架······································ 1
  1.1　绪论 ·· 1
  1.2　语言研究的构式方法 ···························· 3
      1.2.1　伯克利构式语法 ························· 5
      1.2.2　基于符号的构式语法 ····················· 6
      1.2.3　认知构式语法 ··························· 7
      1.2.4　激进构式语法 ··························· 9
      1.2.5　认知语法 ······························ 11
      1.2.6　构式的表征 ···························· 12
  1.3　网络和构式语法 ······························ 13
  1.4　构式及相关因素 ······························ 17

III

        1.4.1 构式描写 ………………………………… 18
        1.4.2 图式性、能产性和组合性…………………… 21
　1.5 构式视角下的演变 ………………………………… 33
        1.5.1 构式化的界定和实例 ……………………… 35
        1.5.2 构式演变 …………………………………… 43
        1.5.3 构式演变和构式化的关系 ………………… 45
        1.5.4 瞬时构式化 ………………………………… 49
　1.6 和本书特别相关的历时研究…………………………… 50
        1.6.1 早期历史语言学使用的"构式"………… 51
        1.6.2 语法化 ……………………………………… 52
        1.6.3 词汇化 ……………………………………… 55
        1.6.4 演变机制 …………………………………… 58
        1.6.5 历时构式语法研究 ………………………… 64
　1.7 证据…………………………………………………… 67
　1.8 小结及本书大纲……………………………………… 71

第二章 基于使用的符号演变方法 ……………………… 74
　2.1 引言…………………………………………………… 74
　2.2 基于使用的模式……………………………………… 76
        2.2.1 作为单位的储存 …………………………… 79
        2.2.2 批准(sanction) …………………………… 81
　2.3 基于使用模式中的网络……………………………… 82
        2.3.1 网络、语言处理和语言学习之间的
              关系 …………………………………………… 84
        2.3.2 扩展激活 …………………………………… 88

2.3.3 "类比"的含义 ································ 93
2.4 链接的类型 ·· 97
　　　2.4.1 关系链接 ····································· 97
　　　2.4.2 继承链接 ···································· 100
2.5 网络中的成长、淘汰和重组 ······················ 103
　　　2.5.1 构式的生命周期 ························· 103
　　　2.5.2 链接重组 ···································· 118
2.6 范畴、梯度和渐变 ································· 123
2.7 个案研究:way-构式发展再探 ··················· 127
　　　2.7.1 当代英语中的 way-构式 ·············· 127
　　　2.7.2 way-构式的前身 ························· 134
　　　2.7.3 way-构式的构式化 ····················· 142
　　　2.7.4 way-构式的进一步扩展 ··············· 147
　　　2.7.5 网络中 way-构式的成长 ·············· 154
　　　2.7.6 way-构式在词汇-语法梯度上的状态 ··· 155
2.8 小结和一些问题 ···································· 156

第三章 语法构式化 ·· 162
3.1 引言 ·· 162
3.2 语法化的分析方法 ································· 165
　　　3.2.1 缩减和依赖性增强的语法化 ········· 172
　　　3.2.2 扩展的语法化 ···························· 181
　　　3.2.3 GR 和 GE 的相互关联 ················ 186
3.3 从构式角度看指向性 ······························ 194
　　　3.3.1 能产性增强 ································ 195

	3.3.2 图式性增强……………………………… 199
	3.3.3 组合性缩减……………………………… 207
	3.3.4 GR 和 GE 相互交织于构式化和构式
	演变中………………………………… 211
	3.3.5 演变指向性的可能动因………………… 212
3.4	从构式化角度重新思考去语法化………………… 217
	3.4.1 去屈折化………………………………… 219
	3.4.2 去黏合化………………………………… 225
	3.4.3 对用现在的用法映射原始用法的谨慎
	态度………………………………………… 226
3.5	案例分析:ALL-/WHAT-准分裂句的发展…… 234
	3.5.1 ALL-/WHAT-准分裂的前身…………… 240
	3.5.2 早期 ALL-/WHAT-准分裂……………… 245
	3.5.3 ALL-/WHAT-准分裂的后期发展……… 248
	3.5.4 讨论……………………………………… 256
3.6	小结………………………………………………… 258

第四章 词汇构式化………………………………………… 261

4.1	引言………………………………………………… 261
4.2	词汇构式的某些特征……………………………… 263
4.3	词汇化的研究方法………………………………… 272
	4.3.1 词汇化和语法化所谓的互不相干的
	结果………………………………………… 273
	4.3.2 词汇化作为条目进入集合……………… 279
	4.3.3 词汇构式化视角下的词汇化再思考…… 281

4.4 词汇构式化中能产性、图式性和组合性的变化 ········· 284
   4.4.1 能产性 ········· 285
   4.4.2 图式性 ········· 287
   4.4.3 组合性 ········· 288
4.5 词汇(子)图式的发展 ········· 292
   4.5.1 上古英语的 DOM ········· 295
   4.5.2 上古英语的 RÆDEN ········· 301
   4.5.3 上古英语和中古英语中名词性类词缀的选择 ········· 305
4.6 原子性词汇构式的发展 ········· 309
4.7 小句和短语的词汇构式化 ········· 319
4.8 某些词汇构式的瞬时发展 ········· 327
4.9 词汇构式化和去语法化 ········· 333
4.10 小结 ········· 337

第五章 构式化语境 ········· 341
5.1 引言 ········· 341
5.2 语境的思考框架 ········· 347
   5.2.1 先构式化构式演变中的主要语境因素 ········· 347
   5.2.2 后构式化语境变化 ········· 354
5.3 构式化语境类型 ········· 362
   5.3.1 构词图式发展的语境:-dom,-ræden 和-lac ········· 362

- 5.3.2 双名数量词发展的表部分语境：a lot of ································ 365
- 5.3.3 表差异的形容词发展成数量词的语境：several ································ 377
- 5.3.4 将来时 BE going to 发展的语境 ············· 382
- 5.3.5 结构槽作为雪克隆效应发展的语境：not the ADJest N_1 in the N_2 ············· 397
- 5.3.6 准分裂句产生的语境 ················· 400
- 5.4 引发语境的持续性 ························· 405
- 5.5 小结 ·· 408

第六章 回顾及未来展望 ···················· 411
- 6.1 引言 ·· 411
- 6.2 主要目标 ···································· 411
  - 6.2.1 总结性案例：ISH ···················· 415
- 6.3 未来研究的某些领域 ······················ 422

参考文献 ·· 427
主要历史语例索引 ································· 473
人名索引 ·· 475
主题索引 ·· 487

丛 书 总 序

　　现代历时语言学和语言学其他的分支,尤其是母语习得、可学性理论、计算语言学、社会语言学以及文本文献研究等有重要的关系。现在人们意识到从更广泛的范围来看,历时语言学能够对语言学理论、历史语言学做出新贡献,而且完全可以说更能对认知科学做出新贡献。

　　本丛书为历时语言学和历史语言学的研究提供了平台,包括语言内部和跨语言的语法、语音和意义方面的演变研究,也包括过去的语言历时研究,以及一种或多种语言历史的描述研究。本丛书期望能够反映和促进以上这些主题和领域之间的联系。

　　本丛书目的是出版普遍历时语言学的高质量专著和论文集,即以语言结构演变以及/或语法演变研究为焦点的研究系列,这些都会对语言学理论有重要贡献。通过发展和采用当前的理论模型,对语言演变本质提出更宽泛的问题,挖掘如上文所提到的语言学和认知科学等其他语言学领域之间的理论联系。本丛书不偏向于某一特定语言或某一特定理论框架。所有的理论框架研究,基于语言类型学描述传统的研究,以及应用理论思想的量化研究等,都是本丛书的重点。

亚当·利奇韦(Adam Ledgeway)　伊恩·罗伯茨(Ian Roberts)

剑桥大学

2011年9月

致　　谢

对于语言演变多方面的重新思考引起的挑战,特别是构式框架中的语法化和词汇化,已经占据大量时间并引起了许多探索性的讨论。我们非常享受与许多同学和同人,尤其是在我们自身之间对于这些议题的争论。

在这过程中太多的人给予了我们启发和灵感,在此不可能一一致谢。伊丽莎白·特劳戈特(Elizabeth Traugott)要特别感谢亚历山大·贝格斯(Alexander Bergs)和加布丽尔·迪沃尔德(Gabriele Diewarld)邀请她去参加2005年在威斯康星州麦迪逊市召开的"构式与语言演变研讨会暨第17届国际历史语言学研讨会",这一会议极大地推动了本书的研究工作。给本书思想的发展和相关讨论提供了非常重要机会的其他会议还有:米丽娅姆·弗里德(Mirjam Fried)于2010年组织在布拉格召开的"第6届国际构式语法会议";约翰娜·巴左达尔(Jóhanna Bardðal)和斯派克·吉尔德(Spike Gildea)于2011年组织在洛格罗尼奥召开的"历时构式语法研讨会暨第44届欧洲语言学学会年会";苏菲·汉奇尔(Sophie Hancil)于2012年组织在法国卢昂召开的"语法化理论与语料国际研讨会"。感谢下列单位的同人,因为本书的某些思想在这些地方得到过讨论:中国北京的中国社会科学院,中国重庆的西南大学,德国埃朗根大学,德国弗莱堡大学,西班牙圣地牙哥德孔波斯特拉大学以及瑞典斯德哥尔摩大学。此外,还要感谢参加特劳戈特于 2011 年在斯坦福大学开设的构式化研习班的同学和同事们,特别是理查德·富特雷尔(Richard Futrell)、刘美君、乔安娜·尼可尔(Joanna Nykiel)、松本佳子以及詹芳琼等。格雷姆·特劳斯代尔(Graeme Trousdale)感谢许多会议和研讨会上的听众,包括但并不限于以下这些会议:伯特·科尔尼耶(Bert Cornillie)、休伯特·库亚肯斯(Hubert Cuyckens)、克里斯廷·戴维斯(Kristin Davids)、托尔斯滕·洛伊什纳(Torsten Leuschner)以及塔尼娅·莫泰尔曼斯(Tanja Mortelmans)等于 2008 年组织在比利时鲁汶召开的"语法化的新反思(4)"研讨会;缪里尔·诺德(Muriel Norde)和亚历山德拉·勒兹(Alexander Lenz)于 2009 年组织在荷兰格罗宁根举行的"语法化研究的当前趋势"会议;由尼古拉斯·吉斯伯恩(Nikolas Gisborne)和威廉·霍尔曼(Willem Hollmann)于 2010 年组织在第 43 届欧洲语言学学会年会上的"认知语言学理论与数据"研讨会。他也感谢在英国爱丁堡大学参与讨论的同事与同学,特别是参加英语语言研究小组的同事和同学们,以及参与他英语语法课程的同学们。

两位作者特别感谢以下朋友和同人,是他们给予了本书原稿宝贵意见,他们是:蒂尼·布雷班(Tine Breban)、蒂莫西·科尔曼(Timothy Colleman)、亨德里克·德斯梅(Hendrik De Smet)、尼古拉斯·吉斯伯恩(Nikolas Gisborne)、马丁·希尔伯特(Martin Hilpert)、威廉·霍尔曼、理查德·哈德森

致　谢

(Richard Hudson)、缪里尔·诺德、阿曼达·帕滕(Amanda Pattern)、彼得·彼得里(Peter Petré)以及弗里克·范·德维尔德(Freek Van de Velde)。我们也要感谢匿名阅审人,既包括牛津大学出版社所召集的对于本书稿做出反馈意见的阅审人,也包括那些对我们所写并最终形成本书的相关期刊论文和篇章做出评论的作者们。最后我们对约翰·戴维(John Davey)以及牛津大学出版社同人们在本书出版过程中所给予的帮助和建议表示衷心感谢。

图　　表

图

1.1 激进构式语法中构式的符号性结构模型
 （Croft 2001:18） ………………………………… 10
1.2 一个小型概念网络 ……………………………… 16
1.3 构式间等级关系梯度 …………………………… 27
2.1 兰盖克（Langacker 2008:226）描述的构式网络 …… 83
2.2 17世纪初的way-构式类型 …………………… 141
2.3 17世纪末的way-构式类型 …………………… 147
2.4 19世纪末的way-构式类型 …………………… 153
3.1 COBUILD中的度量名词做数量词的使用情况
 （Brems 2012:211） ……………………………… 199
3.2 能产性梯度（基于 Barðdal 2008:38、172） ……… 205
4.1 以-able结尾的某些词汇构式的图式 …………… 267

表

1.1 构式的维度 ……………………………………… 21
1.2 动因 vs 机制 …………………………………… 63
2.1 英语非人称构式的子类 ………………………… 115

3.1　语言演变的概念轴 ………………………… 170
3.2　语法性参数的相关性(基于 Lehmann 1995:164) … 174
3.3　新语法性微观构式的发展和莱曼的语法化过程的
　　 兼容性 ………………………………………… 212
4.1　词汇化,语法化,抑或两者都是? …………………… 277
4.2　四种类词缀的相对频率 ……………………… 308
4.3　渐变和瞬时构式化 …………………………… 333
4.4　词汇和语法构式化中的图式性、能产性和组合性…… 339

缩 写

ACC	accusative	受格
A(DJ)	adjective	形容词
Agt	agent	施事
ART	article	冠词
CC	constructional change	构式演变
Cxzn	constructionalization	构式化
D-QUANT	quantifying determiner	数量限定词
DAT	dative	与格
DET	determiner	限定词
DIR	directional	方向性的
DIS	discourse	篇章
EModE	Early Modern Engish	早期现代英语
F	form	形式
FUT	future	将来时
GE	grammaticalization as expansion	扩展的语法化
GEN	genitive	属格
GR	grammaticalization as reduction	缩减的语法化
HPSG	Head Driven Phrase Structure Grammar	中心语驱动短语结构语法
INF	infinitive	不定式

LE	lexicalization as expansion	扩展的词汇化
LR	lexicalization as reduction	缩减的词汇化
M	meaning	意义
ME	Middle English	中古英语
MODADJ	Modifying adjective	修饰形容词
ModE	Modern English	现代英语
MORPH	morphology	形态
N	noun	名词
NEG	negative	否定
NOM	nominative	名词性的
NP	noun phrase	名词短语
O(BJ)	object	宾语
OBL	oblique	旁格
OE	Old English	上古英语
P	preposition	介词
PDE	Present Day English	当代英语
POSS	possessive	所有格
PP	prepositional phrase	介词短语
PRAG	pragmatics	语用
PRES	present	现在时
Quant	quantity	数量词
Rec	recipient	受事
SAI	subject-auxiliary inversion	主语-助动词倒装
SBCG	Sign-Based Construction Grammar	基于符号的构式语法
SEM	semantics	语义
SG	singular	单数
SUBJ	subject	主语

SUPER	superlative	最高级
SYN	syntax	句法
UG	universal grammar	普遍语法
V	verb	动词
V_{ITR}	intransitive verb	不及物动词
VP	verb phrase	动词短语
V_{TR}	transitive verb	及物动词
X,Y,Z	variables	变量

记 法 目 录

[[F]↔[M]]	构式（无论是微观的还是图式层级）
← →	形式与意义的符号链接
>	"被新分析为/成为"
↓ ↓	"引发"
——	节点间的强链接
----	节点间的弱链接
SMALL CAPS	形态状况非具体的词汇构式（如 DOM）
|	复合词（如 pick|pocket）
-	类词缀（如中古英语中的-hede）
.	词缀（如.ness）

数据库和电子语料库

American Heritage Dictionary of the English Language
美国传统英语词典. 2011. 波士顿：Houghton Mifflin Harcourt 出版社,第 5 版.

BNC　　英国国家语料库,第 3 版. 2007. 由牛津大学计算服务中心代表 BNC 联盟发布. http://www.natcorp.ox.ac.uk/.

Bosworth-Toller
盎格鲁-撒克逊语辞典,根据已逝约瑟夫·博斯沃恩(Joseph Bosworth)手稿集(1898)以及补充材料(1921),由约瑟夫·博斯沃恩和 T. 诺斯科特·托勒(Joseph Bosworth and T. Northcote Toller)编辑. 电子版由肖恩·克里斯特(Sean Crist)于 2001 编辑. http://www.bosworthtoller.com/node/62873.

CEEC　　早期英语函电语料库. 1998. 由赫尔辛基大学英语系泰尔图·内瓦莱宁、海伦娜·劳莫林-布伦贝格、尤卡·科瑞恩、明娜·内瓦拉、阿加·努尔米和明娜·帕兰德-科林(Terttu Nevalainen,

	Helena Raumolin-Brunberg Jukka Keränen，Minna Nevala，Arja Nurmi，and Minna Palander-Collin）编纂.http：//www.helsinki.fi/varieng/CoRD/corpora/CEEC/index.html.
CL	CLMETEV 的缩写
CLMETEV	现代英语晚期文本语料库(扩展版).2006.由鲁汶大学语言学系亨德里克·德斯梅(Hendrik De Smet)编纂.http：//www.helsinki.fi/varieng/CoRD/corpora/CLMETEV/.
COCA	当代美国英语语料库.2008—.由杨百翰大学马克·戴维斯（Mark Davies）编纂.http：//corpus.byu.edu/coca/.
COHA	美国英语历史语料库.2010—.由杨百翰大学马克·戴维斯（Mark Davies）编纂.http：//corpus.byu.edu/coha/.
CWO	柯林斯词库在线.http：//www.collinslanguage.com/content-solutions/wordbanks.
DOEC	古英语词典语料库.2011.最早由安格斯·卡梅伦、艾许莉·克兰德尔·阿摩斯、莎伦·巴特勒以及安特奈特·迪巴洛·希利(Angus Cameron, Ashley Crandell Amos, Sharon Butler, and Antonette di Paolo Healey)于1981编纂出版.2009由多伦多大学安特奈特·迪巴洛·希利、琼·霍兰德、伊恩·麦克杜格尔、大卫·麦克杜

	格尔、辛翔(Antonette diPaolo Healey, Joan Holland, Ian McDougall, David McDougall and Xin Xiang)编纂再版. http://www.helsinki.fi/varieng/CoRD/corpora/DOEC/index.html.
FROWN	弗赖堡-布朗语料库. 最早于1999由克里斯蒂安·梅尔(Christian Mair)编纂出版. 2007由克里斯蒂安·梅尔和杰弗里·利奇(Christian Mair and Geoffrey Leech)编纂再版. http://www.helsinki.fi/varieng/CoRD/corpora/FROWN/.
Google	谷歌. http://www.google.com/.
Google Books	谷歌电子书. http://books.google.com/.
HC	赫尔辛基英语文本语料库. 1991. 由赫尔辛基大学英语系马蒂·里萨宁(Matti Rissanen)(主持者), 梅里亚·凯(Merja Kytö)(项目秘书); 莱娜·卡赫拉斯-塔卡尔、马蒂·基尔皮(Leena Kahlas-Tarkka, Matti Kilpiö)(上古英语); 萨拉·奈望林纳、厄玛·塔维采宁(Saara Nevanlinna, Irma Taavitsainen)(中古英语); 泰尔图·内瓦莱宁、海伦娜·劳莫林-布伦贝格(Terttu Nevalainen, Helena Raumolin-Brunberg)(早期现代英语)编纂. http://www.helsinki.fi/varieng/CoRD/corpora/HelsinkiCorpus/index/html.
ICAME	现代和中古英语国际电子档案. http://icame.uib.no/.

Innsbruck Prose Sampler Corpus Sampler

（现在包括）因斯布鲁克中古英语散文语料库. http://www.uibk.ac.at/anglistik/projects/icamet/.

LION EEBO	早期英语书籍在线. http://lion.chadwyck.com.
LION	文学在线. 1996—. http://lion.chadwyck.com.
MED	中古英语词典. 1956—2001. 密歇根大学出版社. http://www.hti.umich.edu/dict/med/.
OBP	老贝利在线诉讼集, 1674—1913. 2012. 由蒂姆·希契科克、罗伯特·休梅克、克莱夫·埃姆斯利、莎伦·霍华德和杰米·麦克劳克林（Tim Hitchcock, Robert Shoemaker, Clive Emsley, Sharon Howard, and Jamie McLaughlin）等编纂. www.oldbaileyonline.org, version 7.0.
OED	牛津英语词典. http://www.oed.com/.
PPCMBE	现代英语宾州句法标注语料库. 2010. 由宾夕法尼亚大学安东尼·柯罗克、碧翠丝·圣托里尼以及阿里尔·迪耶塔尼（Anthony Kroch, Beatrice Santorini, and Ariel Diertani）编纂. http://www.ling.upenn.edu/hist-corpora/PPCMBE-RELEASE-1/index.html.
SBCSAE	圣芭芭拉美国英语口语语料库, Parts 1-4. 2000—2005. 由 John Du Bois 等编纂. 语言学语料联盟. http://www.linguistics.ucsb.edu/

	research/sbcorpus_contents.html.
TIME	时代杂志语料库.2007—.由杨百翰大学马克·戴维斯（Mark Davies）编纂.http://corpus.byu.edu/time.

Urban Dictionary
　　都市词典.http://www.urbandictionary.com/.

第一章 理论框架

1.1 绪论

本书以构式理论来研究语言演变。当前认知语言学界的一些研究者包括戈登伯格(Goldberg 2006)和兰盖克(Langacher 2008)等从共时角度提出,构式语法模式中的语言是被概念化为由形式意义配对的"构式"组成的网络。鉴于这种模式,本书将阐述如何来理解语言系统中的演变,其关键点是通过具体的方法来考察那些被理解为"约定俗成符号单位"(Langacher 1987;Croft 2005)的构式的演变及其成因。构式因语言群体共用而约定俗成,因典型的任意形式意义符号组合而具有符号性。构式也是单位,因为这种符号的某些方面是如此地特殊(Goldberg 1995)或者本身被使用得如此频繁(Goldberg 2006),而使得该符号的形式意义配对深植于语言使用者的头脑之中。

本书关注两种主要的语言演变类型:

(a) 一种是影响某一现存构式特征的演变,如语义变化(英文 will-"意愿">将来时)、形态音韵变化(英文 will>'ll)、搭配限制变化(way-构式扩展为伴随路径产生的行为动词、如

whistle one's way home 吹口哨回家)等。这些变化未必会导致新的构式产生,因而本书称之为"构式演变"。

(b) 另一种是导致新的形式意义配对(形式$_\text{新}$-语义$_\text{新}$)产生的演变。本书称之为"构式化"①。

对(a)和(b)的界定是本书的基点。构式化和构式演变为何发生及其发生的后果是本书的主题,并会在接下来的1.5节中进行全面定义。

本书的目的在于展示如何从构式视角来审视和吸收先前的语法化和词汇化的研究成果,并对相关主题所涉及的某些问题提出建设性的应对方法。虽然本书运用的语料均是英语,但是我们希望建立的是一个对所有语言的构式和演变都有效的理论框架。本书的研究方法有三个基本假设:第一,虽然语法的某些特征,如网络、等级组合和继承关系等,有可能是普遍的,共用于其他认知系统的,然而被理解为语言系统知识的语法系统本身却因语言而异,也就是说语法系统是和个别语言的结构紧密联系在一起的,如英语、阿拉伯语、日语等。第二,演变是使用中的变化,演变的核心是构例,是使用中的语例。第三,变化和创新需要被区分开来。创新,作为个人的思维特征为演变提供了潜在的可能。当一个创新行为在一定数量的人群中被反复使用,约定俗成并被整合为读写的传统形式时,这个创新行为才能被认为是一种变化(Weinreich, Labov and Herzog 1969;

---

① "构式化"这一术语最早出现在罗斯蒂娜(Rostila 2004)和诺埃尔(Noël 2007)。

第一章 理论框架

Andersen 2001）。也就是说,创新和传播"相结合是语言演变的必要途径"(Croft 2000:5)。

本章作为本书的基础部分介绍全书各章所采用的概念和术语,这些概念和术语会在各章中得到详细而深入的探讨。在后面的具体章节中,我们会进一步全面地介绍有关概念。首先介绍的是截至目前所发展出的主要构式理论方法(1.2)并介绍网络概念(1.3)。然后介绍本书对于构式理解的主要观点(1.4)以及影响这些观点的各种演变(1.5)。1.6节提出研究框架来研究本书所涉及的语言演变,尤其是语法化和词汇化,以及前人从历时构式语法角度所做的研究工作。1.7节提出语言演变历史文献证据中所产生的某些问题并列出本研究所使用的主要电子资源。1.8节对本章以及本书其他各章节进行概括总结。

1.2 语言研究的构式方法

本章简要介绍以构式视角开展语言研究的五种不同的语法模式,这五种模式在本书论述中都会被提及。构式语法遵循认知语言学的一般原则(见 Geeraerts and Cuyckens 2007a),是基于约束条件的,而不是基于规则的。对于构式语法的不同研究方法概览还可见克罗夫特和克鲁斯(Croft and Cruse 2004)、兰盖克(Langacker 2005)、戈登伯格(Goldberg 2006)、克罗夫特(Croft 2007a),以及萨格、博厄斯和凯(Sag, Boas, and Kay 2012)。

尽管当前以构式来研究语言的方法存在相当的差异,戈登

伯格(Goldberg 2013)还是确认了这些方法共有的四个原则(a—d),以及多数方法所共有的另一个原则(e):

(a) 语法系统的基本单位是构式。构式是约定俗成的形式语义配对(见 Lakoff 1987, Fillmore, Kay, and O'Connor 1988, Goldberg 1995、2006)。

(b) 语义结构直接投射到表层句法结构,不存在派生(见 Goldberg 2002, Culicover and Jackendoff 2005)。

(c) 语言像其他认知系统一样,是节点和节点链接构成的网络。这些节点是通过继承等级形式联系起来的(分类关系能够说明在很大程度上低层次构式特征能从更高层构式中预测得到,见 Langacker 1987, Hudson 1990、2007a)。

(d) 跨语言(方言)的变体可用多种方法解释,包括普遍域的认知过程(见 Bybee 2010, Goldberg 2013),以及特定种类构式(见 Croft 2001, Haspelmath 2008)。

(e) 语言使用塑造语言结构(见 Barlow and Kemmer 2000, Bybee 2010)。

另外,所有构式方法都认为语法系统是一个"整体"框架:语法中的任何一个层面都不是自足的,也不是"核心"。相反,在一个构式中,语义、形态句法、音韵、语用共同起着作用。

需要说明的是,本书综合各种解释语言的构式方法的深刻见解,而不依附某一特定的构式语法类型。然而本书的观点最兼容于认知构式语法(1.2.3)和激进构式语法(1.2.4)。本书采用基于用法的构式语法，而且认为语言结构不是内化的，而是派生于普遍的认知过程。这些过程是说话者和听者共同参与的行为，包括产生过程和感知。本书还借鉴由理查德·哈德森(Richard Hudson 2007a)提出的一个相关的语法模式"词语法"(Word Grammar)。这一模式使我们能够轻易地解释构式化的关键点：语言网络中特定子部分间的联系和吸引。关于"词语法"在1.3中有简单的介绍，并会在第二章中进一步全面地讨论。

1.2.1 伯克利构式语法

菲尔墨(Fillmore)的格语法(如 Fillmore 1968)和框架语义学奠定了构式语法的基础。"构式语法"这一术语也是菲尔墨新造的，而且自20世纪80年代后期开始探求构式的某些特征具有普遍性这一假设以来，菲尔墨和他的同伴一直致力于构式语法的发展。

菲尔墨和同伴最早关注的焦点是语言中的特殊表达和固定用法，如英语中的 let alone (Fillmore, Kay and O'Connor 1988)，以及固定句式，如 what's X doing Y (What's this fly doing in my soup?)(Kay and Fillmore 1999)。之所以关注这些特殊或固定表达是因为菲尔墨和同伴们发现这些表达在人们的口语和书面语中频繁出现并且可被看作是"说话者语言知识的中心"(Fillmore 2013:111)。从事这项研究的语言学家也讨论句法及认知语言学中的一些常规问题，如中心结构、左移位、地标、指向和量度，以及其他更普遍的构式(Fillmore and Kay

1997),并展示如何"用同样的分析工具来解释最基本的结构和这些'特殊的'表达"(Fillmore 2013:112)。这个构式语法的分支是高度形式化的,将原子结构②类型用特征来表现,并汇编成统一的构式。

1.2.2 基于符号的构式语法

基于符号的构式语法(SBCG)是伯克利构式语法框架的最新发展,如博厄斯和萨格(Boas and Sag 2012)所做的研究。其主要的目的在于提供一个形式化的框架。在这样的框架中,持类型学观点的研究者能够发展可验证性假设,那些探求包括递归(recursion)这样的语言普遍特征的构式语法学家也能够扩大共有基础,相对来说,这些普遍语言特征会在其他构式语法模式中受到冷遇(Sag, Boas and Kay 2012)。该模式也致力于表述心理现实(Sag 2012),也就是说"语言学理论是由跟语言使用模式(如表达和理解)、语言学习和语言演变是否一致这一标准来激发和评价的"(Sag, Boas and Kay 2012:14,引用 Croft 2000、2001, Tomasello 2003, Goldberg 2006, Langacker 2000、2009)。该模式的基本设定是语言是个符号系统(见 Saussure 1959 [1916])。索绪尔(de Saussure)指的符号只是形式和意义的组合,而 SBCG 指的符号至少包含"音韵结构、(形态)形式、句法类型、语义、上下文,也包括信息结构"(Sag 2012:71)。这些符号是用特征结构来表示的,(1)是该模式对 laughed 的非正式的初

---

② "原子式"成分是指无法再分出更小的形式语义的单语素。

步描述(Sag 2012:75):

(1)
$$\begin{bmatrix} 音韵 & /læf\text{-}d/ \\ 句法 & V[有限\ fin] \\ 语义 & 言语时刻之前的一个发笑事件 \end{bmatrix}$$

本书并不采用这种复杂的完整描写方式,但是,依据特征来描写构式的方式同(1)类似。

1.2.3 认知构式语法

伯克利构式语法在莱考夫(如 Lakoff 1987)和戈登伯格(如 Goldberg 1995、2006)的努力下在比 SBCG 更早的时候有了完全不同的发展。克罗夫特和克鲁斯(Croft and Cruse 2004)把该模式称作"认知构式语法"。戈登伯格(Goldberg 1995)主要关注构式的论元结构,如英语中的双及物(双宾语)构式(I gave/baked John a cake)、致使运动构式(如 Frank sneezed the napkin off the table)、way-构式(He elbowed his way through the crowd)等。戈登伯格(Goldberg 1995)遵循了菲尔墨的伯克利构式语法的方法,强调那些无法完全从其组合成分来预测其意义功能的结构,如 elbow POSS way DIR[3]、sneeze X off Y 等

---

[3] 在 2.7 节中,我们会讨论在 way-构式中我们用 DIR 而不用更为广泛使用的 OBL 来标记的原因。

体现的结构。重点关注论元结构,戈登伯格(Goldberg 1995)的目标是证明某些特定构式中谓词间的共同点:与 sneezing 行为事件所引起的 napkin 的运动识解相关联的是更加常规的英语致使运动构式,而非特定的谓词 sneeze(Goldberg 1995:152、224)。也就是说,这样的构式是"独立存在于带论元的词汇性谓词以外的模式"(Boas 2013:235)。

戈登伯格(Goldberg 1995:4)定义构式为形式语义的配对,其中形式或语义的某些方面无法从其成分的组合或其他已存在的构式中推导出来。不久前,戈登伯格扩展了构式的概念,认为一些组合的字符串"即使能够被完全预测也是当作构式来存储的,只要它们出现的频率足够高就可以了"(Goldberg 2006:5)。戈登伯格的构式语法模式的核心特征是构式可以是任何规模,即从复杂句到屈折的词缀(Goldberg 2003、2006)。她认为语言是以模块的形式学得的,构式是"人们学得的语义或语篇功能和形式的配对"(Goldberg 2006:5),这些配对在组合(从图式、部分图式到完全具体表达)、规模、外形以及复杂性方面是多变的。模式搭配和选择的纵向维度(paradigmatic dimension)和线性横向(syntagmatic)维度是等同的,如果不比后者更重要的话,因此构式间的相似处在这种模式中有显著意义。

构式定义中出现的频率这一概念给语言知识的本质提出了有趣的问题:因为建立什么样层次的频率才足够达到模式的储存和强化这本身是个难题(见 Blumenthal-Dramé 2010 用"强化"对本问题及其他问题的讨论),这个问题在处理文本记录非常有限的历史语料时尤为突出。强化的必要频率是"逐步和相对的,而不是绝对的或普遍的"(Clark and Trousdale 2009:38)。本书认为"足够频率"与文本记录中的重复记录和常规化有关。

戈登伯格的构式语法模式的表述包含两个层面:语义和句法结构,如(2)表述的是 GoVPbare(Go 与光杆动词短语)构式(Go tell your sister to come here)(Goldberg 2006:54):

(2) 语义:运动　　　　　　　为了某种行为
　　　　　｜　　　　　　　　　　｜
　　　句法:动词(V)(go,come,run)　光杆动词短语(VP_{bare})

它们可能涉及更多层面,如(3)中关于否定评价的语用维度非常明显。(3)表述的是与(2)类似却无运动的 GoVPing(Go 与动名词短语)构式,如 Pat'll go telling Chris what to do (Goldberg 2006:53)。该构式隐含了说话者对于该行为的否定态度:

(3) 语用:说话者负面识解 VP 所指的行为
　　　语义:行为类型
　　　　　　｜
　　　句法:go [Ving…]$_{VP}$

1.2.4　激进构式语法

克罗夫特(Croft 2001)发展了被其称为激进构式语法的理论模式。该理论框架凸显了语法描述和语言类型学的关系。在这个模式中构式是因语言而具体的,范畴也是依据其所在构式的特定语言来明确的,如"不及物动词"(V_{ITR})是英语中不及物构式中的一个范畴,但不是普遍语法(UG)中的范畴。词类如"名词""动词"等的理解同"表述命题行为的构式相关(指表述、谓语构式、修饰/定语构式)"(Croft 2013:218)。

图 1.1 显示了用激进构式语法术语如何描述形式与意义间的链接:

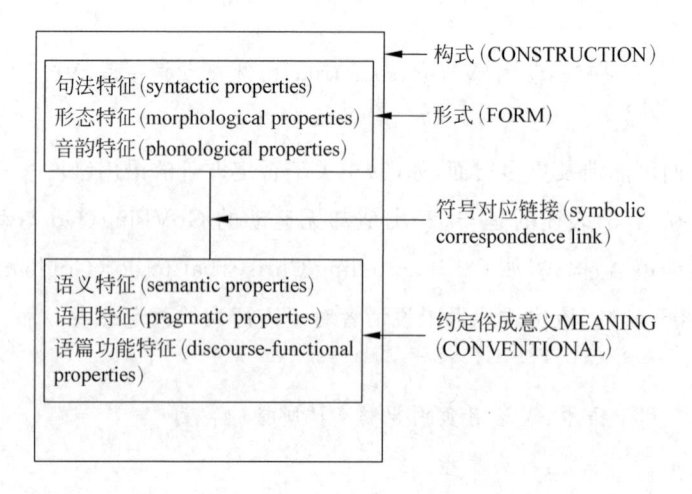

```
┌─────────────────────────────────────┐
│ 句法特征(syntactic properties)      │────── 构式(CONSTRUCTION)
│ 形态特征(morphological properties)  │────── 形式(FORM)
│ 音韵特征(phonological properties)   │
└─────────────────────────────────────┘
                                        符号对应链接(symbolic
                                        correspondence link)
┌─────────────────────────────────────┐
│ 语义特征(semantic properties)       │
│ 语用特征(pragmatic properties)      │────── 约定俗成意义MEANING
│ 语篇功能特征(discourse-functional   │       (CONVENTIONAL)
│ properties)                         │
└─────────────────────────────────────┘
```

图 1.1 激进构式语法中构式的符号性结构模型(Croft 2001:18)

克罗夫特(Croft 2001:19)认为语义是"构式功能的一个常规特征"。这一点我们也认同,但是需要注意的是这样的特征并没有 SBCG 模式中那么精细。

克罗夫特的激进构式语法模式强调构式的分类本质,更为普遍和更为具体的构式间的等级继承关系,以及语言使用在决定语言结构各方面的重要性。正如谢维尔斯卡和霍尔曼(Siewierska and Hollmann 2007)的观察,在方言变体研究中构式知识需要更为精细的方法,但关键在于"对于一个语言的任何变体并没有一个诸如被动或并列这样具体普遍的构式类型存在于这个模式中"(Croft 2013:227)。克罗夫特(Croft 2001)表示,传统粗略的语态范畴如"主动""被动"和"倒装"等无法描述人类语言的语态所呈现的多样性。

1.2.5 认知语法

第五种构式语法的模式是克罗夫特和克鲁斯(Croft and Cruse 2004)所称的"认知语法"(见 Langacher 1987、1991、2005 等)。兰盖克弃用语法的句法成分概念,并将语言符号概念化为语义结构(S)和音韵(P)的连接,见(4)(Langacker 2009:3)。

(4)

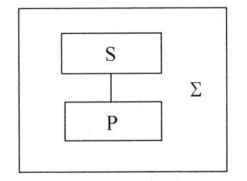

$$\boxed{\begin{array}{c} \boxed{S} \\ | \\ \boxed{P} \end{array}} \Sigma$$

该模型中句法结构的缺失使兰盖克的构式模式与菲尔墨、克罗夫特、戈登伯格以及本书采用[④]的构式模式存在很大差异(见

[④] 关于构式语法模式中形式的作用的具体分析见维哈根(Verhagen 2009)。维哈根得出结论认为各个模式关于句法结构和形态的"中间"层次的差异实际上没有学界通常争论的那么极端。

11

Langacker 2005)。

兰盖克的模式的关键点是语言使用者"具有以多种方式来**识解**同一情状的能力"(Langacker 2009:6,粗体出自原文)。这里的识解涉及角度,特别是心理浏览的着眼点和指向,如下面的例子中 come 和 go 的区别(Langacker 2009:7):

(5) a. Come on up into the attic! 来阁楼!
b. Go on up into the attic! 去阁楼!

兰盖克的构式模式也强调"**具体性**(反之,**图式性**)的程度……一个情状的细节描述和精准度"(Langacker 2009:6,粗体出自原文)。如与(5b)相比,(6)中的 upstairs 的用法更具体。

(6) Come on upstairs into the attic! 上楼梯来进入阁楼!

虽然本书并不采用兰盖克所强调的识解,而是强调句法形式的重要性,然而,他的许多观点是本书所采用的认知角度的基础,也是构式作为符号单位组成网络这一概念的基础,在接下来的章节中,这一概念会逐步清晰起来。

1.2.6 构式的表征

在说明本书所认定的构式之后,有必要提到本书将如何表述构式。上文对不同构式语法模式的简述已经说明各种模式的构式表征是不尽相同的。本书除了引用,使用的构式基本模式为(7)：

(7) [[F]←→[M]]

这里的"F"是形式（FORM）的缩写，需要时具体化为句法（SYN）、形态（MORPH）和音韵（PHON）。"M"是语义（MEANING）的缩写，同样，需要时会将其具体化为篇章（DIS）、语义（SEM）和语用（PRAG）。句法结构、形态、音韵、篇章、语义和语用是"一个构式的特征"，这些特征的区分是克罗夫特（Croft 2001）做出的。篇章指的是克罗夫特所称的构式的"篇章功能"，包括信息结构（如重复主题等）、连接功能（如承接等）。这里并不指篇章语境（见 5.3.6），而是指一个构式在篇章中表达的功能。本书特别强调跟语言演变有关的构式特征，那些对涉及我们理解的演变和变体有明显影响的特征。我们并不预设这些特征在某个特定时刻对某个特定说话者在认知上必定是凸显的（见 Goldberg 1995，Croft 2001 对共时构式语法各种模式具体化的实质的讨论）。（7）中的双向箭头取自布伊吉（Booij 2010），表示形式和语义间的连接，外面的中括号表示这个形式语义的配对是一个常规化单位。

1.3　网络和构式语法

最近构式语法中反复出现的主题是"网络"一词的隐喻用法。比如，戈登伯格（Goldberg 2003:219）指出，"语言知识的全

部被一个构式的网络所捕捉"。克罗夫特(Croft 2007a:463)指出了构式语法的两个基本原则:

9　　(a) 复杂结构和语义的配对,
　　　(b) 这些配对在网络中的联系。

　　这个语言结构观点同认知心理学的研究成果是一致的,同样是将知识的各个方面(如长时间记忆,Reisberg 1997)组织成为一个网络。早期关于网络的一种思考是以语义和词库为中心的(如 Lakoff 1987,Brugmann and Lakoff 1988)。对于莱考夫(Lakoff)和布鲁格曼(Brugmann)来说,集合的功能主要是用来解释词项间的关系。他们认为,多义词是由典型原型或者"中心意义"延伸辐射而来,如"over 的中心义包括了 above 和 across 的元素"(Lakoff 1987:419);更抽象的意义,如 overlook,是基于这个中心义的隐喻延伸。然而,大多数构式语法视角下的网络研究也关注形式。比如,菲尔墨在他的 FrameNet(Fillmore and Baker 2001、2010)构式模式中将词汇意义和句法论元结构结合起来。FrameNet 是个词汇语义的数据库,用来指定一个谓词成分的语义类型,其语义论元角色,以及它如何在句法层面上实现等。如,动词 conclude 在这个模式中被理解为行为-完成框架(8a)或者逐步-相信框架(8b):

(8) a. The game *concluded* in a draw. 比赛以平局结束。
　　b. Bill *concluded* that the game was a draw. 比尔断

定比赛是个平局。

网络概念的关键是节点、节点之间的链接、家族成员之间的距离、族群特征、构式的固化程度和可及性程度这样的一些概念。哈德森（Hudson 2007a）用一个词语法模式（Word Grammar）对以上关于网络的概念做了一定程度的研究。这个词语法模式跟构式语法有很多类似之处（见 Hudson 2008，Gisborne 2011），其理论基础是网络假设，即"语言是个概念网络（Hudson 1984：1，2007a：1）。语言是认知的因而是概念的，且因其是互相联系的实体系统而成为网络（Hudson 2007a：1）。这里，作为基于符号的理论，我们的宗师是索绪尔（Saussure）。根据哈德森（Hudson 2007a）的观察，网络位于索绪尔对于语言特征描述的中心，即语言是"互相依赖的实体组成的系统，其中各个实体的价值完全取决于其他实体的同时存在"（索绪尔 1959）[5]。对于本书来说，最重要的是认知网络——包括语言网络，是 1) 并不局限于索绪尔模式中的词库，且 2) 是动态的："不断建立新的链接和节点"（Hudson 2007a：53）。也就是说，实体价值总是处于流动中的。

  图 1.2 用一个简单的概念网络说明了基础层面概念（如"烟灰缸"）和比其更普遍的抽象概念（如"家具"）之间联系的网络思想。部分借用了哈德森的词语法（Hudson 2007a），图中三角形

---

[5] 索绪尔（Saussure 1959[1916]：114）。

基底表示上位范畴,而其顶点表示下位范畴。⑥ 线条表示概念间的连接;实线表示一个具体语例和更抽象范畴之间的联系。⑦图中"椅子"同"家具"范畴之间是实线连接是因为椅子是家具范畴的核心成员。相反,"烟灰缸"不是家具范畴的典型范例,虽然它也同样有一些中心成员具有的特征(如烟灰缸是可移动的,使空间具有生活性等,然而它体积不大,不像大多数的家具具有较大的体积)。"钢琴"表现了概念的多重继承——它的某些特征同家具相关(实际上许多家庭将它视为单纯的家具摆设,而不是乐器),但是它更应该是"乐器"这一范畴的典型成员。⑧

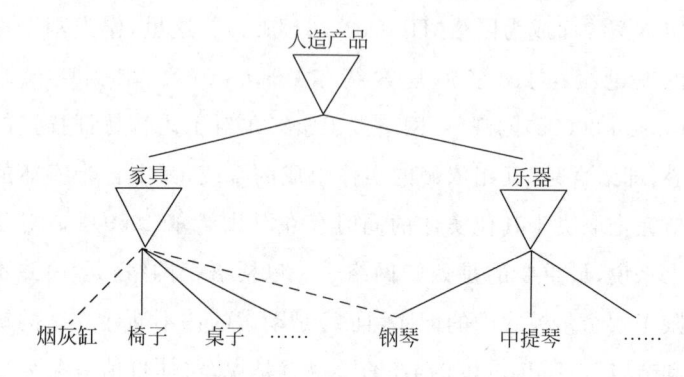

图 1.2　一个小型概念网络

---

⑥ 在第二章中我们会提到,本书修改了哈德森的标记系统来表明我们所说的语言网络中的节点是指构式;然而,在这里哈德森的系统足够表明一个网络模型的心理概念是如何连接起来的。

⑦ 需要注意的是词语法模式符号系统不包括虚线(用来表明语例和一般类别间的微弱联系)。

⑧ 在 2.4.2 中我们会具体讨论"继承"这一概念。

此网络模型和其他语言结构模式形成了鲜明的对比,特别是一些用来解释语法化现象的形式主义模式,如罗伯茨和卢梭(Roberts and Roussou 2003),或者是更为普遍的历时句法方法,比如莱特福特(Lightfoot 1999)。这些方法大体上采纳了语言知识是确定独特模块的特征(Fodor 1983)和这些模块之间接口的解释。在认知语言学领域,网络假设不只是描绘一部分语言,而是描写整个语言建筑,如"语言的任何元素都可以通过节点和节点的链接得到形式上的描写"(Hudson 2007a:2),"相比于更传统的将语言当作是语法加词典的观念而言,语言整体上是一个网络"(Hudson 2007b:509)。这一网络的概念对认知语言学和模块式结构主义分析之间的差异产生重要的影响:不仅将词汇从语法中区分开来,而且建立了语用学、语义学、句法学以及音韵学(有时候也是形态学)之间的界限。

本书将在第二章详细讨论网络,并提出哈德森的"词语法"以及其他网络概念在涉及符号演变中的有效的使用方法(另见Gisborne 2008、2010、2011)。其中如何评估网络成员间的距离是类比的作用和演变中"最佳搭配"等争论的核心,我们会在3.3.5中着重讨论这个问题。

1.4　构式及相关因素

本章节概括我们对构式的理解,同时对语法项和词汇项提出一个基础牢靠的区分(1.4.1)。我们也讨论兰盖克(Langacker 2005、2008)、特劳戈特(Traugott 2007)、拜比(Bybee 2010)和特劳斯代尔(Trousdale 2012a)等提到的与构式建构相关的因素：图式性、能产性和组合性(1.4.2)。

1.4.1 构式描写

同克罗夫特和戈登伯格一样，我们将构式定义为一个形式和语义的配对。这个配对可依据多种维度来思考，所有的维度都是有梯度的，其中包括大小、音韵确定程度、概念类型等。因为符号的任意性导致特殊性，而构式默认这种特殊性，因此我们不把特殊性当作构式的特别维度。但是对于特殊性程度，需要在一个精细的构式总藏中得到确认。最后，我们也不考虑使用频率，因为"足够的频率"并不具有可操作性(见上面1.2.3)。

从大小这一维度来看，一个构式可能是原子的或复杂的，也可能处于两者中间。原子性构式是单语素的，如 red、data、un-、-dom、if、-s 等。复杂构式是可分析模块构成的单位，如 pull strings 或者 on top of 等。介于原子性构式和复杂构式之间的构式包括像 bonfire 这样的"蔓越莓"(cranberry)表达形式——其 fire 的部分是可识别的，而 bon 则不是(关于 bonfire ＜bone fire 的历史演变见 4.6)。

音韵确定维度与一个构式是实体的还是图式的，或处于两者中间/中间层有关。一个实体性的构式在音韵上是完全确定的，如 red、dropout、-s、may 等。一个完全图式的构式则是一种抽象表达，如 N 或者 SAI(主语-助动词倒置)；然而也有许多图式是部分的，这意味着它们同时包括实体和图式两部分，如 V-ment(一种构词构式如 enjoyment)，what is X doing Y(如 what

第一章 理论框架

is that fly doing in my soup?)。在一些模式中,构式被定义为复杂的,涉及一定程度的图式。比如,拜比(Bybee 2010:9)将构式定义为"具有连续结构的形式语义的配对",根据拜比的观点,最小构式必须"具有至少一个图式范畴"(p.37)。从历史的角度来看,这样的观点具有限制性因为许多共时的连续可能在历史演变中变成了单语素,而图式的特征可能逐步消失了。这在词汇领域是事实(如古英语复合词 gar+leac "spear leek">现代英语 garlic;这是 X-leac 构式在现代英语中的遗迹);在语法领域同样也是事实(如古英语复杂短语 be sidan "by side">现代英语介词 beside)。

概念类型这一维度指一个构式是内容性的("词汇的")或者程序性的("语法的")。"内容性的"成分是具有指定性的,在形式层面上,与图式范畴的名词、动词、形容词等词类相关。"程序性的"成分表达抽象意义,显示语言关系、角度和指示语取向(关于语法化的索引性特征见 Diewald 2011a)。[9] 用特尔古拉菲(Terkourafi 2011:358—359)的话来说,"当语言表达为如何将某些观念联系成一个概念性表征提供信息时,该语言表达具有程序性意义"。这些联系包括指示性指称和信息结构标识(话

---

[9] 拜比(Bybee 2002a)指出语法知识是程序性的知识。"程序性"这一术语最早是由布莱克莫尔(Blakemore 1987)提出的;本书采纳这一术语,并不考虑其同"相关理论"的任何联系。另外一个强调语法项作用的有效比喻由冯·芬特尔(Von Fintel 1995:184)提出,在接受芭芭拉·帕蒂(Barbara Partee)早期研究成果的基础上,芬特尔(Fintel)提出了语法化的形式语义学,并将语法意义看作"紧紧依附于词汇观念的一种黏合功能"。

题,定指等)的联系、论元结构标识(格)和时态(语态)标识或与说话时刻的关系(指示时态)的联系。程序性意义所连接的形式维度传统上被认为是语法元素,如指示词、语态、时态和补语标记等。然而,构式语法的整体建构将词汇和语法放在一个"连续统"(Goldberg and Jackendoff 2004:532)或者"梯度"(Langacker 2011:96)上。一些程序性意义,特别是指示义,也能跟指示性的内容性意义联结起来(如动词 come 和 go)。内容性和程序性成分的区别不仅在于梯度性,而且受变化影响,正如前人的语法化研究指出了词汇成分可能经过长时间演变而具有了语法功能(如行为动词 go 已被说话者重新范畴化为将来时语法构式 BE going to 形式的一部分)。在构式语法范畴中词汇和语法表达之间没有"原则性分歧"(Goldberg and Jackendoff 2004:532),因此运用构式方法能够丰富从更词汇转换到更语法的表达的研究思路。内容性构式的典型例子如 data、dropout,程序性的典型例子如-s(现在时第三人称单数或名词复数),或者 SAI。在这两者之间的构式例子如 way-构式含有内容性特征,如 force/elbow/giggle one's way through the room 中各动词的指称性区分,同时含有程序性特征、语体特征(尤其出现方式动词或伴随动作时,如 giggle,暗示该动作重复发生,见 2.7)。

总之,"构式库"(constructicon)[10]或者构式总藏,包含了具有上文所述三个维度特征的成分。在多数情况下,构式可用这

---

[10] 这个术语最早出自朱拉夫斯基(Jurafsky 1991)。

三个维度的特征来描写。比如,red 是原子性、实体性且内容性的,SAI 是复杂的、图式的且程序性的。表格 1.1 总结了这三个维度:⑪

表 1.1 构式的维度

大小	原子性 red,-s	复杂的 pull strings,on top of	中间的 bonfire
特定性	实体性 dropout,-dom	图式的 N,SAI	中间的 V-ment
概念	内容性 red,N	程序性 -s,SAI	中间的 way-构式

1.4.2 图式性、能产性和组合性

图式性、能产性和组合性是构式语法文献中经常被讨论的三个因素。在接下来的章节中,我们会仔细讨论这三个因素如何涉及演变的各种类型和阶段。在这里,我们只讨论一些关键概念的最基本特征,以及我们如何使用这些术语。

1.4.2.1 图式性

图式性主要涉及抽象性的范畴化特征。无论是在语言学或者其他科学领域,一个图式就是范畴的一个分类总览。凯默(Kemmer)认为"图式是基本常规的,或认知上固化的经验模式"(Kemmer 2003:78),巴左达尔(Barðdal)认为图式可以从更

---

⑪ 我们认为图式也可以是原子性的,如名词、动词等。值得注意的是克罗夫特(Croft 2005)否认原子图式这一概念。

基础的心理语言学角度来考察(Barðdal 2008:45)。而我们所说的图式主要是基于语言的(和兰盖克、拜比和克罗夫特所做的研究工作一致)。

　　正如上一小节所讨论的,在我们看来,不管是内容性还是程序性,语言图式是抽象的、一般语义构成的构式群体。图式是跨构式集合的抽象概念,能够让语言使用者(无意识地)感知其在构式网络中的相互联系。图式性程度与概括性或具体性层次,以及网络中细节化丰富的部分有关(Langacker 2009)。比如,从普遍的开始,"家具"的概念要比"椅子"的概念更抽象更有包容性,而"椅子"比"扶手椅"的概念更抽象;一般名词比可数名词更抽象。相反,从最具体的开始,"猎獾狗"是一种"狗",而"狗"是一种"哺乳动物";不及物动词是一种动词,等等。语言图式是通过子图式来具体说明的,或者是通过在更低层级上的微观构式,即抽象图式的具体类型成员来说明的,如 may 是情态子图式的一个微观构式,而情态是助动词图式的子图式。子图式在时间的流逝中得以发展(如名词短语的外围修饰语子集,Van de Velde 2011),或者消亡(如一些双及物动词子集,Colleman and De Clerck 2011)。子图式的发展和消亡都涉及构式化前后的构式演变。

　　在我们看来,图式和子图式是语言学家归纳出来供讨论和分析的语言系统的子部。它们并非是头脑表征,尽管我们没有任何理由反对这些表征同语言学家使用的范畴之间存在重叠。语言构式的图式性关注的是它在多大程度上能够在一系列更具体的构式间捕捉到更普遍的模式(Tuggy 2007,

Barðdal 2008)。⑫ 正如 1.4.1 中提到,图式通常根据结构槽以及符号结构如何在结构槽内进行组合来讨论(见 Goldberg 2006,Langacker 2008)。比如,一个构式可能完全由抽象的"图式"结构槽组成,如双及物图式[SUBJ V OBJ$_1$ OBJ$_2$]的形式成分,或者它可能是部分"图式的",如像 way-构式([SUBJ$_i$[V POSS$_i$ way)DIR])那样包含一个实体性构式。

戈登伯格提出假说,认为说话者对特定表达不仅有"特定项知识",而且对它们有"普遍的或图式性的知识"(2006:98)。因此有理由来思考真实的话语表达(构例,如 I gave John a cake,I baked John a cake),个别类型构式(如 X give Y Z),以及更大的、概括了上述表达的图式构式。对于双及物"致使-接受"构式,戈登伯格(Goldberg 2006:20)将其定义为句法结构[SUBJ V OBJ$_1$ OBJ$_2$]和理解为致使或意图转移所有权的施事的语义,如(9)(基于 Goldberg 2006:20):

(9) 语义:致使-接受　施事　接受者(第二主题)　受事
　　　　　　|　　　　|　　　|　　　　　　　　|
　　句法:动词　　　主语　宾语$_1$　　　　　　宾语$_2$

这一图式构式是从许多使用语例和一些微观构式类型中抽

---

⑫ 事实上,术语"图式性"也被兰盖克(Langacker 2008:244)和特劳斯代尔(Trousdale 2008b)称为"普遍性"。图式性还有别的定义,如在拜比(Bybee 2010)看来,图式性涉及位置(p.57)以及填充这些位置的"各种词和短语"(p.25)。拜比还将图式性定义为"成员间的差异程度"(p.67)和同一范畴内的变异程度(p.80)。

象出来的。构式的典型语例(如 I gave John a bike)涉及动词的词汇义和构式义之间的完美搭配;也就是说,在典型双及物构式中有语义连贯性和对应性(见 Goldberg 1995:35)。由于构式义存在多义性,因此额外的构式簇群或者子图式也存在,并围绕中心意义链接成为一个网络。比如,在 I baked John a cake 中,bake X 的词汇义"在烤箱里烤 X"提供了部分语义;另一部分的语义是由子图式义"施事打算致使受事接受主事"提供的。其他动词,如 He refused me the log book 中的 refuse 含有拒绝致使接受的意义。博厄斯(Boas 2013)观察到(9)中的抽象论元结构构式有个潜在的问题,即它们有能力过度概括,批准(或者"许可""允许接近")未经测试的构例。我们也会在本书的其他地方提到,说话者通常会过度概括并扩展一个特定构式的界限。这样的革新可能引起语言演变。博厄斯(Boas 2005)在对英语结果补语构式的分析后指出个别动词义有可能和它们所例证的更抽象构式所涉及的常规的形式意义配对并不相符。英语结果补语构式网络中的由个别动词填补的部分显示了它们自身的特殊性,而"戈登伯格型抽象义构式抓住了非常广泛的普遍性,在等级层次的网络中处于不同中间位置的更具体构式捕捉到了更有限的常规化类型"(Boas 2013:239,另见 Croft 2003 对双及物构式的子类提供详细解释并对 Goldberg 1995 的一些假设进行了评论)。

　　依据图式来看,致使-接受图式[[SUBJ V OBJ_1 OBJ_2]]←→[cause to receive by means of V]]比意图-致使子图式[[SUBJ bake OBJ_1 OBJ_2]]←→[intend to cause receive by means of baking]]更具有图式性,因为前者从动词中概括而来(V),而后

者用一般结构槽确定了一个特定的动词(bake)。约定俗成的固化图式"批准"它们的子类,也就是说,它们限制并确定其子类的良好构成(Langacker 1987:66)。

图式性在两方面具有梯度性。第一,它是个"或多或少"的因素,因为良好构成是个常规性问题且有时只能是部分批准。正如兰盖克(Langacker 1987:69)指出的,"语言使用的一个常规特征是容忍(甚至期待)相当一部分非常规表达"。本书将指明这种对非常规表达的接受对于语言演变是极其重要的:一个常规构式中被部分批准的扩展可能在演变中变成一个更普遍的图式构式中被完全批准的语例,这样的变化是说话者或听者使用语言经历的结果。

第二,它是可以进行等级区分的。伊斯雷尔(Israel 1996)在讨论 way-构式的多种子类的发展时指出需要区分能够出现在该构式、类型族群,以及基于显著的使用子集而图式化的一个更高层次的表征中的具体动词(p.220)。设定一个等级性的中等层次(伊斯雷尔的"类型族群",我们的"子图式")至少部分反映了语言使用者对具体信息和普遍模式都比较敏感(Bybee and McClelland 2005)。正如上文所提议的,为了寻求维持形式和意义的同等重要地位,我们提议把以下构式层级的最简集合作为构式演变描写与分析的钥匙:图式、子图式和微观构式,[13]但是这不

---

[13] 在前期相关研究中(如 Traugott 2008a、2008b,Trousdale 2008a、2010),我们区分了"宏观-""中观-"和"微观构式"。图式基本上等同于宏观构式,子图式类似于中观构式,所以"宏观-"和"中观-"构式是冗余的名词术语,本书不再使用。

是绝对的区分,而且正如本书后面的章节会提到,随着时间的变化,它们之间的关系也会发生变化。微观构式是通过"构例"在使用中来体现的。构例是由经验验证过的语例(如 I gave Sarah a book, She needed a lot of energy),是特定场合的实例,是由带有特定交际意图的话语者所说出的。构例非常丰富,暗含了大量的语用意义,一旦离开了特定的话语事件其中许多意义就不可追溯。口语构例含有许多不可复制的特定语音特征。比如,每一次说"give"或"a lot of",其表达的语音都会略有不同,视语境而定。书面构例同样是由经验验证过的,但由于媒介不同,其普遍性往往基于语音细节。对于以语言使用为基础的模式,最重要的构例是说话者/作者所做而听者/读者⑭所处理的内容。作为语言使用事件,它们有助于语言表征在头脑中的塑形(Bybee 2010:14),我们会在第二章中具体讨论这个话题。这里我们认为这个生产和处理过程的结果就是构例是个人创新及随后的常规化(被一定人口的说话者采用)的中心。随着时间流逝,当构例和构式之间出现新的联系时,构式演变就出现了,即当语例反复出现而导致语言使用者未曾见过的临时范畴的产生,并因此而称该临时范畴为"新"范畴。

对于任何一个构式等级系统的图式集合而言,语言学家对其最高层级的描述始终是一个(部分)图式。因为图式抽象于许多微观构式,其音韵是无法明确的。只有微观构式可能是实体

---

⑭ 为方便阅读,我们使用概括性的词语"说话者"代替"说话者和作者"和"听者"代替"听者和读者"。"受众"保留用来指对话中特定的话语对象。

性的,且有明确的音韵结构。图 1.3 以英语数量词构式为例进一步总结和例证了这些差异。构式的最高层级包括了所有的数量词类型,不管大或者小或者中间量,或者是双名词和单语素数量词。在子图式的中间层级,对大小和中间量进行区分,而在最低的层次是各种微观构式类型。

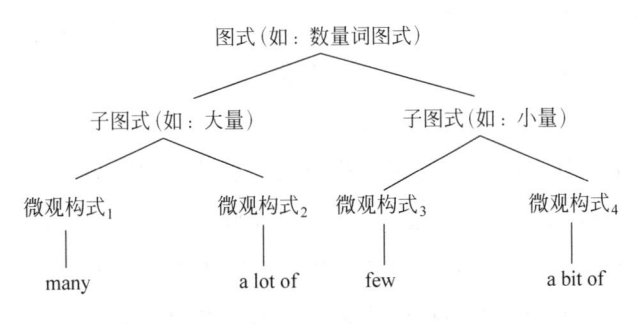

```
                    图式(如:数量词图式)
                   /                    \
          子图式(如:大量)          子图式(如:小量)
          /          \              /          \
    微观构式₁    微观构式₂    微观构式₃    微观构式₄
        |            |            |            |
      many       a lot of       few        a bit of
```

图 1.3　构式间等级关系梯度

1.4.2.2　能产性

对于能产性这个术语使用的方式是各不相同的。巴左达尔(Barðdal 2008:第二章)对于这一术语的各种不同用法做了有价值的综述和分析。在我们看来,构式的能产性具有梯度性。这个概念关乎(部分)图式,并关注:1)图式的"扩张性"(Barðdal 2008),即图式批准低层次构式的能力程度。2)图式受限制的程度(Boas 2008)。就形态来说,我们能想到的例子如英语形容词加 th 这个组合能在多大程度上批准产生新的名词。如今,这个组合被认为不具有能产性,因为很少名词是通过图式[ADJ＋th]产生的。相反,[ADJ＋ness]更具有能产性,这个图式批准大量普遍性略低的形式,其中一些可能更具有常规性(如

truthiness、truthlikeness、unputdownableness 和 sing—along—able-ness,都在网络语境下得到验证)。同样的情况适用于屈折形态。英语过去式就是由能产性很强的后缀来标记的(如 play-played),但是有时由元音变化来标记(如 drink-drank),这是一个历史遗留的元音变化。当新的动词出现,它的过去时态常常是由更具能产性的和更"常规"的后缀来标记,而不是元音变化——新词 skype(通过网络来视频通话)的过去式是 skyped,而不是 skope(如 write-wrote)。

  能产性的很多研究跟频率有关。巴艾昂(Baayen 2001)和拜比(Bybee 2003 及其他)已对类型频率(某一特定模式所具有的不同表达)和语例频率(同一单位在文本中出现的次数)做出了重要的区分。我们将构式频率等同于类型频率,构例频率等同于语例频率。英语定冠词 the 的类型频率只是一个,但是它却是当代英语中最具语例频率的结构。当新的构式形成时,它们经常"随着使用频率的增加逐步扩展使用范围"(Bybee and McClelland 2005:387)。我们理解"使用频率的增加"意味着构例频率的增加:说话者使用新构式的例子越来越多。其主要因素是因频繁使用和重复导致的常规化、自主化(Pawley and Syder 1983,Haiman 1994)。搭配范围的扩大,也就是被希梅尔曼(Himmelmann 2004)称之为"宿主类型扩展"的现象,也是能产性增加的标志,我们认为这是构式类型频率的增加。比如,BE going to 一旦被用作将来时态的标记,与其连用的动词类型也越来越多。构式语法中研究这类变化的一个方法是历时差异"搭配"分析(见 Hilpert 2008,基于 Gries and Stefanowitsch

第一章 理论框架

2004 的共时构式搭配分析研究)。历时差异搭配分析使用数据库数据来跟踪搭配短语和句式的历史性的变化,也就是说跟踪那些填补构式空槽成分的变化,如跟踪用在 BE going to 之后的动词类型变化,并确认在某一时期最常用的搭配:

> 这样的变化说明了构式意义的发展——当构式的语义发生变化时,其搭配也会随之改变。新产生的搭配不仅表明了正在进行的变化;它们的词汇义进一步说明构式语义是如何变化的。(Hilpert 2012:34)

搭配分析中指明的搭配常常以组群方式出现。比如,希尔伯特(Hilpert 2008:第三章)指出在早期近代英语的前七十年,跟 shall 搭配的是感知动词(understand、perceive)或者呈现动词(show、appear),到早期近代英语的第二阶段其搭配动词扩展到了行政、法律条款等方面(forfeit、incur、offend)。相反,在同一时期 will 常常跟话语动词出现如 deny、confess,然后扩展到 condemn、speak 等。这样的扩展无法避免对"构式空间"及构式群中成员之间的竞争产生影响,比如,某些构式可能在竞争中逐渐在特定的情况下被青睐(Torres-Cacoullos and Walker 2009)而某些构式会被冷落(Leech, Hundt, Mair, and Smith 2009)。我们在后面的章节中会看到,非常重要的一点是认识到能产性和非能产性之间的互动没有可预测的时间框架。能产性可能是短暂的,而非能产性句式可能持续很长一段时间(Nørgård-Sørensen, Heltoft, and Schøsler 2011:38)。

1.4.2.3 组合性

组合性强调形式和语义间连接的透明程度。组合性通常是指语义(部分和整体意义)和句法成分的组合特征:"句法是组合性的,因为它是在较小型表达的基础上递归地建立符合语法规则的更复杂的表达,而语义也是组合性的,因为它也是在小型意义(最终是词或语素)的基础上建立更大表达的语义"(Machery 2012:3)。帕蒂(Partee 1984:281)在她关于组合性的讨论中指出,"一个表达的语义是其成分意义和成分句法组合方式的功能"。从构式的角度来看,组合性可以被看作是形式各方面和语义各方面之间的匹配或错配(见 Francis and Michaelis 2003 关于不一致和错配的讨论)。如果一个构例在语义上是组合性的,那么只要说话者说出了一个句法上约定俗成的语言序列,同时听者理解这个序列中每一个个体的意义,听者就能充分理解整个序列的意义。如果不是组合性的,就会出现个别要素和整体意义之间的错配。我们的方法跟阿尔比布(Arbib)的是一致的:

语言的意义不完全是组合性的,但是从一个句子的组合成分能够为理解整个句子的意义提供线索这个意义上来说,语言是具有组合性的。(Arbib 2012:475,斜体来自原文)

来看(10):

(10) If you're late, you won't be served. 如果你来晚了,

第一章　理论框架

就没服务了。

虽然英语母语者理解(10)中的组合性构式,他们还必须理解表面上类似的结构需要有不同的理解和分析,形式也可以跟一个与句法并不匹配的特定的语义价值相关联(因而组合性很低)。由此,说话者可用伪条件子句和伪条件结论句来理解一个伪条件构式,如(11):

(11) [I]f you're Betty Ford right now, you're probably thinking, you know, I hope everybody's OK. 如果你现在是贝蒂·福特,你可能在想,我希望每个人都没事。(Kay and Michaelis 2012:2272)

这里的构式在语义上不具有组合性因为它并不表达贝蒂·福特和受话者之间的身份条件,[15]而是表达对贝蒂·福特和像她那样的人的观察。条件句法给某种程度的假设提供了线索。

许多话语可能并不明确组合性或者非组合性的理解。我们来看(12):

(12) My yoga instructor sometimes pulls my leg. 我的瑜伽老师有时候会开我玩笑。(Kay and Michaelis 2012:2274)

---

[15] 这里的 you 也可看作间接人称"某人"。

英语使用者必须了解 pull someone's leg 这个表达在字面义以外有非组合性意义"开某人的玩笑"。构式语法学家感兴趣的是在多大程度上这类非组合性意义能渗透到一种语言的语法中，在多大程度上能够将组合性和非组合性语例当作是常规的形式意义配对，以及在多大程度上会将非组合性集合以多种方式在文体、语用和语义上标注出来。我们会看到在许多情况下，语言演变会导致组合性降低，特别是在微观构式这一层。

拜比（Bybee 2012：44—45）引用了兰盖克（Langacker 1987）对组合性和分析性的区分，我们将在后面章节中使用这种区分方法。拜比以英语过去式形式为例，如 was、were、went 等，它们在语义上都是组合性的，但形态上不可分析（而且是异根词）。组合性和分析性这两个概念是相互关联的，并都有梯度性。分析性跟组合性不同，跟表达各部分意义之上的复合式整体义的匹配不具有主要联系。相反，它强调的是说话者在多大程度上能认识，并区分那些组合部分（另见 Hengeveld 2011 关于"透明度"概念的讨论）。固定短语如 by and large"大体上"的分析性比 fly off the handle"冒火"低，而后者比 spill the beans "露馅儿"低。by and large 的分析性最低因为它的"内部"结构小（它有音韵形状，可是形态和句法都非常特殊）。fly off the handle 的分析性比 spill the beans 低，因为虽然在两个短语中动词都可以有形态变化，在修饰名词方面后者比前者更自由（如 spill the political beans vs. *fly off the political handle）。我们认为分析性是组合性的一个子类，因而不将它看成单独的一类。

1.5 构式视角下的演变

本章详细讨论我们所理解的演变,并特别阐述构式化和构式演变的区别(见1.1)。这种区分在其他从构式角度来研究演变的文献中并未提起过(见 Hilpert 2013),或者说提到过但结果完全不同。比如,斯米尔诺娃(Smirnove 2015)用初始变化和后续的构式演变来确认构式化。博伊和哈德(Boye and Harder 2012:35—36)将构式化定义为"向全新构式发展的总体变化",暗示却没有确认其和构式演变的差异。

在1.5.1中,我们将定义并举例说明什么是构式化,在1.5.2中,我们会讨论构式演变,在1.5.3中我们将说明它们两者间的关系。首先,有必要对我们所理解的演变做一些基本阐释。正如我们先前提到的,跟戈登伯格和克罗夫特一样,我们理解构式语法是基于使用的,从这一角度来看,语言演变"存在于说话者互动和……互动中说话者的协商"(Milroy 1992:36,斜体来自原文)。语言演变源自各年龄段说话者使用中的变化(见 Milroy 1992,Croft 2001),并不是像罗伯茨和卢梭(Roberts and Roussou 2003)等指出的完全或主要由孩子引起。拜比(Bybee 2010:196)更坚定地认为孩子"并不是演变的发起者",而且演变并不是首先在各代人之间传递。相反,她认为"演变产生于语言的使用过程而非认知过程"(p.9,斜体是本书作者加注)。引用沃纳(Warner 2004)的观点,拜比提供了成年人一生中语言发生变化的证据。当然成年人常常创新,但因为变化预设了传递给其他说话者这一前提,因此我们的主要观点是习得可能发生在人的整个一生中,无论是童年还是成年时代。事实上,当各种年龄层的听者采纳别人传递的语言结构时,他们就习得了这些语言结构。正如费希尔(Fischer 2010:187)所说,这个立场"并不否定某些语法形式系统的影响",而是将语法形式系统概念化为"文化上而不是基因上的某种传递"。需要强调的是变化并不是必须产生的,这一观点源自基于使用的语言演变理论,因为"语言演变"包括"符号变化"并不是独立存在的。演变的产生与否是说话者如何使用语言及如何评价某些表达方式的结果。

构式有时被讨论为"整体",如"语法系统是由形式语义的常规化联系组成的,并且为复杂符号提供整体描述"(Fried and Östman 2004a:24)。然而,构式含有"内在维度"(Gisborne 2011:156),正如我们已经看到的,形式主义语言学家使用了多种特征。正如本书即将明确的,解释语言演变,首先必须能够解释一个构式内部特定维度的创新,接着必须能够解释话语群体间这些创新的常规化。

在第二章中我们会进一步讨论语言演变始于某个语言使用者头脑中全新的表达。产生这一新的表达的机制被学界广泛认为是重新分析,但是更合适的说法应该是"新分析"(见下面的1.6.4.1,Andersen 2001:231,脚注3),即对构式中的某个元素的修改。新分析通常来源于语言使用者(常常是无意识的)的句式匹配,这一过程也称为类比,然而更合适的说法应该是"类比思维"。类比思维导致某一成分被纳入构式子图式的这种语言演变机制,我们称为"类比化"(Traugott and Trousdale 2010:38)。

1.5.1　构式化的界定和实例

在 1.1 中我们初步定义构式化为一个形式$_{新}$-语义$_{新}$配对的产生,也就是说发展出一个新的符号。这里我们提供一个更详细的定义,且这个定义会在本书后面的章节中得到进一步的阐释。值得一提的是,构式化的渐变性和瞬时性的讨论将在第四章中进行:

构式化是指形式$_{新}$-语义$_{新}$(组合)符号的产生。它在一定数量说话者的语言网络中形成新的类型节点,这些节点有新的句法或形态并有新的语义。它的产生伴随着不同程度的图式性、能产性和组合性的变化。图式的构式化总是源自一系列微小的步骤,因而是渐变的。新的微观构式同样是逐步产生的,但它们也可能是瞬时性的。逐渐产生的微观构式常常是程序性的,而瞬时产生的微观构式则多是内容性的。

构式化至少涉及了形态句法形式和语义/语用的新分析;[16]语篇和音韵变化也有可能在各个阶段涉及。单独的形式或语义变化不能构成构式化,我们将这样的变化界定为构式演变(见 1.5.2)。

渐变的构式化要求构式演变先发生(细小步骤新分析的连续)。语义和形式两者的全新配对产生一个新单位或符号,因此

---

[16]　在 4.8 中我们会讨论跟瞬时词汇微观构式(如类似 BBC 的首字母缩写)相关的一些例外情况。

它是系统的一个变化,即一个类型/节点的变化。当构例被证实其不能被既存的构式类型完全批准时,我们可以在语料库中看到它的结果。通常,语言使用者不可能意识到已经产生的变化(Keller 1994),但有时候语法学家或其他观察到变化的人会对元文本进行评论。

本书关注两种构式化,即语法构式化和词汇构式化,也就是上面1.4.1中提到的内容性-程序性的梯度上的两个端点。现代英语中cupboard这个词的历史演变就是词汇/内容性的构式化的一个例子。语源学上,两个独立的词结合成复合词cupboard,其原义是在上面放杯子的木块。随着时间推移,这个复合词的语义发生了变化(现在它的意思是家中封闭的储藏室),同时形态上也变成了单一形式。换句话说,它已经成为一个新的有内容的常规符号性的单位,其语义和形态结构都是新的。这一系列形式和语义上的变化使一个具有再生能力的复合短语变成了语义上非组合性、内容性的形式,并被许多说话者使用,它就是从语法中的一个能产的复合模式中浮现出来的。这就是构式化。cupboard中间辅音群的简化所涉及的多种细小变化例证了那些有可能在构式化之前但更多是在构式化之后的变化类型。

在cupboard的例子中,复合词来源的两个名词都是内容性的、有指称的,且变化的结果是一个内容性的指称名词。其他系列的形式和意义变化所产生的语法性形式语义配对则不同于其词汇性来源,其指称性会降低而抽象性和程序性会增强。这里用一个我们会反复讨论的例子来说明这个概念,这个例子就是

第一章 理论框架

英语中指部分的双名词"a part/share of NP"如 a lot/bit/shred of a N 演变成语法数量词(Traugott 2008a,Brems 2003、2010、2011)。⑰ 因为我们使用这个例子来说明此章的多个观点,最初的分析是很仔细的,但是我们并不追求穷尽的阐述。我们仅想说明的几个要点是:初始和后续构式、涉及的变化以及分析这些变化的构式方法。

在古代英语中 hlot "lot"这个词指一个物品,一块用来选人的木头,如选拔官员,常常是在上帝的感知下进行(如 draw lots,lottery,lot "fate"),通过转喻也指通过这个方式得到某物的一个部分/单位(如 lot of land(for sale))或确定这一选择的命运(如 one's lot in life)。(13)是早期现代英语中表部分的 lot 跟 of 连用的例子:

(13) He   ne   wass   nohh   wurrþenn   mann...Forr
     he   NEG   was   nothing become   man... for
     to forrwerrpenn **aniȝ lott Off Moysæsess lare.**
     to overthrow   any part of Moses'   teaching
     "He(Jesus) did not become incarnate... to overthrow

---

⑰ 严格来说,用这一句法的非定指表部分表达是"准部分"。其在分布上与有定指 NP₂(如 a piece of the pie)的表达有差异,在英语中这种差异很小。然而在其他许多语言中这两种类型在形态结构上有很大区别,如瑞典语中部分表达由介词 av 标记,而准部分表达是零标记(Selkirk 1977, Koptjesvskaya-Tamm 2009)。在这里我们把这两种部分表达一起处理,然而在跨语言对比中,两者间更精细更有限制的区别当然是必须要考虑的。

any part of Moses' teaching."
他(耶稣)并没有人体化……来颠覆摩西的任何教诲。
(c.1200 *Ormulum*,15186 [MED *lot* n1,2c])

"一部分"暗示了数量,在同一文本 *Ormulum* 中,我们发现 lot 的用法接近"group"(暗指较大的数量):

(14) A33   wass i þiss middellærd **Summ lott**
      always was in this middle-earth certain group
off gode sawless.
      of good souls
"There was always in this world a group of good souls."
世界上总是有一群美好的灵魂。
(c.1200 *Ormulum*,19150 [MED *lot* n1,2e])

构例 ani3 lott Off Moysæsess lare 和 Summ lott off gode sawless 说明了 lot 的指称和词汇用法是有关联的,因而也是部分语法性的。上面的两个 lot 都是中心语,of NP$_2$ 是它的修饰语。两个 lot 都指一个单位,这个单位是更大整体的一部分。部分构式的图式有多个成员,可以被精简地描述为流线型式:

(15) [[N$_i$ [of N$_j$]] ←→ [部分$_i$-整体$_j$]]

在上面的例子中,(13)完全是组合性的,(14)的组合性低一点,因为"group"是一个字面义的延伸,然而 lott 还是具有内容性和指标性的。这里的"lott"的意思不可能是"many",因为有特定的不定词 Summ 修饰,所以应该是"a certain group/some group of souls"而不是"a certain many souls"。(16)是 lot 表示"由一些成员组成的单位"意义的最清楚证据,在(16)中奥斯汀(Austen)写的是关于苏厄德(Seward)最后剩的绵羊群(lot),以及她父亲以 25 先令一只买了这群绵羊。

(16) You must tell Edward that my father gives 25s. a piece to Seward for his last ***lot of*** sheep, and, in return for this news, my father wishes to receive some of Edward's pigs.
你必须告诉爱德华我父亲以 25 先令一只向苏厄德买了他的最后一群羊,作为这个消息的回报,我父亲希望能得到一些爱德华的猪。

(1798 Austen, Letter to her sister [CL])

lot 的这种用法现在还存在,但是只限于买卖交易。我们发现从 18 世纪开始 a lot of(尤其是复数形式 lots of)出现在含有从单位/部分转变到数量的语用含义的语境中时已是较为显著:

(17) Mrs. Furnish at St. James's has ordered ***Lots of***

Fans , and China , and India Pictures to be set by for her ,'till she can borrow Mony to pay for'em.

圣詹姆斯的福涅希夫人已经让我们给她留一些扇子、瓷器和印度画，直到她能借到买它们的钱。

(1708 Baker , *Fine Lady Airs* [LION：English Prose Drama])

这里 lots of 可理解为买卖单位，实际上因为钱已在文中提到，这个可能是指钱，但也可理解为"大量的"。

我们在 19 世纪初的文本中发现一些例子，其单位/部分的意义解读不成立，而只能理解为数量才能合适，如(18)：

(18) a. Learning at bottom , physic at top!

在底层学习，在顶层治疗！

Lots of business , ***lots of*** fun ,

很多生意，很多乐趣，

Jack of all trades , master of none!

拥有所有贸易的杰克，什么都不会！

(1833 Daniel , *Sworn at Highgate* [LION：English Prose Drama])

b. He is only young , with ***a lot of power***.

他只是年轻，却有很多权力。

(1895 Meredith , *The Amazing Marriage* [CL 3])

a lot of 表部分可由 a unit/piece/share 取代，而数量词的用法可用 much，many 代替。表部分时，数量一致标记在 N_1

第一章 理论框架

(lot(s)),如(19):

(19) the worthy Mr. Skeggs is busy and bright, for ***a lot of goods is*** to be fitted out for auction.

让人尊敬的斯克格先生很忙也很聪明,因为他需要为拍卖整理很多货物。

(1852 Stowe, *Uncle Tom's Cabin* [COHA])

相反,作为数量词,数量一致性通常标记在 N_2 上。(20a)中的代词 them 说明 a lot of 跟 goods 数量一致,(20b)中的代词 they 说明 a lot of 跟 rags 数量一致。

(20) a. I have ***a lot of*** goods to sell, and you wish to purchase ***them***.

我有很多货物要卖,而你也想买它们。

(1852 Arthur, *True Riches* [COHA])

b. pretty soon she brought down ***a lot of*** white rags. I thought ***they*** seemed quite heavy for their bulk.

很快她拿下了很多白毯子。我觉得就这样的大小它们似乎有点重。

(1865 Alger, *Paul Prescott's Charge* [COHA])

随着(20)这样的例子的出现,我们认为构式化已经发生了。

不仅仅是意义变化（表部分＞表数量），而且成分结构（形式）也发生了变化。具体来说，就是根据亚特（Aarts 1998）和布雷姆斯（Brems 2003）的基本共时中心语区分原则，双名词内部的中心语关系产生了新分析，介词 of 作为数量词的音韵部分也产生了新分析。新分析的表现方式有很多。(21)是其中一种（基于 Brems 2003:89）：

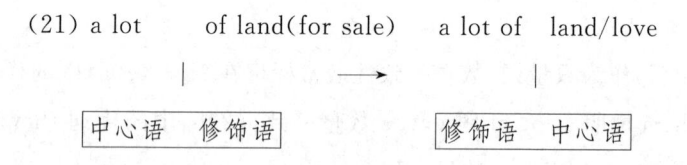

(21) a lot   of land(for sale)   a lot of   land/love
       | | ⟶ |
    中心语   修饰语   修饰语   中心语

我们采纳的是[18]：

(22) $[[N_i[of\ N_j]] \leftrightarrow [部分_i-整体_j]]] > [[[N\ of]\ N_j] \leftrightarrow [大量-实体_j]]$

以 a lot 表部分＞a lot of 表数量为例的一系列变化导致了语法构式化，新发展的形式$_{新}$-语义$_{新}$的微观构式比它的来源更具语法性，因为 NP a lot 的内容性意义和其典型的名词性潜能已经消失，而其语义（表数量）和结构（修饰语）都变成了程序性的。

---

[18] 更早的版本请见特劳戈特（Traugott 2008a、2008b）

1.4.1中已经提到,在下面的1.6.3及其他地方我们还会提及,除了明显的内容性/词汇性或程序性/语法性的构式化以外,还有一些变化的结果是半内容性半程序性的构式,我们称它们为"中间"或"杂合"构式。复杂谓语构式的一个子类如 give someone a kicking 是部分双及物、部分重复,因此是部分语法性/程序性的,但是因为它可以表示言语攻击因此也是部分内容性/词汇性的(Trousdale 2008a)。

本书将论证构式化的多种类型涉及不同图式性、能产性和组合性的各种变化,同时将论证构式化的结果可能导致图式和子图式构式的变化。另外,演变的渐变性在各个构式化过程中也各不相同。尽管图式、子图式和微观构式的发展是渐变的,但词汇微观构式的产生有可能是瞬时的,正如近期出现的构式化语例 ebrary、Romnesia 等。

1.5.2 构式演变

渐变的构式化前后都伴随着一系列常规化增强的步骤,我们称它们为构式演变:

> 构式演变是指影响构式内部某一维度的变化,它并不涉及构式网络中新节点的产生。

在双名数量词发展的例子中,首先存在数量的语用"诱发推理",也就是在话语流中产生的这种含蓄表达能够使意义发生变化(详见 Traugott and König 1991,Traugott and Dasher 2002)。⑲ 我们可以推测在部分构式 a lot of 中(也包括该集合中其他表达如 a bit/shred of),语用推理逐渐在一群说话者中得到凸显,且实现了语义固定化,即使 a lot of 使用在如(18)这样"部分/单位"的语义无法成立的语境中它也能够被理解。这样的语义固化并不是必须出现的。比较 a piece/pieces of 来看,后者就没有被当成标准英语的 many/much 来使用(*I had a piece of anxiety)。这里论及的演变对于部分构式子集来说是非常具体的,而且最初仅涉及意义和一些针对不同语义内容的名词的分布扩展。在这种情况下,形式和语义间的错配就产生了:句法中心是部分构式中心词(NP_1),而语义中心变成了原修饰语(NP_2)。只有当句法形态和语义内容变化都在文本记录中出现时,我们才能说构式化发生了。在我们讨论的这个例子中,动词与 NP_2 的一致说明 NP_2 已经是句法和语义上的中心词,此时它才成为构式化产生的证据。在这样的情况下语义和结构之间的错配可以说是在说话者和听者的协商(可能是无意识的)中得到解决的,产生了一个解读更为透明的新配对:"数量-实体"与表

---

⑲ "诱发推导"这个术语用来强调说话者和听者之间的意义协商,说话者(常常是无意识的,见 Keller 1994,另见 Hagège 1993)诱导理解,听者推测/理解。它允许但不要求说话者通过语用来设计话语的可能性。另一相关的术语"语境-诱使理解"(Heine,Claudi,and Hünnemeyer 1991)强调听者的理解。

面的双名词句法相匹配。⑳ 即使是这样，数量词串 a lot of 还是被当作一个非组合性单元来学习，可是即便如此它还是有一定程度的分析性（如 lot 还是可以被修饰：There's going to be a whole lot of trouble）。这样非完全的固定是可以理解的，因为无歧义数量词短语 a lot of 的使用到 19 世纪才开始频繁起来，而且分析性也是渐变的。

1.5.3 构式演变和构式化的关系

语言分析者所假设的那些先于构式化并引发或促成构式化的构式演变主要涉及语用扩展、语用扩展的语义固化、形式语义的错配以及某些细小的分布变化，我们称这些变化为"先构式化构式演变"（缩写为 PreCxzn CCs）。相反，构式化也会促成进一步的构式变化，这样的"后构式化构式演变"（缩写为 PostCxzn CCs）通常涉及搭配的扩展，也可能涉及形态和音韵的缩减。比如，一旦微观构式[[a lot of]←→[大量]]出现，其搭配会不断扩展，而且近来也出现了多种音韵缩减。兰盖克（Langacker

---

⑳ 重点考察了 a bunch of 后，弗朗西斯和汤浅（Francis and Yuasa 2008）集中关注其集合义，这种意义可依据束或数量来识解，而且他们认为语义重新分析已经发生而句法的重新分析却没有。他们认为数量词在 PDE 中还是形义错配的，因为句法上它还是部分的（NP₁ 还是句法中心）。他们不承认一致这个证据，因为他们认为 a bunch of 甚至是 a lot of 有"一群"之义，也就是说集合义，而在英语中集合名词可显示一致模式的多种变体（如 the committee is/are X）。然而在 What a buncha losers(《城市词典》用 buncha)中的拼写说明对于某些说话者而言 a bunch of 已经有了新分析。另外，弗朗西斯和汤浅对 a bit/shred of 的分析并不比 a bunch of 更有说服力，因为它们不是集合也没有群体义。而且，数量词比部分词有更多的音韵缩减并不能对他们这个观点做出解释。

2009:79)认为 a lot of 在当代英语中是单语素,即使在许多说话者看来其早期的内部结构可能还是可及的(通过其分析性得以证实),因而推测它可能已完全语法化为 alotta(p.77)。兰盖克假设的这个减缩形式 alotta 在网络上得到了证实:

(23) That's *allota ducks* 那是很多钱
(http://brookelynmt.blogspot.com/2010/03/thats-allota-ducks.html; March 31 2010. Accessed Sept 12th 2010)

《城市词典》有 a lotta 这一词项。一些网站旨在澄清其"正确"的拼法,并将它和动词 allot 区别开来,这是变化的明显信号(这一点是人们意识到的)。虽然这样的拼法暗示了内部融合,但它们不能成为诊断标准,因为拼写可以是高度常规化的,也可以是非常特殊化的,特别是在网络的环境中。然而,部分词 a lot(目前它还在使用)在语音上跟数量词 a lot 是不同的,只有后者能够被缩减。

通过将构式化缩写为 Cxzn,并将促成关系用 ↓↓ 符号来表示,我们就可以将涉及构式化的系列演变总结为(24):

(24) 先构式化构式演变(Pre-Cxzn CCs)
　　　↓↓
　　构式化(Cxzn)
　　　↓↓
　　后构式化构式演变(Post-Cxzn CCs)

第一章 理论框架

这样的系列演变可能是递归的,因为后构式化构式演变可能引发进一步的构式化。一些程序性构式的发展说明了这一点,如从属连词 beside(s) 产生于介词词组"by side"然后进一步构式化为语用标记 besides(见 3.2),还有构词发展如-ræden "状态"(见 4.5.2)。

虽然这种理论模式和海因(Heine 2002)及迪沃尔德(Diewald 2002)所提出的语境语法化模式有很多共同点,但它不仅适用于语法演变,也适用于词汇演变。两位作者都指出语法化之前的发展都至少涉及语用,而他们的区别之一是是否认为语法化之前的发展也有形态结构变化,另一区别是是否指明了语法化之后的发展。海因将确定某特定要素的语法化的发生环境称为"转换"语境,迪沃尔德则称之为"隔绝"语境。我们渐变的构式化这一模式中存在一系列变化;我们认为这一系列变化涉及语义或形式或两者都有的变化。构式化之后的一系列变化也涉及语境扩展(见 Himmelmann 2004),但也有不同种类的消失。先构式化、后构式化构式演变的区别会在后面的章节中更为详细地讨论到,包括基于来源结构来推测出变化的步骤的想法(De Smet 2012)。

我们强调"先构式化"只能事后被观察到——我们所意识到的并不能预测某种构式演变必然会引起构式化。然而,从观测到的构式化我们可以看到它是从语境中一系列细微的局部变化中产生的,如 lot 的"单位"或"群"的意义使用的发展,以及歧义构例的发展,通过事后观察我们可以称这些变化是先构式化构式演变。

构式化与构式演变

起初,构式演变和构式化是局部的,只影响特定的微观构式。然而,其中一些变化也可以被看作是更大的系统演变的一部分。比如,部分构式 a lot of NP 的前身是英语的"从属格",其修饰语是由所有格来标记的,如(25),修饰语可以在中心语前或后。

(25) On Fearnes felda   gebyrað twega manna
　　 In Fearn's fields extend two   men's
　　 hlot　landes　　　in to　Sudwellan.
　　 parcel land. GEN　　 in to　Southwell
"In Fearn's field extend a parcel/share of land large enough for two men into Southwell."
在菲尔的田地上扩展一部分足够使两个人进入南威尔的土地。
(Ch 659(Birch 1029)〔DOE〕)

直到现代英语晚期格系统才被打破,语序相对固定,且冠词也形成了。各种形式的所有格,不管是部分格(a lot of land)、所有格(king of England)、亲属关系格(mother of my daughter)等通常都由 of 来表达了(原始义是"out of"),并且语序也固定为中心语-修饰语。[21] 另外,a 用来标记任何名词词组

---

[21] 然而,-s 所有格和有生修饰语-中心语语序的保留(my daughter's mother)至少是现代英语中格的遗留用法(还有用-s 的其他可能的所属格),即对格消亡和重组的一种限制。

中的不定指单数可数名词。这些都是系统演变,并非是 a lot 或部分构式的个别变化。

1.5.4 瞬时构式化

正如我们讨论的,构式化的一个重要方面是在新节点产生之前存在一系列微观步骤。虽然所有的微观步骤在个人头脑里都是瞬时的,而且单个构式化也是瞬时的,但是在新节点产生之前的构式演变是渐变的,也就是说它们出现在一系列微观步骤中。然而,也有一些新构式在其产生前并没有可观察到的构式变化。援引我们在 1.3 中介绍的网络隐喻,我们称这些当场变化为瞬时类型的节点创造,比如,单词像 sushi、table 或 devour 可能是作为形式语义配对瞬时借入的。虽然这些词在其借用来源的说话者中有历史渊源(也可能在借用之后经历构式演变),但在它们被借用时在目的语中不是微小步骤变化的结果。借用主要是在词汇领域,然而偶然的情况下,形态也可能借用,特别是派生形态(如-ity,-able/ible)(见 McMahon 1994:第八章);这种情况下,后续变化有可能发生,因为通常情况下语素最初同其词根一起被借用,只是逐渐被用于其他词根,最终产生一个构词图式。

当场变化的另外一个例子是"类转"的产生,这是一种构词策略,允许说话者瞬时将名词用作动词(如 to calendar/google/window)。其他的也有首字母缩写词如 wags(wives and girlfriends,常常用于体育明星的太太团,特别是足球明星),或者 scuba(self-contained underwater breathing apparatus 自适应水下呼吸设备）。许多词语是凭空创造的，如品牌名像Xerox，在这个词汇构式被创造前并不涉及任何形式或功能变化。然而，一些新造词语可能是处于一个连续统上，如 quark，虽然它是由詹姆斯·乔伊斯（James Joyce）创造的，但它跟question、quest 及其他疑问词相呼应，因此跟这些已经存在的范本有一定的联系。在 4.8 中，我们将详细讨论瞬时微观构式类型节点的变化。

1.6 和本书特别相关的历时研究

历史语言学先前的很多研究存在一个倾向，即将语义、句法、形态或者音韵变化当作是大体上独立的、自足的、模块化现象。然而，近来很多在语用和句法接口（如 Hinterhölzl and Petrova 2009, Meurman-Solin, López-Couso, and Los 2012）、句法和重音形式接口（如 Schlüter 2005, Speyer 2010），或者韵律和语义接口（Wichmann, Simon-Vandenbergen, and Aijmer 2010）上的研究说明，"单纯"的变化，如句法结构变化，只是理论和方法的一个建构，而不是语言使用的现实情况。基于使用的构式方法认为语法系统，作为一个语言知识系统，是由形式语义配对即符号构成的，将焦点转移到形式和语义变化的联系上。

在本节中我们讨论在历时语言学领域中术语"构式"过去是如何被使用以及现在有时候还会被如此持续使用，尤其是在语法化的研究中。我们也概括了语法化和词汇化的一些要点，这些要点对理解我们语法性/程序性和词汇性/内容性的构式化是必要的,我们还对采用历史视角的构式语法研究(不受限于本书所采纳的方法)进行了简要的评述。

1.6.1 早期历史语言学使用的"构式"

在过去二十年关于形态句法变化的文献中"构式"这个术语被广泛使用,但它的所指却并不总是那么清晰。通常它指的不是构式语法中的形式语义配对,而是一个短语或组合,或者是一个语法成分发展的句法语境。这部分反映了拉丁语法的传统,拉丁语的 constructio 过去被翻译成希腊语的"句法"。事实上,"构式"在过去的历史语言学领域主要是跟句法而不是词汇相联系的;其扩展到词汇主要是同构式语法的视角相关。

历史语言学中的一个基本概念是变化发生在语境中,而这个语境常常被称为"构式"。在第五章中我们会详细讨论这个概念的涵义,其宗旨是语法化变化无法独立于语言环境,如在拉丁语 dare habes "give:INF have:$_2$Sg"变成 7 世纪的 daras "give:FUT"(Fleischman 1982:68),这一过程中,主动词词根 da-并没有经受形态句法变化[22],而是 habe-在优先非限定动词的语境中经历了变化。所以:

> 语法化并不只是抓住一个词语或者词素……而是考虑以成分的组合关系组成的整个"构式"。(Lehmann 1992:406)

---

[22] 关于 daras 的讨论,见 2.5.1.3。

这里"构式"很明显是个句法概念,指的是一个句法字符串或组合成分。然而,拜比和她的研究团队认为这个术语含有的意义更接近构式语法中的形式语义配对:

> 作为前身的是整个"构式",而不单是词根的词汇义,因此也是语法性语义的来源。(Bybee,Perkins and Pagliuca 1994:11)

从拜比、帕金斯和帕柳卡的假设"语法成分的发展是由形式和语义的动态共同演化来描述的",可以看出他们认识到了形式语义配对起着关键作用的语法系统。然而,他们并没有在理论上阐释这样的语法系统。

一般来说,作者们使用"构式"这个术语时,头脑中并没有构式语法的概念,除非他们明确地说明自己采纳构式语法的理论。这也包括本书第一作者 2007 年以前的出版物,特别是特劳戈特 (Traugott 2003)。

构式演变研究关注的焦点也是众所周知的语法化的演变类型。下面我们来讨论语法化。

1.6.2 语法化

本书第三章将详细解释语法化以及在语法构式化框架之内如何解释语法化的方方面面。需要指出的是语法化被广泛地定义为"语法范畴的产生"(Lehmann 2004:183)[23],也指语法标记

---

[23] 然而莱曼也认为,这个观点的包容量可能过大。

的形成,如格、时态、体、情态、语气、连词等。标准的例子有:

(26) a. 拉丁语 cantare habeo "sing:INF have:$_1$sg">法语 chanterai "sing:FUT:$_1$sg". (Fleischmann 1982:71)
  b. 古匈牙利语 vilag béle "world core/guts:directional 指向性">vilagbele "world:into">világba(béle>case marke 格标记 be/ba). (Anttila 1989:149, Lehmann 1995:85)
  c. 古代英语 an "one">a "indefinite article 不定冠词". (Hopper and Martin 1987)
  d. 古代英语 ænlice(an "one" + lice "having the form of") > only "adverbial exclusive focus marker 状语性排他焦点标记". (Nevalainen 1991a)

可能略有极端化之嫌,学术界关于语法化有两种主要观点(概述见 Traugott 2010a)。传统上,语法化被识解为依赖性增强和初始表达各方面的缩减(见 Lehmann 1995,Haspelmath 2004)。许多关于演变的讨论至少部分是形态上的,像(25a、b)。我们把这个语法化传统称为"缩减和依赖性增强的语法化"。另一方面,近期的多数研究认为语法化涉及语义-语用扩展、句法结构扩展、搭配范围扩展(Himmelmann 2004)。这一传统的演变讨论多与句法和语篇相关,同时也是形态的。(26)、(27)的例子都说明了这个观点。(27a)例示了语用标记的发展,(27b)说明了指定性信息结构的发展:

(27) a. say(imperative of main verb say 主动词祈使语气)＞"for example, suppose"(Brinton 2006:89);only "exclusive focus marker 排他焦点标记"＞"except, discourse-connective 语篇连词". (Brinton 1998, Meurman-Solin 2012)

b. All I did was to X("everything I did was for the purpose of X 目的")＞All I did was X("the only thing I did was X 唯一"). (Traugott 2008c)

我们把这个观点称为"扩展的语法化"。

上述两种观点在方法上的差异取决于研究者对于语法的看法。比如,限定性语法分析通常不包括语用标记,而且在里兹(Rizzi 1997)开创句法对比研究以前并不涉及信息结构。其差异也取决于是否以结构变化为核心,可能涉及的不仅是形式缩减,也包括语义内容缩减(语义漂白),抑或是能产性和使用频率增加所导致的使用缩减的结果。比如,莱曼(Lehmann 2008)的对比信息结构变化研究强调由两个小句缩减成一个,而特劳戈特(Traugott 2008c)对英语准分裂句式发展的研究强调有效语境类型的增加。因为构式语法是包罗万象的,包括了语法中的语用标记,所以非限定性视角下的语法化和构式语法是一致的。本书采纳的是基于使用的构式语法,因此构式化跟语法化的扩展和缩减都具有一致性。在后面的章节中,我们会证明扩展和缩减不是对立的,而是在变化中相互交织的。

1.6.3　词汇化

共时与历时语言学文献中对词汇化这个术语的理解有相当的差异,尽管这两种视角下的词汇化研究范围均为实体的、内容性的意义编码(Brinton and Traugott 2005)。

对很多共时研究者来说,"词汇化"意味着"有节段性表达"。最值得关注的是,在泰尔米(Talmy 1985、2000)的研究中"词汇化"用来表示对诸如动作、路径和方式等认知场景的综合描述或者编码。他尤其关注动作路径和方式/原因的语义合并。他将汉语和除罗曼语外的所有印欧语系分支归为词汇化动作+方式/原因,路径为卫星的语言(如 The rock slid down the hill [slide=动作+方式(在光滑的表面上移动),down the hill=路径])。相反,罗曼语、闪米特语、玻利尼西亚语、阿苏格威语和纳瓦霍语等则是词汇化动作+路径,将方式当作卫星(如西班牙语 la botella entró a la cuevaflotando "the bottle entered the cave floating 瓶子漂浮进洞穴")。有趣的是,拉丁语,这个罗曼语的始祖却跟英语一样是词汇化动作+方式/原因。近来,比弗斯、莱文和谭萧魏(Beavers, Levin, and Tham 2010)收集了很多跨语言研究,这些研究表明泰尔米的类型研究过于简单化:动作、路径和方式/原因在许多语言中由于不同的原因(包括语言接触和借用)导致其综合描述的方式各不相同。比弗斯、莱文和谭萧魏(Beavers, Levin, and Tham 2010)认为表达的复杂性和某种语言词汇总藏的偏差使得泰尔米及他的追随者认为语言有这样的倾向。从历时角度的这种词汇性描述研究非常罕见,本书也不会在这方面深入探讨(详见 Slobin 2004, Stolove 2008、2015, Fanego 2012a)。

在历史文献中,术语"词汇化"曾一度被用来指语法化的反例("去语法化"),尤其是一些语法性表达的使用,如 up 完全作为动词,ifs、ands、buts 中作为名词的 if、and、but 等(见 Ramat 1992, Campbell 2001, Van der Auwera 2002)。在本书 4.9 中我们会讨论到,这些例子已不再被认为是语法化的反例(见 Lehmann 2004, Norde 2009)。相反,它们是构词的例证,比如众所周知的类转,即任何语言成分包括声音都可以被转化成主要内容性范畴的成员,英语中通常转为名词,有时为动词。

词汇化在很多方面也被认为跟缩减的语法化相类似(见 Brinton and Traugott 2005),原因是它涉及合并、融合和联合成词(Lehmann 2004)。从这一角度来说,在词汇化中"一个复杂词素一旦产生就趋向于成为单个完整的词汇单位"(Lipka 2002),如:

(28) a. 古英语 god "good" + spell "message" > gospel
　　 b. 古英语 neah "near" + gebur "dweller" > neighbour
　　 c. 现代英语 cup "cup" + board "shelf" > cupboard "storagespace"

稍具挑战性的例子如(29):

(29) a. He *curried favour with* the boss

"He ingratiated himself with the boss 他讨好老板".

b. He *paid attention to* the speech

"He attended to the speech 他关注讲话".

这里无法将新的构式看作"单个完整的词汇单位",相反它是非组合性的复杂构式,而且整体语义是内容性的("拍马屁")。(30)中的例子比(29)更具挑战性:

(30) a. He *had a shower*

"He showered 他沐浴"(而非"He owned a shower 他有个淋浴")。

b. He *took a walk*

"He walked 他散步"。

布林顿(Brinton 2008b)认为,像(30)这样的复合谓词显示的特征是部分词汇性的和部分语法性的。这些例子中的轻动词 give/ have + 动转名词 N 有特殊义和部分词汇义,但是在英语中它们似乎也发展成了目的体(指向终点)标记。从这方面来看它们是语法性的。最后,更复杂的例子如(31):

(31) a. He *gave them a talking to*

"He berated them 他责备他们"。

b. He *gave them a kicking*

"He assaulted them 他踢他们"。

这里并不能简单地认为"He gave them a talking to"是"He talked to them"的未终体对等表达。相反,(31)中的构例通过加入身体攻击或言语斥责意义而具有了更词汇性的理解(Trousdale 2008a)。在第四、六章,我们会详细讨论这些复杂的例子。

1.6.4 演变机制

历史语言学中的一个主要问题是随着时间的推移,语言使用者如何对一个既存的表达添加可替代的表述。这里所总结的研究方法,通常指演变的机制(如何演变),与动因(为何演变)相对。"动因"可以从多方面来理解,如社会语言学,如威望。但这里我们指的是以认知为基础的动因,如类比思维和习得,同时也指交际动因,包括以某种独特或引人注目的方式来展示自己(或者是群体的一员)的想法。"演变机制则是语言在使用中所发生的过程,而且是产生语言的过程"(Bybee 2001:190)。拜比的研究包含了机制的一小部分:

通过假定作用于人的运动神经、感知和认知能力的机制的有限集合,使该集合同习得和语言使用中的语言实体相互作用,一系列可能的语言结构和单位就会随之浮现出来。(Bybee 2001:190)

语法化文献中讨论的演变的主要机制是"重新分析"(也就是本书的"新分析"),重点关注的是同原始来源的差异。近来,很多研究者还关注"类比",其焦点是将原始来源跟一些既存的并与之在某些方面相似的构式相类比,这些既存的构式则被称为范本。㉔ 下面我们将解释为什么我们更倾向于使用"新分析"而不是"重新分析","类比化"而不是"类比"。在第二章中我们会用一组涉及演变过程的更精细的假设来讨论演变"为何"和"如何"发生。

1.6.4.1 新分析("重新分析")

梅耶(Meillet)在其1912年那篇引用率极高的文章中提出了"语法化"这一术语,其中他写下著名的一段话:

Tandis que l'analogie peut renouveler le détail des formes, mais laisse le plus souvent intact le plan d'ensemble du système existant, la "grammaticalisation" de certains mots crée des formes neuves, introduit des categories qui n'avaient pas d'expression linguistique, transforme l'en- semble du système. "尽管类比能够更新形式的细节,但通常会保持既存系统结构的完整性,而某些词的'语法化'则能产生新的形式,导入先前没有的语言表达范畴,从而改变整个系统。"

(Meillet 1958 [1912]:133)

㉔ 哈里斯和坎贝尔(Harris and Campbell 1995)认为借用是除重新分析和类比以外第三个形态句法演变机制。虽然语言接触在演变尤其是语法化中非常重要,(见Heine and Kuteva 2005, Kchneider 2012)我们这里不对它进行深入讨论。拜比(Bybee 2003)认为频率也是一个机制。在我们看来它不是机制,而是常规化和图式化的副产品。

梅耶并没有使用"重新分析",这个术语是在70年代开始发展起来的。兰盖克对形态句法演变中的重新分析所做出的定义已被证明是奠基性的:"某个或某类表达的结构变化,但并不涉及任何对表面形式的直接或内部修改"(Langacker 1977:58),如此不涉及对表面形式的修改而变化的一个例子是我们在1.5.1中讨论过的双名部分词>双名数量词演变过程中的中心语+修饰语>修饰语+中心语的变化。

哈里斯和坎贝尔(Harris and Campbell 1995:50)将兰盖克阐述的"结构"理解为"深层结构",并认为它至少包括了"1)成分组合,2)等级结构,3)范畴标识,4)语法关系"。例(25)中拉丁语cantare habeo>法语chanterai(由于略去了中间的很多阶段,因此展示了重新分析的表面形式)说明了成分组合变化(一个短语变成了一个词)和范畴标识变化(表所属的主动词habe-变成了表将来时的词缀)。自兰盖克(Langacker 1977)开始,重新分析的概念已由形态句法扩展到语义和音韵变化(分别见Eckardt 2006和Bermúdez-Otero 2006)。

然而,"重新分析"这个术语存在一些问题。其中之一是术语学的问题。如果一个语言使用者在没有内化某个构式的情况下,对该构式的理解就与说话者不同,则"重新"分析并没有发生,而只是发生了"不同"的分析;严格来说,人们不能重新分析一个他认为不存在的结构。这是我们倾向用安德森(Andersen 2001)的术语"新分析"的理由。"重新分析"的另一个问题是只有当新分布在新的隐形分析中被模拟出来时,重新分析才能呈现出来(Harris and Campbell 1995, Hopper and Traugott

2003,Fischer 2007)。也就是说在没有类似例(18)(其中 N_2 不能分割成具体部分)或者(20)(其中跟代词数量一致的是 N_2,而不是 NP_1)作为证据的情况下,我们无法知道 a lot of 被新分析了。

在语法化的文献中有相当一部分讨论集中在如罗伯茨(Roberts 1993)所提出的语法化是否就是重新分析这个问题上。海因和雷(Heine and Reh 1984)、哈斯佩尔马斯(Haspelmath 1998)以及其他许多人认为语法化不是重新分析。大部分争论是基于重新分析涉及大规模变化(见 Lightfoot 1999:87—91 关于"灾难性"变化的讨论)这个观点,与本章讨论的构式化并无关系。我们会在后面的章节,特别会在2.6讨论和渐变性(可理解为语言特征的微观变化)相关的思考时涉及这个问题。这里我们将新分析看成构式演变中的微观步骤。微观步骤变化,无论是形式或语义,都能被使用特征描述的构式语法模式[见 Fried and Östman 2004a 的中心语驱动短语结构语法(HPSG)或 Sag 2012 基于符号的构式语法 SBCG]捕捉到。也就是说,表数量的 a lot of/lots of 的产生是经历了从"部分"义到暗指"大量"这一语用特征微观步骤的新分析。由于说话者使用了这种分析,构式语义发生了变化,导致了双名部分词和双名数量词,两者中的 lot 都处于 NP_1 位置上。埃卡特(Eckardt 2006)将这一过程称为"语义重新分析"(另见 Nørgård-Sørensen,Heltoft and Schøsler 2011)。当数量意义常规化以后,微观步骤的进一步新分析导致语义中心语的转移[见(18)],即表部分的理解已不可能;这就是个构式演变。a lot of 和后面的动词(20)之间的不一致说明进一步的构式新分析涉及了句法中心语的转移,其结果就是构式化。

1.6.4.2 类比化("类比")

当梅耶阐述语法化时,他所提到的类比概念跟当下的类比并不相同。他所说的类比很大程度上限于特定范本的匹配,而并没有概念化为规则(Kiparsky 1968)或者制约(Kiparsky 2012)的普遍扩展。类比在语法化中的作用很早就已被认可。然而,20世纪后半叶随着语法化的理论框架不断被完善,类比似乎受到了更多的限制而不能在语言演变的限定性假设中发挥作用(如见 Givón 1991)。因而只有某些语法化研究还勉强接受类比,如追随哈斯佩尔马斯(Haspelmath 1998),莱曼(Lehmann 2004)明确区分了他所谓的"无类比纯粹语法化"和有类比语法化。他所给出的"纯粹语法化"的例子包括1)数量"one">不定指冠词,2)日耳曼语系和罗曼语系中的指示词>定指冠词,3)古希腊语中的空间介词>被动语态标记,4)人称代词>罗曼语多种口语中的动词前交错指示标记(Lehmann 2004:161)。然而,拉丁语 cantare habeo 这个例子被证实了有多种语序,其中多数是 habe-位于不定式前,如 habeo cantare,因此可以假设不定式后加 habe-的语序必定是在屈折将来时发展以前就固定下来的。莱曼承认这种固定有可能是对既存的屈折将来时的类比,如 cantabo "I will sing"。他还指出"倾向于类比的语法化仍是语法化的一种",但他也得出结论:"语法化的'特定本质(the proprium)'只能来自纯粹语法化"(2004:162)。

费希尔(Fischer 2007)在她力推类比在演变中的重要性的著作中重新评估了语法化中类比的作用。费希尔采用了安蒂拉

(Anttila 2003)的"类比网格"概念,认为类比在纵聚合(图标的)和横组合(索引的)两个维度上运作。她的关注点是即时处理程序而不是语言使用的结构特征,并认为类比(而非重新分析)是语法化的最根本机制(另见 De Smet 2009)。在语法化理论中,研究者的注意力已经从像 cantare habeo>chanterai 这样个别表达的变化轨迹以及从抽象连续如主动词>助动词>短语缀>屈折形态的变化转到了某个语法化的成分可能与一个范畴或构式的匹配方式上来(海因及其研究人员的类型学研究尤为重要)。这种注意力的转移同关注构式语法的集合和网络是一致的。这一点我们将在第三章中详细论述,我们认为将类比思维过程和类比机制区分开来是非常重要的,最好称类比机制为"类比化"以避免类比思维(动因)和基于模式匹配的演变(机制)两者之间的歧义(详见 Traugott and Trousdale 2010a)。类比思维和形式或意义匹配,引发变化的可能性,但不必然导致变化。相反,类比化是演变的机制或者说处理过程,会产生以前未曾出现过的形式和语义的匹配。同样重要的是要将语法切分处理和新分析机制这两者进行区分,语法切分处理有可能(导致)与目前不同的分析,而新分析机制则会产生新结构。表格 1.2 总结了这些重要区别:

表 1.2 动因 vs 机制

引发演变的过程	机制
类比思维	类比化
语法切分	新分析

许多关于类比化的讨论是以范本为基础的,如"我们应该在构式基础上建构语法,应该有一个受特定的使用语例影响的范本表达"(Bybee 2006:14,另见 Bybee and McClelland 2005)。从构式角度研究演变非常支持模式匹配是演变的重要因素这一观点,因为构式语法强调集合成员关系。在讨论双及物构式时我们已经看到,戈登伯格不仅仅对表意图转移的构式(如 give、pass、hand、feed 等)感兴趣,她更感兴趣的是其他有类似形式语义配对的模式类型,如创造和故意转移[如 bake、build、pour(a drink)等],交际(如告诉、问、引用等),以及它们间细微的差别。从历史角度来看,很自然会问到这类集合是如何形成或丧失的。类比思维和类比化是回答这个问题的关键所在。我们会在 2.3 讨论网络在创新和演变中的作用时再次论及这个问题。

1.6.5　历时构式语法研究

这里我们所谓的"历时构式语法"(借用 Noël 2007 的术语)是指从构式语法模式的角度来研究历时变化,其关注点是"构式"必须被理解为形式语义的配对这一事实。正如诺埃尔(Noël)指出的那样,虽然有很多研究针对语法演变,但构式语法同样涵盖了词汇演变。到目前为止,构式语法已经被广泛应用于历史语言学研究,或者说历史语言学被应用于构式语法中,一些新的观点由此应运而生。但是在这些研究中没有对构式演变提出总体看法,也没有对我们提出的构式化这类特殊演变进行解释研究。本书致力于填补这一空白。

历时构式语法领域自 90 年代中期以来受到了学界的爆炸

第一章 理论框架

性关注,这里我们仅能提及一些研究走向和成果。伊斯雷尔(Israel 1996)是将戈登伯格的认知构式语法原则应用到形态句法演变研究的较早例子,分析了英语 way-构式的变化发展所经历的阶段。贝格斯和迪沃尔德首次出版了合集力图为构式语法和形态句法演变的结合建立理论框架。贝格斯和迪沃尔德(Bergs and Diewald 2008、2009b)的论文综述了跟戈登伯格(Goldberg 2006)构式语法相一致的历史语言学研究。科尔曼和德克莱克(Colleman and De Clerck 2011)讨论了在近代英语中双及物构式语义进化的专门化。霍尔曼(Hollmann 2003)将激进构式语法应用于英语迂说法致使结构的发展。许多研究力图将构式语法跟语法化相结合,其代表有诺埃尔(Noël 2007)以及贝格斯和迪沃尔德(Bergs and Diewald 2008、2009)所发表的许多论文。布雷姆斯(Brems 2011)在她关于英语双名词数量表达研究中将历时语法化和构式语法相结合。类似的研究还有帕滕(Pattern 2013)关于英语分裂句发展的研究。这个领域特别重要的研究者是弗里德(Fried 2008、2010、2013),她尤其关注语境在构式演变中的作用,我们会在第五章加以详细讨论。弗里德采用了菲尔墨的 HPSG 的观念来模拟构式组合成分的内部特征和构式自身的外部特征的关系,因为语法化的发展是一个微观步骤接一个微观步骤的。这也是当前研究的状况,弗里德对构式演变的研究将作为"语法碎片"(Kay and Fillmore 1999:2)的构式和带有创新核心的话语构例之间区分开来。我们这里讨论的构式化方法在特劳戈特(Traugott 2007、2008a、2008b),特劳斯代尔(Trousdale 2008a、2008b、2008c)和维尔维肯(Verveckken 2012)的论述中也被多次提及。

虽然大部分关于历时构式语法的研究关注英语中的演变(见 Israel 1996，Hollmann 2003，Traugott 2007、2008a，Pattern 2010、2013，Colleman and De Clerck 2011，Gisborne 2011)，也有一些研究将历时构式语法应用在别的语言上，如古教会斯拉夫语(Fried 2008、2010)，东方及东亚语言(Bisang 2009、2010，Horie 2011，Zhan 2012)。维尔维肯(Verveckken 2012)从构式化角度讨论了西班牙语双名数量词的发展，韦罗内(Verroens 2011)也从这个角度讨论了法语 se mettre a 的语法化。纳尔戈尔-索伦森、赫尔托夫特和肖斯勒(Nørgård-Sørensen, Heltoft and Schøsler 2011)关注了丹麦语、法语和俄语的发展。本书采纳克罗夫特和戈登伯格的观点，将构式概念化为非模块化语法理论中以基于使用的具有语言特殊性的形式语义配对。纳尔戈尔-索伦森、赫尔托夫特和肖斯勒的理论框架虽然大量采用了安德森(Andersen 2001、2008)的观点，其独特之处在于无论在形态(如格)还是句法(如词序)上构式都参与纵向范畴或横向组合以及语义集合。

其他类型的历史构式研究包括不同语言间特定构式发展的比较研究，如诺埃尔和科尔曼(Noël and Colleman 2010)对英语和荷兰语中宾格不定式构式(ACI)以及主格不定式(NCI)动词的对比。也有一些学者从构式语法角度对历史比较进行重建(见 Gildea 1997、2000 关于亚马孙地区的卡利班语的研究，Barðdal 2013，Barðdal and Eythorsson 2012 对冰岛语的研究)。因为构式研究方法认为从语素到小句的各种语言单位都可看作是形式语义配对,因此对词汇和形态成分的对比方法也可以扩展到句法:构式同源词可以从词汇成分扩展到论元结构构式。正如巴左达尔和艾索尔森(Barðdal and Eythorsson 2003)、约瑟夫和扬达(Joseph and Janda 2003a)以及其他人所提出的那样,随着时间的推移句法结构相对于音韵成分或语素更加稳定。然而巴左达尔(Barðdal 2013)观察到同源词这一概念不仅适用于语素词汇,同样也适用于论元结构构式,即与非人称谓语的格框架相关的形式也会影响句法结构的重建。另外,构式框架中小句层面的形式语义配对的常规/任意性本质同样支持这样的观点,即句法重建跟形态重建一样是可行的。

1.7 证据

历史语言学是一门基于证据的实践性学科。然而费希尔(Fischer 2004)、菲茨莫里斯和史密斯(Fitzmaurice and Smith 2012)认为,这所谓的证据并不是没有问题。由于语言表达是以书面文档形式记载的,所以变体研究和演变研究的语料都是间接的。"它仅能为变体和演变的动因提供线索,为对演变起作用的机制提供线索,对说话者行为进行提示"(Fischer 2004:730—731)。另外,早些历史时期遗留下来的文本可能是由于偶然因素而得以既存,抑或很难理解。目前的大部分研究都是以语料库为基础,如电子语料库或词典,使用的都是编辑过的原稿,只能说是或多或少忠实于原稿(Horobin 2012)。比如,18世纪以前英语文本中的标点是由编者加的,因此其句法结构可能受编者影响(见 Parkes 1991 关于 18 世纪前英语标点研究)。

因为本书是关于语言历史演变,大部分的语料仅以书面形式呈现。为了保持一致性,我们选用的当代语料也是书面语料。科恩和梅尔(Kohnen and Mair 2012:75)指出:"研究英语的历史学家常对他们必须通过第二手材料,即文献或其他书面记录,而不是已经消失的'真正'的口语来重建真实的方言历史表示遗憾。"比如,拉波夫(Labov 1994:11)的著名言论:历史语言学家必须"充分利用最差的语料来达到最满意的结果"。然而,这个评价受到了各种观察的调和。首先,在读写能力普及之前,多数文本是写来朗读的,因此在一千多年的英语历史中为听众设计是书面语和演讲的一大特征。另外,有相当一部分的书面语料是表现或非常接近口语语料的,其中许多现在可以通过电子语料库得到。还有一点就是并非所有的变化都是在说话中产生的。

接近口语的书面语料包括日记、书信、戏剧以及 18 世纪末 19 世纪初英国和美国法院的庭审记录(Culpeper and Kytö 2010)。18 世纪以前的庭审记录是具有特别价值的语料,因为当时没有辩护律师,"控诉方"通常是个人(比如,孩子被拐的母亲或者勺子被偷的银匠等)提出对被告的控诉(见 Archer 2006、2007)。这样由庭审笔录组成的文集如《老贝利诉讼集》(Proceedings of Old Bailey 1764—1834 年)已经被证明记录了很多话语因素,如 not 弱化为 n't(Huber 2007)。近来,新的科技如电视、电脑、手机等使书面语和口语的界限日渐模糊。

虽然我们有理由认为多数的演变发生在口语中,因为读写能力是需要学习的，不具有普遍性，然而有些演变却发生在书面语中。比如，比伯(Biber)研究了新闻报道中的特定名词序列如通信协议(communication protocol)(见 Biber 2003, Biber and Gray 2012)，认为它同19世纪初以来的信息效率和经济性变化趋势相关。虽然这个现象主要出现在书面语材料中，但它在口语中也存在(如 blood sports、career woman 等)，这种情况可能是书面语体影响到了口语(Leech, Hundt, Mair, and Smith 2009:219, 脚注22)。另外，即使有的书面材料是脱离语境的，但需要记住的是它们仍然是有互动的，不仅是为了说明，也是为了说服、娱乐或者吸引读者而设计的。因此书面文本不一定是"差的语料"。

  作为一个研究者，需要意识到的是流传下来的书写记录处于一个从正式官方文件到非正式便条的梯度上。在欧洲，从19世纪末开始随着印刷的普及，非正式书面记录显著增长。相对廉价且复制方便的印刷媒介使得人际交流得以表现和保存，而说话风格在中世纪末的戏剧如约克神秘戏剧等中可以找到，在印刷术普及之前，这些戏剧都是通过手抄本形式记录流传的(Beadle 2009)。在这些戏剧文本中，上帝的讲话方式是高格调的，而剧中反面人物如希律王和撒旦或者丑角像诺亚的妻子等讲话方式是低格调的，伴随着侮辱、诅咒和大量的感叹词。随着时间推移，英语趋向于"口语化"，书写规则逐渐适于说话，这一趋势可能与上面提到的趋向于经济性相竞争(Leech, Hundt, Mair and Smith 2009:252)。因此，非常重要的一点是要区分语言的结构演变和基于文化意识形态的读写实践的变化。另外也要意识到文本类型及其文化内涵的多样性。

本书采用的材料涉及各种文本类型,重点考察结构演变而非口语和书面、口语和正式语体的区分,除非这些区分与语言演变有关。我们采用了一系列数字语料库,特别是"近现代英语文本语料库(扩展版)"(CLMETEV,在引用中以 CL 为缩写,收录了 1710—1920 年大量英语文献,共 1500 万词)、"美国英语历史语料库"(COHA,从 1810—2009 年的 4 亿美国英语语料)、《老贝利诉讼集》(OBP,1674—1913 年)。在《老贝利诉讼集》中,1674—1843 年的语料对于语言学研究来说是最重要的年代,因为受到的法律条文约束最少(Huber 2007);OBP 共收录了大约 5200 万词。当代英语的语例主要来自"当代美国英语语料库"(COCA,1990—2012 年,收录了 4.5 亿词)。更早期的语料主要来自早期语料库如"赫尔辛基语料库"(HC,750—1710 年,收录了约 150 万词)、"早期英语书籍在线"(LION:EEBO,到 2008 年已收录约 9 亿词),和"古英语词典语料库"(DOEC)。虽然数字语料库可用来展示一种语言多方面的表征,提供大量丰富的资源,但是它们都是经过选择的。正如里萨宁(Rissanen 2012:313)所说,即使最好的语料库也"只能代表语言现实的一小部分"。

我们使用的其他非代表性的语料还来自谷歌(Google)、谷歌电子书(Google Books)和两本重要的英语历史词典——《牛津英语词典》(OED)和《中古英语词典》(MED)。虽然广泛使用 OED 作为研究的基本材料,但它并不能为微观变化的系统研究提供足够的语境[见 Hoffmann 2004 和 Allan 2012 关于使用

OED作为语料库包括以之为日期变化的材料来研究语言演变的问题;梅尔(Mair)2004也讨论了这些问题,并得出结论认为针对小句层面语法现象如 BE going to、begin/start to V/V-ing 等的研究,使用 OED 的优势明显]。谷歌提供的文件(作者、文本出处等)也均是不完整的,且语例的真实性也需要查证。然而,积极地来看,谷歌是获取新造词的极好来源,比传统的语料库提供了更宽广的语言多样性,且是多语言交流的平台,因此对于研究正在进行的演变是个极好的资源(Mair 2012)。

本书中的语例都尽可能标记日期,然而,尤其是早期阶段,标记日期是尽可能为之。当我们说演变的阶段时,标记日期多少带有任意色彩。英语的断代情况基于不同的历史、语言、政治(如诺曼底登陆)和科技(如印刷)等因素而常常有很多争论。本书采用的是以下传统的断代方法:上古英语 650—1100 年;中古英语 1100—1500 年;现代英语 1500—1970 年,现代英语分成早期现代英语 1500—1700 年和晚期现代英语 1700—1970 年;当代英语 1970 年—现在。

1.8　小结及本书大纲

本章概括了本书即将详细讨论的一系列话题,简单地说,过去几百年来发展的研究方法所观察到的变异是演变的来源和结果这一事实将我们的研究重点带回到了符号,但此符号跟索绪尔所倡导的符号又不尽相同。索绪尔认为变异太过特殊,拒绝它,因而导致无法区分演变和变异,因此索绪尔倡导语言的地位高于言语,并在共时符号中寻找系统,即可理解为在语素或词层面上的形式语义配对。20世纪中叶,乔姆斯基(Chomsky 1957始)关注语言作为一个认知系统,并认为语言能力高于语言行为,即I语言高于E语言。他寻找普遍语法(UG)和句法系统。20世纪70年代,拉波夫证明了系统性可以存在变异中,尤其是音韵变体和时间变体(见 Weinreich, Labov, and Herzog 1968)。到80年代初,莱曼(Lehmann 1995)证明了语法化中的系统性,即形态句法演变(另见 Bybee 1985)。本书关注构式语法,且至少跟戈登伯格、克罗夫特和兰盖克所提出的构式语法模式相一致,优先考虑语言使用和认知能力;认为语言是符号系统,而符号是从语素到复杂小句的形式语义配对。

基于使用的构式语法模式认为语言是有结构的也是可变的。正如拜比(Bybee 2010:1)所言,语言"呈现显著结构和模式规整性,而同时在各层次展示相当的变异"。这也是本书的整体立场。我们对构式化的关注目的是找到引发形式$_{新}$-语义$_{新}$配对及其后续发展变化的因素,即新构式的动因与结果。

本章我们已经概括了研究语言演变的构式方法和构式框架理论下符号演变的主要特征。全书即将呈现的主要思想是:

(a) 构式在网络中相互关联,在等级层次分类中,用图式高的构式批准图式低的构式。构式类型的图式越高,其普遍性越强。相反,分类层次越低,特殊性越强。

(b) 演变不是自足的,而是以不同的方式和构式相关联。单独在形式或意义上影响个体构式的演变是构式演变。

(c) 经历一系列小步骤的构式演变之后导致形式$_{新}$-语义$_{新}$配对的演变叫构式化。这个过程是渐进的,这也是本书的主要观点。(4.8章节会讨论一些瞬时词汇微观构式化的例子)

(d) 构式处于从词汇/内容性的到语法/程序性的梯度上。

第二章介绍本书采用的基于使用的语法模式的一些基本原则,尤其会对上面(a)加以阐释,并指出语言网络模式研究方法能让我们更好地理解语言演变。第三章中,我们具体阐释语法构式化,并指出其在方法上跟早期语法化研究成果的一致性和超越性。第四章中,我们讨论词汇的构式演变,包括构词法的发展等,并指出从构式角度研究词汇演变能够跟早期词汇化研究相结合且能超越早期研究。变化的一个重要因素,尤其是理解构式化的重要因素是语境。如何在构式模式下看待语境是第五章的话题。第六章总结本书的重要观点并指出未来研究的方向。

第二章　基于使用的符号演变方法

2.1　引言

本章详细介绍基于使用的模式以及语言是构式间关系网络的思想,尤其是在基于使用的演变模式下,探究网络在理解演变是互相联系的这一事实中的重要性,同时展示一个网络是如何成长和缩减的。

因为我们的焦点是演变,我们只能间接地提出某些同一般网络理论相关的重要问题。赖斯(Rice 1996)基于早期语义网络的研究,尤其是莱考夫(Lakoff 1987)所提出的辐射范畴观点,对研究实践提出了几个有用的问题。赖斯所提出的问题现在依然是中肯的,因为形式和意义有可能错配,而且在不同指向上互相联系。这些问题(Rice 1996:142—145)包括:

(a) 一个网络包含了多维度的领域,那么这些领域能延伸多远?
(b) 各元素之间可以相互拉近或拉远吗?
(c) 新的节点和链接怎么产生?

第二章 基于使用的符号演变方法

赖斯(Rice 2003)希望通过语言获得理论来回答问题(c),正如戈登伯格(Goldberg)在其 2006 年出版的著作中所探索的一样。本章试图从形式和语义变化的角度来解决上面的三个问题,尤其是(c)。在 2.8 中,我们会特别回答赖斯的问题,并总结我们对这些问题的回答。

这些问题很多都是心理语言学和认知心理学研究的共同话题。虽然我们知道语言共时分析和心理语言学(Tomasello 2003,Bencini 2013)、神经语言学(Pulvermüller, Cappelle, and Shtyrov 2013)、认知心理学(见 Sinha 2007 的讨论)之间的重要关联,但是我们质疑在多大程度上这些关联能够明确地指出那些被理解为创新的常规化的演变。因此本章只关注与历史相关的心理语言学的一小部分文献。

本章利用网络来讨论个体知识(即个人习语的表现、个人思维的反应等)、社区知识(如历史上某个时期的英语结构的表现)以及语言演变(如英语结构怎样随着时间变化),同时承认网络结构的不同层面并不对每个语例都适用。重要的是,在我们看来,创新是个体知识在个体网络中的表现,而演变必须被某一人群中的各个个体网络所共有。在下面的章节中,我们从多个方面来阐述这个问题。一个"社区"网络中的演变是从跨群体人口分享某个说话者-听者互动中产生的微小的创新步骤开始发展起来的,主要是通过新分析过程,包括类比化(见 Raumolin-Brunberg and Nurmi 2011 关于个人在语言演变中的作用综述)来实现的。我们这里描述的构式产生的增量发展跟拉波夫(Labov 2007)关于语音变化的讨论以及拜比(Bybee 2010:221)

提出的"通过在大范围(包括个人和社区)内的重复来操作"的普遍领域过程,有一定的可比性。正如我们在第一章中讨论到的,创新可能是一次性的或者是某一说话者或听者的特别创造,都是个体网络中的表现,在群体层面上不存在"变化"。然而,如果在经证实的语料中反复出现语义或形式的改变,我们则可以得出结论:该创新已经被社会网络中的其他说话者所采纳,且该用法已经在该社会网络中"展开",也就是说个人头脑中的创新已经在更多人的神经网络中成为了常规性的"变化"。正如即将讨论的,这样的构式演变涉及一个网络节点间的新链接,却不会在该网络中产生新的节点(详见 2.3.1)。

  本章首先讨论本书所采用的基于语言使用的构式语法理论框架(2.2)。在 2.3 中详细阐述基于用法的模式中的网络概念。网络链接的类型是 2.4 的主题。这些章节都涉及历史语料,但是 2.5 将集中讨论网络有可能发展、重新组织或者缩减的一些方法。2.6 简单讨论渐进性和梯度,2.7 将重新回顾 way-构式的发展变化来证实与本章相关的一些细节。2.8 是全章总结,并从使用和网络两个角度思考演变所产生的问题。

2.2 基于使用的模式

  保罗(见 Paul 1920)在 20 世纪初提出了一个强大的基于使用的语言模式,但在 20 世纪后半期被以抽象语言能力为焦点的生成语法盖过了。很多因素导致了这一模式的重新发展,但是由于研究者研究领域不同,在很多情况下对语言使用的兴趣也

第二章　基于使用的符号演变方法

明显不同。这些领域包括认知语言学（如 Bybee 1985、2010，Langacker 1987、2008）、语篇和交际（如 Hopper 1987，Givón 1979、1995）、语言处理（如 Hawkins 2004）、语言习得（如 Tomasello 2003）和语言演变（如 Bybee 2010，De Smet 2012）。[①] 随着 20 世纪末高品质记录技术的发展，数字资源、数据挖掘技术在语料编辑和资源分析方面提供了有效的帮助。研究者普遍认为语言使用是一个复杂的动态活动。

拜比认为语言使用和语言知识一起构成了理解共时和历时语言的关键。更特别的是，她认为说话者的行为影响其头脑中的语言表现："基于用法这种观点的核心在于语言使用的立场影响到语言的认知表现这一假设"（Bybee 2010：14）。这个说法明确了她之前的观点，即语法应该被理解为"语言体验的认知组织"（Bybee 2006：730）。泰勒将基于使用的语言结构研究方法定义为"语言学知识是在和语言接触的过程中，在图式性表达被抽象出来的基础上'自下而上'地获得的"（Taylor 2002：592）。语言表现是抽象，是类型，它并不等同而是建立在输入和语例构例的基础之上。为了理解语言演变，我们认为有必要同时认识语言知识和语言使用；知识不是固定的，也不是永恒不变的，而是培育创新的土壤。说话者使用既存的语言资源来创造新的表达（另见 Boas 2008）。

[①] 迪赛尔（Diessel 2011）在对拜比（Bybee 2010）的评论中对这些研究领域中的基于使用的模式及其应用进行了综述，并总结了"基于使用研究方法的十个主题"。

在基于使用的模式中一旦细小步骤的微观变化得到确认,那么新的结构就可以说是得以"浮现"(emerge)。由于这个术语引起了广泛的争论(见 Auer and Pfänder 2011a、2011b 最近的一些讨论),这里我们简单阐述一下我们对这个术语的理解和使用。霍珀(Hopper 2011)将他所称的"浮现"和"形成""浮现出来""渐成"或"从其周围环境中发展出来的形式"等有效地区别了开来(见 Hopper 1987、2008 等)。浮现现象的概念预设了能够产生新用法的某个结构或规则。然而,在霍珀"浮现"现象概念中,"语法结构总是暂时的并且是变化的"(Hopper 2011:26)。他认为,"浮现语法"是暂时性的,随对话不断变化,"并不包括规则生成的句子,而是频繁出现的相似片段的线性即时组合……范畴并非先于交际环境而存在"(p. 28)。与之相反,在该刊物同一期中,奥尔和普凡达(Auer and Pfänder 2011a:18)指出在基于使用的模式中解释演变有必要同时考虑"范畴化的语言学知识"和引发创新的语言使用这两个概念,因为缺失其中任何一个即兴创造就不可能发生:"即兴创造要求说话者和听者必须在句法投射中对将要发生的情况有共同的期待"(p. 15)。对我们来说,语言学知识和语言使用都需要得到解释,因此我们在使用术语"浮现"和"正在浮现(emerging)"时强调的是在使用既存的结构和规则的基础上的形成,而并不采用霍珀所谓的"暂时性浮现"。

在下面的章节中,我们简单地介绍基于使用的模式涉及的两个重要问题:a)单位的储存和固化;b)图式形成后在何种程度上批准新的构例和构式。

2.2.1 作为单位的储存

克罗夫特和克鲁斯(Croft and Cruse 2004:292)观察到基于用法的模式落脚于"交际中语言使用的特征也决定了说话者头脑中语法单位的表征"的原则。因为构式是固化的存储单位，那么构式储存如何形成是我们理解构式化的关键。语言是在真实使用中获得的。归纳和普遍性是建立在具体使用的例子之上的。同时，说话者使用某词的频率决定了该词的固化程度(或存储为一个单位)，即使该词能被分解成多个部分。20世纪后半叶语言学界的普遍设定是如果有一个归纳("规则")那么个别子类("分项")不应被纳入该语言学家所谓的该语言的语法系统中。兰盖克(Langacker 1987:29)否定了这个方法，认为语法系统应该表现语言使用者的语言知识。他将该方法称为"规则/分项谬论"，并指出掌握英语名词复数化的规则，如 N+s，不应该跟掌握一个特定的复数名词如 beads 或者 eyes 相对立；两者是说话者知识的两个方面。频繁接触和使用复数形式可能意味着它已经固化成一个单位，是一个原子而非复杂构式。

复杂形态构式作为单位储存的最有名的例子之一是频繁出现的不规则形态，如 were、had 和 knew(Bybee and Slobin 1982,Bybee 2010)。这些形式已经被证实对演变，特别是对规则化具有顽强的抵抗性。相反，出现频率低的不规则形态易受到规则化的影响，原因是它们被新分析并重新纳为更具能产性的图式$[[[V_i]ed] \leftrightarrow [SEM_i + 过去式]]$的成员。类似的可能还会出现在一些音韵上有相似词根的动词上，如频繁出现的动词过去式如 bend 和 send 还是不规则的(其过去式分别是 bent 和 sent),而频率较低的动词 blend 的过去式已经从 blent 被规则化为 blended 了。

一些学者论证了语例频率在决定单位状态中的重要性,如洛西耶维奇(Losiewicz 1992)展示了[d]作为过去式的音位变体的发音时间比它作为单音节词末尾[d]的发音时间要长(如 frayed 中以复杂辅音结尾的[d]要比原子性 afraid 的结尾辅音 [d]要长一些);另见沃尔什和帕克(Walsh and Parker 1983)对 laps vs. lapse 中[s]的讨论。采用规则过去式屈折变化动词的两个子类中:一个是高频的(如 played、needed),另一个是低频的(如 frayed、kneaded)。在这种情况下,高频率动词的[d]比低频率动词的[d]发音时间短。综合来说,这两个实验证明了高频率多语素词的构词方式就像单语素词一样,其存储方式也可能类似。

在英语的发展史上,t/d/ed 等时态标记是基本稳定的,因此对许多说话者来说,played、frayed 等具有持续的组合性。但是另一些情况,尤其是情态动词,至少在某些使用中比主动词的使用频率高得多,其过去式已变成非组合性的了。比如,意为"较低的可能性"的 might 已凝成了一个单位,且在间接引语中保持不变[见(1)]。然而,当它被使用为 may 的间接引语形式时,might 是一个组合性的过去式形式[见(2)]。

(1) I *might* go later. She said she *might* go later.
我可能晚一点去。她说她可能晚一点去。

(2) I *may* go later. She said she ***might*** go later.

我可能晚一点去。她说她可能晚一点去。

另外,must 和 ought(to)是完全固定的过去式形式(古英语的 most-为 mot-"be able to"的过去式,aht-为 ag-"have,owe"的过去式),说明表示低可能性的 might、must 和 ought 已作为原子微观构式被储存起来了。

2.2.2 批准(sanction)

在基于使用的共时文献中,一个表达或多或少被认为是由另一个更为泛化的类型或图式所批准的(Langacker 1987)。对一个更为能产的既存图式的新分析和重新排列,比如前面所提到的 blended,会被认为是被另一个图式所批准。比如,根据文献记载,19 世纪以前,虽然 a lot of 的零星例子在文本中可以找到,这说明其可被理解为量词又可表部分义(见 1.5.1),但是直到 18 世纪末其作为量词的用法大量出现时,才能说这种用法被常规化了。当它被用作量词时,它就被既存的量词图式所批准。该图式当时已经有了双名词成员,如 a deal of,以及其他量词如 much、many、few、a little 等。作为批准新微观构式 a lot of、lots of 的结果,该图式也得以发展,而且为其他部分词的新用法和量词的度量表达提供了可能的动机或模板(Brems 2011)。

认知语法文献(如 Langacker 1987、1991)对完全批准和部分批准做出了重要的区分(大致等同于实例化和扩展)。两者是不同的范畴化类型。当某个构例完全同某个微观构式的语例一致时就会发生完全批准/实例化。"当范畴化目标仅部分同批准图式兼容时"(Broccias 2013:195),就会发生部分批准/扩展。本书认为,在一个构式的生命周期中,只有当错配引起部分批准时,才有可能引发微观构式的构式化,网络中新微观构式节点才有可能得以产生,并会最终导致这类构例完全得到批准。当一个图式或图式的某些成员被弃用并成为相对于既存的微观构式显得边缘化和高度特殊化时,部分批准也有可能产生。

2.3 基于使用模式中的网络

网络这种隐喻是许多认知语言学理论框架包括伯克利框架项目(Berkeley Framenet Project,Fillmore and Baker 2001、2010)在实际操作中发展出来的。网络概念在戈登伯格(Goldberg 1995、2006)、克罗夫特(Croft 2001)、兰盖克(Langacker 2008)等发展的语法模式中,尤其是哈德森的(非构式的)词语法(Word Grammar)(Hudson 2007a、2007b)以及兰姆的层级结构语法(Lamb 1998)中发挥了重要的作用。语言是一个网络这一观点跟认知语言学将语言以外的其他领域如视觉和音乐能力识解为一个网络系统(Bharucha 1987,Rebuschat,Rohrmeier,Hawkins,and Cross 2012)的观点高度一致。这一观点也符合拜比(Bybee 2010)提出的语言模式是我们人类分类,建立联系等普遍领域能力中的一部分,在局部和全球范围内都可操作。同时,这一观点和戈登伯格所提出的"语言知识本身是知识"(Goldberg 1995:5)是一致的,换句话说,语言知识是更大知识系统的一部分,该系统包括视觉、音乐以及其他认知能力。

网络模式是认知语言学的一个核心,因为认知语言学的主要观点认为语言组织跟认知其他领域的组织本质上没有区别。哈德森(Hudson 1984:1)提出了一个网络假设(Network Postulate):"语言是一个概念化的网络"。兰盖克(Langacker 2008)将他的认知语法模式描绘成一个构式网络:

我们可以将一种语言描绘成常规化语言单位的**结构化**储存。该结构——将语言单位组织成网络和集合——是跟语言使用紧密相关的,两者既相互促成又互相制约。(Langacker 2008:222,粗体出自原文)

图2.1是兰盖克描述的认知网络。

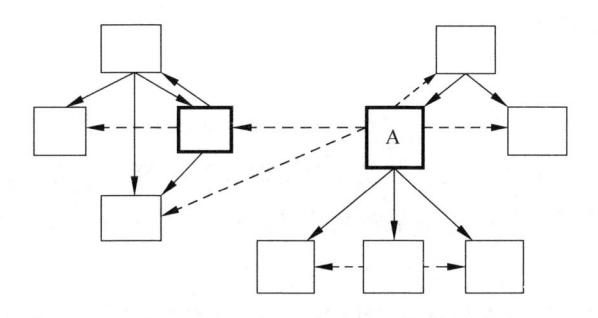

图 2.1　兰盖克(Langacker 2008:226)描述的构式网络

然而,这种二维的描述并不能完全表达多维度(依据神经网络的概念化)的网络概念。一些节点代表图式,另一些代表子图式,其他的代表微观构式类型。比如,网络中表部分和表数量的图式之间有链接,也存在同这些图式相关联的子网络(大 vs 小数量词),作为子图式成员的微观构式间也存在链接。图 2.1 没有体现的另一个事实是因为每个节点代表某一抽象层级的一个构式,所以它概括了该构式的特征。因此,一个节点有形式和语义内容(尽管复杂性和具体性程度有异——某些还可能不明确),任何节点的链接都可能是多向的,存在于语义、语用、篇章功能、句法、形态和音韵之间。每个节点以多种方法跟网络中其他节点相链接,这个话题我们会在 2.4 中继续讨论。

2.3.1 网络、语言处理和语言学习之间的关系

本书对网络结构、语言处理和语言学习间关系的看法基本跟兰盖克和戈登伯格的一致,但是我们的着眼点是用来思考演变。第一章中已经提到,演变始于语例或构例。在 1.4.2.1 中,我们将构例定义为:

实践中证实的语例(如 I gave Sarah a book, She needed a lot of energy),在特定情境中使用的例子,由带特定交际目的的特定说话者说出(或由特定的作者写出)。

我们假定在处理某个构例时,听者试图将输入信息跟其头脑网络中的节点进行匹配。有时,说话者的意图和听者的理解间能产生完整的匹配(见 2.2.2 的完全批准),但是有时情况并非如此。可能听者将话语的全部或部分信息链接到的节点并非是说话者所期望的。这种情况可能在该语言系统中已批准的歧

第二章 基于使用的符号演变方法

义情况下出现。比如,当代英语中列出的(3)在语义上和句法上都有歧义。说话者 A 的本义可能是(3a),而说话者 B 可能理解成(3b)甚至是(3c)。这里并不涉及创新,因为这三种理解都已经存在了几个世纪,也就是说,存在多个图式的可能,每个图式都能完全批准这个构例:

(3) I saw a man on the hill with a telescope.
    a. Using a telescope I saw a man on the hill.
       通过望远镜我看到山上有个人。
    b. I saw a man on the hill and he was using a telescope.
       我看见山上有个人,他在用望远镜。
    c. I saw a man on the hill that had a telescope on it.
       我在那个有望远镜的山上看见一个人。

某些情况只可能提供间接链接,而后听者会试图找到与其头脑中既存的节点或节点特征最相近的链接,实现了部分批准。这是听者的创新。创新的构例是符号性的,因为它们涉及形式和语义的配对,但缺乏常规性(即并不为该社交网络成员所共享),而且就当前议题来看更关键的一点是,它们还没有得到基本的固化因而还不是单位。只有到这些创新构例被反复使用并成为常规组合符号时,它们才成为演变的实例。最初个人的记忆是具有持久性的,但在演变的实例中,从构例到构式的转变不仅是记忆的结果,而且是重复使用的产物,即随着时间的推移越来越多的个人使用这种创新。

下面的 2.5.1 将提到,在初始阶段,这些创新由于它们是新的并有着潜在的非典型因素,可能存在于网络的边缘,但是随着时间推移,一个范畴的边缘成员有可能成为中心成员,反之亦然,一个范畴的中心成员也有可能随着时间的变化成为边缘成员。

根据分析说明,我们可以想象(4)的说话者指的是一些堆在其他石头上的石头(暗指大量),但是听者可能将它理解为大量而不是一堆,也就是说听者可能会把它跟数量构式的语义链接起来:

(4) He led hym to *a hep* of stonys.

He led him to a heap of stones.

他带他来到一堆石头处。

(1349 Richard Rolle of Hampole [Brems 2011:208; IMEPCS])

对于将(4)理解成大量石头的听者而言,他们的理解是构例或语例层级的一种创新,具体来说是在语义层级上造成语用和句法错配的新分析。其他人对同一构例的相同或相似语值进行反复操作最终导致数量解读的常规化和构式化(即语义和形态句法的新分析,造成微观构式类型的共存,一个表度量,一个表数量)。这样,最初构例(及其语用)的某部分和既存的构式网络中与其对应类型的某部分之间的微弱联系,在不知不觉中被语义和后来的句法中心转移重新组配成一个新的常规化的节点或微观构式。

对于 a hep of 这个实例,我们能够想象它的理解不仅是来自数量词构式语义的部分批准,而且来自同时期(晚期现代英语)几个部分词构式如 a deal of、a bit of、a lot of 等的数量词意义发展的部分批准。在这个阶段 N_1 在上述的各个构式中都是句法中心词,但是那种看起来是量词语义的理解偶尔也得到承认,在这种情况下 N_2 是语义中心词。这种形式与意义的错配在后来得到了解决。A heap/lot/bit of 都在 18 世纪晚期被构式化成了数量词(见 1.5.1 对 a lot of 的讨论,以及 Brems 2012 对 a heap of、a lot of、lots of 的讨论)。

我们并不是说上面所描述的场景中每个听者的理解过程都是一致的。布伊吉(Booij 2012:93)指出语言使用者是否使用同样的抽象模式来处理新的结构是一个经验性问题。既然我们考察演变,就应该从个别行为(创新)中提取理论来解释常规化和新特征的共享现象。虽然人类头脑被设定以类似的方式运转,但是我们这里采纳的基于使用的变化却假定说话者和听者并非彼此的镜像(contra,见 Saussure 1958[1916],Langacker 2007)。在任何语言使用事件中,说话者-听者的二分体都是非对称的。因此说话者和听者可以但并不必须以相同的方式处理语言(见 Queller 2003)。某种类型的常规化反映了"那种超越某些语言互动实例的社区成员间的合作状态"(Boye and Harder 2012:8)。然而,说话者对新构例及构例间链接的重复、采纳及其常规化的原因是值得辩论的。[②]

[②] 关于此争论详见布莱思和克罗夫特(Blythe and Croft 2012)。

基于用法的语言学习模式无疑会认为一个语言网络是不规则的,包括了大量冗余和相当丰富的细节,在构例或语例层级上尤其如此。然而,在语言使用的纷繁细节中存在普遍规则,使用者运用(无意识地)这些规则来构建整个网络。也就是说,在抽象计算和语例学习两种过程中都存在认知上的"受益"。说话者和听者将具体的形式意义配对当作更普遍类型的实例,并使用那些能够将这些形式意义配对集合起来的图式。这些图式对于语言使用者是有用的,因为它们能够让说话者/听者储存某一类型节点上构例和构式集合的相关信息。

2.3.2 扩展激活

与基于规则的模块化模式不同的是,网络方法允许特定用法事件中紧密相连的节点的(近乎)同步激活,这一机制就是众所周知的"扩展激活"(Hudson 2010:95)。这个现象是个人知识的一个特征,因而也是创新发展的特征。然而扩展激活并不能被认为是"社区-网络"的特性,或者时间上两个不同时点的网络的特性(见上面2.1)。扩展激活是在心理语言学试验中得到证实的一类链接过程(如 Harley 2008),涉及流畅度如舌头打滑及其修正[如(5a)中的首音互换和近音词误用(5b)]。这些需要侧向和横向的扩展激活:

(5) a. The Kinquering Congs their Titles Take.
 (hymn title attributed to Reverend William Spooner)
 b. Comparisons are odorous.

第二章 基于使用的符号演变方法

(1600 Shakespeare, *Much Ado about Nothing* III. v. 18)

这样的激活是创新,但首音互换或近音词误用都无法导致任何类型的自然变化。然而,这种不对称启动(priming)效应(如从空间到时间,反之不然,Boroditsky 2000)已被设定为合理的引发演变中的单向性尤其是语法化的语言重复机制(Jäger and Rosenbach 2008)。启动,即某一早期语义或形式对后来的某个语义或形式的影响,涉及语义、形态句法或音韵的(提前)激活。戈登伯格(Goldberg 2006:124)讨论了被动语态启动试验的证据,如(6a)中不及物方位词通过和被动语态共享形态来启动。比如,(6b)启动了(6a),但是(6c)并没有启动(6a),因为(6c)不包含 was(另见 Snider 2008 关于句法中启动效应的讨论):

(6) a. The construction worker was hit by the bulldozer.
建筑工人被推土机撞了。
b. The construction worker was digging by the bulldozer. 建筑工人正用推土机挖土。
c. The construction worker might dig near the bulldozer. 建筑工人可能在推土机附近挖土。

启动效应的证据可以在速度上得到验证,心理语言学试验中的被试能够在某一特定语言形式前(启动)的与之相关的其他语言形式中找出这一特定语言形式(Ratcliff and McKoon

1981)。比如,就词汇来说,我们可以设计一个实验,通过观察被试在潜在的启动词的引导下能够以多快的速度找出测试词来验证一个像 apple 这样的词是不是由 pear(或 fish、honesty 等)来启动的。我们的假设是那些紧密相连的构式——在我们的模式中,构式在网络中紧密相连——相互启动的速度比网络中链接相对松散的词要快。一个节点或链接被激活得越频繁,那么它可能在未来更容易被激活(Hudson 2007a:53,另见 Langacker 1987、2008,Schmid 2007,Blumenthal-Dramé 2012 关于固化的讨论)。

扩展激活是学习过程的核心。正如基于使用的符号演变模式所认定的那样,如果说话者不断地学习和重组他们的语言,那么符号演变一定同样涉及大量实例的加工过程,并从这些实例中导出更为抽象的类型(Andersen 1973)。然而,与此同时,语言使用者不仅学习,也可能"忘记"。我们可以假定激活不足将导致无法固化——一个节点或链接被激活的频率越低,后来它再被激活的可能性就越小。如果语言网络中某个特定的节点无法被激活,它就越有可能被淘汰,而且不再具有批准其他更具体实例的功能。这就能解释为什么有些构式变得废弃并最终不再被使用 X(见 2.5.1.3)。

扩展激活和启动是相互关联的,因为启动为特定用法事件中哪些网络节点应该被激活,哪些节点应该保持静止提供了动机(见 Collins and Loftus 1975)。哈德森认为这个加工过程的目标是:

找到从(已知)形式到(未知)意义的最佳路径,这一点是通过有选择性地激活那些接受双向激活的中介节点并抑制所有其他节点的激活来实现的。(Hudson 2007a:40)

对于未知意义最佳路径的引导既来自启动(也就是语篇中语言使用者所使用的其他词或构式),也来自该语篇中参与者做出并接受的隐含义和推测。也就是说,文本因素和语境因素同时帮助塑造了对既定话语的理解,其中有些跟心理语言学的加工过程有关,另一些更直接地跟语境中理解语义的语篇分析策略有关。最重要的是,这些观点都依赖于说话者在形式和意义间建立的链接,因此周围语篇的形式和语义这两个方面都可能起重要作用。比如,a deal of 从部分词发展成为一个数量词就是很好的例子。

上古英语 dæl 的意思是"部分"(见德语 Teil"部分"),早期常与名词修饰语连用,明显地说明了它表部分:

(7) Ic gife *þa* *twa* *dæl* *of* *Witlesmere.*
    I bequeath those two parts of Witlesmere.
    我遗留了魏特思弥尔的这两部分。
    (a1121 *Peterb. Chron.* (LdMisc 636) [MED *del* n2,1a])

部分暗含了数量之意,而 dæl 是英语中第一个表部分的双名词被用作明显的数量义。这种用法通常限于由量化形容词如 great 和 good"大量"修饰的表达:

(8) Safroun & *a gode dele Salt.*
Saffron and a large amount salt.
红花和大量的盐。

(c1430 *Two Cookery Books* 15 [OED D *deal* n1,3])

有多种方法可以描述(8)中将"deal"用作量词义的人是如何做到这种创新的。一种说法认为是从形容词到名词 deal 的转喻变换。另一种说法认为形容词加强了"部分"的数量含义，最终一些说话者逐渐将数量和 deal 联系起来。这可以看作是"语境-吸收"的一个例子(Kuteva 2001:151)，语境-吸收是指受邀推测转换到微观构式，使得例(9)这样的后来用法得以成立。(9)中没有形容词能派生出量化意义。

(9) Jesu Maria what *a deal of brine.*
耶稣玛丽亚，这么多盐水。
Hath washed thy sallow cheeks for Rosaline!
哈斯为罗莎琳洗了她蜡黄的面颊！

(1595—1596 Shakespeare, *Romeo and Juliet* II. iii. 69)

当然，思考这个变化的另一个角度是扩展激活，可以假定(8)中的修饰语 great 或 good 激活了数量义，并扩展到了名词。

扩展激活对于演变理论的价值在于它从过程上指明了梯度和渐变性这两个议题(详见 2.6)，并明确了"语言表现可以同时是分离的和连贯的"的观察(De Smet 2010:96)。共时上,构例的各种特征被激活,包括语用、语义、形态句法或音韵的,同时与其他构例特征间的链接也建立起来。这和范畴的非离散性,即范畴间边界的模糊性,紧密相关,因此也和梯度紧密相关(Denison 2006, Aarts 2007, Traugott and Trousdale 2010a)。随着时间推移,带有其他特征的链接可能被强化,从而导致一步步渐进的微观变化。

2.3.3 "类比"的含义

大体上,语言创新是对构例的理解,即说话者和听者双方对"瞬变"成分的体验,并限于"永恒网络的边缘"(Hudson 2007a:42)。说话者说出一个模棱两可的话语,可以有多种方法来分析它。即时过程如受邀推测——其本身可理解为扩展激活的一种——因说话者对某例构的特定使用而产生,可能使听者用特别的方法来分析该话语,这种方法对于听者而言是新的,而且没有既存的构式能使该构例得到批准。因此听者为该构例创建了一个临时语例节点,该节点可以包含话语背景的大量信息、说话者和听者的关系以及所谈论话语是个符号,即形式和意义配对的事实。尽管这个语例符号有音位和音韵内容,但是形态和句法内容可以不明确或者缺失。同样,该符号的语篇和语用内容也可能丰富,但是听者可能不能得到任何相关的常规化语义。这种情况需要解决是因为话语需要被全部处理(理解),因此听者采用最匹配原则来找到现存的构式,该构式将此构例(符号)的语篇和语用特征跟与其最接近的储存的构式类型或(子)图式相匹配。当听者试图将一个构例同构式网络的某一既存部分相匹配,但因为不存在完全批准该构例的微观构式而导致听者的意图不能实现时,错配就产生了。听者最合适的行为就是创造一个链接将该构例的形式或意义同网络中其他既存(子)图式的意义或形式调整为一致。这一点是基于和(新)构例及(既存)构式子图式相关的语篇/语用特征实现的。它们都涉及意图和理解间的错配。

　　创新的构例是符号性的,因为涉及形式语义的配对,但是又因为不被社区成员所共享而缺乏常规性。然而在某些情况下,创新的链接是如此自然且被重复频率如此之高,以至于它们可能进入人们的意识层面,甚至在修辞上得到强化。after 就是一个众所周知的例子。一个时间介词和表达"从该时间点以后"的连词,在一些情况下被引申为致使义,也就是说,在一些语境中,听者受邀通过扩展激活建立一个和致使图式的链接。这就是逻辑谬误(post hoc ergo propter hoc):"这个之后所以因为这个"的释例。虽然 after 的致使义理解自上古英语的时代就已经存在,after 在当时没有被语义化为致使,也就是说没有经历构式演变——一个新语例节点的产生并不能决定演变会随之产生。after 说明了含义的引申,即使重复并长久存在,也只能使演变成为可能,但不能引发演变。相对于 after,现代英语时期的 sithenes,也是"从该时间点以后,自从"的意思,已经历了演变:它是含有时间和致使义的多义词(Traugott and König 1991)。这个致使义链接不断被固化,而一个新的单位,一个含致使义的多义词就产生了。

第二章　基于使用的符号演变方法

　　将对使演变成为可能这一过程的理解和我们讨论的实例结合起来就展示了一种讨论类比的更精准的方法。在1.6.4.2中,我们对类比思考(引发因素或动因)和类比化(变化机制)做了区分。我们也提到了大多基于使用模式的类比是基于范本的。这里我们关注基于使用的方法对这些因素的含义。通过连接网络中的特征来识解意义的能力是类比思考能力的精髓所在,类比思考可能是引导我们为临时构例找到最佳匹配的动因。更重要的是,正如上面所说,扩展激活是跟最佳匹配原则相关的机制(见 Hudson 2010:95)。类比思考可能引发我们找到临时构例的最佳匹配,所以作为神经机制的扩展激活和类比思考有可能被连接起来。因为它又跟句法分析相关,因此它在新分析中起重要作用。换句话说,作为神经机制的扩展激活跟第一章表1.2中确认的两个语言演变机制都密切相关,这样的连接是相当典型的瞬变。然而,如果这些连接被一定的说话者采用,就可能引发变化。在 a deal of 的实例中,最初的步骤如(8)中度量形容词的测量义"语境-吸收"了名词 deal 涉及了类比思考——部分含有测量义。然而,因为这个过程没有既存范本,因此就没有类比化。在现代英语晚期,当我们找到这样的语境-吸收的证据时,其他一些双名词和表部分的度量词如 a lot/heap/bit of N 也开始有了潜在量词的用法。很多这些词都是单独使用,没有程度形容词。由此,类比思考——在这种情况下,连接到了最适合的语义——一开始就已经起作用了。表部分-整体和允许数量语用推测的双名词表达的共存可能引发常规化的重复使用,在这些重复中,形式还是中心语+修饰语([a N_1 [of

N_2]]),但是语义被错配为修饰语为中心语的结构[Quant SEM],这就是一个构式演变。这里我们可以假定双名词的类比化导致了如(9)所示的 a deal of 的发展。在后来的 18、19 世纪,大多数形式语义错配的双名词构式化成了量词,如 1.5.1 中对 a lot of 的讨论所示。在这个阶段,双名词是形式语义互相匹配的范本,也是后来产生量词这种发展的范本,如 a shred/iota of(Brems 2011)。

这里阐述的假设的逻辑结果是不存在完全新的构式(除了那些借词和新造词),总会在某一个细微层次上存在和某个节点特征的连接。由此产生的问题是类比是否如费希尔(Fischer 2007)和德斯梅(De Smet 2009)指出的那样"首要"。德斯梅(De Smet 2012:629)指出,"首要"可以用两种方法来理解:一是时间概念("先于"),二是评价性概念("最重要的")。可能引发最佳匹配的类比思考很明显在时间上是先于大多数变化,因而在这个意义上具有首要性。反之,类比化涉及构式特征或"内部维度"(Gisborne 2011:156)的重新配置,上文讨论的双名词的句法结构和语义的错配就是一个例子,另一个例子是随后涉及句法结构中心词转换的构式化。因此,类比化必然包含微观步骤的变化,也就是说新分析。这里没有时间持续的问题;类比化就是新分析。虽然所有的类比化都是新分析,但是新分析并不一定都是类比化,如在第三章中我们将谈到的准分裂句的产生。我们认为作为一个机制,新分析从"更重要"的角度来说是首要的,因为它涵盖了更多的演变情况。

2.4 链接的类型

到目前为止,我们还没有区分链接的类型。基于使用的构式语法和词语法(Word Grammar)区分网络中的两种链接:一种是分类链接,即被戈登伯格和克罗夫特所经常讨论的继承(inheritance)[③];另一种是关系型链接,指出构式间关系的种类(见 Boas 2013 的综述)。为了延续前一节的讨论,我们会首先讨论后一种类型的链接(2.4.1),然后再讨论继承链接(2.4.2)。

重新配置这些链接,不管是微观构式之间、子图式还是图式之间,对构式化来说都是特别相关的,这一点将会在 2.5.2 中重点讨论。

2.4.1 关系链接

构式间的关系链接分好几种。戈登伯格(Goldberg 1995)指出了四种类型:多义型、隐喻扩展型、子部型和实例链接型。

多义链接描述了一个构式的原型语义和扩展义之间的语义链接。虽然句法结构特征相同,但语义上有区别。戈登伯格给了双及物构式作为例子。双及物构式的句法结构是[SUBJ V OBJ_1 OBJ_2],其中心语义是[X CAUSE Y to RECEIVE Z]。(10)是个典型的例子:

---

③ 这里的术语"继承"在构式语法的语境中并不含有任何来源信息。它指的是严格意义上的共时分类关系。

(10) Max gave Edward the robot.
麦克斯给了爱德华这个机器人。

但是在一些与(10)相关的句式中其接受方受一定的限制,这可以被认为是多义扩展,如:

(11) a. Max refused Edward the robot.
麦克斯拒绝了爱德华这个机器人。
[[SUBJ V OBJ$_1$ OBJ$_2$]←→[X CAUSE Y not to RECEIVE Z]]
b. Max made Edward a robot.
麦克斯为爱德华做了个机器人。
[[SUBJ V OBJ$_1$ OBJ$_2$]←→[X ENABLE Y to RECEIVE Z]]

这样多义链接的讨论常常出现在子图式层次,而不是在单个的微观构式层次,如(11a)中的 refuse 是一个带有否定义(denying)的拒绝类动词,而(11b)中的 make 是一个类似带有烘烤(bake)义的制作类动词。

在后面的 5.2.1 中,我们会提到本书认为的"多义"是一个共时概念。比如,since 的时间义和致使义是共时上的多义。然而,为了强调演变是构式的并涉及网络中的各种链接这一事实,当演变的发生引发新的构式义或构式化时,我们更倾向于使用

第二章 基于使用的符号演变方法

利希滕贝克(Lichtenberk 1991)的术语"历时多义"(heterosemy)来描述两个语义间的历时关系。现代英语中 sithenes 的演变引起语法多义,其中时间义比致使义早。

隐喻扩展链接包含一个特定的隐喻投射。戈登伯格(Goldberg 1995:81—89)在解释成立和不成立的结果补语构式之间的关系时认为该构式的许多限制可以通过假设一个隐喻链接来理解。比如,动作和变化之间有隐喻链接(The chocolate went from liquid to solid 巧克力从液体变成了固体),处所和状态有另一个隐喻链接(She went mad 她疯了),也就是说状态变化可以被理解为是处所转换的一种隐喻扩展。这样的隐喻链接显示结果补语构式是致使-移动构式的隐喻扩展。(12a)(字面义,致使-移动构式)和(12b)(隐喻义,结果补语构式)是显示两个构式关联的例子:

(12) a. Lisa sent him home. 丽莎送他回家。
　　　b. Lisa sent him wild. 丽莎使他疯狂。

子部链接显示一个构式同另一个独立存在并能使之成为其一部分的更大构式之间的关系。(13a)中不及物动词图式是(13b)中所例举的致使-移动图式[如(13b)]的一个"合理子部":

(13) a. The toddler walked to the door.
　　　　这个婴儿走到了门口。

b. She walked the toddler to the door.
她陪着婴儿走到了门口。

最后,实例链接产生于一个特定构式是另一个构式的"特例"(Goldberg 1995:79)之时。比如,当动词 drive(特别用法)用于结果补语构式时,结果-目的论元只能出自构式的有限集合:在表达感情时,我们可以说 drive someone crazy/nuts/up the wall"使人疯狂",但是通常不说 drive someone happy/delighted/up the staircase"使人喜悦"。也就是说,drive someone X 中的 X 是跟负面情感的语义(如 crazy"疯狂")或固定用法(如 up the wall"发疯")相关联的。我们不讨论这种链接类型,除非它符合一个图式的批准程度。在很多历史时期,各个构式可能或多或少是有限制的。一个特定的微观构式是否是个特例取决于它是否处于该构式图式的边缘(详见 2.5.1)。

那么这些关系链接是如何同扩展激活产生联系的呢？关系链接是启动(priming)的各种特定类型的中心。关系链接通常存在于合理接近的相关概念之间(如不及物动作和致使动作之间),以及在一个概念网络中相互启动的紧密联系的概念之间(Hudson 2010:76)。

2.4.2 继承链接

构式库藏是构建的,并可由构式的"分类网络"来组织和显示,其中每个构式是网络中的一个"节点"(Croft 2001:25)。继承链接是各种版本的构式语法,包括戈登伯格(Goldberg 1995、

2006)、菲尔墨(Fillmore 1999)、凯和菲尔墨(Kay and Fillmore 1999)以及哈德森的词语法(Hudson 2007a、2007b)等讨论的构式网络的核心部分。继承关系是分类限制,允许在普遍性各层次的范畴化。戈登伯格认为她的构式语法模式是:

> 构式形成一个网络并由引发特定构式特征的继承关系链接起来。继承关系网络帮助我们捕捉跨构式的普遍性,同时允许子规则和例外的存在。(Goldberg 1995:67)

各个节点继承支配它的节点(母节点)的特征。这样,John runs 是英语不及物构式的一个构例,而不及物构式是英语主谓构式的一员。继承只允许信息表达一次,且"尽可能在最高(最抽象)层次"(Croft 2007b:484)。

戈登伯格认为继承链接说明构式间的关系是部分任意的,部分可预测的。也就是说,构式可能部分被引发,且"即使当它们在字面上没有互动时仍然互相影响"(Goldberg 1995:72);在她的模式中,继承链接是不对称的:"当且仅当构式 B 继承构式 A 时,构式 A 引发构式 B。"在兰盖克(Langacker 1987)看来部分批准是:构式 B 继承构式 A 的特征,但是也有其特定的特征。继承解释了英语中绝大部分动词的过去时是-ed,但不全是-ed 的事实。在最抽象层次,动词可能会结合过去式,这个"默认继承"会扩展到个别微观构式,然而一些动词如 ride、run 等作为特定例外阻断了这个默认继承。

一个构式网络继承的重要特点是一个表达通常继承于多个

构式,这叫作"多重继承"(Goldberg 2003)。比如,(14)继承于疑问主语助动词倒装、否定、被动、现在完成和及物构式:

(14) Hasn't the cat been fed yet? 猫还没喂吗?

多重继承出现于中间层构式中,如英语的动名词同时显示名词和动词的特征(如 We were talking about Mary having a beautiful garden 中的 having)(见 Hudson 2007a:第四章关于动名词和多重继承的讨论)。从历史的角度看,我们可以发现跟多重继承有关的所有构式特征都可能经历演变。事实上,英语中的疑问主语助动词倒装、否定、被动、完成体和及物构式的特征都已经历了构式演变。

继承链接的优势是"抓住了两个相关构式间的所有无冲突信息是共享的这一事实"(Goldberg 199:4—75),并且显示"系统性相关的形式和系统性相关的语义"(Goldberg 1995:99)。比如,双及物构式的成员继承于句法模版[SUBJ V OBJ$_1$ OBJ$_2$]和语义模板[X CAUSE Y to RECEIVE Z]。然而,继承的应用存在一些问题,见克罗夫特(Croft 2007b),萨格、博厄斯和凯(Sag,Boas,and Kay 2012)和萨格(Sag 2012)。其一是质疑与形式密切联系的继承链接的位置(Goldberg 1995)。如果要达到对网络的完整理解,必须将形式继承链接同其他类型的链接放在一起考虑。比如,因为双及物构式和它的"改述"即介词性的双宾语构式(也叫转换-致使-移动构式)之间,如 Jane gave Kim a book 和 Jane gave a book to Kim"珍给了金一本书",缺乏共同的形式。另外因为它们有不同的分布特征,戈登伯格(Goldberg 1995:100)认为它们"不是通过一个继承链接来联系的",而是通过意义联系的。戈登伯格(Goldberg 1995:91)关注语义的同义链接,佩雷克(Perek 2012)利用实验数据指出语言使用者能够通过形式不同的构式(如双及物构式和它的介词改述构式)来归纳出普遍性。我们在下面的 2.5.2 中会提到,这个结论也会得到历史证据的支持。

2.5 网络中的成长、淘汰和重组

我们已经阐述了网络中的个别微观构式可能经历构式演变,而这些演变并不能产生为一定数量语言使用者所共享的新类型节点。这样的节点仅在构式化发生时才产生。网络成长和构式类型新家族的发展是从典型的早期构式抽象和扩展的使用事件中派生的这种概念网络的特征。构式类型的家族可集合成图式,有时还带有子图式。有时候子图式或其某些成员被淘汰,在网络中的链接甚至可能被打断。本节主要讨论类似的变化。2.5.1 从构式生命周期角度来阐释成长,特别关注如何进入处于边缘的图式,存在于边缘地带的状态,以及被淘汰的结果。2.5.2 讨论网络的重组。

2.5.1 构式的生命周期

在 2.3.1 中,我们提到新的构式常常是图式的边缘成员。这里我们关注网络成长的含义。

2.5.1.1 成长于边缘

目前的研究中,网络中的成长常常跟语法构式化相关(Gisborne 2011,Trousdale 2012a)。对语法构式化而言,一系列小的新分析("先构式化构式演变")可能导致新的微观构式产生。经常引用的例子之一是英语能愿动词的发展。上古英语有一些动词有能愿义(能力、愿望等),而且形式特征的各种组合使它们跟其他的动词不同(见 Lightfoot 1979,Plank 1984,Warner 1993)。沃纳(Warner 1993:135、152)谈及④:

(a) 子范畴化是针对普通不定式而非 to-不定式(比较 wolde gan "wanted to go 想去"和 He gedyrstlæhte to ganne upon ðære sæ "He thirsted to go upon the sea 他渴望去海上"),

(b) 过去-现在形态,

(c) 使用过去式形态,但无过去义,

(d) 缺少非定形的形式(如 mot- "be able 能够"),

(e) 否定形式的附着/语缀化(cliticization)(如 nolde "not wanted 不想"),

(f) 出现在省略中(如 Deofol us wile ofslean gif he mot "The devil will kill us if he can 恶魔会杀死我们如果他可以的话",p.112),

---

④ 沃纳(Warner)指出前三点莱特福特(Lightfoot)也曾提到,但是他认为自己的发现比莱特福特提到的更为重要。

(g) 非人称构式的透明性（即缺少独立主语）[如 Hit wolde dagian "It was about to dawn 马上到来"（literally "it wanted to dawn 它想到来"）p. 126]。

不是所有能愿动词的前身都有以上的特点，如 will-不是过去-现在，但是 scul-"shall" 和 mot-"be able to" 都是。虽然这些前身最早都是动词，到上古英语时期它们的一些特征已经处于动词范畴的边缘了。由于它们的意义还是相对频繁地被使用，以至于随着时间推移，像 will-和 scul-逐渐跟它们的前身区分开来。到中古英语时期其他的词也逐步区分开来。must（词根 mot-）和 ought（词根 ag-"own, have a debt, owe"）的过去式逐步固定化，并跟它们的现在式（mot-在现代标准英语中已经消失，owe 也不再跟 ought 有关）区分开来。在语法化研究中，这种类型的变化称为"分化"（Hopper 1991）。过去时形式如 could、might 和 should 逐步产生了专门的能愿功能，并跟 can、may 和 shall 区分开来。随着助动词前置（do-support）的出现，这些能愿动词保留了原先的句法结构特征（如问句倒装，Can I take that one? 我可以要那个吗?），变得比其前身跟其他动词的区别更大。最终，我们所知的"核心能愿动词"逐步结晶为一个不断成长的助动词图式中的能愿子图式，当然也部分归功于语序的系统演变。

第四章会提到网络成长也和一些构词形式的产生相关。在这里简短地说就是在上古英语中，名词 dom 有许多意义，包括"注定、判断（如 Doomsday Book）、法令、命令、声明、条件"。作为一个名词,它可以被修饰、复数化等。它也出现在一些抽象名词复合词中,且很多是频繁使用的,如 freodom"自由"其词根是形容词(最早的复合词形式),martyrdom"殉难"其词根是名词(Haselow 2011:151—154)。到 11 世纪,上古英语晚期,-dom 开始出现了语义漂白现象,在类型扩展和音韵缩减的基础上被用作一个派生后缀。这说明了词汇图式网络[[ADJ/N] + [dom] ← → ["entity denoting abstract state 表抽象状态的实体"]](或在某些情况表示地点,kingdom)⑤中的逐渐成长和构式化。马钱德(Marchand 1969:262—264)记录了该网络持续使用到现在的过程,在许多情况下带有轻微的幽默或反讽的语用义。

2.5.1.2 存在于边缘

有时候一个图式可能很有活力,但是其某些成员(微观构式)使用的频率不高,可能受文体或说话者族群的限制,因此从这个角度来看一直存在于该范畴的边缘。霍夫曼(Hoffmann 2005:143)列出了在 BNC 中使用仅 100 次或更少的复杂介词。其中,25 个复杂介词只出现了 10 次或更少,其中包括 in presence of "在场"、without breach of "不违背"、in distinction to "区别于"、at cost of "代价"、by analogy to "类比于"……直觉上来说,通过对该文本类型的分析可能会判断上述某些复杂介词在某种文体中能被较频繁地使用(如 by analogy to 在近期的历史语言学文章中,at cost of 在价格讨论中等)。根据霍夫

---

⑤ 第四章将更详细地讨论词汇图式。

曼的观察，在书面文本中相对频率高的，如 in spite of "尽管"，可能在口语中很少出现（p.106）。然而，某些复杂介词很明显在使用频率和分布上比其他复杂介词更具"中心"地位，如 on top of "之上"。霍夫曼认为 in terms of "关于"，首次出现在 19 世纪，到 20 世纪才被普遍使用，是 BNC 中使用频率最高的复杂介词（但即便是这样在分布上也受限制，在想象性文体和休闲文本中出现很少）。

霍夫曼同时指出 in front of "之前"，不仅在其出现的中古英语中使用较为罕见，而且到现代英语时期的 BNC（p.150）中的使用频率也不及 before（＜be "by" foran "from the front"［OED］），in front of 同 before 既在空间使用上也在时间使用上尤其是在时间使用上进行竞争。然而，in front of 具有所有语法化的特点：融合成一个单位、介词功能，以及词汇义的消失，但音韵缩减较少。在竞争中，before 逐渐固化为专指时间关系，而 in front of 则固化为空间关系。

这些例子说明一个图式的微观构式可能会根据其使用频率和搭配而多变，因此在典型性上也可能是多样的。盖拉茨（Geeraert 1997）对基于典型的语义演变方法的重要性的讨论应该扩展到构式演变，尤其是图式概念及它们的子网络中。

2.5.1.3 边缘化和构式消失

一个既存的图式，它的成员包括图式自身都有可能经历衰退和消失，尤其是在一段时间的扩展之后。吉冯（Givón 1979：209）提出了最后阶段是零的连续统，对语法化研究具有重要的影响：

(15) 语篇＞句法＞形态＞形态音位＞零

这里的零用来表达消失,包括完全消失,如英语不定式标记-an 的完全消失,以及有形无义的发展。后者是一个范式中的元素,如现在惯常通常是不标记的,比较 They talk every day 他们每天谈话(现在惯常;零标记)和 They used to talk every day 他们过去每天谈话(过去惯常、迂回标记)。有意义的零标记并不需要外显的微观构式作为其根源,而是有可能从"语篇和认知语境"中产生(Bybee 1994:241、2010:177—181)。然而,吉冯认为零标记产生于先前的语素,如 They think so "它们也认为这样"中的无标记(零标记)复数。零复数产生于上古英语的复数屈折形式"en"并在中古英语中消失。

吉冯认为(15)具有"循环波浪"的特点,也就是说会有"更新"(Meillet 1958[1915—1916])。然而,梅耶指出,只有某些类型容易经历消失和更新,如连词和否定,其他的类型对消失和新生是强烈抵制的:范畴的新成员可能出现并和其他成员共存很长一段时间(Hopper 1991"分层原则")。(15)的语法化过程容易让人想到一个新的微观构式的产生是以某个新生作为某个消失构式的"补偿"。这个概念的极端想法是新的语法类型产生的基础是先前的语法类型发展为零(消失),如当英语屈折形式的格消失以后,介词被用来标记格。这里的"周期"被理解为一个"循环"。比如,梅耶(Meillet 1958[1912])曾指出一个形式消失,留下一个"空档"或缺口需要被填补。他的例子是过去式的消失，如 cecini "I sang 我唱了"和迂回说法 habeo dictum "I have said(it) 我已经说了"(后来法语的 j'ai dit "I said")的出现，最终从被动中派生出来，如 dictum est "it was said 据说"。然而，没有证据说明存在一个需要被填补的空档，并且这个想法没有实践性，因为说话者若无法将一个类型实例化(除非另一个变量一直存在)，他们会无法交流。莱曼(Lehmann 1985)指出，更新和消失是同时发生的；由于新旧形式之间的竞争，"周期"应该被理解为演变的一种平行过程，而不是一个循环(另见 Haspelmath 2000)。莱曼认为拉丁语中格的消失和拉丁罗曼语中介词的更新是"相互和谐"的(1985:312)。

一个更老和一个更新的语法微观构式共存的一个典型例子是多方引用并经验证的从 V+INF+habe-派生而来的罗曼语将来时，意义稍有不同。在 7 世纪弗雷德加留斯·斯克拉斯提克斯(Fredegarius Scholasticus)所著的法兰克人历史著作中，有-r-屈折形态的 daras "you will give" <dare habes "to give you have" 跟更早出现的有-b-屈折形态的将来时 dabo 同时出现在一个关于某城市被命名为 Daras 的故事中。提出某些领土要求的东罗马帝国查士丁尼大帝同被打败的波斯王(即例 16 第一行中的 ille "he")有一个交流：

(16) et　ille respondebat:non ***dabo***
　　　and he　responded: not give-1SgFUT
　　　他回答说:我不给

Iustinianus dicebat：***daras***
Justinian said： give-2SgFUT
查士丁尼说：你给

(Fleischman 1982：68)

　　dabo 和 daras 很明显是共存的,但两者并不确指同一事物。前者可以被翻译成"我不会给"(I will not give it),而后者则表明保留了和"habe"短语相关的情态责任意义:你必须给(You have to give it)。没有证据证明-b-未来消亡并被-r-未来取代。随着时间推移,-r-的责任义在反复使用中减少了,而早先的-b-(曾经是同-r-竞争的形式)消失了。

　　更新在某些方面总是受限制的,消失和更新并不互为镜像。罗曼语将来时如何取代拉丁语将来时的细节还掩藏在岁月里。然而,利奇、亨特、梅尔和史密斯(Leech, Hundt, Mair, and Smith 2009)收录了英语中一些被淘汰的例子,为我们提供了了解语法构式边缘化的窗口。利奇、亨特、梅尔和史密斯(Leech, Hundt, Mair, and Smith 2009)讨论了20世纪标准英语中核心能愿动词如 will、would、can、could、may、might、shall、should、must、ought(to)的缩减,以及他们所认为的 need(n't)所具有的意义(和带有多数基本动词特征的半能愿动词 need to 区分开来)。他们关于能愿动词的重要观察是那些19世纪末已经很少用的核心能愿动词[may、must、shall、ought(to), needn't]缩减的幅度明显大于还没开始缩减的核心能愿动词。缩减的不同程度在英国英语和美国英语中都可找到,而且在口语中的缩减比书面语更明显。这意味着图式成员(网络中的节点)可能在缩减,但缩减程度不尽相同:正如我们看到的个别微观构式随着时间流逝被加入到某个图式一样,我们也能看到个别微观构式退出使用,一个一个被淘汰。

利奇、亨特、梅尔和史密斯(Leech, Hundt, Mair, and Smith 2009)提出了核心能愿动词的缩减是否跟半能愿动词如 be going to、be able to、have to 等的发展有关,正如克鲁格(Kurg 2000)所提出并讨论的英语从综合句法到分析句法的大转换。他们指出在书面语语料库中,半能愿动词的增长大大少于核心能愿动词的缩减。然而,他们从口语语料库中得到的更有限的证据则显示半能愿动词有更高的使用频率,而且其子类 have to、be going to 和 want to 在使用频率上开始跟核心能愿动词相竞争。同样,在 20 世纪末,各种电子语料库的证据显示,即使是经历了巨大变化的美国英语口语(p.101),其核心能愿动词的使用频率相对于半能愿动词的比例仍然高达 1.8∶1。因此,在某种程度上,半能愿动词的扩展和一些核心能愿动词的缩减是有关联的,尽管关联是微弱的,且大部分证据来自英语口语。然而,dare 这个核心能愿动词的使用频率看起来如此之低,以至于它既有核心能愿动词的特征又有一些准能愿动词加 to 的特征,否定句中不用助动词,但疑问句却用助动词提前,如 He dared not go "他不敢去", Did he dare to go? "他敢去吗?"(Schlüter 2010)。施吕特(Schlüter)认为这样的双重特征和避免重音冲突有关:当 dare 后是个重音动词时,倾向于使用不定式(如非重音冲突的 dáres to speak 比重音冲突的 dáres spéak 常见)。

从构式化角度来看,利奇、亨特、梅尔和史密斯(Leech, Hundt, Mair, and Smith 2009)一个有意思的发现是 20 世纪以来的一个倾向,即一些能愿动词的多义性逐渐缩减了,如 may(一个相对常用的能愿动词)渐渐地限于认知性用法("有可能"),而它的批准义正被 can 取代(p. 84—85)。should 也是个相对常见的能愿动词,也被弱化成预测的非事实标记,即语气(p. 86);然而,must,虽然也在经过陡然缩减,但既保留了强制义("有义务")也保留了认知义(p. 89)。依据"功能消减"及其症状(p. 80),他们也讨论了一些更边缘的助动词。"功能消减"其中一个症状是"范例式缩减":shall 现在基本上完全限于第一人称主语。要是 shall 和第三人称主语出现,那么几乎都是出现在"规定性"的言语活动(p. 80)中,比如:

(17) This agreement *shall* enter into force upon signature.
本协议需在签字后生效。

功能缩减的另一个症状是"分段分布"(p. 81),即对某些文体甚至文本的限制增加。多义链接的丧失涉及语义普遍性的缩减;组合和分布自由度的丧失涉及能产性的降低。由于所有成员仍在使用,边缘化核心情态动词的淘汰并不会导致核心能愿动词构式图式的丧失。然而,每个微观构式的单个轨迹说明其和核心能愿动词宏观层面的结盟在淘汰过程中正在弱化,而且许多核心能愿动词在此系统中正在受到限制。这些都是构式演变。

目前对于竞争和消失的限制的讨论仅限于基于结构或文体

（书面语或口语）的。同时限制也可能是区域性的。比如，上古英语的 oþ(þæt) "to,until" 的介词和从句标记功能在中古英语早期被迅速替换成了 till, till 在最早的上古英语中既已存在，后来可能受到斯堪的纳维亚语言的影响而被强化了。这样的替代开始于东米德兰地区（East Midlands）（Rissanen 2007）。当今英式英语中带助词 do 的否定表达更喜欢跟表所有"have"的过去式一起使用（They didn't have any boots 他们没有靴子），但在北方默认形式是更早期的 hadn't（They hadn't no boots 他们没有靴子）（Schulz 2011）。

那么消失是怎样在构式网络中得到模拟的呢？有趣的是，我们对成长的研究方法同样适用于淘汰的研究，但是我们必须在构式网络中补充"竞争"这一深层因素。根据哈德森（Hudson 2007a），正如 2.3.3 提到的，当从语例节点到类型节点的变化发生时，语例节点持续保存在记忆中。持续保存在记忆中受益于相同语例的频繁反复使用，这样使得语言使用者能够进行归纳，而且通过这一过程，相同语例重复出现的结果是一个构式可能被创造出来。相反，构式的使用频率低——以该构式批准的低频构例为证——会使得构式网络中该部分链接的弱化程度足以让说话者和听者重新理解该构例，却不会被某个能产性更强的构式所批准。因此它可能被分配到某个位置。[6] 比如，在 19 世

---

[6] 但是，对新词的指派无须涉及淘汰；见托里斯卡库洛斯和沃克（Torres Cacoullos and Walker 2009）关于魁北克英语中 will 和 be going to 是互为新词补充来使用的，布莱思和克罗夫特（Blythe and Croft 2012:278）将这种变化称为"重新分配"。这跟我们下节讨论的重新组合有关。

纪，-dom 大量用于贬损义，如 duncedom、gangdom，即使名词本身没有否定义。这个意义至今仍然保留着（attorneydom）（Marchand 1969:264）；近期的例子是 Blairdom（布莱尔主义）（Trousdale 2008a）和 Obamadom（奥巴马主义）。有时候一个过去能产性强的子图式也可能被淘汰，如[ADJ+dom]这样的子图式，其中只有一小部分成员还保留着，如 freedom、wisdom 等。

在淘汰过程中，先前能产性和组合性强的类型因变得特殊而失去了能产性，该类型的普遍性缩减，且该模板批准的语例越来越少。能产性缩减的结果可能最终导致子图式和微观构式间链接的不再使用和消失。比如，形容词派生名词的构式模板：[[ADJ+th]←→[entity with property denoted by ADJ "表示带有 ADJ 特征的实体"]]。这个在历史上相当能产的模板允许了一些形式的产生，如 warmth "温暖"、health "健康"、truth "真理"等。正是这个类型成了更普遍的形容词转换名词图式构式的一部分。这个图式包括[ADJ+ness]和[ADJ+ity]两个子图式。随着时间流逝，相比于其他模板，[ADJ+th]的能产性减弱，因此在后来固化的不是普通模板[ADJ+th]，而是其语例，如 stealth "隐身"、truth "事实"等。在这样的情况下，语言使用者很少接触到更加抽象的构式，这些构式因而失去了活力，更加脱离了形态网络中能产性强的部分。说话者并不将形式如 wealth "财富"、depth "深度"、breadth "呼吸"等新分析为将词缀依附在某一形容词形态音位变体上这样更为普遍类型的语例，而是将其分析为单语素词。在某些情况下，一些更普遍的类型的普遍性可能被缩减到孤立的程度以至于不能被语言使用者理解为某一范畴族群成员的使用实例,比如,能产性极强的构词类型的丧失,而所有最初由该构式图式所生成的所有形式都被当成了单语素词(如上古英语[ADJ/V + -sum]＞现代英语 buxom "丰满的"、lissome "苗条的"、winsome "迷人的")。这样的例子同时说明了分析性的梯度本质:如,buxom 的分析性比 tiresome 弱。请注意这是各种微观构式的一个特征:tiresome 更具分析性是因为其词根更容易被识别为动词,而 buxom 中的 bux 只能是个蔓越莓语素(详见第四章,尤其是 4.6),因此更可能的是其不可分析为一个复杂图式的实例,而仅可作为一个原子性形容词。

子图式的消失在词汇领域中尤其普遍,但是正如双及物构式子类型的消失所说明的那样,它也会发生在整个构式网络中(见后面的 2.5.2)。有时会发生更激进的淘汰,子图式的整个网络都可能被停止使用。如英语的非人称构式是及物图式的一个子类(如 Me thirsts, Me likes it)。上古英语中的非人称构式有许多子类,取决于名词论元的格。这里我们仅讨论带两个论元的动词:体验者(experiencer)和来源(source),建立三个子图式,如下表所示[子图式根据埃尔默(Elmer) 1981 和艾伦(Allen) 1995 标记为 N、I、II 为三个]。

表 2.1 英语非人称构式的子类

类型	体验格	来源格
N	与格或受格	属格
I	与格	主格
II	主格	属格

在上古英语中不同的动词有不同的非人称子图式。有些仅限于特殊的微观构式(如 lystan"desire 期望"只出现在 N 类,(latian "loathe 讨厌")只出现在 I 类,而(behofian "have need of 有需要")只出现在 II 类),而另外有些可以出现在两个子图式中(sceamian "shame 羞愧"出现在 II 类和 N 类),仅有一个出现在三个子图式中(ofhreowan "rue 懊悔")(Allen 1995:85)。随着时间的推移,越来越多的英语说话者将来源和体验关系作为带有主格主语的及物构式(如,I rue my mistakes 对自己的错误感到后悔,she loathed him 她讨厌他),这些子图式就陷于被废弃的境地。这些构式网络中非人称子图式的消失是逐步发生的:比如 lician "to cause/feel pleasure 感受快乐"仅限于上古英语的 I 类子图式。随着及物构式的越来越能产和普遍,lician 开始在及物构式中使用,其证据就是主语带主格标记,宾语带间接格标记,也就是说这个特定非人称格和及物形式交替使用。然而,即使到了早期现代英语,这个古老结构的遗留还持续保持着。这种保留可以在一些例子中被观察到,比如,like 的主语有来源格题元角色(thematic role),其宾语有体验者的论元角色(18a),而在其他情况下,主语是体验者角色,而宾语是来源角色,见(18b)。

(18) a. these two, trauelinge into east kent,
These two travelling to East Kent
resorted vnto an ale house... and callinge
went into an ale house and calling

for	a	pot	of	the	best
for	a	pot	of	the	best
ale,	sat	down	at	the	tables
ale	sat	down	at	the	table's
ende:	*the*	*lykor*	**liked**	*them so*	*well,*
end	the	liquor	pleased	them so	well
that	they	had pot vpon		pot.	
that	they	had pot after		pot	

这两个人旅行到了东肯特，进了一家啤酒屋，叫了一壶最好的啤酒，并在桌旁坐了下来，这酒使他们非常愉悦，以至于喝了一壶又一壶。

（1567 Harman [HC cefict1a; Trousdale 2008c:310]）

b. yf *my cosin* **like** *it*, I will send him more.

If my cousin likes it, I will send him more.

如果我表兄喜欢这个，那我就送给他更多。

（1627 Meautys to Cornwallis [CEEC Cornwall; Trousdale 2008c:310]）

非人称结构的逐渐消失（详见 Trousdale 2008c）和中古英语中许多独立的系统变化是相关的，这些变化包括形态格消失和强制性的（形态）句法主语的发展，它们一起促使及物构式的发展。非主格主语逐渐变得越来越不典型。如今，非人称及其子图式已经在英语构式网络中消失了。换句话说，已不存在动词论元分别是非主格代词和小句的微观构式。比如，当代英语中不存在 Them rues that X 或 Us likes that X 这样的构式，却有 methinks 这样的状况。methinks 作为一个非人称构式的残留,在共时语法中已不再被能产性强的非人称构式所批准,而是被新分析为一个认知或者证实性的副词,其功能是作为一个元文本(metatextal)标记来表达"明显地"或者"我认为"这样的意义。

很多构式是长期存在的,如 as long as 的时间义(包括音韵变化)在早期中古英语时代就已存在。然而,有时一些构式只存在相对短的时间。这样的例子包括早期现代英语中 do 在肯定句中的使用(Nevalainen 2004),中古英语中的两个体标记 stinten 和 finen 都表达完成的意义(Brinton 1988),21 世纪初 all 作为一个引用标记(Buchstaller, Rickford, Traugott and Wasow 2010)。微观构式中的固有特征似乎不会影响构式的寿命,其决定因素是在一定数量说话者中的常规化。同样,图式中的任何内在特征也无法决定其生命力的长短或者能产性的高低。

2.5.2 链接重组

网络中的历时演变并不限于产生和消亡。即时加工和新分析的结果是网络中相关节点家族构成发生变化,也就是说,子图式甚至图式构成发生变化。

科尔曼和德克莱克(Colleman and De Clerck 2011)提供了一个继承链接变化的例子,他们发现在 18 世纪就已发展的一些双及物构式子类已经消失、边缘化或缩减了,如放逐或排他动词(如 banish、dismiss、expel、forbid)的子图式在标准英国英语中

已经基本消亡了。科尔曼和德克莱克(Colleman and De Clerck 2011:194)引用了例(19):

(19) a. I therefore for the present ***dismiss'd*** him the Quarter deck.
因此我现在把他从第四码头释放了。
(1771 Cook, *Journal* [CL 1])
b. he therefore ***forbade*** her the court.
他因此禁止她进入法庭。
(1744 Walpole, *Letters* [CL 1])

其他子图式也已被大大地缩减了。比如,一些受益动词(water, she watered me the plants 她帮我浇了植物)和交流动词(repeat, repeat you a sentence 给你重复一个句子)已经消失了。然而,如果接受者是代词,则其接受构式会有所不同,如 shouted him answer 喊出答案给他。[7] 已经消失的子类的某些成员,特别是行为方式动词(如 shout、whisper),已被纳入戈登伯格(Goldberg 1995:89—91)所称的转换-致使-移动构式或双

---

[7] 英语变体也可能存在差别。霍夫曼和穆克吉(Hoffmann and Mukherjee 1997)确认了印度英语中一些"不常见"的双及物动词,并认为如 He informed me the story 这种句子是印度英语中的一个创新。然而,科尔曼和德克莱克(Colleman and De Clerck 2011:197—198)将 inform 归入双及物交流动词更大的集合中,且认为其从 18 世纪开始在标准英语中逐渐消失,所以它实际上是较早殖民时期英语的残留成分。

及物"介词改述"构式(Max gave the robot to him 麦克斯给了他这个机器人)。历史上说话方式动词的双及物构式和转换-致使-移动构式之间的关系自中古英语早期以来就一直非常接近,因为某些动词尤其是说话方式动词在两者间已被交替使用了上千年(见 Sowka-Pietraszewska 2011)。正如 2.4.2 提到的,戈登伯格(Goldberg 1995:89—91、2006:9)指出双及物构式和转换-致使-移动构式仅在表面上相同,实际上,"双及物构式和转换-致使-移动构式并不通过继承链接产生关联"(Goldberg 1995:100)。然而,历史上它们确实有明显的同义链接,这也证实了 2.4.2 中所引用的佩雷克(Perek 2012)的结论,即语言使用者能归纳不同的变量,即使这些变量没有共同的形式特征。

目前关于继承链接重组最详细的研究是托伦特(Torrent 2011、2015)所使用的框架网络(FrameNet)分析。托伦特讨论了伊比利亚半岛语的演变,然后是巴西葡萄牙语中由"*para* 不定式"构式群所共享的继承链接,[⑧]其当下核心类型见例(20):

(20) Ela   mandou   o   dinheiro ***para*** mim
     she   sent   some   money   for   me
     pagar o   livro.
     buy-INF   a   book

[⑧] 托伦特把关系多义、比喻和子部链接归入继承,所以他所谓的变化比本书的更复杂。

"She sent money for me to buy a book."

她寄钱给我买本书。

(Torrent 2015)

根据托伦特,这个构式的句法形式是[NP V para (NP) V$_{INF}$],其语义是[附加目的]。(20)中所示的子类是转移和目的构式的混合。托伦特认为一个能愿目的构式的类型在13世纪重组并在20世纪开始以继承语态和情态形式的方式进行扩展。另外,其子类在数量上从四增加到了十一。

帕滕(Patten 2010、2012)在解释英语的IT-分裂构式时提供了多义链接变化的例子。她认为IT-分裂构式最早是一个焦点构式,其中系词后的焦点成分得到确认或被指定(相对于被描述和述谓),并且关系子句是相当于当代英语中的一个有预设的关系小句(21):

(21) It was Sally who killed her. 是萨利杀了她。

(Patten 2010:226)

(21)中,Sally是焦点,被确定为集合(杀她之人,是用预设关系句来表达的)中某一特定成员。帕滕认为从上古英语开始,这个指定性IT-分裂构式就得到了证实,NP就是焦点,但系词后结构槽的限制随着时间推移被放宽了,这样介词短语、原因从句,甚至形容词都能出现在此处并成为焦点,如(22):

(22) a. It's *in December* that she's coming.

在十二月她会来。

b. It's *because it is your birthday* that she is coming.

因为是你的生日她会来的。

c. It's not *sick* that he was but tired.

他不是病了而是累了。

(Patten 2010:239,引自 Kiss 1998:262)

另外,新信息呈现在关系小句中的信息性预设 IT-分裂句也是 IT-分裂构式的扩展。(23)的关系子句在语境中不可及,或者说对听者而言无法从语境中搜索到,但是可标记为"作为事实的信息,虽然对目标听者而言并不了解,但是对某些人而言是可理解的"(Prince 1978:899—900):

(23)(作为一个讲座的开头)

It was *Cicero who once said*, "*Laws are silent at times of war*".

是希思罗曾经说过:"法律在战争时期是沉默的。"

(Patten 2010:222、234)

帕滕认为信息预设 IT-分裂句构式的发展是通过多义链接扩展到焦点 IT-分裂句的,而不是普赖斯(Price 1978)和鲍尔(Ball 1994)所提出的一个孤立构式。信息预设 IT-分裂构式的指定性及其关系子句的事实性(另见 Lambrecht 1994)都支持帕滕的观点。早期的例子可以在中古英语中找到，但直到现代英语时期其频率增长才比较显著。

2.6 范畴、梯度和渐变

正如第一章所陈述的那样，我们对构式网络的理解是非模块化的(non-modular)。每一个节点都是形式语义的组合体。在微观层次，一些构式是基本内容性的。这些具体的语例在许多包含指称和述谓等更普遍构式类型的语言中通常被描述为名词、动词和形容词。从典型范畴来看，这些词类是"词汇的"，指世界上的实体、情状和描述。而其他构式则主要是"语法的，因为相比于其他子网络，它是体貌的和反复的，是其动词连续的构式演变的结果"。它们是语法性的，包括从格标记、时态、体态和情态到信息结构标记(话题和焦点)，也包括从说话者态度到说话内容(语用标记、评价小句)。在内容/词汇性构式和程序/语法性构式之间有一个梯度，名词、动词、形容词通常是处于内容端，而抽象标记如语气、话题等都处于程序端(Lehmann 2004, Brinton and Traugott 2005, Muysken 2008)。这个梯度的一个特别清晰的例子是英语的副词范畴，因为该范畴部分由词汇构式组成，部分由语法构式组成。英语有非常丰富的副词系统，方式副词倾向于处于连续统的内容端，如 foolishly、fast，而焦点标记副词，如 only、even，和程度副词，如 very、quite，都处于程序端。在一些副词系统具有严格限制的语言中，大多数或者全部副词可能基本都处于程序端(Ramat and Ricca 1994)。

由具体词汇和语法材料实例所构成的范畴都是有梯度的,因为范畴中存在一些相比于其他实例更具代表性的实例。基本的观念应该是范畴并非均质的或离散的,这个概念同典型性理论(见 Rosch 1973,Geeraerts 1977,以及 Lewandowska-Tomaszczyk 2007 总结的认知语言学的最近发展等)中的"样本代表性"和"成员关系程度"紧密相连。丹尼森(Dension 2010)以 fun(具有形容词特征的名词,如 very fun,fun time)为例讨论了某些理想化、僵化范畴的问题。亚特(Aarts 2007)更加深入地讨论了这些问题的细节,并以 utter 等为例(形容词范畴的"不良"代表,因它无法用于述谓:* The nonsense was utter,或者用于比较级 * utterer nonsense)来加以说明。拜比(Bybee 2010:2)用 go 的例子说明了"词汇语素可依据其搭配成分来改变自身的意义和本质",该词貌似一个词汇性表移动的动词,但在 go wrong "出错",go ahead (and) "继续",go boom "暴涨",let's go have lunch "我们去吃饭吧",go-quotative "go 加引用"(如 and I go "What do you mean?" 我说:"你什么意思?"),和 BE going to 中却更多是语法义,而较少词汇义。

由于构式随着时间发生演变,尤其是在某些语境中当词汇成分被说话者用来表达语法目的时,该范畴中那些相对"良好"的成员(也许不变)通常会经历"去范畴化"(decategorization)并失去某些该范畴的典型特征。比如上古英语的词汇性动词 mag-"有能力的"可以用作不定动词,不及物地同一个介词短语连用,并可用于各种时态。随着它被常规化并纳入语法情态构式后,不定动词和不及物用法逐渐消失了,也就是说它的动词性

第二章 基于使用的符号演变方法

身份被去范畴化了(Plank 1984,Warner 1993)。由此,原来的动词 mag-最终也消失了。当量词 any 跟名词 way 黏合起来成为 anyway(副词,后来成为语用标记)时,该固定短语中的名词不再和名词修饰语如形容词和指示词等连用也不再有复数形式——其名词身份被去范畴化了。way 成了该构式中的名词的极差代表。然而,原本的名词 way 和量词 any 继续存在,和新构式 anyway 并存。

通常每次只有构式的一个特征发生变化,这就意味着变化的步骤极小。演变中一系列离散小步骤的出现是众所周知的"渐变"概念的一个重要方面(Lichtenberk 1991b)。我们理解的"渐变"是指一个演变现象,特指离散的结构性的微小变化和跨语言系统的细微步骤的传送(Traugott and Trousdale 2010a)。⑨ 共时上表现为小范围的变异和"梯度"("变化总是表现在共时的变异中",Andersen 2001:228)。这就意味着变化中的构式在任何时刻上都会促成系统中的梯度。⑩ 这里我们要指出渐变和梯度的一个重要区别:渐变(历时演变)可能是逐代各异的,而梯度(共时语法中的变体)则不然。另一个要点是:在我们的理论模式中,"小步骤"可能不出现在一个连续单向的路径上,而是出现在特征间跨节点的链接上。

由于"步骤"是瞬时的,即使很小,而网络却是多向的,因此

---

⑨ 这里对"渐变"的理解区别于生成语法传统中的概念(见 Roberts 2007),该传统中"渐变"指的是说话者跨网络的传送或者扩散。

⑩ 关于梯度和渐变的深层次思考,特别是在语法化领域,见特劳戈特和特劳斯代尔(Traugott and Troousdale 2010a、2010b)。

人们可能会产生疑问:上面讲述的情况中是否存在不是渐变的变化呢？比如,有没有变化是单一存在的,而不是一系列变化的结果呢？我们已经指出这个问题的答案是肯定的,至少在词汇性微观构式化领域中如此。这样的例子包括语言借用和类转(关于后者详见 1.5.4 和 4.8)。第二个问题是大步骤变化是否会导致突发的演变？这个问题已经在语法化文献中被大量地涉及,讨论的中心问题是重新分析是不是突变的,如果是,那么它跟语法化的关系何在。比如,哈斯佩尔马斯(Haspelmath 1998)认为重新分析是突变的,因而将它和语法化分离。莱曼(Lehmann 2004:10)同样将重新分析和语法化分离,不仅仅因为重新分析是突变的,他认为更重要的原因是重新分析是通过两个步骤而不是一系列的变化实现的。罗伯茨(Roberts 1993)却认为语法化是重新分析的一个子类。这些争论都归结于莱特福特(Lightfoot 1997)优先考虑形态句法上源自大量小步骤累积的大范围变化这一事实,他称之为"灾难性的"(catastrophic)或者"排山倒海的"(cataclysmic)变化。90 年代生成句法的参数(parameters)是宏观参数,所以任何参数变化必要地被概念化为大范围的、突变的。21 世纪初开始,许多生成语法学家开始转向微观参数(如 Roberts 2010,van Gelderen 2011),所以参数变化也被重新概念化为小范围的。我们认为新分析(或重新分析)涉及微观步骤的变化。这样的微观步骤可能但不一定会在网络中产生新的节点。某些新分析是构式演变,它们不会在网络中产生新的节点。一系列构式演变可能导致构式化,这相对也是个小步骤的新分析。这种情况下,新分析在网络中引发了一个形式$_{新}$-意义$_{新}$的类型节点的产生。有时候小范围的构式化的积累可能导致大范围的系统演变,正如莱特福特(Lightfoot 1979)指出的那样,但这些系统演变本身也是逐渐发展的,如格的迂回表达的普遍化。我们并不认为它们优于个别更小步骤的变化。

2.7 个案研究:way-构式发展再探

本节通过区分构式演变和构式化,指明子图式重组以及思考图式间的网络来展示前文所总结的方法如何能对跨世纪的演变展开研究。我们再次考察 way-构式的发展,这是从构式语法的角度(Israel 1996)来考察历史演变的首个集合,并提出使原先的分析方法得以提高的建议。

2.7.1 当代英语中的 way-构式

当代 way-构式的例子有:

(24) a. After tucking him in, Lindsay **made her way** down the stairs to the kitchen.
帮他掖好被子以后,Lindsay 下楼梯来到了厨房。
(2012 Clipston, *A Life of Joy* [COCA])
b. she **trash-talked her way** into a Strikeforce title shot.
她说着脏话去了《Strikeforce》的拍摄。
(March 4th 2012, *Vancouver Sun* [Google; accessed March 4th 2012])

戈登伯格（Goldberg 1995:199）在莱文和拉波波特（Levin and Rapoport 1988）和杰肯道夫（Jackendoff 1990）及其他研究者的基础上指出 way-构式的形式是：

(25) [SUBJ$_i$ [V POSS$_i$ way] OBL]

根据蒙多夫（Mondorf 2011），我们提出指向（DIR）应该取代间接宾语（OBL），因为指向是该构式的关键，而且需要和间接宾语如处所（locatives，见 2.7.3）等区分开来。way-构式暗指主语指称沿着一个路径运动，但是根据戈登伯格，该构式中的动词在当代英语中都不是移动动词；这些动词包括 make、dig 和 belch，但却不是 go、come、run 等。戈登伯格认为这个能产性很强的构式的典型动词是 make，且典型的 way-构式涉及三个成分一个框架："创造者－主旨（creator-theme），被创造者－方式（createe-way）和路径"（Goldberg 1995:207）。在很多情况下暗指了充满了外界困难或阻碍的移动（如 force one's way），但并不完全如此（如 whistle one's way）。她将该构式和"伪宾语"补语结构（"fake-object" resultatives）联系起来（pp. 215—217），比如：

(26) a. He cried his eyes red.
　　　他哭红了眼睛。

b. He talked himself hoarse.
他说哑了嗓子。

然而,戈登伯格认为它们不是同一构式的两个成员,因为补语结构有更多的限制。虽然我们认同 way-构式和"伪宾语"补语结构并不相同,但这里还需指出两点。一是同属一个图式的成员可能比其他成员受到更多的限制,如 a shred of 比 a bit of 更受限因为它更倾向于否定极(negative polarity)且优先肯定的语义指向(语义肯定的 hope、trust 比否定的 despair、falsehood 更优先);a shred of 的使用频率也大大低于 a bit of。因此,限制比较并不能成为它们是独立图式的必要理由。网络模式能够使得某些构式在图式内部和图式间比其他构式建立更远的链接。二是因为 way-构式常常跟介词短语连用,一个更相关的"伪宾语"补语结构可能是带有介词短语的子类:

(27) He **worked himself** into a frenzy.
他疯狂地工作。

在下面的 2.7.5 中,我们会提到蒙多夫(Mondorf 2011)认为补语结构比 way-构式更受限制是有历史原因的。网络模式的解释使得我们能够展示补语结构现在是该网络中一个联系较远的成员——虽非"同一个"构式,但却还是紧密相连。

杰肯道夫(Jackendoff 2002:174)为 way-构式提出了一个比戈登伯格更为抽象的描写方法,并称其语义为"大致地'通过某动作来(doing V)跨越路径 PP'"。他指出 way-构式中的动词必须指一个过程:是"本质上的内在过程动词(如 eat、whistle、roll 等)或可描述为反复有界事件(如 belch、joke、hammer 等)"(Jackendoff 1990:213)。虽然表现为及物(way 为宾语),但该构式只是在形式上表现为及物并且"跟被动完全无法兼容"(Jackendoff 1990:216)。基于各种数据库和频率的验证,戈登伯格得出结论:存在两个多义构式,一个是中心或基本,她称之为"手段"(means)(产生路径的动作手段),如 make、dig、worm 等;另一个是"稍逊基本的扩展",她称之为"方式"(manner)(沿着路径以一种方式运动),如 clang、clack(p.203)等;后者的很多动词大都指能沿着路径产生动作的声音。在用本书采纳的术语中这些都是 way-构式上位图式的多义子图式。

以 OED 为数据库,伊斯雷尔认为,正如蒙多夫所认为的那样,way-构式源自通过类比合并的几个不同的"线程",这一假说我们这里只是部分接受。和戈登伯格一样,伊斯雷尔使用了"手段"(means)和"方式"(manner),但范畴化不尽相同。伊斯雷尔的前三个线程其实是戈登伯格的"手段"的子集。

(a) "方式"(manner)线程,包括"表路径形状、速度和运动方式的动词"(Israel 1996:221),如(28a)。

(b) "路径的获得或保持"线程(在 p.221 的脚注中提到),如(28b)。

(c) "手段"(means)线程,包括表产生路径(p.223)的动词,如(28c)。

(d)"附带活动"(incidental activity)线程(p. 224),主要指运动或产生路径时发出声音的动词,如 whistle、hem、haw (28d)等。正是戈登伯格所称的"方式"(manner)构式。

我们用相对近期的取自 CLMETEV 的语例来说明:

(28) a. therewith he **winged his way** into the deep sky.
随后,他展翅飞入了深沉的天幕。

(1885 Pater, *Marius the Epicurian* [CL 3])

b. How could she **find her way** home? How could she find her way about in Santa Croce?
她怎样才能找到回家的路?她怎么能在 Santa Croce 找到路?

(1908 Forster, *Room with a View* [CL 3])

c. before long I was out of sight of the camp, **plowing my way** through the mud.
不久之后,我正在离这个基地很遥远的地方,在泥泞中前行。

(1894 Kipling, *Jungle Book* [CL 3])

d. The steamer... came at last in sight, **plashed its way** forward, stopped, and I was soon on board.
蒸汽船最后进入视线,水花四溅地向前行进,停了下来,没过多久我就上了船。

(1842 Borrow, *Bible in Spain* [CL 2])

伊斯雷尔根据可用动词的集合(不包括像 go 这样的纯行为动词)和"用法的一致性"发现了中古英语以来的连贯性(1996:223)。

根据伊斯雷尔,他所称的"方式"(manner)线程(a)是最早的子图式,出现在 15 世纪表动作的动词如 go/run/wend one's way 等有限的搭配集合中。后来,动词如 sweep、scramble、wing、worm 被添加到这个集合中。包括如 take、find 等动词的"路径的获得或保持"线程(b)也很早得以验证。带有 cut、smooth 等动词的手段"(means)线程(c)产生于 17 世纪中期。伊斯雷尔认为这三个图式相互交织,导致了当代英语 way-构式的产生。第四个"附带活动"(incidental activity)线程(d)发展于 19 世纪中期;伊斯雷尔表示"还有很多不被说话者接受"(p.224)。

伊斯雷尔的分析,跟戈登伯格一样,是基于框架语义学的,主要是源于对如何将动作、路径、方式和原因在词汇成分中结合起来这个问题的思考(Talmy 1985)。它在范畴看似分解的地方激活了类比。尽管这种分析对于动词类型在文本记录中开始出现的时期的研究是基本正确的,但它过分强调了方式。伊斯雷尔指出早期的方式用法是动作动词(run、wend)。[11] 虽然可以说 run 具有些许内在的方式(速度),但 wend 则具争议性。wend-最早是一个及物动词,意为"转",但从 11 世纪开始 OED

---

[11] 戈登伯格(Goldberg 1995:204)也将 wend 看作动作动词的方式。她认为 wend、thread、weave 等都是涉及复杂路径的有条理性的缠绕类动作。

将之列为不及物动词,意为"去"(go)。在中古英语时期,它的过去式 went 变成了 go 的替补过去式形式,代替了 yede。wend [79] 的多数语例不管是过去还是现在时态看起来都涉及普通不及物的动作义,如:

(29) Eliezer *is*   *went*   *his*   *wei* And haueð
     Eliezer has   gone   his   way   and has
     hem   boden   godun   dai.
     them   bidden   godun   day
     "Eliezer has left and bidden them good day."
     埃利泽已经离开了并祝愿他们愉快。
     (a1325(c1250) *Gen. & Ex.* [MED *dai*])

伊斯雷尔评价 way-构式的历史发展:

way-构式发展的非凡之处在于几个世纪以来一直保持着使用的一致性。在每一时期某些谓词——go[⑫]、make、work、pursue、wing——都反复出现并在使用中占主导。(Israel 1996:223)

---

⑫ 这个说法跟戈登伯格关于 go 在当代英语中没出现的假说相矛盾。在 2.7.4 中,我们说明伊斯雷尔是正确的:go 还是被使用[只是相对频率较低且只在没有指向(DIR)的构式中使用]。

这里我们考察构式是何时以及如何形成的,以及早期为某一构式所提供的证据是否和当前的一致。接下来,我们讨论两种假说。首先,虽然在表面形式上存在相当的连续性,但在 way 同与之搭配的动词之间在图式关系上还是存在一些实质性的新分析。具体来说,go 的使用和方式动词如 scramble、wing 和 worm 之间很少甚至没有直接的连续性。其次,主要组织因素是致使和非致使语义(见 Goldberg 关于路径产生和沿路径动作的讨论)。对于当代英语,我们采纳杰肯道夫(Jackendoff 2002: 174)的语义界定方法并假设为以下图式:

(30) [[SUBJ$_i$[V POSS$_i$ way](DIR)] ← → ["SEM$_i$ 穿越路径 PP 伴随动作 V"]]

我们将在后面讨论这种界定方法,也会讨论这个更大图式中的子图式,其中有些是致使义。

2.7.2　way-构式的前身

way-构式的发展不但说明了既存网络如何作为变化产生的语境,而且也展示了网络中的哪些部分跟变化的产生最相关的评估问题。

现代 way-构式的两个子图式更倾向于动作方式构式和伴随动作的声音或活动构式。然而,way-构式开始形成时并不是这样。我们在数据库中对中古英语的 way 语例做了搜索,发现该构式有两个完全不同集合的前身 wei:不及物动作集合和及

第二章 基于使用的符号演变方法

物动作集合。MED(wei 2b)认为"wei 和像 on wei 这样的短语几乎可以和任何动词连用来表达移动、向前运行等动作"。[80] MED 提供的动词语例包括 go、wend、fare、flee 和 ride。这些动词都是非作格不及物动词,其中只有 ride 明显涉及方式。法内戈(Fanego 2012a)记录了表达动作方式的动词的数量在中古英语、早期现代英语和晚期现代英语中的突然增长,其中中古英语中的一些是从古冰岛语(Old Norse)中借用过来的,如 skip;有些是来自法语,如 dance;其他是上古英语既存动词的扩展使用,如 glide、walk(＜walk-"roll")。虽然中古英语中的动作方式动词大量存在,但可能只有 ride 对 way-构式的发展起了直接的作用。

除不及物动词外,几个动词如 flee、ride 等被当作及物动词使用,MED 也记录了一些 wei 和及物动词连用的语例,主要是获得动词,如 nim-"take"、take。伊斯雷尔只是在注脚中提到了该获得动词集合(Israel 1996:221),但由于这组动词既及物又有致使性(致使自己获得),因此可能在 way-构式的发展中起了重要的作用。伊斯雷尔虽然提到了这组动词,但他主要是对动作、方式和原因感兴趣,因此并没有关注及物与不及物的差别。然而,我们认为及物不及物的差别和这组获得动词的线程对考察中古英语和早期现代英语时期 way 的语法状况是非常重要的。

在讨论中古英语中 way 的语法状况之前,我们注意到 way 可以和人称所有格使用(POSS)(31a、31b),但是也可以跟介词使用(33b),能跟指示词或者冠词使用(31c、31d),也可以用作复数(31d):

(31) a. þe kniht tok leue and **wente his wei**.
　　　 The knight took leave and went his way.
　　　 这个骑士离开上路了。
　　　　　　　　　　　(1390 St. Greg. 34 [MED *clot*])

b. **Ryde on your wey**, for I wille not be long behynde.
　　Ride on your way for I will not be long behind.
　　骑马上路吧，因为我在后面不会很久。
　　　　　　　　　　(1485 Malory Wks [MED *wei* 2b(d)])

c. and to him **þaene wei** he nam.
　　and to him that way he took.
　　对他来说他走的这条路。
　　　　　　　　　　(1300 *SLeg. Becket* 713 [MED *wei* 2b(b)])

d. and **went the wayes** hym by-fore.
　　and went the ways him before.
　　走了他前面的路。
　　　　　　　　　　(c1450 *Parl. 3 Ages* 37 [MED *wei* 2b(a)])

这些语例尤其是含有动作动词的语例的另一个有趣的特点是很少和指向词搭配连用：

(32) a. As he **wende his wei**, seh þis seli   meiden
　　　 As he went his way, saw this blessed maiden
　　　 Margarete.
　　　 Margaret.

途中,他看到了被祝福的少女玛格丽特。

     (c. 1225 St. Marg. [MED *wei* 2b(a)])

 b. Ah, *flih, flih þinne wæi* & burh þine life!
   Ah, flee, flee your way and save your life!
   啊,逃吧,逃离这条路,拯救你的生命!

   (c. 1275 Layamon, *Brut* 8024 [MED *wei* 2b(d)])

一个明显的例外是副词 forth,在 MED 语料中,forth 频繁跟动作动词搭配连用。然而,它常作为复杂谓语(不及物短语如 fare/drive forth)的流动部分而且并不一定指向附加语:

(33) a. Moyses...*ferde forþ on his weiʒ.*
   Moses went forth on his way.
   摩西继续前行。

    (c1175 H Rood 4/33 [MED *wei* 2b(a)])

 b. In the see she *dryueth forth hir weye.*
   In the sea she drives forth her way.
   她在海中前进。

  (c. 1390 Chaucer, CT *Melibee* B. 875 [MED *wei* 2b(b)])

  现在看来,早期的语例如(32a)和(33a)可能说明了 way 作为一个伪宾语的常规化早在中古英语就已开始,伊斯雷尔(Israel 1996:221)称之为普遍 go-your-path 构式。然而这个分析并不完全站得住脚,因为人称所有格并不是必需的,而且 way

并不一定是充当动词补足语的一个伪宾语。在不及物非作格动作动词的语例中，way 被用作更大词类——副词附加语之一，其中有些是介词短语，有些是单语素成分。除了跟冠词搭配而非人称所有格连用(31c、31d)，在介词短语中的使用(31b、33a)、复数(31d)的使用等，还能说明 wei 不是动词补足语的是(34)，其中 wei 是一个名词，部分被用作跟另一个指向副词成分并列的指向：

(34) ***Go*** we þane narewe pað and ***þene wei grene.***
　　 go we that narrow path and that way green
　　 "Let us take the narrow path and the green way."
　　 让我们走这条窄的绿色的路。

　　　　　　　　　　(a1225 *PMor.* 343 [MED *grene*])

在这个时期，与及物动词连用时，way 常被分析为宾语，其论据是 way 常常与冠词连用(31c、35a、35c)，宾语前置(31c、35a)，同动词分离(35a、35b)，以及同形容词一起使用(35c)：

(35) a. To þe castel med wiþoute toun ***þun***
　　　 to the castle meadow outside town that
　　　 wei sone he ***nom.***
　　　 way soon he took
　　　 "He soon took the path to the castle meadow outside town."

他很快走了那条通往城外城堡草坪的路。

  (c1325 *Glo. Chron* A 11255 [MED *castel*])

b. Turne we to ure drihten on
  Turn we to our lord   in
  riht bileue... and **maken** **us**
  true belief... and make ourselves
  wei to   him.
  way to   him

"Let us turn to our lord ... and make a path to him for ourselves."

让我们转向主……为自己找一条通往他的路。

  (a1225 *Trin. Hom.* 129 [MED *neighlechen*])

c. The God of oure heelthis schal
  the god of our health shall
  make an **eesie** ***wei*** to   vs.
  make an easy way to   us

我们的健康之神应该为我们找一条简单的路。

  (a1425 *WBible* Ps. 67.20 [MED *eesie*])

注意(35b)是个反身构式(见法语 s'en aller "go, betake oneself")。

  正如前面提到的,伊斯雷尔(Israel 1996:221)提出了普遍的 go-your-path 构式。他也指出"任何表达'way'意义的名词都可以用于这个构式"(Israel 1996:221),但是他确信这个构式是"可选的已有路径(optional possessed path)",却没有给出进一步分析。关于中古英语的动作构式,法内戈(Fanego 2012b)发现在 MED 中的名词 pas "step"经常带有人称所有格并和及物动词如 make、take 连用(36),因此他假设这些情况是 way-构式的模板(p.c.)。

(36) a. ***Toward temes he made his pas***;
toward Thames he made his way;
&. whan þat
and when that
he at temes come…
he at Thames came
"He made his way toward the Thames; and when he to came to the Thames…"
他走向泰晤士,当他来到泰晤士面前时。
(c1330 *SMChron.*(Auch)[MED *maken* v. 1])

b. Joseph ***anon nom his pas*** And bed
Joseph straight-away took his way and asked-for
his bodi vppon þe tre.
his(Christ's) body on the tree(cross)
约瑟夫直接上前并要了树上的耶稣的身体。
(c1390 *Dial. Bern.* & V. (2)(Vrn)[MED *nimen*])

第二章 基于使用的符号演变方法

然而,虽然这样的构例毫无疑问在 way-构式的发展过程中起一定作用,但 pas 也频繁地和不定冠词或形容词连用,且表现为宾语。因此带有 pas 和 wei 的例子实为及物构式获得子图式的语例,在这些语例中它们作为空间宾语使用:

(37) $[[\text{SUBJ}_{\text{anim}}\ \text{V}_{\text{TRacquisition}}\ \{(\text{DET})\ pas/wei\}\ \text{OBJ}]$[13] ← →
$[\text{"SEM}_i\ \text{take a path"}]]$

$[[主语_{有生命}\ 及物动词_{获得}\ \{(限定词)\ pas/wei\}\ 宾语]$ ← → $["语义_i 采用路径"]]$

总之,我们的假设是在中古英语时期不存在带有一个特定形式表达的普遍能产的 way-构式,只存在不及物运动构式和及物获得构式的构例,其中某些构例碰巧含有词汇/指称性构式 wei。图 2.2 提供了简化的描写。

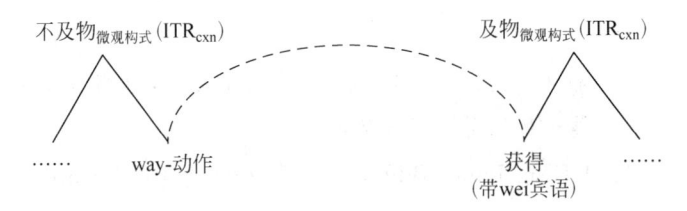

图 2.2　17 世纪初的 way-构式类型

---

[13]　{(DET) pas/wei} OBJ 这一形式表达只有及物获得构式语例跟指示词 pas 和宾语 wei 连用时才能成立。

2.7.3 way-构式的构式化

在早期中古英语(MED)和赫尔辛基语料库中,我们发现从16世纪早期开始,人们更加倾向于使用主要限于动作指示动词(如 go 和 come)的作格表达,人称所有格而非定冠词,以及 wei 而非复数 way,且不用前置介词。在赫尔辛基语料库(HC)的宗教文本中,其典型用法是 way 后不带指向词(DIR)(38)。

(38) Jesus saith vnto him, ***Go thy way***,
Jesus says to him Go your way,
thy sonne liueth. And the man beleeued
your son lives and the man believed
the word that Iesus had spoken
the word that Jesus had said
vnto him, and he ***went his way***.
to him and he went his way
耶稣对他说,走你的路,你的儿子活着,他相信耶稣对他说的话并走了他的路。

(1611 King James Bible, *New Testament* [HC centest2])

然而,在另外类型的文本中,其后却较多带有指向词:

(39) a. This poller then sayd to hym ***go***
This thief then said to him Go

142

第二章　基于使用的符号演变方法

thy ***way*** streyght to thend of y=t=
your way straight to the end of that
long entre.
long entrance
小偷对他说,直走到那个长长的路口的尽头。
(1526 *Hundred Merry Tales* [HC cefict1a])

b. So wee toke our leve of hyme, and
so we took our leave of him and
came our wayes bake agayne to Huntyngeton.
came our ways back again to Huntington
因此我们离开他并再次回到了亨廷顿。

(b1553 Mowntayne, *Autobiography* [HC ceauto1])

这样的例子说明一个意义为"沿某一路径运行",形式为相对常规化的指示动词＋表有生命主语的人称所有格＋way的构式作为不及物构式的一个子图式正在浮现。语义上,这些例子有相当的组合性:行为由动词表达,路径由 way 表达,但句法上它们并不符合任何规则的状语性表达。way 原是同"there"类似的指向表达的成员,现在已经被新分析为伪宾语,行为动词的补足语,有可能被拿来和(37)中的及物获得表达做类比。由此,就出现了句法和语义之间的错配。

虽然与 wai 连用的不及物动作动词集合在早期现代英语中被缩小,但及物动词集合却因 take 成为典型(此时 take 已经代替了 nim)而被扩展。人称所有格＋way 的构式类型(宿主类型)扩展到新的动词,包括 make、pave,有时也有非生命主语。这些都是致使义(take 是"致使接收",make 是"致使形成")。指向性受到了明显的倾向。与此相关的有趣事件是时任驻君士坦丁堡大使的温切尔西(Winchilsea)伯爵对艾特娜(Ætna)山火山喷发的描写。当时他正在西西里,他写到,火山喷发以后,火焰形成的急流摧毁路上的一切(all things in their way)(一种阻碍表达)。这些急流分成若干条,(40a)描写了其中一条。(40b)和(40c)描绘了接下来两天火山急流的发展:

(40) a. [The fire] on the East part ruin'd the lower part of Mascalucia, and LePlacchi, *taking its way* towards this City.

东部的火破坏了马斯卡留西亚的底部,勒普朗基正逐渐向城市蔓延。

b. on which day fell abundance of rain, which abated not the progress of the fire; which on the East side had from Mascalucia *made its way* to St. Giovanni di Galermo, the lower part whereof it destroy'd.

那天下了充足的雨,却并未减弱火的蔓延;从马斯卡卢恰的东部向圣乔瓦尼·迪·盖勒姆蔓延,底部已经被破坏。

c. the stream of fiery Matter which destroyed the lower part of St. Giovanni di Galermo divided it self into two parts, one of its branches ***taking its way*** toward Mosterbianco.

破坏了圣乔瓦尼·迪·盖勒姆底部的凶猛的火势分成了两支，一支向莫斯特比安科蔓延。

(1669 Winchilsea, *Relation of the Earthquake and Eruption of Mt. Ætna* [Lampeter msca1669.sgm])

值得注意的是这里的启动因素，包括 all things in their way、take its way 和 make its way 之间有明显互换，以及非生命主语在该构式中的使用。这样的用法是促使 way-构式得以发展的先构式化构式演变。

这些文本语料说明到 17 世纪末含有及物动词的 way-构式已经出现了。它已经从及物构式中解放出来并独立于该构式，尽管两者因 way-构式所批准的动词当时还是及物动词而紧密相连：

(41) [[SUBJ$_i$[V$_{TR致使}$ POSS$_i$ way](DIR)] ←→ ["SEM$_i$致使穿越路径"]]

这个过程是构式化：way 不再有宾语功能，而成为倾向于指向的致使构式中的一个固定部分。一些意为"产生路径"的新动词（戈登伯格认为是当代英语的典型）在这个时候也得到了验证。路径产生常常通过某些特定的方式，如 fight、battle、force、push、drag，而且常常经历阻碍或反对，例如：

(42) Afterwards about a dozen of them went into the Kitchin, *forcing their way* against all the Bolts and Locks, making the very Iron Bolts and Wooden Doors to yield to their wicked and bloody Designs.
随后，大概十二个人去了厨房，通过了螺栓和锁的阻碍，使铁拴和木门向他们邪恶血腥的设计屈服。
(1690 Trial of John Williams et al. [OBP t16900430—438])

由此可以得到新的 way-构式的两个子图式：一个涉及阻碍动词（如 dig、push），另一个则不涉及（如 make、take）。

(41)中的一个子类型 made(the best of)POSS way 带有情态含义。这些例子常常涉及不利语境，通常是主人公遭遇很多困难，由此竭尽全力寻找出路。

(43) a. I will answer for it the book shall ***make its way*** in the world, much better than its master has done before it.
我会回答，这本书应该为世界关注，比该作者以前的作品强很多。
(1759—1967 Sterne, *Tristram Shandy* [CL 1])
b. With men she is insupportable. I have never understood how that poor woman has ***made her way***. With women she is charming. But she seems to be incapable of not treating men like

dogs.

对于男人来说她是令人难以忍受的。我无法理解那个可怜的女人怎样一路走来的。作为一个女人来说,她很有魅力,但她好像无法不把男人当狗。

(1908 Bennett, *Old Wives' Tale* [CL 3])

此构式涉及一个可选处所(43a)而非指向介词短语,这一点证实了 way-构式中用指向性更胜于间接宾语(OBL)。

鉴于 17 世纪不及物 way 图式在类型和语例两方面的非能产性,我们可以假设此时它仍然是不及物行为构式的一部分,因此还不是 way-构式的一部分。way-构式是及物的、表致使性的,在语例和类型两方面都非常能产。然而,形式和意义两方面的相似性必定使得不及物 way 子图式跟独立的 way-构式紧密链接起来。图 2.3 总结了这个重组网络。

不及物$_{构式}$(ITR$_{cxn}$) way-构式(way-cxn) 及物构式(TR$_{cxn}$)

…… way-动作 阻碍 非阻碍 ……

图 2.3 17 世纪末的 way-构式类型

2.7.4 way-构式的进一步扩展

从 17 世纪末开始,能够出现在及物 way 子图式中的动词种类迅速扩展。动词如 force、fight、dig 等语义都涉及行为的某些隐含的伴随方式,特别是 dig。行为动词方式的新子集——有

些只是稍稍触及致使或及物——开始出现,包括 beg、worm 和 elbow:

(44) a. While ***elbowing my way*** through the unknown multitude that flows between Charing Cross and the Royal Exchange.
在查林十字街和皇家交易所之间的流动人群中,我用胳膊肘开路前行。
(1821 Galt, *Ayrshire Legatees* [CL 2])
b. so I took a towel and crept out on the bank and ***wormed my way*** along on to the branch of a tree that dipped down into the water.
因此我拿了一条毛巾,偷偷地来到河岸,沿着浸入水中的树干慢慢挪动。
(1889 Jerome, *Three Men in a Boat* [CL 3])
c. I saw the ponderous foreleg [of an elephant] ***cleave its way*** through the jungle directly upon me.
我看见巨大的[大象]在雨林中用前腿开路直接向我走来。
(1854 Baker, *Rifle and Hound in Ceylon* [CL 3])

其中某些词,如 worm 和 elbow,是从名词类转而来,大多表达阻碍(elbow)或困难(worm、beg)。这些词汇性动词蕴涵了某种行为的方式[ask humbly(for food or money);use one's elbow 等],而不是动作。然而 way-构式强制性地加入动作义,这种语言现象叫"压制"(coercion)⑭。这一现象在动词 worm 的运用上表现得特别明显,该动词在当时的其他构例中是"挖虫"的意思,而且该意思一直到现在仍经常使用,因此* I wormed quickly toward my servant 这样的句子是不存在的。He dug through 和 He dug his way through 的意义也有区别,只有后者表达了明显的阻碍(和 He dug a hole 相比而言)。这些动词尤其倾向于指向(DIR),而且当动词没有或很少表动作时,这些动词必须有指向。⑮

指向性副词如 home、(in)to、through、toward(s)等特别受偏爱,但其他如 up、down、out of、eastwards、southwards 等也会出现。(45)中可能出现了多个指向。也有些例子显示非指向副词可以出现在 way 和指向(DIR)之间,它们是典型的方式副词[(45a)中的 quickly],或伴随副词[(45b)中的 with my poor outcast child]。

(45) a. I ***wormed my way*** quickly towards my former servant.
我向我以前的侍卫快速挪动。

(1898 Hope,*Rupert of Hentzau* [CL 3])

---

⑭ 关于压制的讨论详见 5.2.2。

⑮ 然而,蒙多夫(Mondorf 2011)认为,pursue X's way 不太可能出现方向性。

b. I was banished the county, ***begged my way*** with my poor outcast child up to Edinburgh.

我被驱逐出县,和我那可怜的孩子一起一路乞讨到了爱丁堡。

(1824 Hogg, *Private Memoirs and Confessions of a Justified Sinner* [CL 2])

87 杰肯道夫(Jackendoff 1990:212)指出了当代英语中在 OBL(即我们所说的 DIR)前使用附加成分的可能性,并认为 way 后有一个成分空槽。

这里所讨论的动词集合,在一定的程度上共享方式语义,似乎已经引发了从该构式推测出的伴随行为的子图式网络的进一步发展(Israel 1996:219)。伊斯雷尔(p.224)注意到 19 世纪早期出现了一些新动词,这些动词的语义包括伴随的声音,如前面(28)中的 plash[(46b)为重复],而且把这些动词描述为表达"附带伴随"的特征。然而,我们认为这样的伴随并不一定是附带的,如(46a)中的 shoot,这里射击是有意识的伴随行为。虽然(46b)中的 plash 不是主观意志,因而不是有意识的行为,但轻微的溅水是汽船运动中不可避免的伴随物。因此我们这里赞同"附带"限制。

(46) a. and ***shot my way*** home the next day; having ... equally divided the game between the three.

然后第二天一路射击回家;将这个游戏平均分成

第二章 基于使用的符号演变方法

三部分。

(1820—1822 Hunt, *Memoirs of Henry Hunt* [CL 2])

b. The steamer...*plashed its way* forward.

蒸汽船……水花四溅地向前行进。

(1842 Borrow, *Bible in Spain* [CL 2])

大部分当代小说中的语例,正如 shoot 和 plash,都是属于非致使伴随类型的动词[如(24b)中的 trash-talk、giggle 等]。对此,我们的关注点有二。第一,这组新动词的集合成员可能是不及物的。像 dig 这样可以是及物也可以是不及物的动词可能是使表方式的不及物动词被纳入 way-构式的过渡类型。这组动词从中古英语开始就独立于 way-构式而迅速增长,尤其是表声音的动词(Fanego 2012b)。第二,way-构式中的动词都必须从体貌方面去理解,通常为反复动作。比如,(46a)中 shot my way home 被理解为"在我回家的途中反复射击(野鸡)"。这组动词符合了杰肯道夫(Jackendoff 1990:213)所提出的 way-构式反复性的标准。

"伴随"子网络和其他的子网络相比更具有程序/语法性,因为它是体貌的和反复的。它是动词被纳入更大子图式的连续构式演变的结果。很多表达这一子图式的构例是"一次性的"(也叫 hapax legomena)。布拉(Plag 2006:543)认为基于某一类型的一次性语例是"评估形态过程能产性的一个重要方法"(另见 Baayen and Renouf 1996)。虽然这样评论常常跟构词相关,但它们也非常明显地应用于复杂构式。这些一次性语例的出现说明 way 图式已经变得非常能产。它是构式初始成员相对词汇/内容性但现已在词汇-语法梯度上向语法/程序性那端扩展的明显例子。

作为动词类型扩展和子网络成长的结果，在 19 世纪早期就有了对形式为[SUBJ$_i$[V POSS$_i$ way](DIR)]语义为动作的表达的重组。它们被纳入当时的图式，可见上文的(30)，(47)为重复：

(47) [[SUBJ$_i$[V POSS$_i$ way](DIR)]←→["SEM$_i$ 穿越路径 PP 伴随动作 V"]]

这是第二次构式化。根据假设，由于及物 way-构式被扩展，纳入了一些不及物动词，如 beg、worm，不及物 way-构式的子图式被和原来的及物构式做类比，并且被其吸收，因此 way-构式自此有了个不及物动作的子图式。然而，该子图式是处于边缘的，在类型上仍受限，由于这个子图式中的指向非常不受偏爱，因而在形式上也有明显的不同。比如，我们在当代美国英语语料库(COCA)中对 went my/our/her/his/our/their way 的搜索得到了 55 个结果，都没有指向(DIR)，如：

(48) Ignoring her thanks, *he went his way*.
无视她的感谢，他径直走了。
(2006 Stroud, *The Golom's Way* [COCA])

这说明戈登伯格关于 way-构式的论断"所涉及的词汇成分没有

第二章 基于使用的符号演变方法

一个蕴涵动作"的说法是不正确的(除非 DIR 的缺失,这是此处的关键)。然而,与相同语境中的 found 比较而言,在 COCA 中得到的 755 个结果大多数都有指向(DIR)。⑯ 再与 elbowed 相比较,COCA 中得到的 46 个结果都带有指向(DIR),因此没有指向(DIR)的动作子图式很显然是 way-构式的边缘成员。

way-构式的多产子图式不再限于及物动词的路径-产生图式。该子图式还有进一步的子图式:a)致使路径-产生子图式(也包含两个次子图式:一个涉及阻碍,如 force;另一个不涉及)。b)非致使的子图式,指"带有伴随活动的反复路径穿越",如 worm、shoot、trash-talk 等。后者是最能产的。在 way-构式的新伴随行为子图式的语例中,某些动词使用得相对频繁,如 worm、elbow,有些却只是一次性的,或者很少出现,如 shoot、giggle、trash-talk 等。图 2.4 表示了这个新的组织。

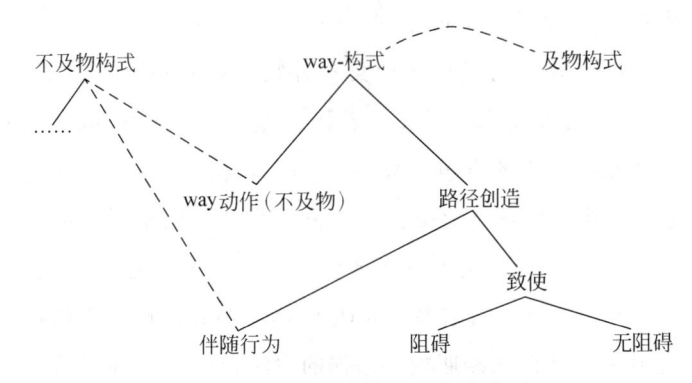

图 2.4 19 世纪末的 way-构式类型

---

⑯ 有些人发现 found X's way 是比喻用法,意思是"设法成功"。

2.7.5　网络中 way-构式的成长

戈登伯格(Goldberg 1995:218)假设 way-构式"是两个构式的常规化混合:生产构式和不及物动作构式"。这一假设已经得到验证,也就是说 way-构式历史上跟不及物和及物构式都有关联。然而这个混合是微妙的。与伊斯雷尔和戈登伯格的假设相反的是,go/come 不及物类型已经大体上受限于不带指向(DIR)的类型,因而成为该构式的相对边缘的类型。way-构式的网络关系在 17 世纪已经建立起来了,当时并不涉及带表动作方式(ride)的不及物动词的 go/come 子图式以及后来表声音和其他伴随因素(plash)的不及物子图式。不及物动词的这个集合从上古英语时期就开始迅速增长,常常用于动作构式,但除了 ride 以外,大多数成员当时并没有同 way 连用,直到许久后才出现在文本记录中(Fanego 2012a)。

历史上,way-构式也跟伪宾语补足语存在链接。事实上,蒙多夫(Mondorf 2011)认为若不参考上文(26b) he talked himself hoarse 中的竞争性反身代词-self 构式,我们无法完全理解 way-构式的发展历史。蒙多夫认为戈登伯格引用的当代英语中 self 结果补足语的限制事实上是 17、18 世纪期间该补足语和 way-构式竞争的结果。她认为 way-构式出现时它跟补足语,尤其是 self-图式相匹配。这样的说法确认了 way-构式首先是及物的。1700 年以前 self 补足语的用法相当普遍,现在大多已经淘汰了或者很少用了,如 work/wriggle oneself+DIR。也就是在这个时期,表阻碍的动词如 force 被频繁地与 way 连用,表方式的动作也开始被使用(如 worm)。蒙多夫展示了在1700—1800 年间 way-构式剧烈增长,而-self 构式大幅减少的数据交叉效应。她也指出了两个构式的分工,如-self 构式在 20 世纪逐渐倾向于抽象补充语[见(49a)的 frenzy],而 way-构式则逐渐倾向于具体补充语[见(49b)的 steep bank](Mondorf 2011:418,脚注 11):

(49) a. ***Worked himself*** into a frenzy and gave himself indigestion.

他工作到了疯狂并消化不良的程度。

(BNC wridom1)

b. ...he ***worked his way*** down the steep bank toward the stream.

……他向着溪流走到了陡峭的河岸上。

(FROWN)

这里值得关注的问题是 way-构式是如何以及在何种程度上和法内戈所详细描述的英语动作方式动词的成长相互交织并链接成网络的,尤其是那些发声动词,如 clink。[17]

2.7.6 way-构式在词汇-语法梯度上的状态

结束 way-构式的讨论之前,需要提及的是对于 way-构式处

---

[17] 感谢特雷莎·法内戈(Teresa Fanego)的这一观点。

于词汇-语法梯度的哪个位置这一问题,学者们有不同意见。比如,布罗西亚斯(Broccias 2012:741)指出 way-构式位于"连续统的词汇端",因为动作义被保留了,即使是在如 could have spelled his way through a psalm 这样的隐语构例中(1894 Macaulay, *Hist. Eng*)。然而,伊斯雷尔(Israel 1996)则认为它是语法性构式,并激发了语法化。蒙多夫(Mondorf 2011)假设 way-构式是个语法化案例,因为名词 way 在语义上被漂白并被去范畴化,并且短语 POSS way 成为固定成分。吉斯伯恩和帕滕(Gisborne and Patten 2011)认为 way-构式是语法构式化范例,因为它涉及了图式性的增强、宿主类型(host-class)的扩展(因广泛的类比化而变得能产)以及范畴强化(构式因获得子图式而成长)。在这些讨论上可添加的观察是,一个部分组合性类型 go/take one's way 在意义上已经变成了非组合性,并且最近形成的子图式(路径产生的附带伴随)因其反复性而成为最凸显的程序性。虽然 way-构式还不是在语法构式化的最末端,对其历史演变的细致观察表明随着时间的推移说话者已经越来越使用程序性方法对它加以理解。围绕 way-构式展开的争论为从最内容性到最程序性的构式连续统提供了进一步的证据。

2.8 小结和一些问题

在本章中我们已经论证了构式语法能够用于解释语言创新和演变。采用该方法的关键是建立在"语言整体上是一个网络"这一假设基础上的基于使用的方法(Croft 2007b:509)。因此,

第二章　基于使用的符号演变方法

演变是复杂的。基于使用模式的关键是,说话者产出的是构例,因此听者处理的也是构例。构例和作为符号演变研究主题的更普遍的构式类型之间有清晰的联系。但是产出和处理事实的结果是构例是演变的核心。大多数变化是构式演变,也就是说它们是影响网络中既存节点的形式或意义的常规性变化。只有构式化才导致语言网络中一个新的常规化的类型节点的产生和发展。关于如何看待网络,我们认为需要区分 i) 个人知识,个人思维的反应,创新的核心；ii) 一定数量说话者共享的知识,常规化的核心；iii) 语言学家所看到并指出的语言演变的网络变化。

为了回答赖斯(Rice 1996)提出的关于节点和链接如何发展(见 2.1)的问题,我们认为通常情况下存在一系列引发构式化的微观步骤(4.8 将讨论突变的构式化)。接下来,我们用听者创新、说话者也可能创新的情况来例证：

(a) 创新。听者理解一个构例并以不同于说话者原意的理解来分析该构例。在此过程中产生出跟说话者节点不同但又和该节点的某个特征最适合的匹配。

(b) 已在构例和构式网络中的另一部分勉强建立了链接的听者成为了说话者,而且用新的链接重新使用该构例。在这个阶段,因为不存在常规化的使用因而不存在新的微观构式。

常规化有可能产生的情况是当：

(c) 另一个听者经历了类似(不一定完全相同)的过程。这样的过程通常涉及 i)松散地链接源自一个构例的受邀推测和该构式网络中既存的构式语义。ii)在特定的分布位置倾向于该构例的某些部分。或者 iii)将该构例的某部分以语块方式重复。不断重复链接的结果就是一定人数的说话者不约而同地认同了原始形式和新分析的意义之间常规化的关系。这导致了原始构式的形态句法和新构例之间的错配。由于常规化,我们可以说一个构式演变已经产生,但是在网络中还没有新的节点。如果构式化稍后于一个或多个构式变化,那么我们说这些构式变化是先构式化构式演变。

构式化的发生仅当:

(d) 产生于(c)阶段的形态句法和语义的新分析,一个新的常规化符号单位被一个群体的语言使用者所共享时,一个新的微观构式(新的类型节点)被创造出来了。

后构式化构式演变,即进一步的构式演变能够发生,特别是:

(e) 构式类型可以被扩展或重组为子图式。

以后可能:

第二章 基于使用的符号演变方法

(f) 因频繁的语例使用而造成形式缩减,或因使用减少导致构式类型的消失。

由此,构式化通常是语言使用者在构例和构式或图式间制造的连续多个而非单个新链接的结果,也是一系列演变进一步发展的先决条件。

在 2.3.3 中,我们提到在步骤(a)中网络中既存的某特征找到最佳匹配。本章中所讨论的针对个体的构式浮现的那种自下而上方法产生的一个重要结果是说话者/听者只进行最低程度的抽象——仅需捕捉到相关的普遍性就够了。他们一般遵循一些原则,如"越细致越好但同时尽可能做到抽象"。许多情况下类比思维涉及这样的抽象过程。引起常规构式演变或构式化的新分析是小步骤的突变。如果它们有范本,则它们是类比化(本身就是新分析的一种类型)。

那么,仍需解决的问题是一个网络边界可以扩大到什么程度[赖斯的问题(a)]。很清楚的一点是它超越继承链接,扩展到关系链接,包括多义链接,也扩展到通常用作变体的构式,比如双宾及物构式和介词构式(见 2.4.2)。一个需要验证的尝试性假说是网络可以扩展到共享其形式或语义某些方面的任何构式类型。子图式的重组证明(如 way-构式),对于赖斯关于元素是否可以相互拉近或拉远的问题(b)的回答是肯定的,正如 way-构式所证实的那样。

本章已经回答了如何从演变角度理解网络中的新节点,尤其是它们怎样成长或如何被淘汰等很多问题,但也可能会对我们这一符号演变和更大的语法建筑的视角产生其他问题。这里我们主要关注其中的两个问题。

虽然我们已经特别谈到网络中的"最佳匹配""紧密"和"距离"以及构式"家族",但我们认为这些说法是直觉性的和比喻性的,而且会带来问题。作为启发,我们认为"最佳匹配"和"紧密"可以根据形式语义特征间的匹配程度来测量,所有特征间匹配越紧密,变异就越少,匹配度就越高。例如 a bit of 在形式上跟 a lot of,比 a lot of 跟 a great deal of 更匹配,因为后者更倾向于跟形容词搭配,但前者则不跟形容词搭配。语义上,当代英语中 a lot of 和 a great deal of 比和 a bit of 更紧密,因为后者表小型,而前者表大型。语用上 a bit of 和 a lot of 比和 a shred of 更紧密,因为后者有否定极点,而且倾向于跟肯定义中心名词搭配,而前者是中性极点(详见 3.3.5)。然而,以上都是量词家庭成员,都是用来表达数量的。这样的说法在共时(可能是神经学)和历时研究中都要用证据来精心说明。

与此相关的问题是匹配在哪一层次上进行。布伊吉(Booij 2010:93)曾经指出语言使用者有时可在普遍性图式而非个别范本上进行匹配。事实上,伊斯雷尔(Israel 1996:222)指出我们所称为"伴随"的新子图式发展过程的主要机制是对 way-构式抽象表达的高度能产的类比化。然而,更具体的表方式动词(elbow、worm 等)似乎是更合理的直接范本,因为它们能够解释这样的事实,即扩展首先是关于动作方式的扩展,而在后来的发展时期特别扩展到了声音。因此,比较合理的结论是图式因其抽象性能够作为模型。这一观点历时上是否成立还需要更精细的语料库数据来分析探索。

  在下一章中，以本章讨论的基于使用的模式为基础，我们重点讨论对语法构式化的理解，并阐述引发语法构式化产生以及后续的发展步骤。

第三章 语法构式化

3.1 引言

本章和下一章主要讨论引发功能上为程序性构式的演变(本章)和内容性构式的演变(第四章)。我们同时关注语法化和词汇化的研究,因为它们是最近几十年来最有影响力的研究线路,本书试图通过构式模式展示它们之间的某些部分经过重新思考是可以相互接纳的。鉴于构式语法的理论体系,虽然这两章均以大家相对熟悉的语法化或词汇化主题为开端展开讨论,但是我们的讨论并不限于传统的语法化或词汇化议题。我们尤其要展示演变如何在图式层和实体层即语法-词汇梯度的两端发生。

构式语法之前的语法化主要探讨个别语法语素(grams)[①]的发展,即典型的简单结构或"原子"结构,常常是具体的或实体性的。例如,尽管可能过于简单化,但在从词汇到语法的概念转

[①] gram 是指语法语素,出自威廉·帕柳卡(Wililam Pagliuca),见拜比、帕金斯和帕柳卡(Bybee,Perkins,and Pagliuca 1994:2)。

第三章 语法构式化

换的跨语言综合研究中,海因和库特夫(Heine and Kuteva 2002:7)认为"来源和目标之间存在着一一对应关系"。然而,在构式语法看来,构式可能是原子性的或者复杂的。因此,即使某些变化可能涉及一一对应,如某些特定的双名部分词＞数量词,有些变化却未必如此,如 way-构式的发展。而且,构式语法中的微观构式通常被认为是抽象图式的子类型。语法化的类型学研究已经发现了一些类型变化,如反复(ITERATIVE)＞常规(HABITUAL),突变(MIRATIVE)＞证据(EVIDENTIAL),随伴(COMITATIVE)＞方式(MANNER)(见 Heine and Reh 1984,Heine and Kuteva 2002,Bybee,Perkins and Pagliuca 1994)。这些变化关注的重点是语义以及具有相关语义的个别语法语素是如何发展的。然而,从构式语法的角度看,更为重要的是抽象的形式-语义图式自身是如何随着其成员的变化而变化的。

本章主要涉及几个已经被介绍过的概念。它们是:

(a) "语法"概念。作为构式语法的概念化术语,"语法"指的是假设的语言学知识系统,不仅包括形态句法、语义和音韵,也包括语用和篇章功能(见 1.1)。这就意味着被认为是语法或程序性构式化实例的构式,其范围是相当广泛的。

(b) 构式化和构式演变的区分,即引发构式化产生的步骤(先构式化构式演变)以及构式化产生之后的变化步骤(后构式化构式演变)。虽然这响应了语法化研究中的某些区分,尤其是海因(Heine 2002)和迪沃尔德

(Diewald 2002、2006)对于语法化语境的研究,但它也同样适用于词汇构式化(见1.5及第四章)。

(c) 渐变概念及其和梯度的交互关系(见2.6)。

"语法/程序范畴"是一个古老的概念,可以一直追溯到欧洲语法中对主要词汇类别(名词、形容词、动词)、次要语法类别(冠词、助动词)以及大量基本屈折形态类别(格、时态)等范畴的区分。大多数早期语法化研究关注时态、语态、情态和格等范畴的发展。这些类型并不一定由语法语素(grams)来表达(如指示性的时态可以用类似"今天、昨天、明天"等相对内容性的副词来表达),但当这些范畴类型确由语法语素来表达时,与其相关的语法语素常常在语义和使用的语例频率上具有高度的普遍性。另外,它们通常来源于主要词汇类别的内容性成员。这类变化我们当然不能忽视,但本章更加关注的是近来语法化文献中更为有趣的两个演变:一个是部分词发展为数量词,它不仅是某一特定构式实体层的变化,也是图式层的变化;另一个是随着英语中准分裂构式(如What/All I did was go to the store)的产生而发展出来的焦点标记类型。对于这两个变化,我们重点关注它们的图式及其特定的实体层语例的发展。特劳斯代尔(Trousdale 2008c)提出了图式中的演变可被识解为经历了语法化这一假设,并讨论了英语非人称构式的消失及其对及物构式的影响。这个假设也得到了罗斯蒂娜(Rostila 2006)的强烈支持:

一个构式的图式性越强其语法化程度越高。因此,完全的图式构式,如英语中的双及物构式和及物构式等(见 Goldberg 1995)应该是所有构式中语法化程度最高的。(p.53)

这样的假设限制性太强。在第四章中,我们会看到一些图式构式是词汇性的,尤其是构词图式。

本章的结构如下:3.2 回顾和详释前面 1.6.2 中提到的目前分析语法化的两种主要方法:(i)缩减和依赖性增强的语法化,记作 GR;(ii)扩展的语法化,记作 GE。我们认为这两种语法化并不是互不相干的,尽管这是二者给人的初识印象,而且二者都需要在一个构式演变框架中得到阐释。我们特别指出 GE 的许多特征和莱曼(Lehmann 1995)所指出的语法化参数并不矛盾。GE 与语法构式化有自然的联系,并为范本匹配和与图式中构式家族的形成与扩展相关的类比化提供了理论框架。同时,GR 的很多方面需要被纳入语法构式化的框架中,因为许多个别变化都涉及各种类型的缩减。3.3 中所讨论的单向性构式方法涉及能产性、图式性和组合性的变化。我们认为语法构式化涉及能产性和图式性的扩展,但组合性却是缩减的。在 3.4 中,我们从构式化的角度重新思考去语法化的某些类型。3.5 是关于英语准分裂句发展的案例研究。3.6 是小结。

3.2 语法化的分析方法

霍珀和特劳戈特从以下几个方面将语法化总结为语言学的一个双向分支(注意在以下引文中的"constructional"和

"constructions"并不是本书故意制造的混乱,它们在构式语法理论以前指的是组合成分和字符串):

(i) 在共时和历时上研究语言中词汇、组合成分和语法材料之间关系的框架,包括某一特定语言也包括跨语言之间。(ii) 指词汇性成分和组合成分在某些语境中显示语法功能的变化,一旦语法化便会继续发展新的语法功能。(Hopper and Traugott 2003:18)

语法化研究框架和本书的研究目标有许多一致之处,然而本书对语法材料和词汇材料给予同等的关注。定义(ii)体现了最近十年来发展的两个语法化概念中更为传统的那一个,即缩减和依赖性增强的语法化(GR),而定义(i)则更具开放性,允许从扩展的角度来理解语法化。尽管区分不同的传统有导致两级分化的危险,但我们发现这样做还是有指导意义的,尤其是在如何用构式化术语系统重新思考和分析语法化方面。尽管研究者一直意识到形式和意义都会变化,但通常仅将两者之一作为关注的核心,而另一个则被作为某些具体研究项目的背景(次要问题)。正如我们将在下文中展示的,扩展和缩减事实上是相互交织的。

语法化研究的一个传统是关注形式以及从相对自由的句法到相对有界的屈折形式的形态变化(见 Lehmann 1995,Haspelmath 1998、2004 等)。例如前面 1.6.2 中的(26),为方便起见其中的前两例重复在下面的(1)中:

第三章　语法构式化

(1) a. 拉丁语 cantare habeo "sing:INF have:1sg">法语 chanterai "sing:FUT:1sg".

(Fleischmann 1982:71)

b. 古匈牙利语 vilag béle "world core/guts:directional 指向性">vilagbele "world:into">világba(béle>case marker be/ba 格标记).

(Anttila 1989:149, Lehmann 1995:85)

拉丁语 cantare habeo 随 habeo cantare 的变化而变化，不仅仅是词序变化，而且某个成分如宾语也可以插入两词之间。语法化的假设是 cantare habeo 是个相对自由的短语，按规定语序被常规化了，经历了类似(2)的转变：

(2) 不定动词-限定动词＞动词词干＋限定性语缀＞动词词干＋将来时屈折形态

同样，(1b)中的 vila béle 是个经历了一系列变化的相对自由的短语，这些变化如(3)：

(3) 名词-[关系名词("guts")＋指向性格标记]＞名词＋基本(合并的)附置词＞名词＋融合的格词缀

以上两例中的第一个词干(cant-, vila)都只是经历音韵上的变化,然而第二个成分在长达几个世纪时间里经历了相当彻底的变化,包括缩减和依赖性增强。这些例子中的词干还是词汇性/内容性的,而第二个成分却变成了语法性/程序性的。

从(1)和(3)这样特定的语例得出的归纳通常关注语法化成分的形式。例如,基于形式的动名词渐变梯度可记作(4):

(4) a. 词汇动词＞助动词＞语缀＞词缀

(基于 Hopper and Traugott 2003:111)

b. 关系名词＞辅助性附置词＞主要附置词＞黏着性格词缀＞融合性格词缀

(Lehmann 1985:304)

莱曼指出,(4b)中的梯度的一个示例为 top 这样的关系名词进入到一个像 on top of NP 这样的句法组合成分中,其功能是作为辅助性附置词［另见 Hoffmann 2005 关于介词 PNP（介词＋名词短语）构式的讨论］。这里的 on top of 表达"一个客观意义",是词汇性的。主要附置词是在形态上简单的语法表达如 of,黏着性格词缀如所有格-s。融合性格词缀是同时实例化多个形态类型,如拉丁语的格标记-bus（离格复数）。

语法化研究的另一个传统关注的是语义变化和某些情况下的语用变化（见 Heine, Claudi, and Hünnemeyer 1991, Bybee, Perkins, and Pagliuca 1994）。例如:

(5) a. 拉丁文 habe- "possess"＞"be obliged"＞"future"

b. 上古英语 scul- "owe" > shall "future"

由类似(5)概括归纳而来的语义和篇章-语用演变的路径为(6)：

(6) 强制＞倾向＞将来＞目的（基于 Bybee, Perkins, and Pagliuca 1994:240）

(4)和(6)的梯度是语言学家基于大量语例、语言、语言使用者和时代的研究的抽象归纳（Andersen 2001:241）。它们不是硬连接的，也不是思维处理过程（虽然有时它们被如此理解，见 Newmeyer 1998:第五章、2001）。它们是包括语法切分和类比思考的认知处理过程产物。

凯巴斯基（Kiparsky 2012:18）指出，对支持(4)和(6)的人提出问题，同时也突出了语法化的其他一些方面。如果我们追求形式如何变化，那么从助动词到附着状态（如助动词 will＞语缀'll）的变化路径就会成为中心议题。然而，如果我们想知道语义如何变化，那么这样的结构变化就只能是次要话题。相反，像从意愿（will 作为主动词）到认知情态（Boys will be boys 男孩就是男孩）再到表将来（She will win 她会赢）这样的路径则是我们最关注的问题。

我们将在下文中展示两个看似将形式和语义分割的对立模式事实上是互为补充的。一方面强调原始表达的形式缩减和依赖性增强导致了语法化，另一方面强调扩展尤其是语法化之后的扩展。由于统一这两种语法化方法对本书的研究至关重要，我们会详细阐述两者的区别,需要讨论的重点是:i)横向组合关系轴和纵向聚合关系轴上的变化;ii)单向性假说。

横向组合关系轴和纵向聚合关系轴的区分(见 Saussure 1958[1916])或者说选择和联合(Jakobson 1960:358),是同希腊语时代的联合和相似性/选择、指示性(和语境中的成分链接)和图标性(匹配)相关的。② 虽然它们不是直接投射在这两个轴线上,但新分析和类比化的机制,促使其发生的过程(也就是动因),语法切分和类比思维,都有足够的相似性,因此可以将它们归类为表 3.1 来说明语言演变研究中的概念轴:

表 3.1 语言演变的概念轴

域 Domain	联合 Combination	相似性/选择 Similarity/choice
结构 Structure	组合 Syntagm 指示 Index	聚合/范例 Paradigm 图标 Icon
机制 Mechanism	新分析 Neoanalysis	类比化 Analogization
动因 Motivation	语法切分 Parsing	类比思维 Analogical thinking

作为轴线,各种维度不可避免地相互作用。如果一个图标匹配或代表某物,那么就默认为指向(指示)该事物(Anttila 2003:433)。安蒂拉(Anttila 2003)和费希尔(Fischer 2007)认为事实上"类比"既指类比思考,又指我们所说的类比化机制,涉及组合关系语境、联合关系以及聚合/范例关系匹配。安提拉编织"经线和纬线"的隐喻不仅表达了语境组合关系(经线)和选择的聚合/范例关系(纬线),而且用公式化的修辞表达"经线和纬线"说明了

---

② 其他对于语义演变的相关配对包括转喻和隐喻、释义和释名等方面。

第三章　语法构式化

"事物建筑的基本结构"(*American Heritage Dictionary* 2011)。纳尔戈尔-索伦森、赫尔托夫特和肖斯勒《美国传统词典》(Norgård-Sørensen, Heltoft, and Schøsler 2011)细致讨论了这两个轴线的互动，并提出了语法化和构式相结合的方法，强调聚合/范例关系轴是共时的由组合关系配价和语序演变所导致对立语义的稳定集合。

基于 GR 框架的研究促成了语法化单向性的假说，这个假说最早可以追溯到库里沃维奇(Kuryłowicz 1975)。诺德(Norde 2009，另见 Börjars and Vincent 2011)等对它都有详细的阐述。[③] 该假设发展中特别有影响力的观点是吉冯(Givón 1979:209)所提出的演变梯度，即语法化有可预测的指向性。该梯度我们已经在 2.5.1.3 中提到过，见(7):

(7) 篇章＞句法＞形态＞形态音位＞零形式

近期达尔(Dahl 2004:106)提出了聚焦于结构类型而不是语法层次的梯度，见(8):

(8) 自由式＞迂回式＞词缀式＞融合式

法语 chanterai、匈牙利语 világba 以及英语的 BE gonna 都

---

③　诺德的书提供了许多单向性假说的反例，其中的一些我们会在 3.4 中加以讨论。

是(8)中演变梯度的重要语例。虽然有一些对指向性的其他理解(见 Campbell 2001),但这里观察到的指向性并不是语法化固有的。正如我们在 3.3.5 中将讨论到的,我们认为指向性是语言使用中各种因素共同作用的结果,如重复、易发声策略等(见 Bybee 2010)。这些方法各个年代的说话者都会使用。拜比(Bybee 2010:113)提到,如果认为变化是个别儿童及各年代人群间交往时的创新所引发的,那么指向性是一难解之谜;如果认为指向性和语言使用的机制(各年龄层说话者的语法切分和类比思考)有关,那么它就不再那么神秘。这些作为变化证据的语块切分的出现是因为其形式以同样的语序被儿童或成人反复使用("促成语块切分的主要经验是重复",Bybee 2010:34),同时重复的语块常常在音韵上是缩减的。

下一小节将提到,较强的单向性假设是和 GR 紧密相连的,而在 GE 看来,这个单向性假说相对较弱。在语法构式化看来(同样适用于下一章的词汇构式化),指向性不仅仅和微观构式的发展有关,而且和微观构式所参与的图式有关。

3.2.1 缩减和依赖性增强的语法化

缩减和依赖性增强的语法化模式是特别和吉冯(Givón 1979),海因、克劳迪和许内梅耶(Heine, Claudi, and Hünnemeyer 1991),莱曼(Lehmann 1995,2004),拜比、帕柳卡和帕金斯(Bybee, Pagliuca, and Perkins 1991)以及哈斯佩尔马斯(Haspelmath 2004)等相关的。哈斯佩尔马斯(Haspelmath 2004:26)用"更强的内部依赖"来定义语法化,同样莱曼认为:

第三章 语法构式化

语言符号的语法化是指该语言符号变得更受语言系统限制而导致自身自主性消失的过程。(Lehmann 2004:155)

同样以关注消失和磨损为核心的观点也出现在某些更注重语义的研究中,如:

[语法化是]一个进化过程,在此过程中语言单位在语义复杂性、语用显著性、句法自由度和语音实体等方面都有丧失。(Heine and Reh 1984:15)

需要注意的是许多 GR 模式的创立者所说的语法概念,特别要说明的是吉冯除外,都是模块性的,相对狭窄的,直到近期还不能太接受话题、焦点等语法范畴(也有例外,见 Shibatani1991 和近期的 Lehmann 2008)。这种语法概念也不包括语用标记,如 well、moreover 等,英式英语中的附加疑问 innit "isn't it",小句句尾的 but,或者其他的元文本标记。它们常常被认为是处于独立的"篇章"层次(见 Wischer 2000,Kaltenböck,Heine and Kuteva 2011 等)。然而,在构式语法的框架中,这些都是语言的一部分,因此也是说话者构式知识的一部分。

至今语法化中关于缩减和依赖性增强的最显著假说是莱曼的相关因素集合,展示在表 3.2 中,摘自莱曼(Lehmann 1995:

164)。这些相关因素大多关注语言成分内部变化,而很少涉及该成分所使用的语境。应该指出的是莱曼标记为"弱语法化"和"强语法化"的栏目严格意义上指的是语法性范围,而非变化。许多语法化的研究者认为"弱语法化"表示语法化前的发展阶段(Diewald 2002 称作"关键语境",Heine 2002 称作"桥梁语境")。而莱曼标记为"过程"的(Lehmann 1995:124)才指变化。由此,我们调整了他表中的名称并改动了其中两栏来反映这些事实情况。

表 3.2　语法性参数的相关性(基于 Lehmann 1995:164)

参数	弱语法化	过程	强语法化
(a) 整合性	大量语义特征;可能为多音节	磨损	少量语义特征,少量成分或单成分
(b) 聚合/范例性	语义松散	聚合/范例化	小的、紧密整合的范例
(c) 聚合/范例变异	根据交际目的自由选择成分	强制化	选择受到系统限制,多为强制使用
(d) 结构范围	和任意复杂的组合成分相关联	凝结	修饰词或词干
(e) 黏合性	可独立并列	合并	是词缀或者宿主的音韵特征
(f) 组合可变性	可自由变换	固定化	占据固定槽位

发生语法化的成分被认为是在结构复杂性中缩减,其黏合性沿着两个交互维度从左到右递增:聚合/范例关系选择(a—c)和组合关系联合(d—f)。正如莱曼指出的,在一些情况下大部分或所有参数在任何变化中都可能起作用,其例子就是 BE going to 从"带有目的的行为">BE gonna"将来时"④的发展，我们用这个例子来说明这些参数：

(a) 整合性；意义的消失（词汇性动作被漂白），形式上的缩减（如从 BE going to 中的四个音节缩减到 BE gonna 中的三个音节甚至在某些变体如非洲美式英语中缩减为更少的音节（书写为 I'ma、Ima）（见 Poplack and Tagliamonte 2000,Green 2002:196）。

(b) 聚合/范例性；BE going to 被纳入迂说式助动词集合中；当时还有 ought to、have to、be to。

(c) 聚合/范例变异；BE going to 在某些魁北克英语中被限制了特定位置（Torres Cacoullos and Walker 2009）。然而，对可变性的限制很弱——虽然 BE going to 和 will、shall 相比处于上升趋势，它还未也可能永远不会成为将来时的强制性标记（Leech, Hundt, Mair, and Smith 2009）。

(d) 结构范围；字符串 BE going to 原来分布于两个小句（首先涉及动作的一个小句，随后通过 to 成为目的小句），而随后变成了一个单句中的助动词。

(e) 黏合性；to 已经和 going 合并成了 gonna，阻止副词和

---

④ BE going to 的历史发展将在 3.2.2 和 5.3.4 中阐述。这里的"将来"除了特定说明以外都可理解为"相对将来"和"指示将来"。正如 5.3.4 中会讨论的一样，这些用法是在不同时期产生的。

介词短语的插入。
(f) 组合可变性;该组合已经被固定在助动词的结构槽中,而且像能愿动词一样,位于体貌和被动标记之前(is going to have been cleaned thoroughly 将会被彻底清扫)。

莱曼参数的大部分经受住了时间的考验并成为很多语法化研究的中心。参数(a)引起的语义漂白,自19世纪来就被认为是语法化研究的基础(Von der Gabelentz 1901)。它引起了语义内容的消失。参数(f)突出了近来很多语法化非词汇性来源的研究。虽然语法化常被认为是从词汇到语法的演变,在1912年的文章中,梅耶认为语法化不仅是词汇成分,也包括从拉丁语的"自由"语序到法语的"固定"语序(即现在我们所知的句法上以主语为导向的语序)的变化。莱曼(Lehmann 2008)探索了对比焦点双句分裂句被固化并且缩减为单句结构的路径。基于兰布雷赫特(Lambrecht 1994),他指出"对比焦点最明显的句法策略是句子分裂"(Lehmann 2008:211)并建议双句结构随着时间流逝可逐渐被语法化成单句话题-说明结构(p.227)。他认为"信息结构的语法化意味着语用关系丧失了其明确性"(p.213),复杂句有可能缩减为一个简单句甚至短语(p.227)。这里(也包括其他相关研究)的研究焦点是消失,即语用信息结构的消失。

这些参数已被证明对一些变化的操作是非常有用的,如去语法化(Norde 2009),但是有一些参数也一直受到争议。其中

第三章 语法构式化

被证明特别有问题的参数是(d)结构范围参数。一方面,莱曼(Lehmann 1995:64)自己就错误地认为英语中的名词性动名词(如 John's constant reading of magazines 约翰的长期阅读杂志)比更复杂的动词形式(如 John's constantly reading magazines 约翰的长期阅读杂志)发展得晚。⑤ 然而,名词性动名词被证实在上古英语中就已存在,而动词性动名词只在中古英语晚期才开始出现,直到早期现代英语时期才变得普遍(Rissanen 1999:291—292)。从将语法化看作范围缩减和依赖性增强的观点来看,连词和语用标记的发展似乎是不正常的,因为它们的句法范围和语义范围都扩大了。由于它们超越了"核心小句",一些研究者认为它们不属于语法化,而是语用化的实例(Erman and Kotsinas 1993;另见 Claridge and Arnovick 2010,Degand and Simon-Vandenbergen 2011,Diewald 2011a,可总览相关观点和各种结论)。然而,还有一些小句内部范围的扩展,如在限定词构式中的前置限定词如 exactly、quite 等的出现,由此可见句法范围的扩展是一个历史事实。不管怎样,由于构式语法是非模块性的,而且构式包含语用特征,因此从构式的角度来看上述议题似乎没有多大意义。

"强制化",被看作是导致聚合/范例变异(c)受限和消失的过程,是另一个有争议的概念。在带屈折形态的语言中,强制化的操作是非常清楚的,因为在这些语言中语法一致是常规要求,

---

⑤ 莱曼(Lehmann 1995:64)认为动词分词形式不是完整单句,但是它们明显比名词分词(做名词功能)更复杂。

不管是动词和主语之间,像英语、法语、德语,或是在修饰语和名词之间,如法语和德语。在俄语这种高度屈折的语言中,强制性的增强和形态聚合/范例性的增强常常重合。而在其他很少有屈折形态的语言如英语中,操作性则不强。在像汉语这样基本没有屈折形态的语言中,形态上的强制性和聚合/范例性都不会特别凸显。强制化也认为和主语的句法化相关,如罗曼语和英语在较早时期,其语序就已受到信息结构而非句法的制约。近来,强制化的概念被扩展到其他语法领域。比如,基于莱曼的观察"相对于语境某些事物是强制性的"(Lehmann 1995:12),迪沃尔德(Diewald 2011b)指出创造语法的语法化观点主张将强制性理解为某种程度,不仅是结构性的而且是个交际现象。交际时,德语使用者必须选择是否使用情态助词类型中的某个成员,如 ja、eben、ruhig、schon 等。这些助词主要体现语用功能(非常难翻译)。在对话中,它们将其参与的小句和一个预设的或语用上的"旧"单位相联系。比如,(9a)预设了一个语言学习正在被讨论的语境,而(9b)否定了一个先前的命题,"那不会发生"(Diewald and Ferraresi 2008:79、84):

(9) a. Deutsch ist *eben* schwer.
   "German is really difficult."
   德语是真难。
 b. Es wird *schon* werden.
   "It will happen/It will work out all right."
   会发生的/会起作用的。

第三章 语法构式化

迪沃尔德指出由于德语的能愿助词在句法上高度受限(其位置是在限定动词之后),并且和语用功能标记,以及时态、语态、格等处于同一连续统上,因此它们是德语语法的一部分,而且说话者必须选择是否使用。这种强制性并非内在结构而是外部交际的要求。它源自"如果表达意图 X,那么采用形式 Y(if intention x, then form y)"的限制(Diewald 2011b:369)。这个观点和构式语法学家视角是一致的。

GR 方法最近的发展是博耶和哈德(Boye and Harder 2012)提出的,他们认为语法性表达是"附加的,而且漫散次要的",而词汇性表达"依据语篇重要性而可能是主要的"(p.2)。语篇重要性依据其作为焦点的潜在性而得以明确(p.9)。⑥ 从这个角度看,语法化基于其来源也可分两类:词汇的或非词汇的。如果来源是词汇的,它就存在于"**附加化,即现存语篇重要性常规中的一个变化**"之中(Boye and Harder 2012:22,粗体源自原文)。但是,如果来源是非词汇的,那么它就:

> 存在于**漫散次要的意义的常规化**之中,是新的语言表达的一个特征:一个语言表达,如固定词序,逐渐常规性地和最初为某部分语用完整信息的次要语义相联系,而非常规性地和任何

---

⑥ 不包括元语言对比,如 I didn't say "a", I said "the"。这里表达的合适性是漫散点。同样不包括对比焦点,因为聚合/范例关系特征被激活了(见 Boye and Harder 2012:17,例 35)。

语言表达相联系。(Boye and Harder 2012:17,粗体源自原文)

105　　　基于这个观点,语法化源于话语流动中的语言重要性的竞争。"只有失败者够资格",而且有可能失败的表达通常具有相对其主要使用地位而言的高使用频率(p.27)。虽然这种语法化的观点提出了处理一些问题的方法,包括如何理解非词汇来源的演变,但还有许多难题,这里我们只说几个。其一就是该观点要求许多传统语法表达有双重状态,不仅指在一些语言中有形态"强"和"弱"之分的代词,如法语的 moi(强,重音) vs. je (弱,语缀,非重音),而且也包括介词、疑问词等(p.21),因为它们在某些语篇语境如回应中都是"可针对的"。另一问题是该语法化观点在历史文本中很难被证实,部分原因是因为我们所知的语篇情况比较有限。正如博耶和哈德他们自己所示,构式语法带来了挑战因为词汇表达和语法表达间的区别并不明显(p.34)。他们将构式化定义为"产生一个新的完整构式的整体演变"(pp.35—36),却没有明确什么是"完整构式"。他们倾向于认为构式是"浮现的语法性词和语素在消失过程中竞争的框架"(p.37)。简洁地说,博耶和哈德采用了基于使用的立场,但是他们所得出的多数观点似乎是语言要素自己制造了语境,而且也没有提供具体的数据分析。这种远离复杂性的理想化使类似博耶和哈德提出的两分法相对容易办到。另外,它将语法表达发展结果的适当范围视为"词或语素",而非构式,这样的观点与本书不符。

3.2.2 扩展的语法化

大致说来,GR 不太关注语用(拜比及其团队的研究例外)。然而,一旦考虑到语用,那么将语法化同缩减联系起来就有问题了,而一个"有减有增"的模式(见 Sweetser 1988,Brems 2011)则可能更合适。20 世纪 80 年代后期,针对语义漂白是伴随着语用含义的语义化/编码出现的一种语法化效果,很多研究者提出了解释。斯威策(Sweeter 1988)指出虽然动作的词汇义在 go 的将来时用法发展过程中消失了,但该将来时暗含了我们的时间经验,并被隐喻地匹配到事件上,因而可被语义化为"将来"的抽象义。关键的是,"目标域的意义被加在了这个词的意义上"(Sweetster 1988:400,斜体源自原文)。在同一会议上,特劳戈特(Traugott 1988)指出与语法化相关的含义更类似于转喻(和组合关系字符串相关),而隐喻是含义编码的结果。同样,这里强调的是"在对先前只是隐含的相关性和信息的显著编码的方向上"增强(p.413)。

虽然拜比、帕金斯和帕柳卡(Bybee, Perkins, and Pagliuca 1994:5—10)采纳了 GR 的方法来讨论形态融合,他们也提出了包容语用和语义、隐喻和转喻变化的语法化。在早期的 GE 模式中,他们将语法化同泛化联系在一起,以此来说明意义和使用的扩展。意义的泛化就是词汇特定性的消失,也就是语义漂白。这并不是从形式和意义出发,而是从它产生的语境出发,导致一些搭配和限制的消失,因而扩展了使用。比如,作为助动词的 BE going to 失去了空间上向目标移动的"全部价值"(Bybee,

Perkins, and Pagliuca 1994:3)。这就是莱曼的系数(a)。被"漂白"的将来义可能被用于某个聚合/范例关系中并限于某个固定结构槽[莱曼的系数(b)和(f)],但在搭配上已不再限于表动作＋目的行为的动词。有时原本的词汇/内容性价值随着时间推移逐渐完全消失(如 deal 的"部分"义在数量词 a great deal of 中完全消失),或部分消失[如 a bit(of) 保留了"小部分"的意思,但不再是上古英语中 bita 的"一口"的意思,bit 就是从 bite 派生而来的]。然而,词汇义的漂白常常和语法义的扩展相关——这是"有增有减"的又一力证。引发语法化的语用含义成为新的语义的一部分,变得更加抽象和程序性而不是词汇性。BE going to 作为助动词不再同带有目的的动作连用而是指将来,a lot of 作为一个数量词,不再指"一块"而是指"很多"。以上两例都说明意义的泛化导致了更广泛的使用。⑦

希梅尔曼(Himmelmann 2004)总结了各种有关扩展的观点来构建一个语法化模式(同时也是词汇化模式,见第四章)。这个语法化模式中重点是语义-语用、句法和搭配范围的扩展,尤其是语法化发生之后的扩展。我们已将该模式简称作 GE。⑧

---

⑦ 然而内容性意义先于程序性意义的假说的反例确实存在。霍夫曼(Hoffmann 2005:67—71)引用了 by way of,认为最初在支持内容性路径义的搭配中并未发现,反而是同抽象的"方式"义搭配(MED 中有搭配的包括"alms、reason、gentleness、merchandise")。只有在 18 世纪后期才出现支持直接指向的路径义的例子"on the path of"(Hoffmann 2005:68)。

⑧ 作为早期支持语法化是一个主要的形态变化过程的一员,库里沃维奇指出"语法化存在于一个语素从词汇到语法或从一个语法到更为语法状态的**范围扩展**中。(Kuryłowicz 1975:52,粗体为后加)

第三章　语法构式化

希梅尔曼的关注点是语法化成分得以扩展的语境。他将语法化限定于涉及"至少一个语法化元素"的变化(p.34),因而排除了语序、复合以及其他抽象类型的变化。然而,在引用拜比和达尔(Bybee and Dahl 1989)以及拜比、帕金斯和帕柳卡(Bybee, Perkins, and Pagliuca 1994)的观点时,他认为仅关注语法化成分本身是有问题的,因为任何成分都不能在脱离语境的情况下语法化:"组合成分(语境中的元素)⑨和非个别成分是语法化的合理范畴"(Himmelmann 2004:31)。对他来说,"语法化本质上是语境扩展的过程"(p.32)。希梅尔曼引用了德语定冠词发展的例子,而下面的例子是我们给出的:

(a) "宿主类型扩展":一个语法化的形式会扩展它和相关词类(名词、形容词或动词)成员的共现范围,如将来时 BE going to 扩展到在原本目的构式中不能使用的状态动词如 like、know、want 等。这种扩展可引发某一符号的新搭配。

(b) "句法扩展":扩展到更多的句法语境,如表将来时 BE going to 扩展到提升结构(如 There is going to be an election 将会有选举),或者对比测量短语 as long as (如 This plank is as long as that one 这根木板和那根一样长)扩展到置于小句左端做时间连词(如 Hold it in place as long as it is needed 只要需要就保持在原

---

⑨　要注意的是这里的 construction 不是构式语法中的"构式"。

地)。这样的扩展可引发符号的新(形态)句法配置。

(c) "语义-语用扩展":一个语法化形式会发展新的历时多义,⑩如时间连词 as long as 用作条件连词(如 As long as you leave by noon you will get there in time 只要你中午前出发就能及时赶到)。

在这三种扩展中,"语义-语用语境扩展是语法化过程的核心特征"(Himmelmann 2004:33)。在希梅尔曼看来,这三种类型的扩展在语法化过程中同时并存。而我们认为也正如下文分析的,某些语义-语用扩展常常先于语法构式化,如小范围的宿主类型扩展。而(形态)句法扩展通常伴随语法构式化(形式$_新$-意义$_新$配对)。然而,所有类型的扩展在构式化之后都有可能继续发展,尤其是宿主类型扩展和句法扩展。

由于希梅尔曼将语法化看作是宿主类型、句法、语义/语用特征在组合关系语境中的扩展,他所认为的指向性并不单指符号的缩减或依赖性及强制性的增强,而是指向语境的扩展。宿主类型扩展是搭配的扩展。句法扩展涉及可用的句法使用的扩展。as long as 的例子展示了从指示名词短语的附置词扩展到指示小句的从属标记的过程。这是句法(也是语义)范围扩展的一个案例,而且表明需要重新思考范围缩减[表 3.2 中莱曼的系数(d)]的单向性假说。从构式的角度看演变,一个副词或介词

---

⑩ 在 2.4.1 中我们已经提到"历时多义"(heterosemy)是指两个或两个以上历时上相互关联的意义或功能。

第三章　语法构式化

用作从属标记是没有问题的。由于语用是构式语法的基本元素，那么同理，语用标记（well、I think）、德语中的情态助词（doch、ja）以及那些语法状态受到有限的语法理论质疑的表达也都是没有问题的。目前它们作为语法化例子被广泛接受是因为它们的功能是程序性的，暗示了连接性和互动管理（见 Brinton 2008，Diewald 2011b）。但是，如此接受要求对语法有更宽泛的定义。

当不同节点从同一个来源产生出来后就可以看到另外一种类型的扩展。由此产生的不是单向性而是多向性，这个现象在语法化理论中被称作"多向语法化"（polygrammaticalization）（Craig 1991，Robert 2005）。克雷格（Craig）指出在尼加拉瓜奇布查语（Chibchan）拉玛（Rama）中，动词 bang"去"在论元结构领域中发展成为目标/目的标记，进而在时-体-貌领域中发展为进行体、愿望语气等。多向演变导致的一个来源构式在多个结构领域中的反射将在下面 3.2.3 中以 beside 发展成介词、从属标记、语用标记以及最终分化成 beside 和 besides 为例来分析说明。网络模式对于研究这种引发同一来源多种不同节点的产生和链接的演变非常有利。

GE 模式允许缩减和依赖性增强却将它们看作是正在发展的语法性范畴的功能（且是符号发音缓和的结果）。在某些领域中，比如格和时态，语法化可能涉及依赖性增强，然而在连词和语用标记域中，语法化却可能涉及句法依赖性的降低。从这个角度来看，语法化可定义为：

> 语法化是这样的语言演变，即在某语境中说话者使用了某组合⑪中带有语法功能的部分。随着时间流逝，该语法成分通过获得更多的语法功能和其宿主类型的扩展而变得越来越具有语法性。(Brinton and Traugott 2005:99)

3.2.3　GR 和 GE 的相互关联

把语法化看作缩减和依赖性增强（GR）和扩展（GE）的两种观点首先在指向性上就是相对的。比如，凯巴斯基（Kiparsky 2012）认为单向性可以用基于普遍语法（UG）的规范化和优化的类比理论来解释。他认为从这个角度看单向性是"没有例外的"(p.49)，而那些明显的反例都是基于范本的。不管如何，GR 和 GE 是高度互补的，因为，正如凯巴斯基（Kiparsky 2012）提出的形式语义方法，它们回答的是不同的问题。许多 GR 的拥护者主要关注形态句法形式的发展，因此合并、融合以及依赖性增强是最主要的问题。如，从助动词到语缀的变化 will"意愿">will"将来">'ll，或者 has>'s 确是涉及符号的缩减和依赖性的增强，这主要体现在宿主类型的形态上，以及句法的限制上——附着化的助动词不能出现在一般疑问句，或在一般疑问句的回答中，比如：

---

⑪ 同样，这里的"construction"指的是字符串，组合成分，并非构式语法的"构式"。

(10) a. I'll be leaving soon. 我马上就走。

　　b. Q. * 'll you be leaving soon? 你会马上走吗？

　　　　A. * I'll. 我会。

　　c. She's left. 她已经走了。

　　d. Q. * 's she left? 她已经走了？

　　　　A. * She's. 她已经。

相反，GE 不仅关注个别成分的变化也讨论语法化如何在语境中发生，尤其在语法化发生之后。GE 的许多方面源自 GR。比如，搭配类型的扩展在逻辑上是莱曼的参数整合性、聚合/范例性以及聚合/范例变异的结果。如果我们不关注缩减，而是关注该缩减的结果，那么可以料想到的是宿主类型的扩展：一个在语义上缩减并具有聚合/范例功能的形式将会在更多语境中以更高语例频率被使用。它也可被用于更大句法的范围，因而其句法语境也得到扩展。

然而，在某些方面 GR 和 GE 对语法化的结果预测是不同的。这大多是指莱曼的参数(d)结构范围的论述，而正如上文所述，该参数已被证明在脱离 GE 的情况下是有问题的。比如，在从小句内部副词(如 after all)或状语小句(如 as you say, as I think)发展出语用标记功能的各种类型的演变中，通常都有语义上从内容性到程序性(有时涉及缩减的部分或黏合)的变化，随后作为一个语用标记被纳入小句两端(句法范围的扩展)。其中一个功能是用来标记说话者对接下来的小句和前面已说过的话语之间的元文本评价关系，我们把这个功能称作"篇章助词功能"(见 Fischer 2006)。篇章助词的子范畴包括连接先前的回指和连接后来的后指,如推断性的 then,希夫林(Schiffrin 1987)和弗雷泽(Fraser 1988)将它们确定为"篇章标记"。另外还有语用评论小句,如 I think(Brinton 2008)。篇章助词的使用并不是压缩的逻辑结果,而是与扩展的使用有关。这些例子在早期其形式通常是通过冻结和/或合并得以缩减,在被用作语篇助词功能后,通常会出现与来源结构的韵律差异(见 Dehé and Wichmann 2010 关于当代英语句首 I think 的各种功能和 Wichmann, Simon-Vandenbergen, and Aijmer 2010 关于 of course 的讨论)。这一情况符合高频率同音异义表达,相较于低频率的表达,其持续时间更短并且两者的韵律不同这一研究结论(Gahl 2008)。

　　beside(s)是个历时实例。和现在一样,上古英语中 side 是名词,指身体某一部分,引申开来也指一个物体的狭长表面(OED side II. 4)。最早用于一系列介词短语,如 be/on his sidan "在他身边",后来固定化为介词(11a)和副词 besiden/beside(s)"旁边"(11b):

(11) a. Seth　　　wuneda　　on　　ana　　munte
　　　 Seth　　　 lived　　　on　　a　　　mountain
　　　 beside　paradise.
　　　 next-to　　paradise
　　　 赛斯住在靠近天堂的山上。
　　　 (a1200 Annot Cld. OT 421 [MED *paradis*(*e*) 1. a;

第三章 语法构式化

Rissanen 2004:158])

b. Arthur teh ***bi-side***; and said to iveres...
　Arthur turned aside　　and said to followers
　亚瑟转到一边对追随者说……

(c1300 Layamon's *Brut*, Otho C. 13,12982

[MED *beside(s)* 3a; Rissanen 2004:161])

　　这是一个指身体部分的词汇性名词被用作抽象功能的标准实例(见 Heine and Kuteva 2002)。其发展就是莱曼的参数(a)整合性的一个演变案例,即失去了具体的空间义。同时它也是缩减和依赖性增强的标准实例。be"by"从介词集合如 on、æt "at"、fram "from"、þurh "through"中被选择出来,并与名词 side 合并(Rissanen 2004);这是莱曼的参数(e)黏合性的典型演变类型。然而,中古英语中的副词 beside,尤其是其扩展形式 besides(带副词词缀-es,如 dæges "daily"、niedes "necessarily"、backwards 等,见 Kastovsky 1992:137)[12]经历了进一步变化,这些变化都和 GE 相关。beside(s)被扩展的意义为"in addition"(12),它例证了希梅尔曼所谓的语义-语用扩展:

(12) He deprived him of a portion of his kingdom,
　　　he deprived him of a part　　of his kingdom,

---

[12] 副词标记-s 最早源于英语中许多副词的属格屈折形态,如 backwards。而介词 beside 和语用标记 besides 的分工则是最近的发展。

and assessed hym to pay a great summe of
and assessed him to pay a great sum of
mony **besides.**
money in-addition

他剥夺了他的王国的一部分，并要求他另付大量的钱。

(1564 N. Haward tr. F. Eutropius, *Briefe Chron*. vi. 52 [OED])

在早期现代英语中，介词 beside(s)被用来引导一个限制性 that 补语从句，其意为"虽然"(13)。这种用法基本上只在17、18 世纪出现，但 OED 引用了一个 19 世纪的例子，以及几个出现在 COHA 中的例子，包括(13c)这样来自 20 世纪末的例子：

(13) a. Sire **besides that**　I am your Graces
　　　Sir　 although 　　I am your Grace's
　　　subject and servant …your Grace hath
　　　subject and servant …your Grace has
　　　also shewyd so largely 　your bounteousnes
　　　also shown　so generously your bounty
　　　and liberalite anenst 　me that…
　　　and liberality toward 　me that…
　　　先生，虽然我是您的下属、仆人，但是您如此慷慨地馈赠予我……

(1517 Tunstall, *Letter* [HC; Rissanen 2004:165])

b. for **beside that** he died in charity for although he died in poor-house with all, I never heard that he once nevertheless I never heard that he once reflected on his prosecutors. say-anything-bad about his prosecutors

虽然他死于贫民窟,但是我从没听说他说过公诉人的坏话。

(1763 Ordinary's Account, OA17630824 [OBP])

c. What is so significant about Burle Marx's contribution—**besides that** it has lasted 60 years—is the way it has made an impact on all scales.

布雷·马克思最大的贡献——除了它延续了60年以外——是对各种标量都产生了影响。

(1990 Parfit, *Smithsonian* 21 [COHA])

在早期现代英语中,beside(s)被用作句首篇章助词,意为"另外,除了已经提到的以外,并不是中心议题":

(14) a. In terms of choice I am not solely led
By nice direction of a maiden's eyes;
Besides, the lottery of my destiny
Bars me the right of voluntary choosing.

"In terms of choice(of a husband) I am not led solely by the dainty guidance of a maiden's eyes; in addition, the lottery of my destiny bars me the right to choose voluntarily."

对于(丈夫)的选择,我不光依赖少女挑剔眼光的指引,另外,我注定的运气排除了我自由选择的权利。

(1600 Shakespeare, *Merchant of Venice* II. i. 15 [LION: Shakespeare])

b. and when he lookt for Money to pay his Reckoning, he miss'd his Money, but could not be positive that she took it; and **besides**, several Persons who were present, declared they did not see her touch him.

当他去找钱来付他的账时,他发现钱没了,但又不能肯定是她拿了;另外,一些当时在场的人申明他们没有看到她碰他。

(1698 Trial of Eleanor Watson, t16980223-7 [OBP])

(13)中介词用作从属标记以及(14)中副词用作篇章助词都是句法扩展:新用法在句法和语义上的范围覆盖了整个小句。因此,它们也是莱曼的结构范围缩减(参数 d)的反例,却是希梅尔曼句法、语义-语用扩展的证据。在我们看来,句法和语义-语用范围扩展源于类似 besides 的结构被纳入篇章功能的使用。同样

第三章 语法构式化

的情况也适用于许多已被考证的其他元文本标记的发展历史，如 in fact(Traugott and Dasher 2002)和 of course(Lewis 2003)。

综上所述，GR 和 GE 的研究者都认为指向性是语法化的必要特征，其不同点在于是否受限于"核心"语法的传统结构视点，以及如何去解释莱曼语法化参数的子类(早期研究常常不讨论语境问题)。在 GR 模式中，指向性被假设为"单"向性。它主要与伴随演变的语义和符号的缩减相关，这些演变就是众所周知的词汇性＞语法性、不太抽象＞更为抽象、不太依赖＞更为依赖。某些 GR 的倡导者认为单向性是语法化的关键，如哈斯佩尔马斯(Haspelmath 1999)提出语法化的单向性是"不可逆转的"。在 GE 中，指向性主要是一个关于扩展到更多搭配、更多句法、语义和语用选择的假说；它回答的是变化如何影响语境中的使用这一问题(以及语境如何引发变化)。

希梅尔曼确认的作为语法演变 GE 模式基础的扩展类型就是我们在语法构式化中所发现的演变类型。然而，从 GE 模式的角度来看，单向性假说的问题在于语法化或语法构式化中的某个特定语例通常并不是无限扩展的，即使用凯巴斯基(Kiparsky 2012:49)基于最优化的类比规则理论来假设单向性也毫不例外。在语法性构式的"生命循环"中，已经历了各种形式扩展的非常强劲的语法标记可能也会变得受限、边缘化甚至可能消失(见 2.5.1)。因此，我们得到的必然结论是扩展是语法构式化以及其后的构式演变的特征，至少在一个新的竞争构式形成前是如此，但未必在其之后。

3.3 从构式角度看指向性

正如1.4.2中提到的,构式方法有时依据图式性、能产性和组合性(包括分析性)的变化来对演变和指向性进行概念化。比如,特劳斯代尔(Trousdale 2008a、2010、2012a)指出在语法构式化中,构式的图式性和能产性增强而组合性缩减。我们会在第四章中讨论到,图式性和能产性增强是构式化的普遍特征,并非语法构式化特有,但是涉及图式性和能产性的类型会有不同。

这样的三分法比构式语法文献中常提到的区分更为详细,构式语法文献中可能仅图式性和组合性被单独启用。比如,吉斯伯恩和帕滕(Gisborne and Patten 2011:96)和兰盖克(Langacker 2011:82)将图式性确认为内容性意义的丧失,即图式性的增强,兰盖克将之称作"头脑操作"的表征,但并没有区分能产性。吉斯伯恩和帕滕(Gisborne and Patten 2011:97)用图式性的增强来确认宿主类型扩展,并提出能产性不断增强的构式"批准更多语例"(p.98)。巴左达尔(Barðdal 2008)区分了能产性和图式性,同时认为它俩是紧密相关的。她提出能产性与高频率构式类型和高度的图式性(如复杂图式等级层次)相关,低能产性与低频率类型和高度的具体性相关(p.172)。虽然我们这里也区分图式性和能产性,但我们的处理方法并不同于巴左达尔(Barðdal),部分原因是我们考虑语法发展的广泛集合,而她只是关注论元结构;另一部分原因是我们寻求一种方法能

第三章 语法构式化

够更完整地解释语境以及希梅尔曼(Himmelmann 2004)的三个扩展类型。接下来,我们将讨论能产性的变化即构式类型(类型频率)和构例(语例频率)的扩展(3.3.1),而图式性的变化即向程序性功能的变化以及图式及其构成的变化(3.3.2)。在3.3.3中我们讨论组合性降低是形式和意义之间连接透明度的降低,同时认识到分析性仍存在于组合性降低的语例中。我们随后指出语法化 GR 和 GE 模式所提及的因素如何互相交织,由此可能在构式框架中得以统一(3.3.4),而且最终指出演变中指向性的可能原因(动因)。我们主要用双名数量词和 BE going to(将来时)的发展来说明。

3.3.1 能产性增强

基于使用来考察演变的一个典型观点是"新的构式形成并随着时间推移逐步提高其使用频率而得以扩展"(Bybee and McClelland 2005:387)。语法化研究文献常倾向于源自类型频率和搭配范围增长的语例频率增长(见 Bybee 2003),部分原因在于它解释了缩减。然而,在构式语法中,类型频率得到了特别关注,一部分原因是它阐释了图式中可用来源的扩展。比如,戈登伯格(Goldberg 1995)观察到 way-构式的类型频率相对较低,但却有很多搭配。她认为,"这就为能产性和语例频率相关性较低,而更多是和类型频率相关的观点提供了支持"(1995:137)。虽然类型和语例的情况相互交织,但是正如巴左达尔(Barðdal 2008)所强调的那样,它们需要被分离开来。比如,在考虑双名词表达发展为数量词的能产性时,我们可以认为:(a)微观构式类型数量的扩展,如额外的 a scrap of、a shred of 加入到总藏或构式库中;(b)它们搭配的本质;(c)语例使用的频率如何。我们在下个小节中会提到,图式性的变化,比如数量词被纳入子图式的方式,并不一定直接和这里所关注的能产性的任何维度相关联。

可追溯到古典时代的传统习惯性认为语法类型是闭合的或小范围的。然而,当基于程序性功能来考虑语法性时这个观点就遇到了挑战。比如,英语中的数量词集合是相当大的。它既包括了传统的 all、many、much、some、few 等,也包括 a little,以及最近的双名词形式如 a lot of、a heap of 和 a bit of 等。虽然那些明显的原子性单音节形式是较早的,那些更复杂的形式是较新的,且它们的结构,起码在其形成时,与英语不断扩展的迂说本质是一致的。随着时间流逝,由于频繁的语例使用,它们在音韵上被缩减(见 1.5.3 提到的 allota)。同样,核心情态动词构成了一个小集合,而其他情态动词随着时间流逝也被而且正陆续被加入到情态动词集合中(Krug 2000)。结构上,这些更新的"准情态"和迂说结构是一致的,如 BE going to(及其在某些情况下的变体 BE fixing to),而且,为另一个完全不同的形容词结构来源,(had) better(Denison and Cort 2010),提供了证据。虽然数量词和助动词范畴相对较小,但霍夫曼(Hoffmann 2005)指出复杂介词(如 in front of、in terms of 等)的范畴是相当大的——一百个以上,大多是新近产生的。在所有的这些案例中,语法范畴是相对开放的,因而新的构式类型能够得到发展。

由于程序性构式是相关的而且相对抽象,它们有可能在一

第三章 语法构式化

段时间后逐步产生大量的搭配,这就是希梅尔曼(Himmelmann 2004)所谓的宿主类型扩展。巴左达尔(Barðdal 2008:31)认为这是一个新的类型加入到具体构式目录(如动词、名词等),加入到图式,也是该图式"可扩展性"的证据。在多数语法化案例中,变化始于系统中相对小的角落并沿着最不"显眼"的路径在语法化成分的分布方面逐步增加。比如,表将来的 BE going to 最早和行为动词(如 make a noose、read、lay out)连用,如动作+目的句式,后来才扩展到和那些不能和行为动词兼容的动词连用,如静状态动词 like、be 等。在双名数量词 a lot/lots of 的案例中,它们最早(18 世纪)主要和类似原始部分词的具体宿主连用,通常指的是组群(人)[见(15a)]或者是复数,也就是说它们用于那种本身暗含数量的语境中。只有在 19 世纪以后,数量词和抽象物质搭配使用的例子才出现在语料中,主要出现在如 lots of room 或者 lots of time(15b)这样的常规表达中。

(15) a. There was ***a lot of*** people round him.

有许多人围着他。

(1822 t18220911-157 Trial of William Corbett et al. ,t18220911-157 [OBP])

b. The keeper will have ***lots of time*** to get round by the ford.

看门员有时间去渡口旁闲逛。

(1857 Hughes, *Tom Brown's Schooldays* [CL 2])

在 CLMETEV 中,19 世纪中期以后抽象名词出现更加频繁:

(16) a. He had battled with it like a man, and had **lots of fine Utopian ideas** about the perfectibility of mankind.

他像一个男人一样与之战斗,而且对于人类的完美性有着乌托邦式的想法。

(1857 Hughes, *Tom Brown's Schooldays* [CL 2])

b. she will not pester me with **a lot of nonsensical cant**.

她不会用无意义的空话来打扰我。

(1885 Blind, *Tarantella* [CL 3])

c. He is only young, with **a lot of power**.

他仅是年轻,非常有力量。

(1895 Meredith, *The Amazing Marriage* [CL 3])

再后来,出现了名词分词:

(17) the horses needed **a lot of driving**.

马需要多驾驭。

(1901 Malet, *The History of Sir Richard Calmady* [CL 3])

这些类型扩展变化是后构式化构式演变。在下面的 3.3.2 中我们会看到,构式类型的能产性和图式性相关。至于语例频率,历时语料库显示其可变性很大,但根据假设其动因在于来源的意义和分布以及宿主类型的搭配。布雷姆斯(Brems 2011:207、2012:213)讨论了从 1100 年到 1920 年"NP of NP"中的 heap(s)和 lot(s)的语例频率的发展。共时上,她在 COBUILD 数据库中找到了同样的四个度量名词做数量词的使用分布,见图 3.1(在她的研究中也包括其他度量名词的子集):

bunches群	heap堆	heaps成堆	load批	bunch束	loads多批	lot/lots多/很多
0	34%	50%	67%	75%	88%	93%	100%

图 3.1　COBUILD 中的度量名词做数量词的使用情况(Brems 2012:211)

图 3.1 中的共时百分比显示了梯度并反映了差异的历时渐变。需要重点关注的是 lot 和 lots 做数量词的使用率是百分之百,而其他度量名词用作数量词时其单数和复数例之间存在显著差异。比如 bunch,其复数在 COBULILD 中完全没有出现使用为数量词义的情况,而 88.4% 的 bunch 单数形式用作数量词(如 bunch of kids/lies)。再如 heaps,布雷姆斯(Brems 2012)认为其原始义为"一群(堆)",不同于其单数形式 heap,而且其他的也没有用作部分词。

3.3.2　图式性增强[13]

在考虑图式性增强时,有两个问题需要区分开。一个是微

---

[13]　本小节关于 BE going to 发展部分的讨论参考自特劳戈特(Traugott 2015)。

观构式随着时间流逝可能变得更为图式或者抽象,因为它们参与并成为抽象图式的"更好"成员。另一个是图式本身可能扩展,即可有更多的成员,正如上小节提到的以及 2.7 中提到的 way-构式所显示的那样。巴左达尔(Barðdal 2008:31)认为微观构式整合为一个图式是构式的"可扩展性"。我们在这里先简要说明图式性增强的两种类型,然后再讨论能产性和图式性如何相互交织的问题。

语法化研究文献普遍认为经历语法化的词汇成分都是典型的去范畴化(decategorized)。以我们的部分双名词变成数量词为例,部分构式本身包含了度量名词的去范畴化。比如,只有当 lot 和 bit 是一个不定名词短语的一部分并是复杂不定名词短语的中心语时,它们才用作(准)部分词。名词 lot 和 bit 被去范畴化,因为它们不能自由地和定冠词连用。当它们用作数量词构式的一部分时,是进一步被去范畴化,因为它们成了修饰词并且无法逆转。比如,(18)是 bit 作为复杂名词短语中心语的一个早期语例,bit 是一个自由名词,其原始内容性语义为"bite"(咬)。此时它还没有被去范畴化:

(18) þis   appyl   a   bête   þerof   þou   take.
　　 this apple   a   bite   therof thou take
　　 "Take a bite of this apple"
　　 咬一口这苹果。

　　(c1475 *Ludus* C [MED *bite* n.; Traugott 2008b:29])

第三章 语法构式化

部分词中的 bit 在抽象性上比其作为一个自由名词更具图式性,而 bit 在数量词构式中的使用则更具图式性,因为数量词的搭配更自由,而且量化更具标量性。随着 a bit/lot 逐渐固化为数量词,它们开始被使用在其他的标量构式中,如程度修饰构式,也可用作修饰形容词的副词(a bit/lot better)。对 a bit/lot of 发展为数量词及随后的程度修饰词的详细说明显示了近 200 年来它们已逐渐体现出它们进入的图式的典型特征。在此意义上,它们也受到该图式的"规则"约束(Barðdal 2008:22)。然而,正如我们在上一小节看到的,也有被纳入为数量词的度量名词如 heap(s),并没有如此固化(见表 3.1)。然而,其中大多数都受到了图式性增强的约束(除了 bunches,以及一些只用作表部分不用作数量词的,如 piece)。

BE going to 同样给微观构式图式性的增强提供了一个实例。当它首次在 17 世纪早期用作时态标记时,当时的语例说明它表示相对时态"即将"(Garrett 2012)。我们将会在 5.3.4 中进一步讨论这个情况。这里我们讨论它是何时被构式化的。18 世纪前所有的语例(除了两例有可能表时间以外),都有生命主语,这说明了新用法的扩展是沿着最小差异路径进行的(De Smet 2012)。17 世纪带无生命主语(这种分布在表行为+目的的构例中未曾见到)的两个语例是:

(19) a. Bel. Where's all his money?
    贝尔:他所有的钱在哪里?
    Orl. 'Tis put ouer by exchange:his doublet *was*

going to be translated("removed"),but for me.

奥兰多：特斯用完啦：要不是我，他连上衣都输光啦。

(1630 Thomas Dekker,*The Honest Whore, Part II* [LION；Garrett 2012：70])

b. You hear that there is money yet left,and *it is going to be* layd out in Rattels…or some such like commodities.

你听说还有剩余的钱，而且这些钱被用于拉特尔斯或某些这样的商品上。

(1647 Field and Fletcher,*The Honest Man's Fortune* [LION；Garrett 2012：70])

这两个例子都很早，说明当时有些说话者已经部分地将 BE going to 和助动词图式相匹配。然而，当时仅仅只有两个语例，也就是说和无生命主语的连用直到 18 世纪早期大量新用法出现在文本中才被常规化。这些记录的文本包括：

(20) a. deposed…that he thought the whole Front of the House *was going to* fall.

被免职……他觉得整个前厅会倒掉。

(1716 Trial of John Love et al.,t17160906-2 [OBP])

b. I am afraid there *is going to be* such a calm among us,that…

第三章　语法构式化

我怕我们之间会有如此的沉默……

(1725 Odingsells, *The Bath Unmask'd*
〔LION：English Prose Drama〕)

(20a)是提升的例子。在 BE going to 用于时间之前,这种句法语境已被更多地用于更传统的助动词,如(21):

(21) a. But ***there can*** be nothyng more conuenient than by litle and litle to trayne and exercise them in spekyng of latyne.

"But there can be nothing more appropriate than little by little training and exercising them in speaking Latin."

但是,没有比逐步练习说拉丁语更合适的了。

(1531 Elyot, *The Governor* 〔HC ceeduc1a〕)

b. I truste ***there shal*** be no fawte fownd yn me.
I trust there shall be no fault found in me
"I trust that there will be no fault found in me."

我坚信我身上找不到错误。

(b1553 Mowntayne, *Autobiography*〔HC ceauto1〕)

由于构式化要求形式和语义两者的变化,可以看出 BE going to 的构式化直到 18 世纪用于非生命主语的提升构式中实现,如(20)。(22)中和 go 连用,说明了构式化以后它作为一

个助动词的固化:

(22) I never saw him after, till I *was going to go* out.
我后来没有见过他,直到我要出门的时候。
(1759 Trial of Terence Shortneyet al. ,t17571207-40 [OBP])

随着 a bit/lot of 或者 BE going to 这样的新构式类型(微观构式)的形成并与传统构式共存,它们所参与的图式得到了扩展。在一些情况下,说话者也可从个体构式类型中进行归纳和抽象来发展图式。我们已经在 way-构式的发展中看到此情况。在 2.7 中,我们指出 way-构式的前身是不及物和及物构式的构例。然而,在 17 世纪期间,一个独立的 way-构式浮现了出来,并逐渐发展出了子图式。这例证了一个图式经历时间流逝而发展并变得更具图式性(获得了子结构)。我们的观点是一旦足够的构式类型代表了某一范畴,该范畴作为抽象模式就能够吸引更多的微观构式类型并随之得以扩展。构式类型是"可扩展的"(Barðdal 2008:31),因此在图式层次也是能产的。这从历史角度为"具体成分的知识"如何逐步地和"普遍性或图式性知识"相连接这一问题给出了解释(Goldberg 2006:98)。

接下来,我们讨论能产性增强(见上文 3.3.1)和图式性增强相关联的途径。语法化和历史构式语法的各种讨论都认为整个扩展过程中存在相同的机制而且认为能产性增强是相对平稳的。比如,拜比(Bybee 2010:95)指出"能产性背后的机制就是具体成分的类比"。这就说明类比在高低两种类型频率构式中可能出现同等的概率。另一方面,巴左达尔(Barðdal 2008)认为作为演变机制的类比("类比化")是同伴随语义一致性和高语例频率的低类型频率相关联的。这是因为"类型频率高的构式无须为了其高能产性而显示其高度的语义一致性,而类型频率低的构式却需要显示其高度的语义一致性来变得能产"(p.9)。语例频率高的单个构式更有可能被固化,因此可用为固定模式。巴左达尔将低频率和高频率作为能产性梯度的两端,如图 3.2 所示:

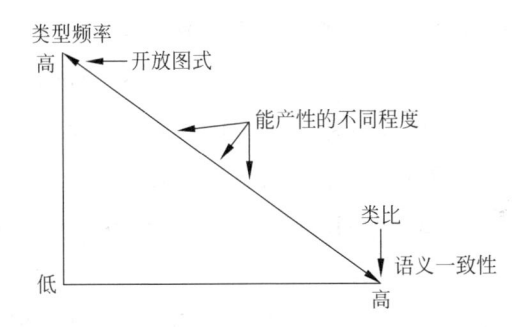

图 3.2 能产性梯度(基于 Barðdal 2008:38、172)

图 3.2 显示即使低产和高产背后的机制不尽相同,能产性从低到高的转换也是平稳的。同样也可以从 3.3.1 开头所引用的"新的构式形成并随着时间推移逐步提高其使用频率而得以扩展"中得到这个印象(Bybee and McClelland 2005:387)。

然而,彼得里(Petré 2012)却指出这样的平稳并不一定都是明显的。他认为从理想化的平稳梯度来看,有时吸引进入既存的高度能产图式的发展会和先前的发展产生中断。他使用的是上古英语中 becum "become"(变),尤其是 weax "grow, was"
(生成)在中古英语早期变成系词的例子:

(23) a. þonne ***weaxeð*** hraðe feldes blostman.
   then grow fast field.GEN flowers
  "then the flowers of the field grow quickly."
  然后田地里的花长得很快。
(c925 *Meters of Boethius* A6 [DOEC;Petré 2012:28])
b. For loue of vs his wonges ***waxeþ*** þunne.
  For love of us his cheeks become lean
  "His cheeks become lean for the love of us."
  因为我们的爱他的脸日益消瘦。
(c1325 *Lytel wotyt* (Hrl 2253)[MED thinne;Petré 2012:28])

彼得里认为在这些动词被构式化成系词之后其类型频率突然有了爆炸性扩展,如(23b)。虽然其不平稳的原因完全不同,但中古英语中的 weax-在其构式化后的"颠簸"及突然增长和 way-构式构式化(见 2.7.4)后的发展并非完全不同。彼得里认为 becum-和 weax-都被吸收进入了一个既存的系词构式。在 way-构式中,只有当它变成一个带有自身图式的独立构式时才具有了高度能产性。[14]

---

[14] weax-发展不平稳的另一个可能是关键时期文本材料的匮乏(Martin Hilpert 2014)。

第二章中详述的网络模式能够帮助我们理解为何演变的轨迹"实现化"(actualization,见 De Smet 2012)并不总是平稳的。网络不仅包括微观构式的节点,还包括节点的组群(图式及其内部带有节点的子图式)。构式化产生了一个新的节点。虽然这一步可能很小,但它不是连续的。如果构式化使一个微观构式被纳入了某图式,它可能不再是边缘成员,更有可能成为该图式的典型成员,正如 BE going to 的发展。一旦发生这样的情况,该微观构式会受制于该图式的特征并且其可连用的新搭配的数量有可能会急剧增加。我们假设,无论进入固化的图式的路径如何,图式化的结果可能是构式类型的快速扩展,因此扩展的指向性不会是个平稳的轨迹——事实上也不可能;更可能展示类似 S 型的曲线扩展(见 Denison 2003 关于 S 曲线各种类型的讨论)。这是构式化研究和语法化研究几种显著的不同要点之一。语法化通常关注单个维度的发展,而构式化则关注发展的两个维度:具体微观构式和图式。

3.3.3 组合性缩减

虽然语法构式化,至少在任何成员消失之前的初期阶段,以能产性和图式性的增强为特征,同时它也以组合性的缩减为特征。在历史构式语法的术语中,组合性缩减是组合构成的意义和形式/句法的匹配透明度的降低。要注意的是这并不意味着图式的子部是完全不能分析的。而且,当更传统的形态句法和一个更新的意义之间产生错配时,典型的组合性缩减就发生了。在这个阶段,形态句法的新分析还未出现(虽然一些句法顺序的常规化可能已经开始),但一些语用变化、可能的语义化以及固定表达已经产生。当构式化发生时,随着新构式被纳入到图式中,原先的错配可被"解决"。新的构式可能变得更具分析性(作为新图式的成员),但是语义上常常是非组合性的。

在部分词 a bit of 或 a lot of 变成数量词的过程中,最初词汇义和句法形式是匹配的。bit 和 lot 是句法字符串[NP$_1$[of NP$_2$]]的中心语。然而,作为数量词,它们修饰 NP$_2$,语义结构是[修饰词 N](见 1.5.1)。就语义新分析来说,其微观构式内部是非组合性的(即固定表达的形成)。当考虑到形式和语义潜在的错配时,其区别就出现了,如(24)[即第一章中的例(17),现重复于此]:

(24) Mrs. Furnish at St. James's has ordered **Lots of Fans, and China, and India Pictures** to be set by for her, 'till she can borrow Mony to pay for 'em.
在詹姆斯的福涅希夫人为她订购了许多扇子以及瓷器和印度的照片,需要她借钱支付这些。

(1708 Baker, *Fine Lady Airs*[LION:English Prose Drama])

lots 在这里被理解为"一批、一组"扇子,是实义的具有组合性的词汇特征。lots 被理解为"很多"扇子,则没有了数量常规的内容性词汇特征因而语义的组合性较低。从历史的角度来看,起初表部分的微观构式在新的数量词义被常规化时(构式演变)经历了组合性的缩减。然而当 a lot of 构式化成数量词时,新的更抽象的组合性形成了,并从语义和句法匹配为修饰语-中心语的意义上来说"解决"了错配(丧失-获得现象)。形态句法的新分析在新微观构式和其参与的语法图式之间重新建立了一定程度的"可分析性",如在微观构式 a lot of 和英语数量词图式之间。然而,新的双名数量词是固定的,其语义并不能严格地从其各部分推测出来。新的微观构式一旦建立,语言使用者就会将它们应用于潜在的更广范围的语境中(这样的扩展本章前面已详细讨论),因此增加其使用频率。

海(Hay 2001、2002)、拜比和麦克莱兰(Bybee and McClelland 2005:393)指出,组合性的缩减是有梯度的。拜比和麦克莱兰以 president、prediction 和 predecease 为例,以前缀 pre-在构词中的不透明性来说明其梯度。在 president 中最不透明,predecease 中最透明,这种透明度上的差异也反映在不同的重音体现上。在语法范畴中,合并和融合在程度和比例上存在着众所周知的区别(见 Bybee 2003、2010 以及其他的相关讨论),这取决于其组合频率或来自重复和规则化的宿主频率,比如 I'm 比 you're 和 she's 更频繁,这一现象和宿主代词的频率相关。同样,音段和形态组合性的消减也根据其宿主频率可变,因此从拉丁语 cantare habeo 发展而来的法语将来时最初可能同更高频率的动词连用。这里,首先是依赖/附属部分(动词-不定式)和中心语(habeo)之间短语组合性的消减,然后新分析导致了-r-不再被理解为不定式标记而是成为将来时标记的一部分,最后 habeo 缩减成-ai 导致了新的组合-rai"第一人称将来时"的产生。正如莱曼(Lehmann 2002)指出的,动词本身没有被新分析在语法化中最为关键。这一点在语法构式化中体现为最初的所属/强制结构成分被纳入到了图式［Vi - Xj］←→［SEMi 将来 j］。

一旦固化发生,使用频率对形式就会有影响。被重复使用的序列容易在音韵上更为整合并缩减(见 BE going to →BE gonna)。其中被大量缩减的惯例是 I don't know(见 Bybee and Scheibman 1999,Bybee 2006 关于→I dunno 的缩减)。皮希勒(Pichler 2013)讨论了在英格兰东北贝里克郡收集的特威德(Tweed)语对话语料中,don't know 的否定语缀助词-n't 如何被缩减成[ʔ]([doʔθɪŋk])或者被省略([dʊθɪŋk]),do 可能被缩减成[ə],并且有时 think 的首个摩擦音也会一起被省略,变成了[doʔĩŋk]或[dəʔɪŋk]的形式。皮希勒还指出了一个当地的变体,书面形式为 I divn't knaa,可用[dIvn̩ɜː]或[tIfn̩'nɐ]来表达。

兰盖克(Langacker 2011)认为语法元素是次要的,因此需要被配置的处理资源更少(又见 Boye and Harder 2012)。在兰盖克看来,这可能引起缩减:"时间、关注和带宽配置的缩减带来的不止是语义和音韵内容的压缩,还有真正的侵蚀(erosion)"(2011:83)。同样,固化的累积效果也能帮助解释为什么构式(不仅是语法性构式)通常有很高程度的固定性(Goldberg 2006)。

3.3.4 GR和GE相互交织于构式化和构式演变中

上面讨论的扩展,尤其是构式在能产性和图式性方面增强,以及与语法构式化紧密相关且随之而变的组合性降低的讨论,都说明这些方面远不是相互独立的,相反它们在变化中相互交织。

构式化之前有一系列微小的变化,如某些语境中语用含义凸显的增强及规则化等,这些变化可能引起语块切分并最终导致形式和语义的错配。这些变化可能相应地导致现存微观构式层面组合性的降低。这些都是可能引发一个新微观构式的构式化,即形式$_{新}$-语义$_{新}$配对的构式演变。错配的解决允许语法图式的完全批准,因此一个新微观构式相对于批准它的图式来说是组合性的,然而,该微观构式元素之间的关系连接却消失了。语法构式化之后,新微观构式的类型能产性增强,这反过来也影响了该图式的能产性。通常情况下,来源构式还是继续被使用,甚至是在同样的语境中。

语法构式化中的这些演变在许多情况下可以说是莱曼从GR角度提出的演变过程的"另一面"(见表3.2)(莱曼所说的构式演变过程和特征都是梯度的)。GR关注的是一个成分或成分群体内部所发生的事情,而GE关注的是其外部发生的事情,特别关注能产性、其范围的变化(搭配)以及该成分家族或族群抽象程度的变化(图式性)。两者的交互点总结于表3.3:

表 3.3　新语法性微观构式的发展和莱曼的语法化过程的兼容性*

语法性微观构式发展的特征	莱曼的语法化过程
错配、语义组合性缩减	语义特征磨损(a)
初始语块切分和规则化	固化(f)
吸收到集合	范例化(b)
内部形式组合性缩减	合并、音韵磨损(e,a)
固化增强	强制化(c)

* 表 3.3 中的每个过程都给出了相关的参数。没有包括莱曼的"压缩"[参数(d)]的原因已在 3.2.1 中讨论过。

表 3.3 充分地说明了缩减和扩展即我们所称的 GR 和 GE 是相互交织的。前面的两个特征(错配和语块切分)主要和先语法构式化构式演变相关;第三个特征(吸收到集合)是和语法构式化同时发生(如果相关集合事先存在);第四、第五个特征(形式内部组合性缩减和固化增强)与后语法构式化构式演变紧密相连。也就是说,某些语义磨损、组合性缩减以及形态句法固定可能先于构式化的类型扩展,而和符号缩减及基于强制性的固化增强相关的形式组合性缩减则发生在构式化扩展之后。

另外,语义磨损的结果是在更大的语境集合中使用的可能性,由此产生的是希梅尔曼(Himmelmann 2004)讨论的宿主类型扩展和句法类型扩展。

3.3.5　演变指向性的可能动因

到目前为止,我们只是暗示了演变中指向性的动因或可能原因。语法化研究,尤其是 GR 模式的支持者,主要关注的问题是为何程序性功能发展的指向要远比其反方向内容性功能的指向更普遍(Börjars and Vincent 2011 对这个问题总结出许多答案)。对该问题的最早回答诉诸竞争的两大因素"清晰"(相对于听者)和"快速"(至少可以追溯到 von der Gabelentz 1901),并在 20 世纪 70 年代晚期和 80 年代由兰盖克(Langacker 1977)、斯洛宾(Slobin 1977)和杜波依斯(Du Bois 1985)等进行过特别详细的说明。这个回答的问题在于这两大竞争原则可能因相互抵消而出局,而且也无法解释从词汇性到语法性表达(更频繁)和从语法性到词汇性表达(频率更低)这两种演变间的不对称性。

哈斯佩尔马斯认为这种不对称性是可以通过说话者想要与众不同、想要"表现"(又见 Lehmann 1985)或"夸张"(Haspelmath 1999)的欲望来解释。哈斯佩尔马斯(Haspelmath 1999:1043)将"夸张"定义为"说话者使用不平常的显著方式来吸引注意"并在社交上取得成功(p. 1057)。这样就使得迂说表达在使用中超越了传统的非迂说表达。哈斯佩尔马斯进一步指出,创新者使用新的更显著表达所具有的短期优势在该创新被他人采用时消失了,并在重复和过分使用中丧失了其创新价值。用重复和过分使用(我们所指的语例/构例频率)来解释演变的不对称性是非常吸引人的,因为它展示了"语法化的宏观效果"如何源自"微观层次的个人语言行为"(p. 1063)。说话者被认为是战略上的参与者,虽然其本人并未有意识地对其话语进行选择——这里哈斯佩尔马斯引用了凯勒(Keller 1994)的"看不见的手"来说明演变是日常语言使用不经意的副产品。

然而,哈斯佩尔马斯的观点也有问题。尽管一个新构式化的程序性构式很明显区别于其来源,并且是该集合的增加部分,但它并不会使其自身被关注或更具表现力。例如,在 2.7 中讨论的 way-构式。如果到 17 世纪已出现大量和 way 连用的构例的假设成立,也并不要求 [[SUBJ$_i$ [V$_{TR致使}$ POSS$_i$ way] (DIR)] ↔ ["SEM$_i$ 致使穿越路径"]] 构式(2.7.3 中的假设)结晶化的特征,那么该构式中引入 make、take(早期已经存在)这样的致使动词的发展是几乎注意不到的。以 plash、shoot 等为例的非致使伴随动作动词的新子图式的产生可能更受关注,但是该构式的这种扩展更有可能是尝试"与众不同"而非"夸张"。

哈斯佩尔马斯后来承认使用"夸张"这个概念本身是夸张的,他(Haspelmath 2000:796)说:

我的理论体系成立的关键是,夸张表达以及其社交理解不需要是显著的——而只需是可识别的,同时必须有不对称(非"反夸张行为")。

然而,他并没有指出可识别该表达的理想人群是哪些。变化要产生就必须有能够采纳新表达的识别者。这样的人群大概是那些使用语言来明确社会身份、展现其与众不同的年轻人。[15]

哈斯佩尔马斯的言论预设了变化在某种程度上是具有社交意识的语言标记。这样的预设会使得演变在语言社区中比凯勒

---

[15] 需要指出的是 CLMETEV 说明新的子图式的形成大多来源于老年人,见 2.7.4 中的例(46a)和(46b)。

第三章 语法构式化

的"看不见的手"更受到关注。有些变化当然受到关注(不只是语言纯化论者),也就是说它们不仅高于意识层次而且还是元语言评论的话题。比如,a lot of 的使用在 19 世纪被批评为过分口语化,不宜用于书面写作。而且现在的《美国遗产词典》(2011 年第 5 版)仍认为量词 a lot of 是口语用法。另一个例子是 19 世纪末被动进行时的发展,如 the house was being built(早期被动进行时的类型是 the house was building)。当时这样的进行时被动语态被认为是"不和谐""笨拙""一种语言浮夸"以及"毫无逻辑的混淆,不准确,不符合语言习惯"等(White 1871: 334—363,转引自 Mossé 1938:157)。然而,很多其他的变化并没有引起这样的评论。如,像 a bit of、a shred of 这样的数量词的发展据我们所知并没有引起任何关注。哈斯佩尔马斯观点的另一个更深层次问题是他预设语法化涉及的变化是从词汇性到语法性的(Haspelmath 1999:1057),因而没有说明如何解释那些非词汇性或词汇性很低来源的语法化。更重要的是,这一观点的重要基础是引发语法化的新表达是迂说表达(Haspelmath 2000),但是这只有在迂说表达是当时语言的一个系统语法策略的情况下才成立,如 BE going to 发展成将来时的情况。另外,他没有谈到的事实是只有某些表达可能用作程序性功能——那些具有合理的语义/语用,并且相对缺乏内容的表达:"并不只有重复是重要的,除此之外重复什么决定了其普遍路径"(Bybee 2003:622;斜体来自原文)。我们认为指向性的主要原因是重复,不管是扩展或是缩减。重复也是网络中的新节点获得单位地位的核心(用 Langacker 1987 的理解就是固化)。

语法化研究文献中常被提到的指向性的另一个可能的动因是类比思维,类比化背后的必要过程[见 Bybee(2010:95)的评论已引用于上文 3.3.2 中:"能产性背后的机制是具体成分的类比"]。在前面几章中,尤其是 2.2.3,我们区分了类比的两种类型:类比化(类比作为机制)和类比思考(类比作为动因)。费希尔(Fischer 2007、2010)指出,语法化研究忽视了类比思考。由于语法构式化强调能产性的类型和图式的变化角色,基于范本的类比思考必然被优先当作变化的可能动因。然而类比思考应在多大程度上受到限制却并没有达成一致。费希尔提倡相对不受拘束的"宽松匹配"方法。比如,她认为 BE going to 类比了当时(17 世纪早期)既存的迂说助动词集合,包括 have to、be to、ought to 以及低频率的 need to 和 dare to。由于这些迂说助动词都没有-ing 和将来义,因此不是语义和形式的确切类比。在 2.3.3 中,我们讨论了 a deal of 可能是后来双名部分词→数量词的既存范本。同样,这也不是确切匹配,因为 a deal of 经常与形容词 great 连用;然而,由于不加形容词的范例也得到验证并且语义紧密,因此匹配相对比较紧密。关于类比思考限制的另一个想法来自布雷姆斯(Brems 2011:263—269),她认为 a bit of 可能不是其他小度量名词→数量词(如 a whiff/smidge/scrap/jot/shred of)的直接范本,因为 a bit of 在 19 世纪两极性理论看来是中立的,而这个时期 a whiff/smidgen/scrap/jot/shred of 正逐步常规化成数量词。不像 a bit of、a whiff/smidgen of 表示正极,a scrap/shred/jot of 表示负极。然而,在她的语料库中得到验证的数量很少,因此她的结论只是假设性的。但是布雷姆斯同意可能有间接的范本。尤其,她指出 a bit of 也有可能被一些关系较远的普通小度量数量词(如 few)"通过某种类比拉力"得以实现(p.266)。

关于类比范本的讨论常常用到"通过类比拉力"或者"吸收组织"等术语,似乎是构式本身而非语言使用者引起了语言演变。从基于使用的角度来看,这些术语在阐释类比思考和说话者的语言选择(这些语言选择因社交因素或重复频率等在一群人中比较显著)的相互关系时有点捉襟见肘。最接近我们的网络框架(见第二章)的是"最匹配"范本,处于费希尔的"宽松匹配"和布雷姆斯的"紧密匹配"之间。

3.4 从构式化角度重新思考去语法化

任何假设的一个重要问题是其可验证性程度以及其预测的强度。因此相当部分的讨论是围绕 GR 的演变类型所展示的语法化中单向性是否有确切的反例展开,如果有,它们出现的频率怎样,如何理解它们(见 Campbell 2001, Norde 2009)。⑯ 这里我们认为可以从构式演变和构式化角度来重新思考去语法化的某些方面。

单向性的反例常常被引为语法化的"反转"。20 世纪 90 年

---

⑯ 纽迈耶(Newmeyer 1998:263)指出任何反例"足以反驳单向性"。他认为语言和物理等一样基于科学规律,而不是基于社会交往。在我们看来,这样的语法观点限制性太强,因为语言是社会现象,因而受制于并非总能预测的演变。

代,一些学者(如 Haspelmath 1999)坚定指出单向性的反例都是没有被验证的,或者即使得到验证,也是零星和边缘化的,不足以有显著的意义。⑰ 然而,已经有证据证明如果认为人类语言受各种社会交际目的操控的话,有些反例(Haspelmath 2004,Norde 2009)也是可以理解的。所有的反例都对 GR 的语法化提出了挑战。拉马特(Ramat 1992、2001)指出 up、ante、ism,以及形成于语法性和衍生性语素的类似动词和名词都是语法化的反例,不仅仅基于从语法性到内容性(词汇性)的可感知变化,而且包括尤其是 ism 这样的从有界状态到无界状态的变化(另见Janda 2001)。拉马特将这些例子看作可能引起词汇化(见第四章)的去语法化。

在她的著作《去语法化》中,诺德(Norde 2009)利用莱曼的参数(见表 3.2)来评价那些公认的去语法化语例,并指出去语法化最好被看作一种现象族群:

> 去语法化是一种复合型演变,通过该演变具体语境中的一个语法要素在多个语言层面上(语义、形态、句法或音韵)获得自足性或实体性。(Norde 2009:120)

---

⑰ 凯巴斯基(Kipasky 2012)在讨论基于限制的"即时变化"时指出"语法化具有严格的单向性",已在 3.2.3 节中引用。2.4 中我们已经提到。他继续说"也就是说,并不存在去语法化这么个事情"(Kiparsky 2012:37)。任何去语法化的验证语例,根据他的假设,都是范本类比的例子,即基于范本的某语言中特别而明确的演变。

在去语法化标题下讨论的类型的真实变化常常缺乏一个重要的语法化(和构式化)特征:这些讨论通常孤立地关注一个变化,而非一系列变化:它们不参与一系列相似变化,也不为其他变化提供范本。

诺德区分了去语法化的几种类型:其中的去屈折化(deinflectionalization)和去黏合(debonding)同语法构式化直接相关。我们下面一一介绍。

3.4.1 去屈折化

去屈折化是"第二级语法化"(从已经语法化了的元素到更语法化的元素的变化,Givón 1991:305)的逆转。通常是从屈折成分到附着成分转换的逆转,这意味着去语法化语素保持有界并继续具有语法功能。然而在语义上,它们可能不像原来的屈折成分那么抽象。去屈折化用莱曼的术语来说是去聚合/范例化(deprardigmatization),即在特定槽位中的形态类型在莱曼的参数(b)和(f)预期结果的逆转中被分解(见 3.2.1)。

被引用最多的案例之一是英语和斯堪的那维亚大陆语中从属格单数后缀-s 到附着于一个完全名词的所有格语缀。虽然它们的发展有许多相同点,但它们在很多细节上是不同的(见 Norde 2002、2006 等)。[⑱] 英语最初的阳性和中性属格屈折形态在上古英语中同名词性的一个子类相关联,-s 常被认为是已被新分析为一个完全名词短语的修饰语和限定词。这是个语法功

---

⑱ 安德森(Anderson 2008:21)把这一发展归于"再度语法"(regrammations)。

能增强的例子。即使这个变化通常被看作是和-s属格相关,事实上确是一个类型变化(屈折形态→附着形态),不是语例逆转,因为-s只有在语缀产生以后才用于所有名词。上古英语中属格屈折形态的例子有:

(25) Eanflæd **Edwines** dohtor *cinges*
Eanflæd Edwin.GEN daughter king.GEN
"Eanflæd King Edwin's daughter"
恩福国王埃德温的女儿
(Chron C 626.1 [DOEC])

这里出现了内部一致。到了中古英语,内部名词短语的一致性已消失,在许多例子中-s被of取代了。但是,-s仍保留着标记有生命属格的功能,如(26):

(26) Hii clupede edwyne þe kinges
They called Edwin the king.GEN
sone of northomberlond.
son of Northumberland
"They called Edwin, the King of Northumberland's son."
他们称埃德温,诺森伯兰国王的儿子
(c1325(c1300) *Glo. Chron. A* (Clg A.11 [MED *southlond*]))

到了17世纪,-s用于名词短语外部,被称作"群体属格",现在-s可以用于通过关系子句来修饰的名词短语的右端(通常是零关系标记或自由关系子句)[19],如:

(27) The student *we were talking about's* assignment is now late.
我们正讨论的那个学生的任务,他现在是晚了。
(2010 Endley, *Linguistic Perspectives on English Grammar* [Google; accessed Feb. 2nd 2012])

倘若英语中形态格消失,那么-s的完全消失是可以预想到的。它再次作为语缀被重新使用是非常显著的。这可被认为是拉斯(Lass 1990、1997)所谓的"适应扩展"(axaptation)的一个例子或格林伯格(Greenberg 1991)提出的"再语法化"(regrammaticalization):一个过时语法形式因其更有用的某一功能而再次使用。英语和斯堪的那维亚大陆语中-s去屈折化的原因是有争议的,但是诺德(Norde 2002)和凯巴斯基(Kiparsky 2012)都假设这种变化和一个主要系统变化相关,在这个例子中表现的格的消失,也特别包括名词短语内一致性的消失。

虽然这个例子被广泛引用,博尔佳斯和文森特(Börjars and Vincent 2011:167)认为仅考虑屈折形态→语缀这一个维度的

---

[19] 关于英语语缀-s功能和分布的变化,见罗森巴赫(Rosenbach 2002、2010)。

分析是有问题的。从更细微的方面来考察,这个变化很难被看作去语法化。他们确认的变化是:

(a) 格的聚合/范例缩减成一个成员带一个形式-s。
(b) 名词短语内部一致到名词短语外部一致,引发一次性标记。
(c) 黏合程度缩减。
(d) 中心语标记转向右端(群体属格的使用,其右边缘成分不是该名词短语的中心语)。

他们指出如果右端不是中心语,那么(d)在口语中常会被回避。也就是说,上面(27)这样的表达在当代语料库中是不频繁的。丹尼森、斯科特和博尔佳斯(Denison, Scott and Börjars 2010)认为,基于语料分布的证据,-s 事实上在当代英语口语中还具有屈折形式的许多特征(如果是这样的话,其特征自上古英语时代起就一直保持着)。在 BNC 的对话中,(28)中这种类型的分裂形式比(27)中关系小句右端带语缀形式的类型更常见,而且让人想到中古英语和早期现代英语的构例:

(28) We don't know *the gentleman's name with the tape recorder*
我们不知道那个有录音机的先生的名字
(BNC FM7 8 [Denison, Scott, and Börjars 2010:548])

另外,像(29)这样的例子,它让人想起上古英语(25)偶尔出现在当代英语口语中:

(29) Because he wastes ***everybody's else's time***
    因为他浪费了其他所有人的时间
    (BNC KGB 54 [Denison,Scott,and Börjars 2010:555])

从构式角度看,特劳斯代尔和诺德(Trousdale and Norde 2013)认为英语(至少在书面语中)-s 属格语缀的出现是去屈折化的表现,而且认定它在三个方面变得更加普遍:第一,现在它能同任何名词使用[见上文中博尔佳斯和文森特的(a)]。第二,不再受动词、介词或形容词的管辖(如 brucan"to enjoy 享受"管辖一个属格宾语)。第三也是更重要的,限定词功能的浮现。随着英语中限定词的产生(见 Denison 2006,Davidse, Breban, and Van linden 2008),属格-s 变得与高度抽象和图式性的"主要限定词"(primary determiner)的槽位相关联(该槽位为冠词和限定词所占用,如 the/that hat、the man's hat、John's hat)。主要限定词构式有指定功能。在现代英语中,它出现的槽位是在先限定词 all、quite、exactly 等之后,后限定词之前,如 several、different、same 等(如 all the/those different ideas)。作为一个主要限定词,属格被宏观层次的限定词构式批准。从构式的角度来看,英语(和瑞典语)限定词构式的产生涉及不同成分从开始会合并围绕制定名词(说话者和听者对于名词指称的协商)的核心"语法"特征被重新范畴化的逐步去范畴化(decategorialization),影响到一些数词[上古英语 an 'one'→当代英语 a(n)],指示词(如上古英语þæt 'that')。瑞典语中,定指名词必须有形容词的定指(弱势)形式,这是一个使限定词构式在瑞典语中比英语更连贯的形式特征(Norde 2009)。-s 属格,作为 GR 模式的去语法化的案例,由此可以重新解释为语法构式化:它是形式$_{新}$-语义$_{新}$的配对且能产性和图式性都增强了。

特劳斯代尔和诺德(Trousdale and Norde 2013)提议,用兰盖克(Langacker 2005)的话来说,随着多个不同成员加入宏观限定词构式,后者本身就已经历了构式化。限定词构式现在是异质的,而且每当一个新的微观构式添加进来时便更是如此,因此就更具图式性。在现代英语已有形容词→指示词的变化,产生了新的数量词(如 certain、various)或者指示词用法(deictic)(如 old 在 my old job 中等于"former job")(见 Breban 2010,Van de Velde 2011 等)。英语中的限定词构式得以基本连贯(能被指定为构式)的因素是指定名词的功能特征以及处于该名词前的形式特征。多数瑞典语的限定词也处于中心语前面,而定指的后缀则是最关键的例外(如 kungen "the king", barnet "the child")[20]。

然而,正如特劳斯代尔和诺德(Trousdale and Norde 2013)指出的那样,-s 属格的发展不是语法构式化在微观构式层次上组合性增强的典型案例,因为其黏合性缩减了。这样的变化事

---

[20] 瑞典语在名词前面出现形容词是有双定指:det söta barnet "the sweet child"。

实上体现了分析性的增强(见 1.4)。当属格还是个融合性的格后缀时,它无法和它的名词或者形容词词干分开,并且对词干有音韵上的影响:英语中,清摩擦音在属格-es 前变浊;瑞典语中,在属格-s 前,长元音变短,浊辅音去浊(Norde 2009:168)。在这些例子中,属格和它的主干是不可分的,因此从各部分得到整体语义的难度较大。然而,现在的瑞典语和英语中,名词短语和语缀化(enclitically)附着的属格既在形态上又在音韵上都是两个独立的实体。在微观层次上的组合性增强可能在瑞典语中更为明显,属格可以附着在任何数量或性别的名词上,而且因为群属格日渐普通,因此该层次的组合性预计会继续增强。

3.4.2 去黏合化

去黏合化(debonding)也涉及从词缀到语法性更弱形式的变化,但是这里指的是变化成自由语素而不是附着形式。经常被提到的案例是爱沙尼亚语中早期作为强调语缀的肯定助词 ep"yes"的发展。作为音韵变化的结果,这个语缀被重新理解为独立的助词(Campbell 1991:291)。其他例子还有:康内马拉爱尔兰语中第一人称复数动词后缀-muid 变成自由代词"we"(Doyle 2002),以及挪威语不定式标记 å 的去附着化(Faarlund 2007)。

去黏合化,和语法化一样,是渐变的,这是因为它们的发展都是在特定的语境中一小步一小步地进行。和语法化及语法构式化不同的是,它们在通过一个语法成分或构式获得自足性或实体性时通常涉及仅一个而非多个步骤。然而,也有些例外。例如,在芬兰-乌戈尔语系语言萨米中,格后缀 haga"abessive 残缺格"被用作后置介词(Nevis 1986)。这是去屈折化,但是在北部方言中,后置介词随后用作自由副词,这是去黏合化。

对于去黏合化,爱尔兰语 muid 的历时演变是有争议的(见 Norde 2009:6.6 章),但多伊尔(Doyle)提出了一个合理的解释。他认为早期现代爱尔兰语中综合的-maid(将来第一人称复数)在音韵上类似于动词屈折形态的分析形式,被新分析为一个在将来范例中与主语人称代词的强制性相配合的独立人称代词 muid,[21]是早期屈折形式的普遍附着化的转换。muid 随后被纳入其他动词范例并且最终取代了早期分析性第一人称复数代词 sinn。从构式的角度来看,在某一个阶段-muid 这个实例化了两个构式(将来时和第一人称复数)。后来的自由代词在形式和句法分布上均不同,但语义不变。如此,去黏合化是一个形态上的构式变化。但是,它不是构式化,因为构式化要求形式和语义两者都有变化。

3.4.3 对用现在的用法映射原始用法的谨慎态度[22]

正如上文讨论的,缩减和依赖性增强的模式有反例,而且扩展的特定路径无法预测,这些都需要我们对在语法化和构式领域关于从共时变异中得出演绎的各种假设有一个谨慎的态度。一个假设是变异是动态的,尤其表现了正在进行的语法化。然

---

[21] 诺德(Norde 2009:204,脚注 24)指出多伊尔发现在拼写上没有形态显著差异。
[22] 本小节部分基于特劳斯代尔(Trousdale 2012b)。

而,正如皮希勒和利维(Pichler and Levey 2011)基于 and that、or something 这样来自英格兰东北的扩展短语的数据分析所强调的,变异也可能是稳定的,并不总是像切希尔(Cheshire 2007)及其他人(基于英语不同方言的扩展词的分析)所提出的反映动态结构演变或者语法化的连续统。㉓ 另一个与之相关并经常出现在文献中的假设是共时可变性是语法化的直接结果。这个假设基于拜比、帕柳卡和帕金斯(Bybee, Pagliuca and Perkins 1991)的发现,即最频繁、最黏合的将来时语法语素是最古老的,而且他们还认为更早的历史可以通过考察语例频率和黏合程度来构建。更为激进的假设是,GR 模式的原则可以用来建构语言演化(Heine and Kuteva 2007)。

构式语法文献中的一个相关假设是使用最频繁的、最固定的构式是最古老的。比如,兰盖克(Langacker 2008:206)认为"最固化的、最易被激活的单位通常是原始结构,因此可被认为是范畴典型"。同样,朱拉夫斯基(Jurafsky 1996:572)也指出共时放射范畴可以被语言学家建构成"一个语素语义的考古学,模拟相互连接的历史关系"。虽然有时共时核心确实反映早期语义,但是对这样的假设必须谨慎。兰盖克(Langacker 2008)和朱拉夫斯基(Jurafsky 1996)都主要仅考虑了语义而非形式-语义配对。由于集合配置变化,并且语义和形式并不是同时变化,因此不能假定在某个特定时间固化程度高的单位和它的原始结构之间有必然的紧密联系。这样的关系需要被当作假设在各个

㉓ 他们也发现了社交变量中的不稳定性。

案例中进行验证。

我们来考虑一下 what with 的历史,它在语义上表达理由,句法上是个绝对的附属成分。因此,它在语义和形式上都处于词汇-语法连续统的语法端。语用上是评价性的,常常是负面的评价。在 COCA 中它引导带动名词的非限制小句(30a、30b),偶尔也带过去分词(30c)。它还可以引导并列名词短语(30a、30b)。

(30) a. ***What with*** the boyfriend coming back and all the confusion of the paramedics and neighbours, they couldn't find anything.

对男朋友的回来/恢复和医护人员及邻居们的困惑,他们找不到任何头绪。

(2003 Becker, *Great American* [COCA])

b. At first, Uncle Martin hemmed and hawed. Finally, he said that, ***what with*** him still missing Aunt Nonny so much and Grace so far away, the only thing that could really make him feel better was...

开始,马丁叔叔咳嗽并发出呃呃的声音。最后,他说因为他仍然如此思念侬妮阿姨而格莱斯又那么远,所以唯一真正能够让他好受的事情是……

(2003 Trobaugh, *Good Housekeeping* [COCA])

c. Winnie was easy to see, ***what with*** the cars all gone. ***What with*** her standing in the middle of the

第三章 语法构式化

new white concrete, looking betrayed.

很容易看到维妮,因为车都走了。也因为她站在新的白色混凝土场地中间,看起来一副被辜负的样子。

(2002 Reed, *The Sleeping Woman* [COCA])

COCA 中同 what with 搭配最频繁的是动名词,常常带有不同的逻辑主语,如(30a)。

假定不同的结构在不同的历史时期产生,在预计复杂小句将被缩减且其组织将更紧密的 GR 模式看来,可以认为原始构式是如(30a)带不同主语小句的动名词形式,或者是一个分词类型(通常是有不同的主语),而且同样的主语小句随后发展了最后带有并列的名词短语。这是因为带相同(可控的)主语的非限制和矩阵小句被认为比不同主语的非限定和矩阵小句有"更强的句法黏合性"(Kortmann 1991:5)。然而,该构式的历史是非常不同的(Trousdale 2012b)。特劳斯代尔指出 NP+NP 构式是最早的,在中古英语一开始的阶段就得到了验证。最早一些介词被发现跟在 what 后面,包括 for、through、with 等。然而,what with 随后变成了最常用的表达。这是特定化的案例(Hopper 1991),也是莱曼的参数(c),也是聚合/范例关系可变性的缩减[24],如(31):

---

[24] 和其他广泛使用的固定表达一样在当代英语中可以和一个插入的副词连用,如 what especially with、what all with(正如 in fact and in actual fact、anyway and any which way);而其他的则不能(beside、indeed)。这种现象和已经发生的合并程度有关。正如 anyway,拼写成一个单词并不能可靠地说明这些差异。

(31) So **what with** hepe and **what with** crok,
so what with pruning hook and what with crook
Thei make her maister ofte wine.
They make their master often win
"So by hook or by crook, they make it so their master often wins."
因为使用修枝钩镰或曲柄镰,他们这样做使他们的师傅也经常获胜。
(c1393 Gower, *Confessio Amantis*, 5.2872 [MED])

一些带有动名词的例子出现在 18 世纪的 CLMETEV 中。大多没有显性主语而其隐含主语即为主句主语,如(32):

(32) The corporal had already,—*what with* cutting off the ends of my uncle Toby's spouts—hacking and chiseling up the sides of his leaden gutters,— melting down his pewter shaving-bason,—and going at last, *like Lewis the Fourteenth*, on to the top of the church, *for spare ends*, *etc.*—he had that very campaign brought no less than eight new battering cannons, besides three demi-culverins, into the field.

这位下士已经——因为砍掉了我叔叔托比的喷

第三章 语法构式化

管两端——凿开了它那阴暗水沟的一边——融化了他剃胡子的铝盆——而且最后就像那教堂顶的路易十四一样,成为了闲置的东西——他通过那活动将至少八个新攻击性炮和三个半蛇炮摆到了阵地上。

(1759—1767 Sterne,*Tristram Shandy* [CL 1])

CLMETEV 语料库所有三个部分中不带明显主语的 what with 有不同主语的唯一例子是来自与(32)相同文本的(33a)。(33a)中的结构可能是带不同主语的早期尝试,或者可能是前面 what 系列短语启动的结果。所有其他不同主语的语例不是有一个所有者(逻辑主语)修饰动名词(33b)就是一个非限定名词短语而不是一个动名词(33c)。无论主语相互指称与否,整个 18 世纪期间 what with 构式涉及并列,有时并不需要 what with 的重复出现(33b)。

(33) a. Chaste stars! what biting and scratching, and what a racket and a clatter we should make, **what with** breaking of heads, rapping of knuckles, and hitting of sore places—there would be no such thing as living for us.

纯洁的星星!刻薄和应付的话语啊,以及我们应该发出的喧哗和喧嚣啊,因为打破头、折断关节和击打痛处——我们的生活不应该有这样的事情。

(1759—1767 Sterne,*Tristram Shandy* [CL 1])

b. but ***what with*** the Squire's drinking and swearing, and the young gentleman's extravagance, and her daughter's pride and quarrelling, she is almost tired out of her life.

但因为侍卫的醉酒和咒骂，还有年轻绅士的奢侈，以及她女儿的傲慢和吵闹，她几乎被生活累垮了。

(1783 Kilner, *Life and Perambulations of a Mouse* [CL 2])

c. I assure you, ***what with*** the load of business, and ***what with*** that business being new to me, I could scarcely have commanded ten minutes to have spoken to you.

我向你保证，因为业务的负担，也因为那业务对我而言是全新的，所以我几乎不可能要求用十分钟向你讲完。

(1780—1796 Burns, *Letters* [CL 2])

在CLMETEV中没有找到what with加过去分词的语例，说明它们是近期的发展。

19世纪后半期，该构式开始扩展。动名词和表示不同主语的名词开始连用，如(34)：

(34) a. when she heard from my aunt how the poor things lived in uncleanness and filth, and how,

***what with** many being strangers coming by sea, and others being serfs fled from home*, they were a nameless, masterless sort,... she devised a fresh foundation to be added to the hospital.

当她从我叔叔那里听到穷人是如何住在肮脏的地方,和如何,因为许多人通过海路来到而变得陌生,还有其他农奴逃离家园,他们是无名无靠的一类人……她想在医院中成立一个新的基金会。

(1870 Yonge, *The Caged Lion* [CL 3])

b. he always was an ingenious fellow, and ***what with** Rosy helping him with his plans and figures, and so on*, he got an extra good idea of mechanics.

他本来就是一个有智慧的小伙子,再因为罗斯用自己的计划和数字,以及诸如此类的来帮他,他就想出了这个结构的特别好的一个构思。

(1857 Cummins, *Mabel Vaughan* [COHA])

这些是构式演变,因为没有语义的变化。后来 COHA 中的语例展示了进一步的构式演变,即在 20 世纪动词性动名词中代词的逻辑主语的发展[(35)、(30b)中的 him;(30c)中的 her]:

(35) I've always thought, ***what with** him fussing about*

"*grammar*", and "*truth*", he'd be a hard man to live with.

我一直以来考虑，因为他对"语法""真理"的大惊小怪，他会是很难相处的一个人。

(1922 Deland, *The Vehement Flame* [COHA])

总之，what with 构式的历史是从 with 受限的最初阶段开始的一个逐步扩展。这个扩展最初开始于 what with NP+NP → what with XP+XP(XP 包括 NP 和动名词)，最后到 what with XP(XP)。同时随着时间推移带显性主语的语例开始增加 (Trousdale 2012b)。这是从光杆名词到动名词的宿主类型和句法扩展，而且当并列表达成为可选时，其句法限制也得以放宽。现在常用的带不同主语动名词的 what with 构式是后来的发展，并不反映其最初的结构。

3.5 案例分析：ALL-/WHAT-准分裂句的发展

正如在 3.2 中所示，虽然语法化通常是根据词汇＞语法的演变来进行思考的，但是梅耶(Meillet 1958[1912])在语法化奠基之作中也指出了非词汇性要素的语法化。近来，非词汇性来源的语法化引起了学界的广泛兴趣。迪塞尔(Diessel 1999、2012)的研究指出要找到指示词的词汇来源是很困难的，如果该来源存在的话。指示词可能是独立产生的，因而可能需要被归于不同于词汇和语法成分的另一范畴。莱曼（Lehmann 2008）以对比话题和焦点为中心讨论了信息结构和句法间的界面。另一相关的研究是，纳尔戈尔-森伦森，赫尔托夫特和肖斯勒（Norgård-Sorensen, Heltoft, and Schøsler's 2011）认为语序结构等同于形态系统（p. 43），并和言语行为框架（illocutionary frame）、情态、文本连贯（textual cohesion）相交互（用我们的术语是"联网"）(p. 230)。其他强调语篇组织中的变化和句法结构产生互动并可能影响后者的研究包括欣特豪斯和彼得罗娃（Hinterhölzl and Petrova 2009）和默尔曼-索林、洛佩斯-科索和洛斯（Meurman-Solin, López-Couso, and Los 2012）。

  本节的目标是用两个表达信息结构的微观构式 ALL-/WHAT-准分裂句（后者常被称为 WHAT-分裂句）[25]的发展来说明本章前面讨论的语法构式化的各个方面。帕滕（Patten 2010、2012）将它们特征化为当代英语中构式类型大家族的一个子类，该家族也包括 IT-分裂句和如 The thing/the one that V BE X 这种形式的 TH-分裂句。这里我们概述准分裂句如 All/What I did/said was X、All that/ What happened was X 的发展，重点讨论带动词 do 的 ALL-和 WHAT-准分裂句（见 Traugott 2008c、2010b，是下文讨论的基础）。

  对准分裂句的传统分析主要涉及准分裂的信息结构（特别

---

  [25] 这里我们不打算给准分裂构式的发展提供全面的解释。比如，我们不会讨论 TH-分裂的发展，因为不涉及动词 do，并排除"逆转分裂"如 A red wool sweater is what I bought(Ward, Birner, and Huddleston 2002:1414)。

是标记焦点)功能。现代英语中得到明确的分裂句的几个主要特征是(见 Prince 1978, Higgins 1979, Collins 1991, Lambrecht 2001, Ward, Birner and Huddleston 2002 等):

(a) 两个小句,其中一个是关系小句;关系小句可能被融合(如 What I did was party)或缩减(如 All I did was party)。

(b) 该构式的某个部分(尤其是关系小句)是已知的或至少是可恢复的。

(c) 焦点成分(系词后面的 X)被识解为一个可穷尽的独有清单。

(d) 动词 do 与 X 中的 V 指同一个事件[即 do 是个全能动词(pro-V),如 What she did was leave],因此小句间的时态要匹配。

(e) ALL-准分裂句是评价性的;它们表示说话者/作者认为焦点信息不完整;all 在这里不等于 everything,可用 only 替代。

虽然 TH-分裂句在主语位置上有 the thing/the one 这样的有定名词(代词),因而不同于其他准分裂句,但许多研究者还是认为准分裂句形成了一个范畴:WHAT-准分裂句、TH-分裂句,如果全部讨论的话,还有 ALL-准分裂句。这个观点基于的假设是准分裂句有其非分裂的对等形式,并且是从后者中派生出来的。比如,(36b)被认为是从(36a)派生而来的:

第三章 语法构式化

(36) a. I went to the river.
我去河里。

　　b. All(that) I did was(to) go to the river.
我所做的是去河里。

阿勒顿(Allerton 1991)认为 WHAT-准分裂句是他所谓的相较于书面语而言英语口语"更精确"的构建方式的特征。他指出英语口语中 WHAT-准分裂句中的 do 以 X 中的动词(37a)为焦点,而其他动词以 X 中的 NP(37b)为焦点,他的例子是(Allerton 1991:475):

(37) a. What John did a few days later was readvertise.
（分裂式 John readvertised a few days later）
几天以后约翰所做的是再做广告。

　　b. What I'd like is a pint of beer.（分裂式 I'd like a pint of beer）
我所喜欢的是啤酒。

认为非分裂简单句是准分裂句的来源的派生分析与非派生的构式角度是有分歧的。它也不同于莱曼所提出的对比分裂句在历史上先于简单话题-说明小句的观点。帕滕(Patten 2012)回顾了早期对普遍分裂句的各种分析方法,尤其是 IT-分裂句的分析方法,并运用了构式视角方法来考察分裂句,假设其是带有子类的非派生指定性构式。指定性的意义指将系词关系理解为"列出一个集合的成员而非描述某个指称的特征"(Patten 2012:57)。她指出定指 NP 是"特别适合引发指定性的理解",因为指示表达"可被理解为提供一个构成有限集合成员的完全穷尽列表"(Patten 2012:57)。她也认为虽然事实上所有准分裂句都是指定性图式的成员,但它们并没有形成一个统一的范畴或者子图式,而是指定性构式图式中的单个构式类型。它们的相同之处在于都是指定性构式的类型。

帕滕(Patten 2012)认为 IT-分裂句形成于上古英语。[26] 从结构来看,它们最初以 NP(38a)为焦点。各种结构变化引发了部分 IT-分裂向准分裂靠拢;到了中古英语,它们可以以副词短语(38b)为焦点,而且更为重要的是在现代英语中它们已被用于以小句(38c)为焦点:

(38) a. þa   cwædon   þa   geleafullan,   '**Nis   hit**
         then   said   the   faithful   NEG-is it
         na   Petrus þæt   þær   cnucað,   ac   is
         NEG   Peter   REL   there knocks   but   is
         his   ængel'.
         his   angel
         "then said the faithful, 'it is not Peter who

---

[26] 这个分析异于鲍尔(Ball 1994)。鲍尔认为 IT-分裂源于现代英语。

knocks there, but his angel'."

接着这个忠诚的人说,"那个在这里敲击的人不是彼得,是他的天使"。

(Ælfric, *Catholic Homilies*, I. 517-518. 1 [Patten2012:172, citing Mitchell 1985, Vol. 1:102])

b. Me trowe þ þat ***by pe prayers of pis***
Me believes that by the prayers of this
holy mayde it is þ*at* þ*at place*
holy maid it is that that place
was never ʒit destroyed.
was never yet destroyed

"I think that it was by the prayers of this holy maiden that that place was never destroyed till now."

我认为是那位圣女的祈祷才使这个地方从古至今都没有遭到破坏。

(a1387 John of Trevisa, *Polychronicon* [Patten2012:197])

c. **It is because high or low wages and profit must be paid**, in order to bring a particular commodity to market, *that its price is high or low.*

因为高或低的工钱和利润必须支付,为了给市场带来一个特定的商品,所以它的价格会高或低。

(1766 Smith, *Wealth of Nations* [CL 1])

因为 ALL-和 WHAT-准分裂句现在也可轻易地以 NP 短语和小句为焦点，因此它们已部分向 IT-分裂句靠拢（Traugott 2008c,Patten 2012）。

准分裂句产生于 16 世纪，首先是 TH-分裂和 ALL-准分裂，都出现于 1600 左右，几代以后又出现了 WHAT-准分裂。两个都是出现在竞争话语语境中，并且含有反作用立场（见 5.3.6）。最初在 ALL-/WHAT-准分裂中的动词基本上只有 say 和 do "行为"（主动词）。do 在一些 LION 语料中得到了验证：EEBO 文本、在口头汇报或对话以及书信交流的 CLMETEV 语料中大量出现。然而，让人吃惊的是在 OBP 中却没有出现，即使有些审讯的语境涉及某人做的事情是非常重要的。在 OBP 中，准分裂中的动词都是语言动词（verb of locution）。

在 3.5.1 中我们讨论 ALL-/WHAT-准分裂的前身，3.5.2 讨论早期准分裂的构式化发展，3.5.3 分析其后期发展。在 3.5.4 中，我们用准分裂的发展作为证据来验证语法化和构式化的某些假说。

3.5.1　ALL-/WHAT-准分裂的前身

16 世纪的文本说明了当时大量的双小句构例被说话者所采用，这些构例可能引发网络中新链接的产生，从而促成了准分裂句的产生发展。这个时期既存的一个语用指定性的构式为 IT-分裂，该构式在此之前已经存在很久了[见上面(38a)]。由于当时它仅被用于聚焦 NP 或 PP (38b)，所以它和后来的 ALL-/WHAT-准分裂形式并不相同而且也不是后者产生的直

第三章 语法构式化

接范本。当时,一个新的 TH-分裂正在形成中。然后,和现在一样,这里的 TH-可以是代词 that 或 the thing㉗。这个构式同样也是指定性的,但是其形式还是和 ALL-/WHAT-准分裂不同。最为重要的是 TH-成分可以是主语如(39),而 ALL-/WHAT-准分裂直到 19 世纪都只能是宾语。同样,X 可以是名词,如(39a):

(39) a. Here stands my son, a banish'd man,
　　　And here my brother, weeping at my woes.
　　　But **that which gives my soul the greatest spurn**
　　　Is dear Lavinia, dearer than my soul.
　　　这是我的儿子,一个被驱逐的人,这是我兄弟,为我的悲伤而哭泣;而给我的灵魂最大的蔑视的是亲爱的拉维尼娅,比我的灵魂还珍贵。
　　　(1594 Shakespeare, *Titus Andronicus* III.1.99
　　　　　　　　　　　　　　　[LION: Shakespeare])

b. **The thing which doth amate, and most anoy my mind,**
　　The thing that dismays and most troubles my mind,
　　Is that my hard estate, no remedy can finde.
　　is that my difficult condition no remedy can

㉗ 感谢克里斯琴·梅尔(Christian Mair)提供这两个例子。

find."
让我沮丧并最困扰我思绪的是找不到办法来解决我的困难。

(1580 Gifford, *A Posie of Gilloflowers* [LION; EEBO])

然而，指定性分裂的存在毫无疑问引发了某种类比思考。

在 ALL-/WHAT-准分裂出现以前就有左位移。这种结构在中古英语中大量出现，却在早期现代英语中趋于减少(Pérez-Guerra and Tizón-Couto 2009)。左位移可以和任何动词出现，但那些和 BE 连用的左位移与准分裂句有某个结构表层的相似点：

(40) a. **What that he did or seid** it was to
       What REL he did or said it was to
       geue us good ensamples.
       give us good examples
       他所做或所说的事情就是给我们提供好的榜样。

(c1470 *Bible F.* [MED])

b. Last of all, **that that** differs from any thing,
   Last of all that which differs from any thing,
   that cannot be the same that is not hit.
   that cannot be the same that is not it.
   "Last of all, what differs from something cannot be the same as that thing."

第三章 语法构式化

最重要的是,与某事不同的东西是不能够同该事情一样。

(1593 Queen Elizabeth, *Boethius* [HC ceboeth2])

然而,左位移不可能是 ALL-/WHAT-准分裂的直接来源,因为存在一个复指(resumptive)代词,而且它们不是指定性的。同样,比如(41)中的例子也不可能是直接来源,因为 X 中的谓语是不定的而且是描述性的(41a)、形容词(41b)或者副词(41c),因此也不是指定性的:

(41) a. ***That which they outwardly did***, *was a token of their mind, and a fruite of their faith.*
 那些他们表面上所做的事情,是他们思维的象征,也是他们信仰的结果。

 (1600 Abbott, Exposition [LION:EEBO])

b. Though ***all that I can do is*** nothing worth,
 Since that my penitence comes after all,
 Imploring pardon.
 尽管我所做的一切都是没有价值的,既然我最终来忏悔啦,请原谅我吧!

(1600 Shakespeare, *Henry V*, IV. i. 320[LION:Shakespeare])

c. Since that ***all what I am*** is in thy sight, I onelie say, that...
 既然你了解我的一切,我只能说……

(Ainsworth, Henry, 1571—1622? *An epistle sent vnto tuuo daughters of VVar-wick* [LION: EEBO])

虽然有些例子看起来也有准分裂的形式，然而，在 do 出现在 to 之后的复杂句情况下，do 是表示"行动"的主动，其后是(42)中 X 的目的小句，在(42a)中的 ALL-表达，ALL-意为"所有事 everything"：

(42) a. I loue thee dearer then I doe my life,
And **all I did**, was to aduance thy state,
To sunne bright beames of shining happinesse.
亲爱的我爱你甚过热爱我的生命
我所做的就是激发你的状态，
祝愿你幸福就像太阳的光辉。

(1601 Yarrington, *Two Lamentable Tragedies* [LION: EEBO])

b. Shal. Will you, upon good dowry, marry her?
法官：你会看中她的嫁妆而娶她吗？
Slen. I will do a greater thing than that, upon your request, cousin, in any reason.
斯德：表兄，按照你的要求，我有理由会做一件比这还重要的事情。
Shal. Nay, conceive ["understand"] me, conceive me, sweet coz. **What I do** is to pleasure ["please"] you, coz. Can you love the maid?

法官：不，你要理解我，要相信我，亲爱的表兄。我所做的就是让你高兴取悦你，表兄。你能爱上那女人吗？

（? 1597 Shakespeare, *Merry Wives of Windsor* I. i. 250 [LION: Shakespeare]）

综上所述，本小节讨论的构例，只有 IT-分裂和正在浮现的 TH-分裂具有指定性、穷尽列举的语义，但无一具有下文即将讨论的 ALL-/WHAT-准分裂的句法限制。

3.5.2 早期 ALL-/WHAT-准分裂

16 世纪晚期有一个书信中的例子似乎具有指定性并具有双小句准分裂结构（该结构在 17 世纪成为准分裂句主要特征）：[[NP NP V][BE X]]，其中 NP_1 是被关系化的宾语。和(41b、41c)以及(42a)例子中的 all 完全不同，(43)中的 all 意为 only，而 X 是事实的。

(43) For it is more then death unto me, that her majestie should be thus ready to interpret allwayes hardly of my service,...***All her majestie can laye to my charge ys going a little furder then she gave me commission for.***

因为对我而言不仅是死亡，女王陛下总是很难理解我的职责，女王陛下所能对我的指控是比她给我的权力多进了一小步。

(1585—1586 Earl of Leicester, *Letter to Walsyngham* [CEECS])

(43) 出自伊丽莎白女王的前情人莱斯特伯爵的一封信,本信涉及他因不忠而被捕。这里的 all 可理解为"唯一的事情"(the only thing),且 X 是"我更进了一小步的事实"(the fact that I went a little further)。它就是一种创新,一个语例构例。我们假设莱斯特无意识地和指定性构式建立了一个链接,特别是和 TH-分裂,并和那种 all 在似乎并不充分语境中的使用也建立了链接[见(41b)和 5.3.6 的讨论]。

不久,一个新的 ALL-准分裂的语例出现了,后来 WHAT-准分裂也出现了,主要带言语动词(比如 say)或者带 do(44)。这里的 ALL-和 WHAT-都是宾语,do 是全能动词,X 受 to 的引导表非目的,而且 X 可被理解为穷尽的,尤其是 only 出现的时候,如(44b):

(44) a. there is no possibilitie of overthrowing the new election…***all you can doe is to do some good for the tyme to come***, which if you can doe conveniently, and without much trouble, it wilbe woorth your labour.
要推翻新选举是不可能的……你能做的就是为即将到来的岁月做点善事,这种事情如果你能方便处理,而且没有麻烦,它会值得你付出的。

(1624 Oliver Naylor, *Letter to John Cosin* [CEEC])

b. thereby to insinuate, **That what he did, was only to Preach to such, as could not come to our Churches.**

因此隐晦地说,他所做的,仅是布道而已,这些是不能来到我们教堂的。

(1661 Stillingfleet, *Unreasonableness of Separation* [CEEC])

新的 ALL-准分裂微观构式可以记作[[ALL$_i$ NP V] [BE X$_j$] ←→ [回指$_i$,指定性组成员$_j$ 价值标量低]]。同样,WHAT-准分裂的微观构式可以记作[[WHAT$_i$ NP V] [BE X$_j$] ←→ [回指$_i$,指示性组成员$_j$]]。

这些例子不仅说明个别准分裂的构式化已经发生,而且一个新的图式也产生了。这个图式和它的成员就是梅耶所预想过的语法化系统的新成员。依据这些成员的指定功能和信息结构,它们紧密地同 IT-分裂和 TH-分裂联网。这些例子在信息上都是回指的或至少有个可以恢复或语用上可及的先行词。

早期含 do 的 ALL-准分裂偶尔不带 to,这显示了一个进一步的构式变化:do 完全重构为全能动词:

(45) What need'st thou woman such a whining keepe?
Thy sonn's as well as anie man ith' lande,
Why **all he did, was bidd a man but stande,
And told him coyne he lackt.**

"Why, woman, do you need to go on whining so? You son is as well as any man in the land. Why, all he did was tell a man to stand, and told him he lacked money."

为什么,女人,你有必要这么哭吗?你的儿子同这片土地上任何人一样。为什么,他所做的就是让一个人站住,而且告诉他自己缺钱。

(1616 Goddard, *A Mastiff Vvhelp* [LION:EEBO])

3.5.3 ALL-/WHAT-准分裂的后期发展

文本语料显示17世纪后期到18世纪,准分裂句的关系小句中的动词从 do、say 扩展到包括静态动词如 mean、desire 等,而且偶尔还有不及物动词,但直到19世纪中期持续占统治地位的还是及物动词。在 CLMETEV 中,what happened——WHAT 作为准分裂中的主语和一个不及物动词的最早语例是(46):

(46) Here they again anchored on the 11th. Their reception was, however, very different. No crowd of canoes round the ship; no enthusiastic mass of natives on shore. Everything was silence. ***What had happened was that the king had departed***, leaving the bay under "tabu," i. e. a sacred interdict.

他们再次到达是11日。但是对他们来说,接待是完

第三章 语法构式化

全不同的。船的周围没有拥挤的独木舟,岸上也没有热情成群的当地人。所有的一切都很安静。所发生的事情就是国王已经离去,留下静静的港湾,也就是一个神圣的禁令。

(1768—1771 Captain Cook, *Journal* [CL 1])

接下来类似的语例出现在一百年以后,所以(46)应该是一个创新。然而,从 1868 到 1914 年出现了 5 个语例。OBP 中第一个语例出现在 1901 年(47a),尽管审讯较喜欢使用叙述来说明所发生的事情。COHA 中的首例出现在 1913 年(47b),准分裂 all that happened 的首例出现在 1920 年(47c)。这些都说明了 happen 在 19 世纪末 20 世纪初开始出现在叙述性的准分裂句中。

(47) a. I never hit the man at all. **What happened was that Bignall turned round to me**; he threw his arm up, and I threw my arm up.

我根本就没有碰那个人。所发生的事情是比格纳尔向我转过身来,他扬起胳膊,我也扬起胳膊。

(1901 Trial of George Watson, t19010722-545 [OBP])

b. There was no peace for us even on the Barrier. **What happened was that the entire feminine population—eleven in number—had thought fit to appear in a condition usually considered** "*interesting*".

对我们而言即使在隔离带也没有和平。所发生的就是整个女性群体——十一个——已经考虑过适合出现在通常认为的"有趣的"状况中。

(1913 Chater,*South Pole*〔COHA〕)

c. He didn't commit adultery. I don't want you to think that happened. ***All that happened was*** he bit my best girl, Nell Hunter, on the neck.

他没有承认通奸。我也不想你认为那事发生过。所发生的事情是他咬了我最好的姑娘,尼尔汉特的脖子。

(1920 Anderson,*Poor White*〔COHA〕)

143 随着和不及物动词连用的发展,到19世纪中期,其句法形式模板为〔〔WHAT/ALL(NP) V〕〔BE X〕〕,和TH-分裂的形式类似,后者中的TH-一开始就可以做主语,如(39)。

ALL-准分裂带do不带不定式标记to在很早就得到了验证〔见(45),可追溯到约1616年〕,然而,do后带无标记不定小句的WHAT-准分裂直到20世纪才出现,而且到20世纪后期还很少见。两个早期的例子是:㉘

(48) a. ***what he did was put the items of the program in***

㉘ 感谢克里斯琴·梅尔(Christian Mair)提供这两个例子。

the order of their newly realized importance.

他所做的就是把计划项目按照它们最近才被认识到的重要性来排列。

(1929 *American Electric Railway Assoc.*
[Google Books, accessed April 12th 2011)

b. *What Meher Baba did was eat, play ping pong and cricket with his follower.*

玫荷芭芭所做的就是吃、打乒乓球和同他的追随者一起打板球。

(Feb 25 1932 *Time* [TIME])

罗登伯格(Rohdenburg 1998:195)引用的研究结果显示带 do 的 ALL-准分裂中和 to 连用的百分比非常低(1991 年的《卫报》17%,1991 年的《华盛顿邮报》7.8%)。然而在 all、what、thing(s)准分裂中带 to 的百分比较高(在 1991 年《卫报》中占32.4%),而且在 1994 年的《时代》和《周日时报》两杂志中带 do 的 WHAT-准分裂和 to 连用的占了 50.3%(Rohdenburg 1998:196)。这些数据说明在 20 世纪后半期 WHAT-准分裂有一个显著的变化。在前三个世纪,带 do 的 WHAT-准分裂并不直接和带 do 的 ALL-准分裂来匹配或以之为范本,但是到 20 世纪中期 WHAT-准分裂的使用频率比最初使用更频繁的 ALL-准分裂更高,由此 to 在带 do 的 WHAT-准分裂中被缩减了,无论是通过类比化还是普遍的缩减过程,它就变得和 ALL-准分裂更加类似。

霍珀和汤普森(Hopper and Thompson 2008:105)调查现代英语对话时指出在现代对话中的 WHAT-准分裂依据单子句结构的"事件、行为和转述"这样的范畴来框架对话。在他们看来,这个结构不是双子句,而且在语义/语用上并不一定是回指或者指定性的。霍珀和汤普森认为至少在 WHAT-准分裂带最频繁动词(do、happen、say)的情况下,句首字符串是"最初结构"(initial fomula)或"映射源"(projector)[也称作"设置"(set-up),见 Massam 1999,Zwicky 2007]来"映射"后面跟着的文本,即后指。根据映射概念(Auer 2005),参与对话者对即将要说的话语有一定的期待,并通过一些固定线索来得到预期(另见 Hopper 2008:281)。准分裂的框架是这种类型相对固定的映射源,可以被记作[WH(NP) V BE](BE 也属于映射源);该映射源将 X 看作该语篇中的重点。由于句首字符串为听者提供线索来了解说话者评价下面哪种内容是重点,准分裂结构比那种不表示事件、转述等映射源的字符串更受到青睐。

霍珀和汤普森的示例都来自对话。在(非正式)书面语和相对正式的口语环境中也有一些单句分析的证据。(49a)出自杂志《星期日调查报》的一个故事,(49b)出自某大学某跨文化会议的主席所做的开幕讲话:

(49) a. Nikki Caine,19,doesn't want to be a movie star. ***What she hopes to do is be a star on the horse-show circuit.***

妮姬·克恩,19岁,不想成为影星。她所希望的是

第三章 语法构式化

成为马会界的明星。

(10/10/1976 *Today*, p. 44 [Prince 1978:887])

b. so ***what I'd like to do is*** *I think it would be very helpful for one of our colleagues to volunteer to as we say in ♯ in Scotland start the ball rolling cause we really love football.*

所以我想做的是我想我们的同事中的某人成为"苏格兰让球滚动起来"的志愿者将会非常有用，因为我们真爱足球。

(Spencer-Oatey and Stadler 2009)

(49a)中的 do 是表示 X 中 be 的全能动词。这里的 be 可以理解为"成为"[29]，因而不是完全静态的。同时，它不仅说明了 do 可以代替的动词类型的宿主类型扩展，而且也说明了准分裂中第一和第二部分连接的削弱。(49b)是高度间接的话语，其中在 what I'd like to do is 和其后的内容间没有直接的结构连接。然而，X 的一个隐含义是"邀请你们中的某人做志愿者"，这个信息是可及的，因为该主席被期望设定该行动的日程。

20 世纪中，do、happen 和 say 成为 WHAT-准分裂中使用最频繁的动词。霍珀(Hopper 2011)指出，COBUILD 语料库中带 do 的语例是 118 例，占 66%，happen 的语例是 23 例，占 13%，say 的语例是 15，占 8%。库普斯和希尔伯特(Koops and

---

[29] 感谢埃里克·斯米特伯格(Eric Simtterberg)的这一观察。

Hilpert 2009)指出出现在圣巴巴拉美国英语口语语料库(SBCSAE)20 世纪 80 年代的口语中有 55 个 do、17 个 happen 和 6 个 say；其他动词如 want、mean 等出现的频率则非常低。㉚ 可以看到，变化是从在 17 世纪如(50a)类型的构式发展到 20 世纪末如(50b)类型的构式(至少是那些带高频率词的构式：do、happen、say)：

(50) a. [[ALL/WHAT$_i$ NP V] [BE X$_j$] ←→ [回指$_i$，指定性组成员$_i$，]]

     b. [ALL/WHAT(NP) V BE [X$_i$] ←→ [后指框架-行为$_i$]]

如果这个分析正确，我们可以认为它具有莱曼(Lehmann 2008)所讨论的从双子句到单子句结构缩减类型的某些特征(见上文 3.3.1)。然而，它并不是"语用关系失去了其指定性"的情况(Lehmann 2008:213)，而是语用方面产生了变化。和确认集合指称相联系的"指定性"语用已经让位于指示即将出现的语篇的语用。原先主观性的语用(说话者指定指称和集合)变得更互动(说话者给予听者其所应该注意的元文本暗示)，但是这两种语用都不是特别"具体"。

㉚ 因为库普斯和希尔伯特(Koops and Hilpert 2009)将 WHAT-准分裂句解释为焦点构式，且不将它们限定于指定性篇章功能，因此他们的集合包括了一些其他 WHAT-表达，如 what is more/worse/of importance BE X. 很多这些例句都是后指的。

第三章 语法构式化

根据假设,WHAT-准分裂作为映射源的使用可能有两个类型的来源。一个可能是类似 What I said was this:X 这样的结构发展。这样的结构开始出现在 OBP 中 18 世纪晚期的语料中[见(51a)],另一个是 what happened was this(51b):

(51) a. he says, as near as he can guess, ***what he said was this***, *that he seized a person's hand near his pocket*, which appeared to be the prisoner, and therefore he believed him to be the person.

　　他说,如他所能够猜的,他所说的是,他在他口袋旁抓住了一个人的手,这人似乎是一个囚犯,因此他相信他就是那个人。

(1789 Trial of George Barrington, t17891209-18〔OBP〕)

b. But I knew at once that he had undone me! ***What happened was this.*** *The audience got together, attracted by Governor Gorges's name…*

　　但是我立即知道他背叛了我。所发生的事情就是如此。观众聚集起来,以州长乔治的名义……

(1868 Hale, *If, Yes and Perhaps*〔COHA〕)

然而,这两个结构都既是回指又是后指。因此,最可能的来源是准分裂构式扩展到不及物动词,因为这特别有可能使得该句首字串至少被某些说话者重新理解成和 so 类似的叙述映射标记。带 do 的 WHAT-准分裂中 to 的消失很有可能是该变化的征兆,因而直到 20 世纪后期才出现。这些发展可能间接受到 18 世纪中期开始出现的一系列映射源大集合的发展,如 the fact/ problem/point is 等的影响(Curzan 2012),但该假设仍须加以验证。

3.5.4 讨论

于 1600 年左右出现的 TH-分裂和 ALL-准分裂的发展以及稍晚的 WHAT-准分裂的发展可被看作是对比转折语境中新构式发展的主要案例。特劳戈特(Traugott 2008c)将准分裂理解为有信息结构,特别是焦点标记的功能,并指出它们是语法化的案例,因为它们的发展涉及信息结构的固化,以及在 do 的案例中涉及具体语义的消失。她假设 WHAT-准分裂进一步发展(ALL-准分裂和 TH-分裂可能类似,有待验证)成一个单句结构可以被理解为莱曼(Lehmann 2008)所讨论的语法化的一个案例:历史上,大量出现在对比竞争语境中的初始双句分裂构式最终缩减成为一个单句。同样该发展也证明了希梅尔曼(Himmelmann 2004)扩展的三个类型。有语义-语用扩展是因为从像(39)—(42)这种描述或目的扩展到了穷尽例举,也因为将限制性"仅、只"(only)的意义配置给了 all。20 世纪以来,WHAT-准分裂中的一些含有高频率动词的语例开始有了新的篇章功能:建立事件框架、转述(语义-语用扩展)。还有宿主类型扩展,因为 V 的动词集合被扩展到 mean、desire、want、happen 等,并且 do 后面的 X 中的动词集合也扩展了(如 be "become"的使用)。当光杆 do 加不定式开始在 WHAT-准分裂使用时,尽管有形式上的缩

第三章 语法构式化

减,也是句法扩展,因为可供替用的句法已经形成了。我们认为所有这些因素均表现了语法构式化。

至于可能的类比,重要的是最初的 ALL-和 WHAT-准分裂看起来并没有直接受到 TH-分裂的影响,至少被用作主语时如此。而且,尽管从一开始时带 do 的 ALL-准分裂就没有要求 to 出现在不定 X 中,但是带 do 的 WHAT-准分裂对 to 的要求则持续了 250 多年。因此从紧密的典型构式范例匹配来看几乎没有局部组合成分类比化的证据。然而,重要的是我们不能忽视其和更大的指定性分裂网络的普遍关系,包括 IT-分裂和 TH-分裂。正如前面的 3.5.1 中所提到的,IT-分裂似乎并没有成为各种准分裂的直接前身。但是,随着时间推移 IT-分裂也形成了和准分裂结构更加趋同的结构,因为它们也开始批准名词短语小句和状语小句。同样,当 ALL-和 WHAT-准分裂扩展到名词短语的用法(What she wanted was his property again)时,就变得和 IT-分裂更加趋同,由此,指定性分裂集合中的各类型相互趋同。对于这个家族成员而言,IT-分裂和准分裂的形式有太多不同,因此按照戈登伯格提出的每一节点继承其支配节点特征(2.4.2)这一标准来看无法归于同一个图式,但是它们在网络中的紧密关系是非常清楚的,都是指定性的和分裂性的。

最后,我们需要指出准分裂的复杂性和具体性为戈登伯格(Goldberg 1995:67—68)所提出的"构式集合因交际目的最大化"的最大表达力原则(Principle of Maximized Expressive Power)和"不同构式的数量尽可能最小化"最经济原则

(Principle of Maximized Economy)之间的竞争提供了证据。一方面,语言使用者寻求个别构式细节方面的清晰性和确定性,使得个别构式的数量增加;另一方面,语言使用者尽可能地寻求归纳普遍性,促成一个更简单的系统。这种表达性和经济性之间的相互作用说明"这两个原则相互制约"(Goldberg 1995:69)。如果没有这样的制约,17世纪的语言使用者有可能会发展出一个普遍的图式形式,如[[ALL NP V] [V X]]而不是上文阐述的([[ALL NP V] [BE X]])。但是这样会涉及过分归纳(我们没有找到 All/What Jane did went talk about it 这样的语例)。而微观构式[[ALL NP V] [BE X]]则体现了一个部分图式,其中具体动词 BE 是必要成分,并且是该槽位的唯一成员。

正如准分裂所显示的,构式网络正经历不断变化,但是这些变化都受到两个原则中的一个或者另一个的制约:经济性引起图式构式的发展(最抽象、最普遍),而表达性促使具体构式的发展(因为它们提供最多细节)。

3.6 小结

本章通过语法构式化集中论述了程序性构式的发展,而且也思考了构式化方法能够怎样吸收并在某些情况下加强语法化研究领域的见解。我们指出:

(a) 语法构式化是功能上为(主要)程序性的一个形式$_{新}$-意义$_{新}$配对符号的一系列细微步骤变化所构成的发展。

第三章 语法构式化

一个语法性符号暗示了说话者怎样概念化小句内部指称之间的关系,以及听者怎样理解该小句。在很多情况下,语法构式化涉及词汇性语义的消失,但来源也可能是非词汇性的,如准分裂的发展。

(b) 构式视角支持扩展的语法化模式(GE),同时它也兼容缩减和依赖性增强语法化模式(GR)。这是因为语法构式化一方面涉及构式类型和使用范围的扩展,另一方面也包括形式的语块切分和固化。扩展是重复和语块切分引发的磨损的逻辑结果。

(c) 扩展和缩减可能是相互交织的,如语义漂白(词汇义的消失)可能引发扩展的使用,以及随后的符号缩减。语法构式化仅显示部分指向性,因为扩展以后,构式可能受制于边缘化和淘汰。

(d) 语法构式化是变化的结果,而不是过程(另见 Joseph 2001、2004 以及其他地方关于语法化是结果的讨论)。

(e) 基于 GR 的语法化模式,去语法化能以构式视角来重新思考。一些案例,如去屈折化,其实是特定环境下图式扩展的案例。

(f) 类比思考是能产性和图式性增强的一个重要因素。类比化是新微观构式被纳入图式(或子图式)的机制。

(g) 因为构式方法模拟了分布在一个构式不同特征上的形式和语义的不同方面,因此有可能模拟一个构式在产生和发展中这两个维度间渐进的相互作用。

构式观点对早期语法化研究的最主要贡献是语法体系需要从形式和语义两方面平等地来思考。由此,"等式的另一边",即语法化理论中一直秘密存在着但也经常作为背景的形式变化语法化或意义变化语法化,必须被放到台面上来。同样,构式间的网络为理解类比思考和类比化在语法变化中起的作用提供了框架。

　　GR 的语法化基于语法的模块理论,GE 也是如此却基于更开放的语法系统。语法化的研究成果一直是也将继续是语法构式化研究的基础,因为它们为引发和促使语法构式化的微观变化提供了证据,同样也为它们进入图式提供了证据。语法化何时发生是确认新语法性形式$_{新}$–语义$_{新}$配对何时出现的关键。在此之前的是引发构式化的构式演变,在此之后的是涉及类比扩展和形态音韵缩减的构式演变。虽然指向性对理解演变非常重要,但是它不是语法构式化的判断标准,因为指向性是 GR 模式关注发展成分的明显现象,而并不关注该成分发展的语境、集合和图式。所有的变化包括类比化都是新分析,而类比化是构式发展的重要因素。这种强调规则、语块切分、集合和图式的非模块化语法理论也说明了语法性变化的影响比传统语法化观点所认为的更加深远。

第四章 词汇构式化

4.1 引言

本章详细阐述我们对词汇构式化的看法,也关注它和之前的词汇化研究的关系。在第三章中,我们已经提到基于构式的语言演变需要研究者依据图式和具体构式化来重新思考语法构式的发展,那么同样也需要从类似的角度重新思考词汇构式的发展。构式化的结果是语言网络中产生一个新的节点,该节点可能更倾向于连续统中"程序性"一端,或更倾向于"内容性"的一端。本章集中关注形式$_{新}$-意义$_{新}$配对新符号的发展,该新符号的意义端主要和具体语义相关,而形式端则涉及主要词类如名词、动词或形容词等。

本章的结构为:4.2 介绍我们对词汇构式包括词汇图式的思考方法。4.3 总结"词汇化"这个术语在之前的历时语言学研究中的使用情况。我们首先讨论历时词汇化研究过去将"语法的"和"词汇的"材料看作互不相干的立场(4.3.1),然后讨论囊括这两种材料类型的具体表达(非图式的)集合的一些方法(4.3.2),最后指出构式方法如何能将这些情况统一起来(4.3.3)。4.4 主要关注 1.4.2 中所确认的构式化特征：能产性、图式性和组合性方面的变化，集中关注词汇构式化。在 3.4 中，我们已经指出语法构式化涉及了一定程度的指向性，因为一个程序性功能构式的发展通常是变得更图式、更能产以及更低的组合性。由于词汇构式的发展可能既涉及扩展又涉及图式性，因此和语法构式的发展一样，这些因素仍然是相关的；然而，本章将指出在词汇构式化中，这些因素对指向性的预测能力较低。4.5 和 4.6 主要是语料分析，并以发展的结果类型来加以区分的。4.5 讨论新的复杂微观构式和图式的发展，如构词方式。4.6 讨论源于复杂构式的新原子构式的发展过程。在 4.7 中，我们触及一系列主要为内容性的短语和小句固定表达，包括"雪克隆效应"（snowclones），以及从相对固定且通常是公式或俗语（如 X is the new Y）的微观构式发展出来的图式。4.8 关注瞬时性变化，即构式语义端为指称性的类型节点的创建，包括"额外语法性"的形式发展，如缩写、剪辑和混合。我们认为这些都是词汇构式化的案例，和语法构式化案例以及其他很多词汇构式化案例不同，它们并非是逐步产生的。在 4.9 中，我们回顾了 3.4 中提到的问题，并思考去语法化和新的词汇构式创建之间的关系。4.10 是本章的小结。

虽然为了便于表述，我们分别用第三、第四章来阐释语法和词汇构式化，但是我们认为两者处于同一梯度上，而且是相互交织的，而不是对立的。正如在 2.7.6 中所阐述的，比如对于 way-构式是词汇的还是语法的这样的问题上存在争论。我们已经指出，虽然它不处于词汇-语法连续统的任何一端，但随着时间推移已经逐步变得更加程序性,其证据就是最新子图式(偶然性伴随)的重复性。其他很多部分词汇性和部分语法性的构式也可被考虑进来,如在"give him a talking to"中的［give NP a V-ing］(Trousdale 2008a),"take a pair of scissors and cut it off"中的［take NP and VTR 代词(副词性)］(Hopper 2008),以及"take prisoner"(Berlage 2012)等。然而,本章考察的主要是内容性表达发展的构式化,关注词汇构式化的更典型案例。

4.2 词汇构式的某些特征

在模块化模式中,作为特性储存的词汇和作为组合系统的语法之间被做了典型的区分,布卢姆菲尔德(Bloomfield 1933:274)将这个区分表达为"词汇事实上是语法的附录,是基本不规则的列表"。这个列表既包括词汇性表达也包括语法性的表达,因为布卢姆菲尔德还说:

> 严格来说,一种语言的每一个语素都是不规则的,因为说话者只有在听到它被使用以后才能使用它,同样,一种语言描述只有当它被列出在读者面前时,才能得知它的存在。(Bloomfield 1933:27)

同样认为语法涉及系统,而词汇涉及特征,莱特福特(Lightfoot 2011:439)最近明确表示"词汇包括所有词和某些词部分,无论它们是更语法性/系统性或更词汇性/特性"。莱特福特似乎是在讨论"构式",实际上却不是,因为这里的"词汇"表达只是具体的,而在构式中,它们既是抽象的又是具体的。

在本书所有的讨论中,基于语言使用的构式模式是非模块化框架,并被视为一个等级概念网络。在这个模式中,集合是由从词缀(-ness、un-、-s 复数)到小句(SAI)等各种规格构式所组成的(见 1.4.1)。正如莱特福特(Lightfoot 2001)所构想的词汇中的条目一样,构式中的构式可以是内容性的(twist、mature、X is the new Y),或者程序性的(如数量、时态、way-构式的一些子图式)。它们可以是实体的(微观构式)或者(部分)图式的。词汇的构词图式是部分图式的构式,如那些动转名(swimmer、researcher)和形转动(lexicalize、grammaticalize)的图式,还有其他各种(部分)固定短语和小句(not the sharpest tool in the box 不是箱子里最锋利的那把、you'll be lucky to 你将很幸运)等。这些都是本章的主要话题。

在第三章中,我们阐述了语法构式可以是图式的,语法构式化通常导致图式性增强。我们还指出语法构式化涉及微观构式层级组合性的最初缩减,而且构式化后的构式演变可能涉及随着构例频率的增强和微观构式搭配范围的扩展所带来的内部缩减。在这里,我们认为构词图式经历了类似的变化。构词图式和语法性图式的主要区别是前者涉及黏着语素,而后者全部都由自由语素构成(另见 Croft 2001:17,Booij 2010)。另外,构词图式有基本内容性的语义和主要句法范畴的形式(名词、动词、形容词),然而语法性图式的语义总是程序性的,至少是部分如此。但是,两者都可是能产的和图式的,这一点我们将会在 4.4

第四章 词汇构式化

中讨论。

和句法字符串类似,形态表达也可以被置于从完全具体的到完全抽象表达的梯度上(见 Croft 2007a)。布伊吉(Booij 2010、2013)认为这样的形态研究方法说明,作为一个规则类型,构词是图式性的。在我们的词汇构式表述中,我们遵循布伊吉的方法,该方法基本上以杰肯道夫(Jackendoff 2002、2013)所倡导的模式为基础。由于英语使用者经常接触到构例如 fixable、squeezable、washable,语义分别为"can be fixed 能被修理"、"can be squeezed 能被挤压"和"can be washed 能被洗",由此一个图式可以从这些使用例子中抽象出来,描述如下(基于 Booij 2013):

(1) $[[V_{TRi}\text{-able}]_{Aj} \leftrightarrow [[$能够经历 $V_{TRi}]$特征$]_j]$

该公式可以理解为:及物动词词干(V_{TR})加-able,它们一起形成一个形容词(A),与之相连的语义是"能够经历及物动词指示的过程"。"特征"指具有形式 A 的原子性词汇图式的典型语义。在这里以及下面其他的表述中,形式表述并不区分构式的音韵和形态句法子部。

(1)中的图式展示了这种特定词汇构式的典型。它是个能产的构词图式,如新构例 skypable 可以证明。正如前面的章节已经提到的,一个更能产的图式通常有更高的类型频率,可能也包括大量的"一次性频词"(hapax legomena)(Baayen 2003, Baayen and Renouf 1996, Hay and Baayen 2005)。一次性频词是仅使用一次,因此是构例,但是它们有潜力被常规化成一个构式,这一点能由2.7.4中的例子shoot one's way(边射击边行进)得以证明。

作为从子图式中概括出来的图式,(1)完全批准,即限制和确定微观构式的格式规则,如fixable、squeezable和washable。① 在这些例子中,词干并不改变其音韵形状,图式的意义通过各动词意义的确定而得以理解。然而,该图式只是部分批准微观构式,如drinkable(可饮用的,用于描述一种酒)和despicable(可鄙的)。前者,虽然词干的音韵形状得以保持(该构例在形式上被完全批准),其语义不是"can be drunk 能喝"而是"pleasing to drink 高兴地喝"。后者,形式和语义都没有完全批准——其语义不是"can be despised 能被鄙视"而是"ought to be despised 应当鄙视"。然而对于一些说话者来说,自由形式despise和黏着形式despic-之间可能有一个音韵变化,而对于其他人来说,在自由形式和黏着形式之间的模糊程度非常高,以至于不将despicable看作一个组合单位。布伊吉(Booij 2010:27)给的例子是荷兰语werk-baar(可行的),它派生自不及物动词werk,所有其他-baar结尾的形容词都派生自及物动词(p.27)(详见Booij 2013)。莱考夫(Lakoff 1987)将这些特殊案例作为"覆盖"(override)的例子,是那些不得不学得的普遍规则的例外。正如第三章中讨论的语法子图式的案例一样,"每个节点继承了其支配节点的特征"(Booij 2010:25)。覆盖的概念对于默

---

① 2.2.2讨论了完全和部分批准。

第四章 词汇构式化

认继承的观点非常重要(见 2.4.2),是因为覆盖作用于默认继承失效之时(详见 Hudson 2010:28—29)。

事实上,根据布伊吉(Booij 2010、2013)的观察,这里阐述的形态学方法说明词汇构式是有等级层次的,且默认继承起着显著作用。由此,我们可以为(1)中图式的某些例子建立一个如下图 4.1 的继承等级层次,其中在完全批准(f)和部分批准(p)之间做了一个区分:

$$[[V_{TRi}\text{-able}]_{Aj}] \longleftrightarrow [[\text{"能被SEM}_i\text{-ed"}]_{\text{特征}j}]$$

```
    p          f          f          f          p
despicable  washable  squeezable  fixable   drinkable
[覆盖:                                      [覆盖:
形式:despic-                                语义:"高兴地喝"]
语义:"应该被鄙视"]
```

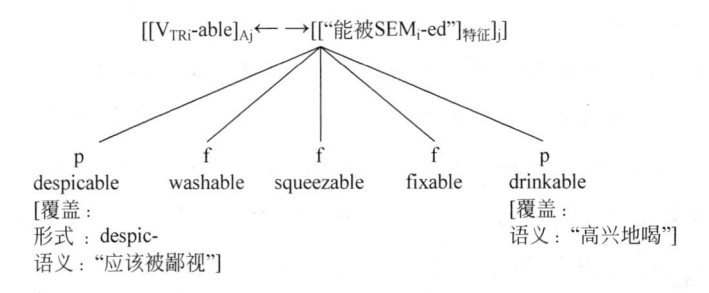

图 4.1 以-able 结尾的某些词汇构式的图式

图式在能产性方面也是多变的。例如,离心复合词比向心复合词更具能产性。向心 VN 复合词的例子如 swearword(脏话),是词的一种类型(其中 N 是受定语),而离心 VN 复合词的例子如 pickpocket(扒手),既不是 pocket(口袋)的一种(N 不是受定语),也不是 picking(采摘)的一种。[②] 我们会在 4.4 中讨论能产性和图式性的问题。

---

② 复合词中,修饰的非中心词被称作"限定语",而决定类型的中心词被称作"受定语"(Booij 2007:53)。为了避免和句法术语"中心语"的混淆,我们沿用形态研究的传统,称它们为"限定语"和"受定语"。

布伊吉(Booij 2010、2013)在微观构式层次区分了复合词部分和类词缀(affixoids)。复合词由两个多少是独立的词组成,但由于复合词的语义并不是完全组合性的,它就从独立词构成的短语中形成了一个单独的,但仍然复杂的形式意义配对(Bauer 1983:11)。另外,在一个屈折形态的语言中,复合词的第一个元素通常失去了这些屈折形式,像英语这样有重音的语言中在自由短语和复合词之间有重音模式的差别(详见 Giegerich 2004、2005 关于英语短语和复合词之间的关系)。比如,black 和 bird 都是独立单词。在复合词中结合,指黑色鸟的一种特别类型(blackbird 不是指乌鸦),且其重音也不同(对比复合词 bláckbird 和短语 black bírd)。有时候,自由形式语义配对在复合时,其中一个成员被指派了其在特定复合词中使用的更为抽象的意义。这就是众所周知的"类词缀"(affixoid)。布伊吉(如 Booij 2010:57)认为类词缀处于高度内容性(如上面的 bird)和高度抽象派生词缀(如-er)之间的一个梯度上:

它们不是词缀,因为它们有对应词素,即非黏着形式,但是它们的意义和其用作独立词素的意义是不同的。(Booij 2010:57)

布伊吉引用的类词缀语例包括荷兰语 reus "giant"(巨大),后面跟一个连接成分(-e)形成了如 reuze-leuk "very nice(非常好)"等(p.56),其中 reuze 具有强调功能。虽然布伊吉的论断基本

第四章 词汇构式化

是共时的,其原则明显对历时分析也很重要。他观察到:

这样的子图式解释了为什么复合词的构成部分能够发展成为真正的词缀(Booij 2005):词接受一个特别的"界限",通常在复合词中有更加抽象的理解。(Booij 2013:260)

类词缀的一个明显区别特征是,由于意义被普遍化,因而可以引发一个形成复合图式子图式的能产的构词类型的发展。随后的某些能产构词类型可从复合词图式中解放出来并和其他构词图式合并。我们在4.5和4.6中将讨论这样的发展。

为了区分词汇性图式和其批准的微观构式内部的三种形态关系,我们需要一个特殊的标记方法。为了便于表述,小体大写字母(如 DOM)用来表示我们忽略相关形态范畴的区分,如"词""复合词成分""类词缀"和"词缀"。当我们需要明确描述具体问题时,尤其是与变化相关的,我们使用垂直线来分开复合词的成分(如 black | bird,上古英语 biscop | dom "bishop | jurisdiction"),横杠用来分开类词缀和它的词干(如荷兰语 reuze-leuk "very nice",中古英语 cyning-dom "territory ruled by a king 国王统治的区域"),还用黑点来分开词缀和它的词根或词干(如当代英语 mis.trust 不信任)。

构词涉及的派生形态是图式的这一事实可能是其被包含在语法化讨论中的原因之一(见下面的4.3.3)。另一个原因是某一个构词比其他的构词更为程序性的事实,如派生自名词(如 NESS、ITY、ISM)、动词(如 IFY、IZE)、形容词(Milton.ic 中的 IC、 squeez.able 中具有情态义的 ABLE)以及副词(如 slow.ly 中的 LY、cross.wise 中的 WISE)的派生性词缀比 un.tie 中的"逆转"UN 以及更近期的 un.cola 中的"非典型"UN 更具语法性。其中,像-able 这样的派生性词缀所具有的部分情态义最接近程序性意义。

彼得里和凯肯斯(Petré and Cuyckens 2008)讨论了一个特别有意思的例子:上古英语中介词 be 在一个图式构式[[Subj be.V OBJ OBL]←→[Subj 通过方式 V 完全影响 Obj]]中用作动词前缀。这里不及物动词如 ridan "to ride"、gan "to go"用作及物,且该构式义为某地区完全被覆盖,或者一个宾语完全被影响(体貌义)。(2a)和(2b)的比较体现了"完全覆盖":

(2) a. Cyneheard... hine þær **be.rad** ond
Cyneheard... him there around.rode and
þone bur utan be.eode
the chamber from-outside around-went.
"Cyneheard... besieged him there and surrounded the chamber from the outside."
塞尼赫德……在那围住他并且从外面围住房子。
(c890ChronA(Plummer) 755[Petré and Cuyckens 2008:160])
b. Her **rad** se here ofer Mierce
here rode the army through Mercia
innan East Engle.
into East Anglia

第四章　词汇构式化

"This year the army rode through Mercia into East Anglia."

今年部队穿越麦西亚到了东安格利亚。

(c890ChronA(Plummer) 870[Petré and Cuyckens 2008:160])

随着时间流逝,该构式的体貌目的"完全覆盖和受影响"意义被削弱了,而且,随着该构式被淘汰,③有些派生的动词形式变成了无法分析的原子性词汇构式,如 befoul(见 4.5.2 关于名词领域内该类词的发展)。

博耶和哈德(Boye and Harder 2012:19)在提出语法化是次要功能的发展时,简要地重新考察了派生形态是否是语法性的问题,他们的结论是派生形态具有"伴随表达"(p.28)的次要功能,因此如同语法形态,具有语法性。他们明确反对在更词汇性和更语法性派生之间进行区分(如见 Hopper and Traugott 2003:5),理由在于差异也是意义之一(p.19)。这和我们所指出的词汇性和语法性构式间的梯度一致,也和我们试图建立的构式演变的综合观点相一致。我们对词汇性和语法性形态的区分主要是基于内容性和程序性功能的差别。因此,我们区分如 NESS 或 DOM 这种具有基本词汇性功能的派生形态和主要具有

---

③　在当代英语中该构式还存在,虽然使用频率很低。它很早就被扩展到了非动词,通常带有普遍义"funished with 具备"(如 bespouse 结婚),在当代新造词汇中常用于幽默表达,如 bespectabled(戴眼镜的)、becostumed(穿戏服的)(Petré and Cuyckens 2008)。所有的新造词只是动词的分词形式,因此其分布有限(* I bespectacled my son this morning 今早我给儿子戴了眼镜)。

程序性功能的前缀如 BE。

基于这样的框架,我们现在来关注词汇构词的历时演变。首先,我们来回顾和介绍某些既存的词汇化现象研究(详见 Brinton and Traugott 2005)。

4.3 词汇化的研究方法

到目前为止,词汇化的研究主要是从缩减的角度展开的。这个角度和语法化研究的 GR 模式类似,因此,通过部分类比我们将它称作"缩减增强的词汇化"(LR)④。布兰克(Blank 2001:1603)在回顾了多种词汇化方法后,总结出了一系列看法,这里我们集中讨论其中的两个,第一个更普遍,第二个更局限:

词汇化$_1$是一个过程,通过该过程,复杂构词和其他组合关系构式变成了句法和语义上固定的心理词汇。

词汇化$_3$是一个过程,通过该过程,复杂词变成了简单词。

布兰克给出词汇化$_1$的例子是复合词 bullet|hole(子弹洞)(p.1599)。和前文讨论的 black|bird 一样,它有固定语序,重音在 bullet 而不是 hole,语义受限,因为只是表示因子弹产生的

---

④ 大部分词汇化研究和语法化相反,不讨论依赖性增强,或认为是缩减(见 4.3.1),因此不是完全和 GR 对等。

第四章 词汇构式化

洞,而不是将子弹放入洞里(比较 button|hole 开扣眼)。他的词汇化₃的例子是现代英语的 barn(谷仓),从上古英语的 bere "barley"+ærn "place" 变化而来(Brinton and Traugott 2005:97)。

一些研究的首要研究问题是如何区分词汇化和语法化(假设两者都涉及缩减)。一个思路是认为它们是基本互补的(Lehmann 1989、2002),另一个则认为它们有重合也有区别(Wischer 2000,Brinton and Traugott 2005),但是所有思路都认为从复杂到简单的缩减是共同的主题。我们首先来思考"语法性"和"词汇性"材料是有区别的且是互不相干的这一立场,然后再来讨论它们的类似性。

4.3.1 词汇化和语法化所谓的互不相干的结果

词汇化和语法化的结果是互不相干的这种极端立场可通过希梅尔曼(Himmelmann 2004:21)所指的"箱子法(或比喻)"来识别,即语言的两个方面——语言学习者必须学习的(词汇)和语言结合可能性的(语法)——是保存在不同的"箱子"里,各种语言成分在箱子之间移动,即从一个箱子移动到另一个。希梅尔曼引用了莱曼(Lehmann 1989)的一个例子,虽然莱曼将语法概念化为带有词汇和语法两端的一个连续统(见莱曼的模型 Lehmann 1989:16—17、2002:3),而且他确实指出语法性和词汇性语素是"语素库(morphemicon)的两个成员"(Lehmann 2002:4)。

可以说莱曼也假设了一个"箱子"法,尽管他关注的是连续统和单个"语素库"的位置,因为他寻求在两种结果之间建立严格的区分关系。他认为语法化和词汇化两者都必须根据变化的终点(Zielpunkt)而非起点(Startpunkt)来思考,这个观点我们也是赞同的。但是他继续说:

  Alles, was eine Einheit in die Grammatik zieht, ist Grammaticalisierung; alles, was eine Einheit ins Lexicon zieht, ist Lexikalisierung. 吸纳一个单位进入语法的任何情况就是语法化,吸纳一个单位进入词汇的任何情况就是词汇化。(译自其英文翻译)(Lehmann 1989:15)

这说明他将词汇化和语法化两者的典型结果看成是单位(Einheit"unit"),并将"语法"和"词汇"两端看成是语言使用者可将不同种类的语言成分存入的两个互不相干的储存盒。
  新符号发展的构式语法方法不同于两个"箱子"的立场。首先,构式化强调词汇和语法构式间是渐变的而非互不相干的。如果语言知识是构式知识(即常规符号单位),某个东西进入哪个箱子的问题就变得空洞而毫无意义。另外,由于图式典型地涉及程序性和指称性语义的某种联合,因此很难划分。相反,我们在形式$_{新}$-意义$_{新}$配对形成的案例中所观察到的新单位发展的可能是一个程序性功能(语法构式化),或者是一个内容性功能(词汇构式化),抑或是两者的联合。莱特福特(Lightfoot 2011:439—440)引用了梅耶(Meillet 1958[1912]:139)有名的论断,即重构短语*hiu tagu"this day、today"被语法化为古高地德语

第四章 词汇构式化

(Old High German) hiutu,并认为德语 heute 体现了将语法化从词汇化中进行区分的问题。在我们看来,heute"today"作为副词具有部分程序性,也有内容性;也就是说,和其他副词一样,它既是程序性的,也是内容性的。⑤

上面莱曼的言论中的一个问题是如何定义"unit"。在莱曼的两篇文章中(Lehmann 1989、2002),其主要观点是"只有复杂单位可以被词汇化"(Lehmann 2002:13)。在莱曼看来,词汇化发生时,类型为[XY]z 的复杂单位不再复杂,并被认为是一个单位:Z 作为整体受到影响,而且 X 和 Y 之间的依赖关系消除了。布林顿和特劳戈特(Brinton and Traugott 2005:96)同样关注"内部组合的消减"。因此,复杂单位变成了非组合性的。从构式化角度来看,莱曼的重要见解可被重新分析为组合性降低。比如,在 cupboard(橱柜)的发展中,网络中的两个节点(CUP 和 BOARD)通过一个语块的重复使用而形成了复合。两个独立的形式-语义配对最终被语言使用者用作了一个非组合性的序列——一个带有新的内容性语义的独立节点 cupboard,也是形态句法和形态音韵的新分析结果。这一点可通过常规义的变化来证明,即从一种上面放杯子的木头变成了家中有盖的储藏容器,也可通过形式上变成了/kʌbəd/来证明。

---

⑤ 在我们看来,副词是词汇和语法构式梯度上的一个中间范畴。一些副词主要是内容性的(如 quickly),其他主要是程序性的(如 even、only 等作为焦点标记)。近年来,格里希(Giegerich 2012)认为副词是屈折形容词,这就说明它们是内容性的。状语图式的状态是可进一步研究的课题。

莱曼对比了词汇化中"[……]内部分析的废弃"(Lehmann 2002:13)和语法化中内部复杂性的保留,并指出"Z 的内部关系变得更严格,更受限制"(这是 GR 模式的一个案例)。我们的例子 cantare habeo 说明了这一点:其主干(cant-)被保留,其他部分最终变成了一个原子性词缀,一个黏着的原子形式而非一个部分自由的复杂形式(habeo 可以在一个小句的很多位置出现,见 1.6.4.2)。但问题是莱曼对比得出的逻辑结论要求他认为"两个语法性语素的合并必须是词汇化"(Lehmann 2002:13)。他给出的例子原本均是语法性构式,如 himself ＜ him ＋ self(两个代词)和拉丁口语中的 de ex de"from out from"(三个介词的序列)＞卡斯蒂利亚西班牙语 desde(p.13)。莱曼对比了 wanna 和 gonna,他认为 wanna 是"一个词汇和语法性语素结合并词汇化成一个情态词",而 gonna 是"部分语法化的 going 和一个语法性语素的结合并词汇化,且进一步语法化"(Lehmann 2002:16)。这样的分析会过分区分通常被认为处于语法化梯度上的配对;如克鲁格(Krug 2000)将 want to/wanna(同样 going to/gonna 和 got to/gotta)归入正在浮现和语法化的情态词中。⑥ 我们认为如果我们使用莱曼的分析,则需要找到表 4.1 中的变化类型。当"联合成词"(univerbation)(固定为词层面单个单位的历时过程)成立时,可以认为某语法性序列先词汇化后再一次语法化是可行的。

⑥ 莱曼和克鲁格都忽略了 BE going to 中的 BE。

第四章 词汇构式化

表 4.1 词汇化,语法化,抑或两者都是?

语例	"箱子"分析法
AAVE BE fixing to＞finna(Rickford 1999:6)	词汇化,然后语法化
拉丁语 ad ipsum "to itself-acc"＞意大利语 adesso"now"(Giacalone Ramat 1998:122)	词汇化,然后语法化
英语 going to＞gonna	词汇化,然后语法化
拉丁白话 de ex de "from out of"＞古卡斯蒂利亚语 des de＞现代卡斯蒂利亚语 desde"since"	词汇化,然后语法化
英语 want to＞wanna	词汇化
英语 shall I,shall I＞shilly-shally"to vacillate"	词汇化
拉丁语 cantare habeo＞法语 chanterai	语法化

林德斯特伦(Lindström 2004)将表 4.1 所展示的语法化和词汇化之间的混淆之处归结于两个不同的现象。首先是"例子"的混淆。在这些例子中,某个以及相同的该例子被认为显示了语法化和词汇化的特征。其次是"过程"混淆,因为词汇化被等同于某些形式变化,即使这些变化也有语法化的特征(见 Brinton and Traugott 2005:110 关于相同和差异倾向性的总结,主要基于词汇化和语法化的缩减模式,但包括语义因素)。

从成为一个单位并且 X 和 Y 之间的依赖关系消除这个意义上来讲,莱曼将词汇化定义为某些成分变成词汇性的过程的另一个问题是:有些明显的例子说明新的构式形成的过程中,X 和 Y 之间的依赖关系增强(如成为复合词),或者变化了,而不是被消除。莱特福特(Lightfoot 2011:447)指出词汇复合词内部的界限缩减程度是有梯度的,因此词汇化中,整个单位可能不会经历同等的变化。比如,德语中带 man 的复合词,第二个成分比第一个经历了更多的缩减(如 marksman, p. 448)。根据布伊吉的区分,这里的-man 是类词缀(见上面的 4.2)。

利普卡(Lipka)也提出了词汇性缩减的观点,他认为词汇化是:

一种现象,即一个复杂的词汇语素一旦形成便倾向于成为单个完全的词汇单位,一个简单的词汇语素。通过这样的过程,该语素或多或少丧失了一定的组合特征。(Lipka 2002:11)

这种涉及组合特征在"某种程度上"的丧失的词汇化观点从构式角度看来尤为有趣。当然,某些组合成分会发展出更像单位的特征。比如 over the hill 意为 old 是固定表达并是非组合性的;形式上,它并不允许内部变异(如 *over many hills "really old")。但是内部变异在其他一些例子中是可能的,如 mother-in-law,可以有两种方法变成复数,mothers-in-law 和 mother-in-laws。这里的第二个屈折表达比第一个更类似单位,其分析性却更低。这一点在其他某些表达发展出新的变体,包括固定俗语和雪克隆效应的例子中也是成立的(见 4.7)。

尽管莱曼(Lehmann 2002)从形式上区分了语法化和词汇化的结果,但维舍(Wischer 2000)认为其区别在于语义:一个新的语义成分在词汇化中被添加了。通过分析 methinks(随着非人际交往构式被淘汰而出现的一个专门的语用标记),她指出:

当一个自由搭配或普通构词被词汇化时,一个特定的语义成分被添加了,因此新的词汇义和原来的组合性语义不同……当一个语言成分被语法化时,特定的语义成分消失了而一个隐含的范畴义或操作义被突现出来。(Wischer 2000:364—365)

在我们看来,methinks 是已经被淘汰的非人际图式的一个固定遗留。它被纳入了认知情态副词并具有了语用标记功能。由于它是副词性的,我们认为该变化的结果是更程序性、更语法性的状态。

4.3.2 词汇化作为条目进入集合

在上面的小节中我们已经集中讨论了那些明显地区分词汇化和语法化的企图,其中也包括两者间的相似点或连续统。如果莱曼的集合概念或者带有词汇性和语法性语素的"语素库"(morphemicon)的想法被认真考虑的话,那么词汇化就可以被识解(与语法化一道)为"纳入集合"(Brinton and Traugott 2005:90)。在这种情况下,该集合会包括一些特定成分的混合,如(3)中所示:

(3) a. 上古英语 LICE "body">LY(形成形容词或副词的后缀)
b. 上古英语 A (GE)LIC "ever like">each
c. 上古英语 gar|leac "spear|leek">garlic
d. [[mother]$_N$ [[in]$_P$ [law]$_N$]$_{PP}$]$_N$' > [mother-in-law]$_N$

e. 上古英语 hand geweorc "hand worked">handiwork

根据这个方法,所有需要被学习的(部分)内容性表达——不管它们的结构如何或是怎样形成的——都可以被平等地描述为词汇化的产物。它包括规则的构词类型,如复合词(black|bird)或者类词缀的构词如-able,以及 4.8 中将讨论的相对随机的构词类型过程,如剪辑(tude＜attitude)、首字母缩省(BBC)和缩写(NASA)。我们认为新的剪辑、首字母缩省和缩写等是词汇构式化,但是它们是瞬时产生的而非渐变的。⑦

该方法同时也将融合产物(如 cupboard 和 hussy)的形式和分离产物的形式(如 ex 和 ology)结合到了一起。比如,诺德(Norde 2009:11)指出进入集合的条目(不管是通过不可预测的构词过程或是通过融合)都应该被认为是词汇化:"这样的原因是像剪辑和类转等变化会引发新的词素,其语义不能完全从其演化而来的词(或其部分)中得到预测,也不能从形成它的构词过程本质中进行预测"。然而,可能由于诺德主要将词汇化识解为语法化的反证(见下面的 4.9),她排除了词汇化中能产性的派生构词。

我们会在 4.5 中指出,在构式语法看来,构式是一个集合,但不是像上面所说的集合,它是有层次的(见 Flickinger 1987,Booij 2010,Sag 2012)。因此它不但包括特定的微观构式,而且

---

⑦ 我们认为杂糅(blends)(如 smoke＋fog＞smog)和其他随机的构词过程不同。详见 4.8。

包括图式,这些都包括构词类型。这样的类型包括产生新词汇成分的能产的、组合性方法如复合词,不管是向心的(text|book)还是离心的(high|ball),以及缀合法(affixation),不管是前缀法(en. slave)还是后缀法(slave. ry)。由于考察的不仅是形式变化,而且还包括新符号被指派的功能,因此我们认为下面阐述的派生构词图式的产生是构式化。

4.3.3 词汇构式化视角下的词汇化再思考

考伊(Cowie 1995)以及莱特福特(Lightfoot 2011:448)都指出在词汇化和语法化两者的讨论中,派生的作用常常被忽略,即使它常被提及。当派生被提及时,它常常和语法化相关。在本章中我们排除了这一方法,因为它和我们采纳的构式框架不相符。库里沃维奇(Kuryłowicz)将语法化定义为:

> 一个语素范围从词汇性到语法性或者从较弱语法性到较强语法性状态的扩展,如从**一个派生形式到一个屈折形式**。(Kuryłowicz 1975[1965]:69;粗体为后加,表强调)

同时引用了"集合(派生)>复数(屈折)的变化"的"大量例子"(Kuryłowicz 1975[1965]:52)。派生形态发展的步骤常被认为是语法化,因为派生语素比派生它们的内容性成分更抽象,且它们证明了聚合/范例关系规则。比如,莱曼(Lehmann 1989)认为古高地德语 haidus"form、shape"缩减为可形成抽象名词(见-hood)的派生语素-heit 是语法化。黑斯洛(Haselow 2011)将

DOM 的发展和布伊吉(Booij 2010)的类词缀描述为语法化。布伊吉写道：

  派生语素的产生完全有理由是语法化(Aikhenvald 2007:58)，因为这些语素[包括 DOM、MENT、LY]已经变成了词缀。如果位于语法化发展的末端，这些语素含有抽象语法特征，但是这样的黏着语素可能仍然具有相当的具体语义[……]因此，更具词汇义的和更具语法义的黏着语素之间有一个渐变梯度，这正是语法化的类型特征。(Booij 2010:75)

用同样的思路，黑斯洛认为由于 DOM 在早期的英语里还没有到达一个完全后缀的状态，较低的类型频率可以由"-dom 处于语法化过程的初期"这一事实来解释(Haselow 2011:154)。近来，博耶和哈德(Boye and Harder 2012:19)通过语法状态来确认派生形态，但是他们没有将派生和复合状态相联系。

  然而，正如前面 4.3 中布兰克(Blank 2001)的词汇化定义所显示的，构词已和词汇化联系在一起("词汇化$_1$是复杂构词变成句法和语义上固定条目的过程")。我们在构式化框架下采纳这一方法来理解构词结果，正如我们在下面 4.4 和 4.5 中将展示的那样（又见 Trips 2009 关于-hood、-dom、-ship 的研究）[8]。

  其他讨论词汇变化的方法包括鲍尔(Bauer 1983)认为的词

---

[8] 感谢马丁·希尔伯特(Martin Hilpert)热心建议该文献。

第四章 词汇构式化

汇化可以依照语言层次(音韵、形态、句法)被分成各种类型。鲍尔认为音韵词汇化涉及重音形式的变化(black|board)或者音节的缩减(见 infamous vs. famous 中 fam 的缩减)。连接成分的发展(如 catseye、kinsman 中的 s)可以用来判断形态词汇化。非常规的句法类型(如离心复合词 pick|pocket 的发展)可以作为句法词汇化的案例。⑨ 然而,鲍尔(Bauer 1983)进一步指出有很多"混合词汇化"的案例,同时涉及音韵和形态变化,而且会导致动机缺失(demotivation)以及原子性词汇成分的发展如 husband(另见 Wischer 2000)。这样的混合类型是典型的产生原子性词汇构式的构式化,详见下面 4.6 的讨论。

由于构式方法并不建立在缩减的基础上,因此词汇化和语法化一样,能够被纳入构式化和构式演变的更大环境中来进行重新思考。首先,思考的关键不应该在于一个成分是词汇的还是语法性的,而应该是变化的产物主要是抽象的还是具体的,复杂的还是原子性的,内容性的还是程序性的。另外,必须认识到所有这些配对间存在梯度。我们同意莱曼所说的新内容性构式的发展包括 X 和 Y 之间依赖关系的消减,但是我们认为这同样是构式化的一个特征。进一步来说,我们注意到词汇成分和语法成分都可以是复杂的(BE going to[即使缩减到 BE gonna]、strawberry、moveable)或者原子性的(-s 复数、must、lord、garlic)。上小节中提到,"集合"概念同该构式库(constructicon)有密切关

---

⑨ 虽然句法是当代英语语序类型 VO 中的典型,但在构词上并不常见(同 manhunt、watchmaker、skyscraper 中的更规则 OV 模式相比较)。

系。但是该构式库不是无差别列表,而是有等级层次的形式-语义配对的网络,其中有些是抽象的,有些是原子性,有些主要是程序性、语法性特征,有些主要是内容性、词汇性特征。

基于构式方法的词汇演变的最重要一点是,由于它包含图式和微观构式,使得我们能够分析构词和固定表达的产生,因此注意图式类型,而不只是内容性表达发展的特殊方面。抽象构词类型的产生、保持和消减都涉及能产性、图式性和组合性的变化。这些我们将在下节讨论。

4.4 词汇构式化中能产性、图式性和组合性的变化

正如我们在3.3中讨论到的,构式演变中的指向性可以根据构式的能产性、图式性和组合性的变体来被概念化。在希梅尔曼2004年关于词汇化和语法化以及两者共性(因为都始于自发和能产的组合,且常规化过程类似)的论文(Himmelmann 2004:43)中,他意识到词汇化方面也可能有扩展,特别是语义的隐喻扩展。然而,由于他总认为词汇化是联合成词(univerbation),因此他确认宿主类型的缩减和意义(语义指定性)普遍性的消减是词汇化的典型特征(pp.35—36)。希梅尔曼(Himmelmann 2004)与布林顿和特劳戈特(Brinton and Traugott 2005)都同样将词汇化概念化为缩减,在更早的构式化研究中,特劳斯代尔(Trousdale 2008b、2008c、2010、2012a)认为语法构式化和词汇构式化有以下区别:

(a) 语法构式化涉及能产性、图式性的增强,但是组合性的缩减。

(b) 词汇构式化涉及所有三个方面的缩减。

正如我们在本章接下来的讨论所示,虽然特劳斯代尔的早期观点对于缩减的词汇化(LR)来说是正确的,但从我们这里所讨论的词汇构式化的演变模式来看是不正确的。尤其是,正如4.2中介绍形态图式概念时已经提到,认识到词汇图式的构式化涉及图式性和能产性的增强是非常重要的。当构词类型产生时,就有了图式性增强。构词类型能产性可能有高低,但只要它们持续被用作新词赖以产生的图式,那么总是存在能产性和词汇扩展(LE)。这样的扩展产生于图式层次的构词之中。组合性的消减指的是某图式特定的成员失去其与该图式的关系,并且经历各种缩减,尤其是形态界限的消减。LR发生在个别构式的层次。在本节中,我们展示词汇构式产生过程中与指向性相关的核心问题,而且在4.5和4.6中分别详细考察图式和原子词汇构式的发展。

4.4.1 能产性

词汇构式发展中的能产性可能是本书采纳的构式方法和传统词汇化研究不同的最清楚的方面之一。鲍尔和赫德尔斯顿(Bauer and Huddleston 2002:1629)将共时词汇化看成能产性的"逆转",因为他们认为词汇化的词是曾经具有分析性但已不再如此的固定形式。我们的构式方法关注演变而非共时变异，我们认为一些新的词汇微观构式可被集合在图式中（见下一小节）并且在不同的程度上是新的能产性图式的产物。

首先，我们来看复合词，以及新名词（指称性）词汇构式的形成。向心复合词由一个默认的继承网络组织而成。比如，linguistics|society 是一种"society"；student|linguistics|society 是一种"linguistics society"，black|board 是一种"board"，bullet|hole 是一种"hole"，rattle|snake 是一种"snake"，等等（见上文4.2）。⑩ 每一个例子中，修饰成分进一步指定和受定语（determinatum）的关系，但其普遍特征是从最抽象的概念往下继承而来的。

离心复合词却并非如此，如 dread|nought 不是一种"nought"或"dread"，而是一种"battleship"，big|head（自视甚高的人）也不是"head"或"big"。离心复合图式（注意，是图式而非各种语例）涉及的特定性意味着在当代英语中这些图式能产性的程度不及向心复合图式。因此，依赖于图式的内部组织的能产性在程度上可能存在相当大的差异。

至于类词缀，如-able、-dom，在构式类型中——正如上文讨论的复合图式——也通过词干形成图式。正如将在 4.5 和 4.6 中所显示的，我们将形态图式的这一概念（Booij 2010、2013）当

---

⑩ 众所周知，英语拼写对于将复合词当作分开单词、横杠相连单词或者一个单词的处理是不一致的。差别可能反映使用长度、传统规定或其他因素，但都同形式意义配对无关。

成理解复合和原子性两个词汇构式发展的关键所在。图式使得我们能追踪从一个自由形式到一个复合词中的受定语,到一个类词缀,到词缀以及更深入的发展。

4.4.2 图式性

图式可在词汇构式化中成长或缩减。在某些情况下,一个新构词(子)图式的形成是词汇构式化的结果——这里,图式性增强了,并且已发展出结构槽。相反,当既存的构词(子)图式变得不再能产时,会孤立许多不再使用的特定语例,形式变化(如融合和合并)就可能出现。这样发展的例子是如 buxom 和 lissome 这种现代英语形式的发展,它们从更低产的[[X-some] ←→["受 X 描述"]]图式中孤立出来,而且经历了语义变化[buxom 不再和杂糅(blending)相关(如上古英语 bugan)]。

在图式发展中,构词图式用作新内容性构式产生的一个引发集合,并且发生了扩展。例如后缀 gate 发展成用来指某种丑闻(Booij 2010:90)。[11] 初始的微观构式是 Watergate,布伊吉认为早期的新词铸造是基于对该形式的类比。OED(gate,9. comb. form)记录了如 Volgagate、Dallasgate 和 Koreagate 这样的形式,从 1973 年开始,所有的这些形式都指丑闻。布伊吉(Booij 2010:90)指出这一系列相关形式的建立可能使得语言使用者归纳出一个进一步批准新构式的(子)图式。这个新图式是

---

[11] 1972 年美国共和党尼克松政府企图掩盖侵入位于华盛顿的民主国家委员会总部的水门办公室,众所周知该事件被称为"水门事件"。

新的构词类型,它用作超越特定范本类比化的抽象模板。它也可以被认为是一个(子)图式的构式化案例。

166　　类型不只是被创建,它们也会被丢弃或丧失成员。和(子)图式的脱离可能引发形式和语义的新分析。比如,许多复合词由一个形容词作为限定语,名词作为受定语(如 blackboard 和 bighead)。例如被用作复合词中限定语的一个形容词是 holy。很多情况下,这样的复合词是相对透明的,虽然很常规(如 holy|water 圣|水);然而也有些情况,这个图式不再适用,这些特殊语例不被看作复合词,而是单语素(如 halibut ＜ halig|butte "holy|flatfish"; holiday ＜ halig|dæg "holy|day")。在这些例子中,构式化再一次发生,其形式和语义变化是 LR 的结果,这一点将会在 4.6 中详细讨论。

4.4.3　组合性

词汇图式的发展不仅和能产性和图式性紧密相连,而且也和组合性紧密相连。明显的句法字符串的组合性问题从 20 世纪 80 年代开始就是构式理论的主要动力(如 Fillmore, Kay, and O'Connor 1988)。南伯格、萨格和瓦索(Nunberg, Sag, and Wasow 1994)指出某些固定表达是非组合性的,因为整体义的分布跨越了组合部分的意义。有些固定表达有程序性功能(如 in fact 事实上, indeed 的确);有些有内容性语义[如 kith and kin(Fillmore, Kay, and O'Connor 1988)]。从更普遍的认知语言学来看,泰勒指出:

第四章 词汇构式化

严格的组合性是少见的,如果有的话,也是偶然。大多数表达(其实我想说所有表达),当在它们出现的语境中被理解时,在某种程度上是非组合性的。(Taylor 2002:550)

梯度的存在可通过同一子图式的语例来证明。比如,spring|water 意为 "water from a spring(来自山泉的水)",但是 toilet|water 则意为 "scented liquid(有气味的液体)",而非 "water from a toilet(来自卫生间的水)"。继承和覆盖(见上文4.2)的观点在这里起作用。子图式[[X|water]]←→["water in or from X"]]的常规意义如 bath|water、tap|water 和 spring|water,被特殊例子如 toilet|water "perfume" 和 tonic|water "carbonated beverage flavoured with quinine"(奎宁水)所覆盖了。组合性程度的一个有趣的例子是[parts of X]和[X-parts]。parts of the body(身体部分)和 body|parts(身体部位)都存在,但它们并不指相同的事物。parts of the body 是组合性的,是指可以在如冰箱、垃圾箱、森林等地被警察找到的人体部分。它们可能是也可能不是 body|parts(身体部位)。body|parts 是人体部分的名称(如腿、胳膊、头等),但当被识解为整个身体的部分时并不是包括所有(如头发)。然而,一些人们所说的身体部分 parts of the body 并不(经常)指 body|parts(身体部位)(如 under|arm 腋下)(Zwicky 2012)。因此 body|parts 比 parts of the body 组合性更低。完全不同的情况发生在 parts of speech(词类),这也是个[parts of X]结构,但是比 parts of the body 有更少的组合性意义,因为话语不那么明显地分割为名

词、动词、形容词。在这种情况下，没有对应的 * speech | parts。⑫这两个例子的不对称性可能是因为 parts of speech 是个主要被研究语法和语言的使用者所使用并固定的元语言学的术语。speech | parts 用来指属于某种语法范畴的表达显然有点可笑，因为它认为指涉物是熟悉的并是众所周知的。以语言艺术指导为特征的某教育软件的商标 SpeechParts 有可能基于这种熟悉度和名气。

和本书中所阐述的构式演变的其他方面相一致，我们认为组合性的共时梯度是新微观构式和图式渐变发展的结果，即使微观变化本身是互不相干的。

也有一些组合性明确降低的词汇构式化案例。在这些例子中，一个简单/原子性的微观构式作为一系列新分析的结果而产生，而该新节点却不再与任何一个复杂图式相关联。这一点在下面的 4.6 中我们会详细讨论。这里，我们观察到尽管一个复合词如上古英语的 gar | leac "spear | leek" 至少可能部分受到索绪尔（de Saussure 1959[1916]）提出的通过和一个子图式[[X | leac]←→["特征与 X 相关的韭葱"]]关联的动因引发，但是这样的动因在 garlic 中并不存在。对现代英语的使用者来说，garlic 和 paper、dog 一样，必须以一个非组合性单位来学得。因此，我们认为当词汇构式化被识解为 LR 时，其组合性降低。

组合性观点也和瞬时类型节点的产生相关，像类转这样的构词，如 to window（将一个名词"转为"动词，或者动词转为名

---

⑫ 感谢弗朗西斯卡·马西尼（Francesca Masini）提供这个例子。

第四章 词汇构式化

词之类的一个图式)(见 4.8)。正如克拉克夫妇(Clark and Clark 1979)已观察到的,在类转的情况下,图式的存在(带有常规的意义,但却普遍的)不足以为新产生的微观构式提供语义。因此,动词 dust 可意为"to remove dust"(扫除尘土)(he dusted the bookshelf 他打扫书架)或"to add something akin to dust"(在粉尘上加上类似的东西)(he dusted the birthday cake 他在生日蛋糕上撒上粉尘,she dusted for fingerprints 她在手印上加入粉尘);动词 google 可意为"to search for something on the internet(在互联网上搜索)",通常并不必定使用搜索引擎 Google:

(4) This cartoon was one of the first hits when I **Googled** "hegemony" on Yahoo.
这个卡通是当我在雅虎上搜索"hegemony"时第一时间搜得的内容之一。
(http://bcbrooks.blogspot.co.uk/2010_10_01_archive.html; accessed 20 November 2012)

另一方面,动词 facebook 可意为"to connect someone via facebook"(通过脸书来联系某人)。类似新的微观构式是内容性的,表示事件过程。由此,它们是词汇性的微观构式。但是我们能从这些例子中推断出的任何组合意义都派生于它们所继承的结构。

在下面的两小节中,我们将展示词汇性(子)图式是如何产生的,尤其是抽象名词产生的构词策略(见 4.5)。这就是派生性构词如何被看作构式化和构式扩展的案例。然后,我们展示原子性词汇构式如何从复合词和派生性构词中产生(见 4.6)。其中很多都是构式化,但是和初期的变化不同,它们包括了缩减。原子性词汇构式从复杂构式中浮现出来就是传统上所认为的词汇化。

4.5 词汇(子)图式的发展

这里我们讨论复合词子图式的浮现和它们的后续发展。由于复合词的普遍图式已经从早期英语文本中得到验证,这里我们不再讨论复合词的发展。

在上古英语诗歌中可以找到各种变异程度的组合性名-名复合词。所有的都和短语用法不同,因为不存在显示两个名词关系的形态格,而且它们通常比更自由的短语有更多的限制性意义,虽然这更难以评估。卡德蒙的赞美诗中有几个复合词的例子,这首诗明显作于 7 世纪末并被贝德(Bede)引用在他的《教会史》(*Ecclesiastical History*)中(约 731 年)。贝德将之翻译成拉丁语,但在上古英语中有多个不同手稿的版本。其中的复合词是:heofon|ric "heaven|kingdom, heavenly kingdom"(天的国度)、wuldor|fæder "glory|father, God"(荣耀的主)、monn|cynn "man|kin, mankind"(芸芸众生)。这些短语中的第一个名词必须由短语中的所有格来标记(heofen. es rice、wuldr. es fæder、monn. es cynn),因此我们知道 heofonric、wuldorfæder

第四章　词汇构式化

和 monncynn 在形式上是复合词;它们也同样有一个更特定的意义。在某些情况下短语和复合词两者都可出现在同一个文本中。如布罗兹(Broz 2011:116)分别引用了《贝奥武夫》中 3163 行和 2244 行的 eorl. a gestreon "earls. GEN treasure"和 eorl|gestreon "earl|treasure"(伯爵的宝藏)。这些名词复合词是向心的,而且例子中的 N_1 详述 N_2。它们是基于(5)(R 表示"关系")类型的一个图式的构式(基于 Booij 2010:17)[13]:

(5) $[[[N]_{Nk}[N]_i]_{nj} \leftrightarrow [[SEM_i \text{ with R 类型 to } SEM_k]$ 实体$]_j]$

在其他复合词中,意义可能是完全非组合性或隐喻性的(这样的复合词被称作"隐喻表达法(kennings)")[14]。来自《贝奥武夫》的有名的例子包括 ban|hus "bone|house,body"(l. 2508)、guð|wine "war|friend,sword"(l. 1810)、woruld|candel "world|lantern,sun"(l. 1965)。许多例子都是"英语的一次性频词"(hapax legomena)。这些复合词常规化的程度说明了微观构式的构式化。

我们可以得出结论:这些例子显示了一个普遍的 NN 复合图式,却没有明显可确认的由相关构式类型组成的子图式。然

---

[13] 该构式可被解读为:形式复合词 $N_k + N_i$(其中 k、i 指示对应语义)同与 N_k 的语义 SEM_k 相关的 N_i 的语义 SEM_i 相联系。

[14] 布罗兹(Broz 2011)从盖拉茨(Geeraerts 2002)以横向组合性和纵向范例性的角度来讨论复合词和固定表达的形式和语义的角度来分析隐喻表达。

而，在其他例子中，我们观察到子图式产生于复合词微观构式：第二个名词成为能产的词干集合的宿主。引发从单个复合词微观构式如 martyr|dom "martyrdom"（殉难）发展到一个能产（子）图式的是和语义普遍化（Trips 2009:245）和类词缀化相关的类型频率的增加。当一个形式$_{新}$–语义$_{新}$复杂（子）图式通过一系列变化产生，这就是图式层级的词汇构式化。这样的子图式中的固定成分（原先的第二个名词，如 dom "judgment、condition"、had "rank、condition"接下来的历史发展是从相对于词干（如 hood）较高的能产性最终发展到被淘汰。有时候最初的词汇成分得以保留，如 doom 在英语中还是个独立词，语义比早期更受限制（"bad fate"而不是"judgment"）。有的则不同，如上古英语的 had "condition"并没有作为一个独立词汇成分被保留。⑮

HOOD 和 DOM 被使用得如此能产足以使它们被认为是中古英语中类词缀的派生构词，并保留了一些（并非全部）意义。回顾一下类词缀：

当被纳入复合词中时已经变得类似于那种具有特定意义的词缀，但它们还不是词缀，因为它们和词素对应，也就是非黏着形式，只是它们的意义不同于和其被用作独立词素时的意义。（Booij 2010:57）

---

⑮ 'Hood 在 neighborhood 中是一个剪辑加上词缀.hood。

第四章 词汇构式化

语义变化是极小的,且由于黏着程度并没有变化,我们认为类词缀化是在微观构式层级上的一个构式化后的词汇构式演变。然而,当一个新的构词(子)图式受语义普遍化的推动而产生时,构式化在图式层级产生。

微观构式中某个特定成分究竟何时成为一个类词缀以及类词缀何时成为词缀通常是有争议的。比如,卡斯托夫斯基(Kastovsky 1992:386—387)在描写上古英语的派生形式时将注意力集中在这样的争辩上,即上古英语中的名词 had "state、rank、condition"是否形成一个复合词或后缀。本章节并不试图确定各种变化发生的具体时间点——鉴于语料的稀疏无法做到。本章的语料和对该语料的历时分析和归纳主要是基于黑斯洛(Haselow 2011)对上古英语和中古英语前半部分的论述,以及多尔顿-帕菲尔(Dalton-Puffer 1996)对所有中古英语语料的分析。他们所使用的语料库中的语例类型的详细比例也由上述两位作者提供。[16] 我们重新从构式角度对文献所讨论的内容进行了编排。从这些角度来看,(子)图式构式化的证据来自类型构式的显著增加。

4.5.1 上古英语的 DOM

我们关注的第一个案例是上古英语词汇微观构式[[dom]

---

[16] 另一个重要的材料来自垂普斯(Trips 2009),但由于我们关注其材料相对较晚,无法广泛加以使用。垂普斯的分析包括现代英语和更早期的语料。

←→["doom,judgment,authority to judge"]]在复合词中的使用及其随后的发展。黑斯洛(Haselow 2011)观察到,英语中 DOM 的发展是非常复杂的,其复杂性很好地说明了在特定共时阶段构式的梯度特征、新类型发展的渐变本质,以及构式化可在微观构式和图式两个层级都发生的事实。

历史上作为一个带长元音的名词,即使在上古英语中,dom 通常以一个复合词的右边("受定语")成分出现,并且:

通过采纳更加抽象、范畴性的意义和经历音韵缩减来持续地演变为一个词缀。因此,很难确定区分作为复合词的带 dom 构词形式和真正的派生形式的临界点。(Haselow 2011:112)

下面的例子说明了 dom 作为一个名词(6a)以及作为一个复合词中的受定语(6b):

(6) a. for ðam ðe   hit is Godes   ***dom***
       for that that it is God.GEN law.NOM
       "because it is God's law."
       因为是上帝的法律。
       (Deut(c1000 OE Heptateuch) B 8. 1.4.5 [DOEC])
    b. for ðan þe   he æfter cristes   þrowunge
       for that that he after Christ.GEN suffering
       ærest ***martyr|dom*** geðrowade.
       first martyr|dom   suffered

第四章 词汇构式化

"because he was the first to suffer martyrdom after Christ's suffering."

因为他是基督受难后去殉道的第一人。

(c1000 *ÆCHom* I. 3 [DOEC])

这些例子明显说明了 X 和 DOM 之间有依赖关系。(6a)中是句法性的(. es 属格标记),(6b)中是构词限定语-受定语的依赖(没有格)。然而,在类似(7)这样的例子中,DOM 的状态无法确定,因为 freo 在这里的句法短语中并没有明显的格。然而这里也存在合理的依赖关系。

(7) Ðæt   is   se   ***freodom***   ðætte   mon
    that is the freedom. NOM that man. NOM
    mot   don   ðæt   he   wile.
    may. 3S do. INF that he want. 3SPres
    "That is freedom, that a man may do as he will."
    那就是自由,即一个人可以按他的意愿做事。

(c890 *Boethius* B. 9. 3. 2 [DOEC])

我们认为每个带 DOM 的新复合词微观构式都是构式化。虽然我们很少涉及音韵,从它们后来的发展来看这一点是可能的,即在带重(长)元音的独立形式(现代英语 doom 的来源)与在现代英语中缩减为弱央元音的非重元音(现代英语 dom 的来源)两者之间产生了双重音韵。我们可以指出如 christendom[17]和 freedom 等最终的发展都是莱曼(Lehmann 2002)所认为的词汇化,但是并没有显示"界限消减",因为.dom 和词干仍是可分析的。

正如上面的例子所示,上古英语中带 DOM 的复合词的第一个成分可以是形容词(freodom)或者名词(martyrdom)。迪茨(Dietz 2007)指出-dom 的"类后缀"功能(我们叫类词缀)得到了 900 年左右的形容词以及之后 50 年出现的表示人物属性的名词,如 martyr-dom "martyrdom"、þeow-dom "servitude"的验证。他搜索到了出现在上古英语中的大约 2000 个带 dom 的语例,有 50 个左右是明显的"词缀"(我们叫类词缀)-dom。其中,wis-dom 是最频繁的(900 多个语例)。黑斯洛(Haselow 2011:154)在他更有限的上古英语语料库中发现了 22 种类型。与他在同一数据库发现的 220 种带词缀.ness "quality of" (p.161)的类型相比,他认为这是较低的类型频率,并得出结论:DOM 图式在当时并没有得到很好的固化。然而,较高的语例频率同个别微观构式如 wisdom "wisdom"、cristendom "christianity" 和 martyrdom "martyrdom" 等相关:"-dom 作为复合词的第二个成分出现受限于小部分高频率的构词"(Haselow 2011:152)。

虽然上古英语名词 dom 有一系列意义,包括但并不限于 doom(厄运)、dignity(尊严)、power(权力)、choice(选择),依据

---

[17] christendom 现在常被认为是个地缘政治术语;在上古英语中主要指基督教,即信仰。该变化属于语义的构式演变。

第四章 词汇构式化

类词缀图式的发展其中心语意是 state(状态)或 condition(条件),比如(8):

(8) Hi   on dryhtlicestum   ***dome***   lifdon. 172
    they in lord-like. SUPER. DAT condition. DAT lived
    "They lived in a most lord-like condition."
    他们生活如上帝。

(*Seafarer* 85 [DOEC; Haselow 2011:75])

最普遍的意义是类词缀和构词图式发展的核心,这是非常有价值的;同(8)比较,其中它意为 condition(条件),而在上文(6a)中,它的意义为 law(法律)。

  这是渐变发展的分布性扩展的典型。这一子集的成员有类词缀形态[X-dom],并且语意受到限制[同名词一起它抽象为 condition(条件),同形容词一起为 quality(品质),见 Dalton-Puffer 1996:77]。归纳这些渐变发展,并将之限于名词构式,我们认为到 10 世纪末,一个复合词构式的类词缀子图式已经产生了,如(9):

(9) $[[[X]_{Nk}[\text{-dom}]_i]_{Nj} \leftrightarrow [[条件_i \text{ with R 关系 to } SEM_k] 实体]_j]$

  值得注意的是带类词缀-dom 图式性类型的发展被认为是源于

299

说话者归纳个别微观构式并外展其类型的图式层级的构式化。⑱

正如 4.3.3 中提到的,黑斯洛和布伊吉都认为 DOM 的发展是语法化的案例。然而,却没有任何程序性或指示性功能发展的出现,我们见到的是和指称构式相关的抽象的内容性语义的产生。重要的是,产生的构式——词汇图式——确切地是一个批准新指称构式的图式,而非新程序性构式。

在 DOM 的后期发展中,我们观察到和后构式化构式演变相一致的进一步类型,这种情况下,当-dom 进一步在语义上被普遍化而且在音韵上缩减时,该图式得到重组,最终产生了词缀.dom。dom 的词缀地位使得该图式被重新组合并和名词派生图式相连接。在 DOM 发展的后期,也有该图式成员的消减。多尔顿-帕菲尔(Dalton-Puffer)找到一个小

批固定表达频繁使用但在其他地方不带多少自发的能产性……对于去形容词(deadjectival)和去名词(denominal)两个构词来说,这样的画面是一种停滞,并最终走向衰退。(Dalton-Puffer 1996:76)

这是宿主类型的缩减或消失,两者都是构式演变(见 4.6)。这种宿主类型缩减的部分原因(我们将会在 4.5.3 中考察)可能是

---

⑱ "外展"(abduce)指的是从数据理解到对数据理解假设的逻辑推导。安德森(Andersen 1973)将它从逻辑引入历史语言学领域。

在正发展为类词缀和词缀以及和"状态或状况"意义相似表达的网络相邻部分中选择的一个相对较大的集合。比如,黑斯洛(Haselow 2011:152)说上古英语中带有-dom 的词干常常有"平行形式"或带有 HAD、SCIPE 和 NESS 的变体,通常在意义上区别很小。[19] 一个例外的情况是 woh｜dom"misjudgment(错判)"∽ woh.ness"perfidy(背叛)"。另外,其微弱的生成能力[即黑斯洛(Haselow p.154)在整个时期所观察到的低类型频率]可能是它的类型频率在上古英语和中古英语时期保持不变的主要因素。

4.5.2 上古英语的 RÆDEN

上古英语中还有其他两个微观构式和 dom 一样有"condition"(条件)的意义:scipe 和 ræden. SCIPE(初始是一个名词,意为"condition(条件)、state(状态)、office(处)",但是在上古英语中只做类词缀/后缀,见 OED 和 Bosworth-Toller)作为构词类型的一个能产部分要远远胜过 DOM 或者 RÆDEN。虽然黑斯洛(Haselow 2011:166)认为 SCIPE 在 freondscipe "friendship"等词中是后缀,但我们认为它是类词缀。它满足了布伊吉对类词缀的标准,因为有个对应的同词源词汇动词 scyppan "to create(产生)"[见德语 schaffen "shape、create"(产

---

[19] .ness 在语源上不是一个名词,从上古英语开始成了词缀。这个时期在类词缀(-dom)或词缀(.dom)成分之间所假定的变体类型说明说话者可能对类词缀化和词缀化之间的差别没有太多意识。

生)]。它可以和一些形容词词干连用,但是典型图式是名词性的,如(10):

(10) [[[X]$_{Nk}$[-scipe]$_i$]$_{Nj}$ ←→ [[条件$_i$ with relation R to SEM$_k$]实体]$_j$

相反,RÆDEN 在上古英语中不是一个类词缀,而是指司法领域或者特定社会关系而形成的复合词。黑斯洛(Haselow 2011:165)提供的司法领域的例子包括 burh|ræden "civil|right"(公民权)、mann|ræden "man|contract、service"(人权契约)以及社会关系 feond|ræden "enmity"(敌意)、freond|ræden "friendship"(友谊)。

作为一个独立的词汇成分 ræden 非常少见,主要用于拉丁语 conditio "condition"(状况)的注释,虽然也有一些其他例子被证实,如(11):

(11) hæfdon... sume mid aþum gefæstnod, þæt
    had...   some with oaths secured,   that
    hi   on   hyre *rædenne* beon woldon.
    they in   their service   be   would
    "had made some swear that they would be in service to them."
    已经发誓会为他们服务。

(918 *Chron C*[DOEC])

第四章 词汇构式化

对这个讨论而言更关键的是派生形式的存在，如 un.ræden（鲁莽行为）和 sam.ræden "harmonious living together"（一起和谐地生活）都是判断一个独立词汇成分存在的标准，因为后缀不能作为派生的词干。

因此，在上古英语时期存在带各种意义的独立形式 ræden，如"condition（状况）、estimation（估计）、rule（规则）"（Haselow 2011:164），而且也是一个复合词中的受定语。当｜ræden 中复合词的微观构式发展时，构式化出现了：仍有语义组合性，但是其惯常性在某种程度上和指司法事务图式连用。迪茨（Dietz 2007:143、146）认为带有指社会关系词干的复合词的发展可能是"后缀构词法"的切入点，伴随意义的进一步泛化。这可能是类词缀化的一个简短阶段，引发了复合构式子图式的构式化，因为整个复合词是抽象的。新的子图式可记作（12）：

(12) $[[[X]_{Nk}[\text{-ræden}]_i]_{Nj} \leftrightarrow [[\text{条件}_i \text{ with relationR to SEM}_k]\text{实体}]_j]$

（12）中的图式批准的新派生类词缀和-scipe 以及.ness 有很强的功能重合，例如：

(13) Do   eac   swa   se   cristena   mann   beo
     do   also as   the Christian man   be
     him   unscæðþig &   bylewite and lufige
     he.DAT   unharming and humble   and love

an. nysse. & *broðor-rædene.*
oneness and brotherhood
"Do also as the Christian man, be unharmful to him, and humble and love unity, and brotherhood."
像基督教信徒一样,不伤害他人,谦卑和热爱团结,待人如兄弟。

(c1000 *ÆCHom* I. xi. [DOEC])[20]

这个时期我们已经看到了宿主类型的扩展,但该图式的能产性仍比较弱,可能是由于同一集合中存在着同样意义的许多其他图式,下面的小节中我们会讨论这一点。事实上,中古英语的-rede(<-ræden)是极其受限的(Dalton-Puffer 1996 在赫尔辛基数据库中只找到 4 个类型)。(12)作为构词图式的消失剔除了一些特定的微观构式,在当代英语中只有两个残留:kindred(亲戚关系)和 hatred(仇恨)。

-dom 和-ræden 作为类词缀使用的讨论主要关注词汇图式的发展。在这些讨论中我们已经提到:

(a) 最初的复合词构例被常规化并被构式化成微观构式类型(如 freodom、martyrdom、freondræden)。
(b) 复合词中的第二个成分逐渐成为一个漂白和具有抽象

---

[20] DOEC 在这一段落中记录了一些韵律标记。为了避免和形态记录产生混淆,这里我们删除了这些韵律标记。

义的类词缀;而且通过微观构式类型普遍化的外展产生了一个模板。这就是子图式的构式化,随后是复合词被能产地纳入该子图式。

我们将在4.6中讨论由子图式批准的类词缀微观构式可能缩减成原子性微观构式;这是一个形式上的构式演变。另外,在4.8中我们认为由类词缀图式和-dom/-ræden子图式所批准的具体微观构式会瞬时发生,一旦一个(子)图式已经形成,如形容词"wise"+dom作为一个完整名词可以说是瞬时产生的,另如blog+er最近成为了一个指写blog的人的名词,也是瞬时产生并没有中间的渐变。然而,(子)图式本身确实是逐步产生的。

在下一小节中,我们将展示类词缀-dom和-ræden的模板(两者都批准带抽象义为"条件"的名词构词)是有相同意义的图式集合的一部分。这种选择的多样性可能导致了子图式能产性的变化。

4.5.3 上古英语和中古英语中名词性类词缀的选择

多尔顿-帕菲尔(Dalton-Puffer 1996)、垂普斯(Trips 2009)的详细讨论,以及黑斯洛(Haselow 2011)的讨论,都说明了派生性词缀的发展无法通过其自身来理解。上古英语中的-dom是抽象名词性派生类词缀更大集合中的一员。其他的是-scipe、-had和-lac。也有一些没有词汇来源的后缀如.ness、.th和.ung。中古英语中另外又出现了-rede(< -ræden)和从法语来的借词。多尔顿-帕菲尔及其他研究者所讨论的.(a)cioun、

. acy、. age、. aunce、. erie、. ite、. ment 等都用于不同程度的能产性并分别和不同词干形成抽象名词，如 devotion（奉献）、conspiracy（阴谋）、marriage（婚姻）、vengeance（报复）、robbery（抢劫）、curiosity（好奇）和 commencement（开始）（这里用的是它们的现代拼写）。

中古英语中抽象名词类词缀的主要选择[21]已然是在-dom、-rede、-ship(< -scipe)和-had(中古英语 -hede)之间。所有这些最初都是指处所、头衔、状态或词干 X 的状况的关系性名词(Trips 2009:201)。后来逐渐变得只限于名词词干"基本指人"(p.204)，如 frend "friend"。它们也分别和形容词词干有密切的联系。多道尔-帕菲尔(Dalton-Puffer 1996:257—258)表示只有这些类词缀(和借词-ite"-ity"，因它主要是形容词性词干，因此在此不做讨论)投射到"表示一个状态或状况、存在或精髓"意义的集合名词上。鉴于-rede 存在较低的类型频率，它成为第一个消亡者。其轨迹是很典型的：低类型频率和低语例频率的子图式被更能产的后缀取代。例如 brother-redde，在上古英语中已经和-scipe 交替互用，如在 brotor-ræden ～ brotor-scipe "兄弟"中，被 brother-hood 取代；freond-ræden 和 freond-scipe 交替使用，最终被 freond-scipe 取代(Haselow 2011:165)。

HEDE 的来源是有争议的。因为-hede 常跟形容词连用，而上古英语的-had 常跟名词连用，因此名词 had 中的直接来源没有

---

[21] 相比使用频繁的术语"竞争"，我们更倾向于"选择"，因为"选择"是个基于使用的概念，而"竞争"则暗示构式有独立于说话者的生命。

被广泛接受。然而,多道尔-帕菲尔(Dalton-Puffer 1996:78)指出,虽然.ness 在早期中古英语中和动词词干连用,到中古英语后期它的能产性专门针对形容词。她得出结论:-hede 大多和"程度、头衔、状况、状态(如德语-heit)"义的名词相关,我们同意她的观点。在上古英语中,-had 和-dom 互用,如 cyne-had ~ cyne-dom "dominion、power of the kind"(管辖、国王的权利)。中古英语中我们发现主要是-hede,其在整个中古英语中的类型频率增强但最终被-hood 取代,如 knyght-hede~ knighthood、man-hede ~ man-hood。-head 只有少数形式保留。根据 OED (head、-head 后缀),它们是"godhead、maidenhead"(不同于 godhood、Maidenhood)等。虽然-head 消失了,但-hood 变成了一个词缀而且非常能产:

作为一个现存的后缀,-hood 可以随意附加于任何表示人或具体事物的词之后,也可附加于许多形容词之后表示状况或状态,因此该派生的数量是不确定的。临时造词更是不计其数。(OED *hood* 5)

带人物词干的 SCIPE 意为"state(状态)、condition(状况、条件)",如上古英语中的 leodscipe "a people、nation"(一个民族,国家)、friendship(朋友关系)、kinship(亲属关系)。多道尔-帕菲尔(Dalton-Puffer 1996:86—87)指出其在整个中古英语中非常稳定,且构词形式是非常透明(组合性)的。其在当代英语中使用也很频繁,通常和尊称连用(your ladyship、Master of Artship),但其中唯一能产的用法(当代英语中做词缀)是和表示职业经纪人的词干连用(penman.ship、stateman.ship)(Marchand 1969:345—346)。正如这些例子验证的,词干通常是复杂的并带有-man。

至于 DOM,在中古英语中它的类型频率降低了,但仍然存活(作为词缀)。马钱德(Marchand 1969:263)提到它从 1800 年开始和"明显贬义角色"连用。例如 bumble.dom(妄尊自大)、gangster.dom(黑社会)和 official.dom(官场)。垂普斯(Trips 2009)确认了这个观点,并提供了证据,即在当代英语中.dom 在"区域"义中还是相对能产的,而且她还引用了一些 BNC(p.119)中的一次性例子,其中很多是贬义词干,如 hack.dom、tramp.dom、slob.dom。她也指出近年来的趋势是将.dom 中的早期形式和一些前缀 anti.、post.、quasi.等结合起来,如 semi.star.dom、quasi.free.dom。

综上所述,如果我们只考虑这四个类词缀而忽略其他形成抽象名词的派生语素,如.ness,以及带形容词词干的抽象名词的发展,那么我们得到的稳固类型如表 4.2 所示②:

表 4.2　四种类词缀的相对频率

	上古英语	中古英语	现代英语
-ræden	极少	消失	—
-scipe	中度类型频率	中度类型频率	中度类型频率
-dom	类型频率	中度类型频率	中度类型频率
-had	中度类型频率	-hede 中度类型频率	-hood 类型频率

---

② 表 4.2 中,mft 表示"中度类型频率"(moderately type frequent),tf 表示"类型频率",obs 表示"消失"(obsolescing)。

除了第一个以外,其他都持续用作词缀,.hood 现在已成了这个集合的主导。多道尔-帕菲尔(Dalton-Puffer 1996:125)指出它们的共存可能受到中古英语中语义分工的部分支持:

(14) SHIP:"名词的社会地位"(social status of N)
　　 DOM:"名词的权限"(jurisdiction of a N)
　　　　 "名词的辖域"(territory of a N)
　　 HEDE:"构成名词的抽象或内在品质"(abstract or inner qualities making up a N)

随着时间流逝,这些限制逐渐被放宽了。

4.6　原子性词汇构式的发展

在这一小节中,我们讨论从复杂微观构式中产生的新的原子性词汇构式的特定案例。许多是微观构式层级的构式化,涉及形式和语义的变化(我们也已经看到构式化可以重复出现),但也有一些是只涉及形式缩减的构式演变。我们知道原子性构式是和复杂构式对立的,因为前者是非组合性的。然而,我们也会看到原子性词汇构式的发展是渐变的,而且共时上的组合性有从更强到较弱的梯度。

我们这里讨论的发展是传统上词汇化所采用的理解,主要原因如下:

(a) 两个成分之间的依赖关系（词干和派生）被消除（见 Lehmann 2002）。
(b) 一个构式的两个成分，不管是图式的还是具体的，被合并，而且两个形式间的音韵界限被消除，导致了融合。
(c) 失去了可及的隐喻意义。
(d) 该过程的产物是语言使用者独立学得的不可分析的整体。

我们这里讨论一些历史上可能和相对组合性图式如(9)的-dom 和(12)的-ræden 相关的词逐步变成非组合性的案例。我们已经提到随着-ræden 的消亡，只有两个词源上的初始形式保留到了当代英语：kindred（亲戚关系）和 hatred（仇恨）。现在这些都是非组合性原子微观构式，是批准它们的子图式消亡后的遗留。

通常，和子图式的脱离是渐变的，从这个意义上来说，先后类型之间不是停止被使用就是被新分析，使得它不再适用图式中部分开放的结构槽。多道尔-帕菲尔（Dalton-Puffer 1996）指出虽然前面讨论的去名词图式加-dom、-hede 和-scipe 保持了相对的组合性（和图式性），一些带同样派生词缀的去形容词图式成员却更容易遭到缩减，如 wisdom（非 * wisedom）和 worship （＜ worth "worth"A＋ -scipe）。这些语例和它们的图式分离开来，可能是因为语例的频繁使用。

在某些情况下，历史上和图式脱离的渐变也反映在当代英语中的梯度上。我们用上古英语的后缀 .lian 演变成早期现代英语中的 .le 的发展来说明这一点。在一些情况下，上古英语之

第四章 词汇构式化

后,一个动词词干[如 crump(崩溃)、wrig(扭动)]逐渐和 .le 连用,在一些情况中后缀被新分析为词干的一部分(伴随语义变化),而且图式中的关系消失了。(15)说明了从一个早期部分组合性的图式(上古英语中 hand.lian 的形态结构)到当代原子性和更弱组合性的微观构式[nestle(安置)、dazzle(使眼花)]的当代梯度:

(15) 上古英语 hand.lian "touch with hands"(用手摸)＞handle(处理)

上古英语 twinc.lian "shine repeatedly with intermittent light"(间歇的光反复闪亮)(如上古英语 *twinc- "wink")＞twinkle(闪烁)

早期现代英语 *wrig "to twist"＞wriggle(扭动)

上古英语 wræst.lian "grapple (repeatedly) in order to overpower"[(反复)格斗来压制](如上古英语 wræstan "twist"＞现代英语 wrest)＞wrestle(全力解决)

早期现代英语 fond.le "treat with fondness"(友爱对待)＞fondle(抚摸)

中古英语 *crump "to draw into a coil、crush"(诱使迷恋)＞crumple(崩溃)

上古英语 nest.lian "make a nest"(做巢)＞nestle(安置)

中古英语 daze "to stun"(使昏迷)＞dazzle(使眼花)

我们假设在上古英语,类似(16)的图式提供给说话者:

(16) $[[[Xstem]_i\text{-lian}]_{Vj} \leftarrow \rightarrow [[\text{repeatedly}(反复地)SEM_i]$
      $PROCESS(过程)]_j]$

各种系统性的构式演变影响了该后缀的成形,特别是上古英语中的非重读元音的缩减、中古英语中不定式词尾-n 的消失等。这些都是后构式化构式演变,影响了所有的动词。在有些情况中,-le 保留了其反复的语义。例如,马钱德(Marchand 1969:332)将其特征化为表示小型运动快速、快捷的重复,常常和声音有关。(17)中至少包括了 twinkle 和 wriggle。基本上在所有的情况中,词干的可及性消失了。正如(17)中的*所示,即使在上古英语,词干也不总是能够被证明为一个独立的形式。在当代英语中,即使词源上有同源的独立形式存在,要把 V. le 的形式和它相联系对多数说话者来说也是不可能的。他们不可能将 nestle /nɛsl/ 和 nest /nɛst/联系起来,除非他们强烈地受到拼写的影响,甚至更不可能将 dazzle 和 daze 相联系。这里的词干和后缀已经合并(形态句法的新分析,伴随着语义的变化)导致新的常规语义(nestle 的意义之一,如 nestle against,没有重复之意),也就是说在所有的案例中都已出现了词汇构式化——都需要被学得。

像 twinkle 和 dazzle 这样的语例可能被考虑含有"蔓越莓"(cranberry)语素:该语素包括一个可识的成分但没有共时上可及的自由变量像"蔓越莓"(cranberry)中的 cran-(cran-和低地

德语 Kraan "crane" 有关)。在许多蔓越莓式语素案例中,复合词可能是来源。这种发展的例子如(17)(复合词标记|只用于来源形式):

(17) 上古英语 were|wulf "? man wolf"(人 狼)＞现代英语 werewolf(狼人)
中古英语 bone|fyre "bone fire"(骨头 火)＞现代英语 bonfire(篝火)
日耳曼语 *ahwa|land "watery land"(水的 陆地)＞上古英语 ig|land＞中古英语 iland＞现代英语 island(岛)
中古英语 coppe|web "spider|web"(蜘蛛 网)＞现代英语 cobweb(蜘蛛网)

(17)中每个例子都是最初带[X|N]形式的复合微观构式被一个蔓越莓语素和一个自由语素的组合所替代;这些都表现了组合性缩减,因为该黏着语素是不可分析的。我们用 bonfire 的发展来加以说明。

在中古英语后期,复合词 bonfire 的组合性是很清楚的,具体如下:

(18) In worshyppe of saynte Johan the people waked at
    in worship   of saint   John the people awoke at
    home,& made iij   maner of fyres. One was clene

home and made three kinds of fire. One was clean bones and noo woode, and that is called a *bone fyre*.
bones and no wood and that is called a bone fire
为膜拜圣人约翰，人们在家里醒来后生了三种火。一种是干净的骨头，但没有木材，这就被称为一个祭奠之火。

(1493 *Festyvall* (1515) OED, *bonfire*, n. 1)

到了早期现代英语时期，用来指火葬柴堆，或者任何特殊场合庆祝性的用火，不再和烧骨头有关：

(19) Then doth the ioyfull feast of John the Baptist take his turne, When *bonfires* great with loftie flame, in euery towne doe burne.

"Then the joyful feast of John the Baptist recurs, when large bonfires with high flames burn in every town."

然后施洗者约翰的快乐宴席再次开始，顿时带有高高火焰的巨大篝火在每个城市点燃起来。

(1570 Googe tr. Kirchmeyer, *Popish Kingdome* iv, OED, *bonfire*, n. 4a)

还有许多 fire 作为第二个成分的微观构式[如 log|fire（圆

第四章 词汇构式化

木|火),camp|fire(营地|火)],但这些构式的组合性都比 bonfire 强,bonfire 中第一个成分的音韵变化导致了对这个复合词来说略微怪异的特别形式。每一个独立的微观构式是(20)中构式化类词缀图式类型的一个例子:

(20) $[[X_i\text{-fire}]_{Nj} \leftarrow \rightarrow [[\text{fire with relation R to SEM}_i]$ ENTITY 实体$]_j]$

然而,这个图式并没有很好地固化,而且从第一和第二个成分间的关系 R 来看它也是高度变异的。比如,在 logfire(木火)中,X 是被烧的事物;在 campfire(营火)中,X 是火的地点。然而第一个成分在其他语境中可独立作为可识别词素使得这个构式比 bonfire 更具有组合性。

以(15)和(17)中的语例来看,一个较弱的语素界限可能对很多人来说还存在。然而在其他语例中,一个最初的复合词可能由于界限的消减、音韵和语义的变化而完全模糊了。能够典型说明这一过程的英语名词出现在(21)中(再次说明形态标记仅用于最初的形式):

(21) 日耳曼语. *alino "arm"|*bogon- "bending"(混合)＞
上古英语 elnboga＞现代英语 elbow(手肘)
上古英语 gar|leac "spear leek"(嫩枝的葱蒜)＞中古英语 garleke＞现代英语 garlic(大蒜)

上古英语 daeg.es|eage "day's eye"(天的眼)＞中古英语 dayesye＞现代英语 daisy(雏菊)

上古英语 nos|thyrl "nose hole"(鼻子洞)＞中古英语 nostrelle＞现代英语 nostril(鼻孔)

上古英语 stig|rap "climb rope"(爬山绳子)＞中古英语 stirope＞现代英语 stirrup(马镫)

上古英语 scir|gerefa "shire reeve"(镇长官)＞中古英语 schirrif＞现代英语 sherrif(郡长)

上古英语 bere|ærn "barley place"(麦地)＞中古英语 bern＞现代英语 barn(粮仓)

中古英语 gose|somer "goose summer"(鹅夏天)＞现代英语 gossamer(薄纱)

(21)归纳了各个微观构式的渐变发展。下面我们用 garlic 来进行说明。在上古英语中证实了很多以 leac "leek"为第二个成分的构式[如 BRADELEAC "broad leek"(宽叶葱)、HWITLEAC "white leek"(大葱)、CROPLEAC "sprout leek"(青葱)],所有都是指各种不同的洋葱(上古英语中的 leac；见 Anderson 2003:394),以及各种不同的关系包括叶子的形状(如 GARLEAC 将叶子的形状比喻成茅刺),或者位置(如 CROPLEAC)。这说明存在着一个小的类词缀子图式,例如(22):

(22) Genim **garleac** þreo heafdu
     take   garlic three heads

"Take three heads of garlic."

拿三个蒜头

(*Leechbook* [DOEC])

到了中古英语后期我们发现:

(23) Wel loued he ***garlek***(vrr. garleek, garlik, garlike), onions and eek leeks.

well loved he garlic, onions and also leeks

他非常喜爱大蒜、洋葱和韭菜。

(1390s Chaucer, *C. T. General Prologue* [MED, *garlek*])

虽然 leac"leak"的形式保留了(作为一种特定的植物),第二个成分为 leac 的复合词消失了,该子图式也消失了。另外,微观构式[[gar]←→["spear"]]也消失了。得到固化的是微观构式[[garlek]←→["garlic"]],不是该图式的语例,却是作为最普遍指称性构式(即传统范畴中的名词)的一个语例。它因其原子性形式已被构式化。

在 garlic 这个例子中,下面的因素和构式化后的演变相关:

(a) gar 这个形式在整个中古英语时期都没有得到验证(OED 中记录其最晚使用是在 15 世纪初)。

(b) X-leac 图式的其他例子在中古英语以后也没有存活下来。

(c) 拼写变异(有可能展示音韵特征)随着时间减少,OED 中作为 garleek 得到验证的最后形式出现在 17 世纪。

本小节讨论的这类词汇构式化,正如上面所示,从本质上来说就是传统意义上的词汇化。它包括消减——图式性的消减(事实上是图式的消减),包括了图式层级的类型频率的消减,以及能产性的消减;还有因形式发展成原子性实体构式而引起的组合性消减。

能产性缩减的出现,并不总是导致图式的消减,那些已经变得不能产的也有可能复活。例如,去形容词名词的图式[ADJ.th]N ←→["抽象实体"abstract entity]历史上产生了 warmth(温暖)、health(健康)和 breadth(呼吸)等词。㉓ 这个图式是不透明的(除了最常用的 warmth),因此认为语言使用者会将它看成一个能产的图式是有问题的;当然其词干还都是蔓越莓语素。然而,类似的 coolth(酷意)(注意,最频繁形式的反义词)和 greenth(绿意)也得到了验证。语言使用者能够寻找潜在的类型,将分析性强加在一个相对非组合性的集合上,并依据这些类型进行类比,假设出一个新图式。

从形式角度看,例如合并、融合和渐变,都和语法构式演变存在着相似点(见 Brinton and Traugott 2005 关于词汇化和语法化在缩减上的相似点,就是我们这里称的 LR)。就目前我们

㉓ 为了简便,我们这里忽略了日耳曼语言/iθ/后缀细节,以及形容词元音质量受到 i-默音的影响(如 broad-breadth)。

讨论的来看,词汇构式化和语法构式化之间有两个主要的不同(4.8 中我们将讨论第三个不同点)。最重要的是,词汇构式化中的产物是内容性的而非程序性的。第二,当构式化重复出现时,通常在形式范畴上没有变化。带-dom 和-ræden 的构式通过构式化的不同阶段持续做名词。然而,在语法构式化情况下,常常在句法功能上有一个演化。介词 beside(s)被构式化成一个从句标记和语用标记(见 3.2.3)。在 WHAT-准分裂情况中,双小句结构中表回指和指示性的第一个小句被新分析为单句结构中的后指投射。

4.7 小句和短语的词汇构式化

本章的主要意图是证明词汇构式化涉及能产性(子)图式的发展。在历史语言学文献中只有能产的(子)图式的衰减才被确认为"词汇化"。这里我们通过考察小句和短语的构式化,也就是被称为"习惯用语"表达的各种类型发展,主要关注能产性增强的词汇构式化更深层次的证据。在构式语法早期研究中,对于特性的关注必然意味着习惯用语占据了讨论的主要篇幅。大量的讨论涉及如何区分预设单位(prefabs)(见 Pawley and Syder 1983, Erman and Warren 2000, Bybee and Cacoullos 2009)、公式(formulae)(见 Wray 2002、2006)、习惯用语(idioms)(见 Nunberg, Sag, and Wasow 1994)和常规化的构式(Kay and Michaelis 2012)。这里我们不会深入探讨这个争论,但认为鉴于构式库中构式类型的梯度,构式间的差异也最好看成是处于一个梯度上。南伯格、萨格和瓦索(Nunberg, Sag, and Wasow 1994)对习惯用语的研究方法是很有成效的,即组合性程度可以沿着一个梯度进行区分。从语义来看,语义在各方面都是透明的吗? 从形式来看,其表达在各方面是可变的吗? spill the beans "divulge"或 saw logs "sleep"在语义上并不透明,但在形式上允许一些变异(如时态、语态或者情态)。

这里讨论的表达类型的一个特征是它们通常是组合性自由表达的子类,因此具有良好的形式句法。相反,即使是能产的构词类型如 skyscraper,也可能从该语言的早期开始就有石化类型(如 OV 语序)。近来常常被讨论的习惯用语是 X MODAL be lucky to Y,指在补语小句(Y)中的事件"很有可能是假/错的",尤其在一个否定极语境中(Karttunen 2013),如下:

(24) In fact you **will be lucky to** see any traffic at all.
事实上你会是很幸运地看到任何交通事故。

(Karttunen 2013:174)

虽然在这个构式中的典型是 be luckyly, BE unlucky/(un)fortunate to 也是有可能的。在所有的情况中 to Y 都能够被 if Y 所代替,如(25):

(25) In fact you **will be lucky** if you see any traffic at all.
事实上如果能看到任何交通事故你会很幸运的。

第四章 词汇构式化

虽然这里的典型情态是 will，但偶尔也有 would、should 出现，如 You should be so lucky！（固定疑问标记）。带副词的非情态现在和过去时态形式是书面的（如 be lucky enough 好幸运）以及非固定的［如 You were lucky（enough）to be born into a musical family 你出身于一个音乐家庭是极幸运的］。

习惯用语 X MODAL be lucky to Y 可追溯到 19 世纪初期：

(26) This measure appeared a death blow to the authority of Philip; when the news was communicated at Versailles, marshal Villars could not refrain from exclaiming, "Adieu, court of St. Ildefonso; **you will be lucky to** be assured of a regular supply of your daily means!"

这个措施对于菲利普当局是致命一击；当这个消息在凡尔赛传开时，维拉斯元帅不停地抗议，"再见啦，圣伊尔德丰索法院；你会很幸运能被确保每天有固定食物供应！"

(1813, William Coxe, *Memories of the Kings of Spain of the House of Bourbon*, Vol. 2, 307 ［Google books; Karttunen 2013:177］).

卡顿嫩（Karttunen）指出（26）是从法语翻译过来的，法语中并没有这样的表达，只有条件句。其原文是：Elle sera heureuse si son dîner et son souper sont bien assures "She will be happy if her lunch and dinner are well assured(如果她的午餐和晚餐得到很好的保障她会很幸福的)"。

引起学者相当兴趣的一个习惯用语集合是所谓的"雪克隆效应",比如 X BE the new Y,是 Green is the new Black(绿色是新黑色)的公式化类型,是塔母辛·布兰查德(Tamsin Blanchard)2007年出版的关于道德消费主义专著的书名。"雪克隆效应"这个术语是由格伦·惠特曼(Clen Whitman)提出的,用于回应关于 Language Log(语言文字)的讨论:杰弗里·普勒姆(Geoffrey Pullum)询求给一些俗语贴上一个标签,即"多用途、习惯性的、瞬时可辨的、长期存在的、由一些懒记者和作家从一系列完全开放的搞笑变量中引用或误引的短语或句子"(Pullum 2003)[24]。雪克隆效应中,一个特定的固定表达通过引入不同的变量(形式变化)变得不再固定,而该微观构式最初的语义却泛化了。例如,My cup runneth over(Psalms 23:5) 意为"I have more than I need"(所有超过所需)而 my X runneth over 仅意为"X is beyond capacity"(X 超过容量),"X is too much"(X 太多)等,都包含了指示性语用(这里指圣经的一个英语版本,不仅是概念性,而且形态上也是-eth)。"雪克隆"有受限的变体:在 COCA 中我们搜到 My X runneth over 的

㉔ "雪克隆效应"最早出现在一个关于普勒姆(Pullum)所写的爱斯基摩语(Eskimo)中雪的表达数量的争论的笑话。现在已经有了非正式的"雪克隆效应"数据库(O'Connor 2007)。普勒姆(Pullum 2004,修改多次)接受了这一术语并引用了多种"雪克隆效应"的类型,见 http://itre.cis.upenn.edu/~myl/languagelog/archives/000350.html。

第四章 词汇构式化

4 种类型:典型的 my cup runneth over with cup(10 例),带 inbox、DVR 和 bowl 的各一例。其他的"雪克隆"有更广的范围:COCA 中搜到的 X BE the new Y 变体有 11 种,多数是颜色,但也有其他形式,如 trust、saving 和 Jesus。用谷歌(Google)能找到更多的例子,如 Fake is the new real(假是新的真)、Programming is the new literacy(编程是新的文化)、Post-black was the new black(后黑色是新的黑色)。⑤ 在这些例子中,构例作为一个类型的基础,被再次使用,"定制"于特定的话语时刻,以归纳的方式使之可识别。

兹维基(Zwicky 2006)指出了"雪克隆效应"产生的几个阶段:

(a) 先公式阶段,一个表达的各种变体出现,都是字面上的理解,不要求专门知识(What one person likes, another person detests 一人所喜欢的,另一人所厌恶的)。
(b) 一个朗朗上口的固定公式被使用(类似的语义),通常来自谚语、书名或者引用(One man's meat is another man's poison 甲之佳肴,乙之砒霜)。
(c) 随着结构槽发展或有趣典故的添加,该固定表达可能很快得到扩展,如通过双关或其他变体(One man's

---

⑤ 最后一个"雪克隆效应"出现在 2001 年非洲裔美国艺术家战后维权一代的代表特尔马·戈尔登(Thelma Golden)的展览目录里(http://en.wikipedia.org/wiki/Post-black_art; *New York Times* Nov 30th 2012)。

Mede is another man's Persian 一人当宝，一人当草)。
(d) "雪克隆效应"过程，变体(相对)再一次固化定制为带有开放结构槽的公式(One man's X is another man's Y 甲之 X 为乙之 Y)。

根据这个分析，"雪克隆效应"可以被认为是产生自经历了大量构式演变的一个图式的词汇构式化。

另一个作为"雪克隆效应"的公式是 not the sharpest tool in the box(不是箱子中最锋利的工具)。在这个例子中，其字面表达 not the ADJest N_1 in the N_2 已变成了比喻，因此已经发展了"雪克隆效应"，所有的变体都指"stupid"(愚蠢的)。其特定的限制是：

(a) 形式是 not the ADJest N_1 in the N_2。
(b) 形容词中的一个语义(比喻义)是"intelligent"；合适的选择有 sharp、bright、quick。
(c) N_1 是个名词，其词汇语义指的是和该形容词的典型非比喻义相联的一个概念。例如，如果形容词是 bright ("intelligent"，一个比喻义用法)，则名词 N_1 特别指的是颜色中的亮色概念(not the brightest penny in the purse 不是钱包中最闪亮的硬币)。
(d) N_2 通常是能够找到 N_1 的一个容器，如 box、purse 等。

not the ADJest N_1 in the N_2 的表达有字面的组合性的解

第四章　词汇构式化

释(这些不是"雪克隆效应")。在它们的"雪克隆效应"解释中，尽管不是字面组合性的，但是强烈地依赖一些因素，如否定保留，以及在形容词属于由稳定的性质或认知的模糊性所确定的词类这一层级上的识别。我们会在 5.3.5 中再来进一步讨论"雪克隆效应"。

非常明显的情况是有些微观构式允许巨大的发展，即使其变体的可变性看起来很小。比如，Go ahead and X 在 COCA 中有 500 多个变体。not the ADJest N_1 in the N_2 和 Go ahead and X 的重要区别是后者明显承担起程序性功能，而且是语法构式化的案例，而前者是内容性的，是词汇构式化的案例。因为可以从词汇性内容性构式来进行预测，所以"雪克隆效应"主要也是依赖内容召唤，而语法构式化则不是如此。

有些学者对我们这里讨论的类型是否是构式提出了质疑。菲尔墨(Fillmore 1997) 和凯(Kay 2013)都试图多方区分基于"新造词类型"的创新和基于既存构式如 red ball[这里理解为"ball that is red"(红色的那个球)而非固定表达 red ball "urgent situation"(紧急状况)]的创新。凯认为 red ball 不需要以微观构式的形式来学习，而是名词修饰构式默认继承的能产结果(但是从基于使用的构式角度来看，后者大概需要被学习)。特别是，凯指出：

语言数据中有许多类型并不能被当作语法的部分……因为，不像批准 red ball 的构式那样，这些类型不仅不必要也不足以产生或理解语言表达的任何集合：每个示例这些类型的表达

都需要被独立学习和记忆。(Kay 2013:32—33)

凯比较了 ALL-准分裂、WHAT-准分裂(它们是能产的)和像 dumb as an ox(像公牛一样笨)、flat as a pancake(像松饼一样平)这样公式的能产性。虽然有一些子类[比较级如 deader than a doornail(比门钉还过时)],凯将之列成公式"A as NP [理解:"very A"]",在凯看来这个"公式并不构成一个构式因为它并不能产"(p.38)。凯的问题在于如果没有试验就无法知道说话者是否独立学习了每个字符串,或者他们是否能通过对这些类型进行类比来建立新的表达。在一定人数的说话者中,个人可能或多或少有能力发展新的变体。凯在他的论文中以新造类型是否会产生构式的问题为总结,并且认为 way-构式可能就是这个问题的一个案例,"产生于语义各异的词汇杂烩"(p.46)。正如我们在2.7中提到的,way-构式的词汇开端并不是个杂烩。作为典型的先构式化构式演变,有一些明显的类型随着时间推移变得常规化并被纳入一个图式(在该情况中多指动作和获得),而且随后发展出了子图式。在现代[A as NP]类型的语例中,其成员可能在共时上相对比 way-构式更固定,但我们从浮现(和衰退)类型来看,这并不是构式和非构式的区别,而是能产性的程度不同。

正如利伯曼(Liberman 2006)所提到的,"雪克隆"更像凯所说的新造类型,但更能产;不管怎样,它们在"唤起一个熟悉概念"时特别有效。我们这里处理的是共时激活潜能从低到高的

第四章　词汇构式化

一个连续统。冈萨雷斯-加西亚(Gonzálvez-Garcia 2011)在挑战凯(Kay 2013)假说的论文中,论证了西班牙语[A as NP]类型不仅比英语能产,而且和"雪克隆效应"在一个连续统上,因此她得出结论"语言使用者储存了部分和整体,并在需要时使用它们"(Bybee and Eddington 2006,Bybee 2010)。

4.8　某些词汇构式的瞬时发展

我们前面讨论的图式和子图式的发展涉及一系列的变化——构式类型的积累,(子)图式的逐渐结晶化。我们已经在后词汇构式化演变中看到了随着成员消亡其子图式如何慢慢受到侵蚀,以及随着内部结构变得融合或缩减,个别微观构式是如何受到侵蚀的。但是,不是所有的词汇微观构式都是逐渐产生的。这里我们关注瞬时变化的一些类型。虽然一个构词图式可以逐步发展,但关于该图式的某些个别特定的微观构式明显不是逐步发展的。有的形式新-语义新的配对[如 dukedom(公爵领地)]不是从一系列微观步骤变化而来的,而是瞬时产生的节点。例如子图式[[V. er]←→[person who Vs]],我们几乎能用所有的行为动词并瞬时从中产生一个具有完整的名词功能的施事名词[如 blogger(博主)]。鉴于当局某个人的名字,我们能瞬时创造如 Obamadom 来表示"由奥巴马所统治世界的状况"[25]。同

---

[25]　见 2008 年 11 月 26 日头条 Obamadom! http://sheafrotherdon.dreamwidth.org/303140.html(收于 2012 年 7 月 29 日)。

样,我们能结合词的子部来创造一个微观构式如 sitcom,或首字母缩写如 NGO㉗。这样的形式范围是巨大的并且是词汇创造的丰富源泉。我们无法对它们做出公平的评判,但以此来强调我们为何视其为不同于本书所讨论的构式化的其他案例,并为下一小节提供背景来重新阐述那些已被当作词汇化和语法化反例的某些案例。

　　从上古英语时代开始使用的一个高度能产和非常规律的构词类型是"类转"(conversion),即将一个现存微观构式纳入一个不同的句法范畴,如名词 calendar(日历)或 window(窗户)用作动词,或者更为少见的,一个副词或介词变动词(to up),或任何词类变名词(what ifs)。马蒂洛(Mattiello 2013:3.2.1.1)引用了 to diss 的例子,即类转于如 disrespect(无礼)的动词前缀的一个剪辑。"类转"是一种重新范畴化,类转的微观构式在没有覆盖它被纳入的词类的任何普遍继承规则的情况下被潜在地使用。从克拉克夫妇(Clark and Clark 1979)开始它经常被提到,一个名词类转为动词限制了名词暗含的论元结构角色:to calendar 就是在既存的日历里记入新的日期,而不是建立一个日历或用日历作为装饰。to bicycle 是指用自行车来运动,等等。虽然有批准新构词的不同类型,但个别意义并不是完全组合性的而且是必须被学得的,所以类转的产物是一个构式,但它不是逐步产生的。

　　新的词汇构式的产生包括创新和新词的常规化,以及从语

㉗ 这种瞬时发展常被称为"新造"(但不是 Kay 2013 所讨论的)。

第四章 词汇构式化

言的音韵来源产生的新词汇成分。有时,变化的路径可以是间接的。例如,quark(夸克)最初出现在乔伊斯的《芬尼根守灵夜》(Joyce 1939)中:㉘

Three *quarks* for Muster Mark!
Sure he hasn't got much of a bark
And sure any he has it's all beside the mark
向麦克老人三呼夸克
肯定他听见的不像犬吠
肯定他所有的一切无不偏离中心

默里·盖尔曼(Murray Gell-Mann)在1964年首先用它来指一组原子性粒子,从此它就用来指物理粒子。

参考乔伊斯的引用,OED认为该词指一种鸟,或者一种鸟的叫声(s.v. quawk,n.)㉙。我们假设乔伊斯的最初使用是指鸟的声音(另见 three hurrahs for Muster Mark!)。这是乔伊斯利用它系统中的音韵部分在他个人语言网络中创造一个新的符号的创新。新的节点产生了,但并没有通过一系列微小步骤。盖尔曼对该术语的重新使用,给它一个明确而具体的语义也是

㉘ 关于这个的归属以及默里·盖尔曼(Murray Gell-Mann)对它的评论,见《美国传统词典》(*American Heritage Dictionary*,2011)。

㉙ 就在《芬民根守灵夜》(*Finnegan's Wake*)(p.383)这节诗之后,马上接下来的是"Overhoved, shrillgleescreaming. That song sang seaswans. The winging ones. Seahawk, seagull, curlew and plover, kestrel and capercallzie"。

329

瞬时的。

假定在有些规则没有得到遵循的条件下,马蒂洛(Mattiello 2013)提出了通常被称为"额外语法构词"(extra-grammatical word-formation)的构词过程中各种类型的大量共时研究和分类。从构式角度看,它们是基于不易定义的图式的新分析。马蒂洛引用的例子代表了从有构词特征到没有构词特征的新造词的连续统。和常规的构词最相近的是:

(27) 联觉音组(phonaesthemes),如-ump 的形式指重量或笨拙(clump、dump);这些通常是游戏性的,
逆构法(back-formations)(edit＜editor and destruct＜destruction);这些通常基于类比匹配。

对于逆构法,像 swim(游泳)-swimmer(游泳的人)这样的类型可能会引发 edit(编辑)-editor(编辑)的设定,但是后者中的动词却派生自名词,而非相反。两个过程都是偶然的且其能产性很小。其他例子涉及导致不同种类的个体或事件的新命名的压缩:

(28) 剪辑[tude＜attitude（态度）,(to) diss＜disrespect（无礼）],
复合剪辑[sitcom＜situation comedy(情景喜剧)],
杂糅[motel＜motor hotel（汽车旅馆）,chortle＜chuckle and snort(大笑);近来的杂糅有 tofurkey＜

第四章 词汇构式化

tofu and turkey（豆腐加火鸡），Romnesia[30] < Romney and amnesia(罗姆尼加失忆症)]，

然而另外一些涉及通常并不导致新语义但指示既存表达的压缩。首字母连读词(initialisms)的音韵形式分别由各个字母的发音组成，与首字母缩写词(acronyms)不同：

(29) 首字母缩写词（AIDS /edz/，"acquired immune deficiency syndrome"获得性免疫缺陷综合症），
首字母连读词(OTT /o ti ti/"over the top"顶上)。

这种类型的变化被称作是额外语法的，因为其能产性很弱而特殊性很强。马蒂洛指出它们在很多情况下是类比性的[如boatel(船舶旅馆)，类比自 motel]，受限于语言的良构制约，如音节结构制约，以及其不可预测性的"离奇规则"，总之它们都是创造性表达，这些表达对从俚语到专业行话的各种离奇语用的原因都很有价值。

虽然这些构词类型与那些通过形式变化到一个现存构式的某些普遍原则有共同之处，但在意义上的情况却相当的不同。有时意义并没有变化(sitcom 和 situation comedy 有相同的词

---

[30] 大卫·科恩(David Corn)在 2012 年 6 月创造了该词来表达变化的政治立场的条件（http:// www. motherjones. com/politics/2012/06/mitt-romney-history-problem）。

汇义),而且主要的语义差异是与篇章语境的形式程度相关的交际语用因素。有时可能在来源和新词之间出现语义差异,但有可能事实上这样的语义变化是形式变化的前身。例如,'tude,意为"有敌意的行为或举止",下面这样的说法在语用上显得奇怪:

(30) a. ！Why does she have such a bad ***'tude*** towards her dad?
　　　为何她对父亲做出如此粗鲁的行为？
　　b. ！I've never met anyone with such a positive ***'tude***.
　　　我从没有碰到任何带有如此积极"状态"的人。

第一个显得多余,第二个显得矛盾(对许多说话者来说)。第一个'tude 的语例出现在 20 世纪 70 年代,似乎是 attitude 的剪辑形式,含有贬义"侵略性或不合作的行为、憎恨或敌意的态度",是引自 OED 1997 年文稿的一个记录,最早出现在 60 年代。因此,这里的剪辑并不涉及语义变化,但涉及其来源。

这种类型表达被认为是特殊性的原因之一是在某种程度上无法预测(也包括变异)新形式-语义配对的确切样子。比如,英语单词 pornography(色情作品)的剪辑,对很多说话者来说,剪辑的形式是单音节的(porn),对另一些说话者却是双音节的(porno)。类似的是,早餐 breakfast 和午餐 lunch 结合的一餐是 brunch,但当融合产生时也不能完全预测原始单词的哪一个特定部分会被保留[比较 brunch 和 Spanglish(西班牙式英语)〕。然而,英语说话者在创造新的形式时还是有些可遵循的普遍规则:他们不会将第一个单词的韵腹和第二个单词的韵尾相结合(详见 Gries 2004,Hilpert 2014)。

我们在 4.6 的末尾对词汇和语法构式化间的两个差异进行了评论。本小节提出了第三个差别:通过构词和"额外语法"过程产生的词汇微观构式通常是瞬时的。我们还没有发现语法性构式的瞬时发展。从上面的几个章节内容可以得出如下普遍性:词汇和语法性图式的产生都是渐变的;语法性微观构式的产生也是如此。然而,词汇性微观构式可瞬时产生。这一点总结在表 4.3 中。

表 4.3 渐变和瞬时构式化

	词汇构式化	语法构式化
图式	渐变	渐变
微观构式	+/－渐变	渐变

4.9 词汇构式化和去语法化

20 世纪 90 年代和 21 世纪早期挑战语法化单向性假说的研究认为词汇化的某些类型是去语法化(如 Ramat 1992、2001,Newmeyer 1998、2001,Janda 2001,Van der Auwera 2002)。文献中经常引用的例子是 up、down 用作动词,ante、if 做名词,以及派生语素.ade、.ism 做名词(Ramat 2001)。正如随后被反复强调的(见 Haspelmath 2004,Lehmann 2004),这些不是去语法化的案例,因为它们不是类转(up、down、ante、if)就是剪辑(ade、ism)㉛。由于它们不是渐变,它们就不可能是语法化的逆转,因为语法化是渐变的。在上一小节中我们已经展示了它们不是我们所说的渐变的构式化。

在 3.4 中,我们讨论了去语法化和构式化的关系。在该节中,我们关注的焦点是语法性构式的发展(如英语与格-s,或爱尔兰语 muid)可被当成是语法构式化的案例。这里,我们认为那些被看作去语法化案例的变化类型实际上是词汇构式化的合法案例。我们这里的例子是威利斯(Willis 2007)指出的"句法词汇化",因为它源自句法使用中的新分析,诺德(Norde 2009)称之为"逆语法"(degrammation):

一个功能词在特定语言环境中被重新分析成一个主要词类的成员……并得到实体语义的复合变化。(Norde 2009:135)㉜

威利斯(Willis)认为威尔士语 yn ol "after"(在……之后)>nôl"to fetch"(拿)源自 yn ol 用于动词义"fetch"可以被推测的位置。这是一种和"去屈折"(deflexion)平行的句法类型(在 Norde 2009 看来是次要去语法化或从屈折到语缀的转换)。特劳斯代尔和诺德(Trousdale and Norde 2013)观察到逆语法

㉛ 诺德(Norde 2009)提供了这些问题的总结和评价。
㉜ 这里的"逆语法"和安德森(Andersen 2008:22)的有不同的用法。安德森(Anderson 2008)将它定义为"一个表达通过重新分析失去语法性内容的变化"。

第四章 词汇构式化

和 to up 这样的例子不同,因为它涉及句法新分析和语用模糊的桥梁语境(详见第五章)。

在威尔士语 yn ol"after">nôl"to fetch"中,yn ol 被使用的主要意义是"按照"。空间/位置义只保留在"一些**高频率(可能是固定表达)**构式如'go after'(追寻)和'leave behind'(遗弃)"中(Willis 2007:300,粗体后加)。在后者的用法中,yn ol 开始出现在一些动词义"fetch"可被推测的位置上,如(31):

(31) Dos **yn ol** y marchawc a aeth
go.imper.2s yn ol the knight rel went.3s
odyma y'r weirglawd.
from-here to.the meadow
"Go after/fetch the knight who went away from here to the meadow."
去把那些想逃离这里去草原的骑士抓来。
(late Middle Welsh, 15thC [Willis 2007:294])③

这个例子有潜在的模糊性,因为 yn ol 可被理解为介词"after"("Go after the knight who went from here to the meadow" 追寻那些从这里逃到草原的骑士),或者不定式标记加动词("Go to fetch the knight who went from here to the meadow"去捉拿从这里逃到草原的骑士)。后者经历了音韵上的新分析(n 已经

---

③ (31)和(33)注释中的记号均来自威利斯。

和后面的音节相连㉞),以及句法新分析(nôl 已被重新理解为 VP 的中心语):

(32) [[yn ol]$_P$ y marchawc]$_{PP}$ "after the knight"(骑士后面)>
[y[[nol]$_V$]$_{VP}$ y marchawc] "to fetch the knight"(叫回骑士)

新分析使 nôl 被用作一个完全词汇性动词并带有标记动词的后缀,比如(33)中的祈使句情态。这样的语例是构式化的证据:

(33) *Nol*wch　　　y　　Brenin　i　'w　　examnio.
　　　Fetch. imper. 2p　the　King　to　3sm　examine. vn
　　　"Fetch the king to be cross-examined."
　　　把国王提来反复讯问。
　　　　　　　(late 17thC [Willis 2007:297; Norde 2009:150])

随着构式化,大范围的多义消减了,并出现了程序功能得以扩展的[[yn ol]←→["according to"按照]]和内容性意义更为受限的[[y nol]←→["go after"追求]]之间的分离。对于后者而言是能产性的降低,因为它被用来和更受限的动词集合搭配,

---

㉞ 英语中这样的变化还有 a napron>an apron,和 an eke-name "a same-name">a nickname 等。

即希梅尔曼(Himmelmann 2004)所说的宿主类型缩减。然而，如今的 nôl 从及物构式继承而来。随着鼻音和其后面单词的重新分割，也有组合性的消减。

4.10 小结

本章讨论了新内容性构式形成的某些方式。我们关注的焦点是(子)图式的渐变构式化，但也同时讨论新微观节点的瞬时形成，无论它们是新的构词、"雪克隆效应"、剪辑或是首字母缩写，均是(子)图式得以发展。我们提出了渐变词汇构式化的以下特征：

(a) 词汇构式化有三种类型：
    i) 新复杂微观构式的发展；这个可能是渐变的，但通常是瞬时纳入某个图式。
    ii) 通过一系列构式演变(LE)的复杂图式和子图式的发展；通贯本书它是渐变的。
    iii) 通过一系列构式演变(LR)从复杂微观构式中产生的原子性微观构式的发展；这也是渐变的。
(b) 新的复杂(子)图式的词汇构式化是渐变的，涉及一段时间的生长(扩展)即能产性增强。在许多方面类似宿主类型扩展，但在构词方面，宿主类型在句法上非常片面，就是词干。语义上，宿主类型通常在网络中紧密相连(如-ræden 复合词都涉及司法领域，或者有特别的社会关系)。

(c) 一些复杂词汇图式经历时间洗礼而保留下来,有不同程度的能产性(比较能产的.hood 和较低能产的.dom)。但其成长可能是短命的,其图式也可能消失(如-ræden)——有可能是通过和其他图式的合并(如中古英语-hede 和上古英语的反身代词-had 合并)。

(d) 缩减,不管是类型的消减,或是微观构式的内部变化(如 kindred),都是渐变的。原子性词汇构式可能是作为原先(部分)能产图式的残留而产生(如 maidenhead、hatred、garlic),或者是没有参与更大图式的复合词的残留(如 werewolf)。

除了(a)中的瞬时变化以外,这些因素和语法构式化中所发现的因素是极为平行的。然而,词汇构式化中的消减比语法构式化中的消减更频繁,部分原因是许多词汇构式是指称性的:尤其是名词性构式比更抽象的语法构式更常受到社会因素的制约,㉟如接触和意识形态变化。

词汇和语法构式化还有显著的不同,最重要的是(a)以及(e)中的瞬时变化:

(e) 词汇构式化的结果是内容性的,语法构式化的产物是程序性和指示性的。

㉟ 语法范畴的一个例外是人称代词,有可能更受社会价值和社会变化的影响。

(f) 词汇构式化通常不涉及句法扩展,不是在新的句法语境中出现,就是用作新的句法功能。

(g) 词汇构式化中极少有语义漂白,虽然其内容性语义随着时间流逝可能变得更普遍(如 bonfire)。

(h) 后构式化构式演变,构词图式的扩展可能是短命的。虽然不是所有的语法构式化都是长命的(如近年来 all-引用的发展和 Buchstaller, Rickford, Traugott, and Wasow 2010 讨论的一些短命演变的例子),但大多数语法构式化还是保持了几个世纪。

我们已经展示了词汇构式化和定义为缩减的词汇化并不对等,因为词汇构式化包括图式的成长(如构词和"雪克隆效应")和(子)图式的扩展以及缩减。因此,特劳斯代尔(Trousdale 2008b、2008c、2010、2012a)主张的词汇构式化涉及能产性、抽象性和组合性的缩减对于普遍词汇构式化来说太强势。然而,对于一些涉及从复杂构式到原子性构式发展的词汇构式化而言它是成立的。我们认为它们的关系可总结于表 4.4:

表 4.4　词汇和语法构式化中的图式性、能产性和组合性

	词汇构式化	语法构式化
图式性	图式成长:增强 图式消减:缩减	增强
能产性	图式成长:增强 图式消减:缩减	增强
组合性	缩减	缩减

词汇构式化也不能等同于概念化为语法化的反证,因为:

(i) 一些所谓的去语法化案例适合作为词汇微观构式化的案例(如威尔士语 yn ol＞y nôl)。
(j) 一些所谓的去语法化案例不是词汇构式化的案例(或真正的词汇化)〔如由剪辑产生的新词汇成分(ade 和 'tude),或类转(down "drink rapidly")〕。

至于某些词汇构式的瞬时产生,我们已展示:

(k) 某一类型构式的瞬时产生受限于微观构式。
(l) 瞬时产生所依据的类型可能是规则且高度受限的(如构词)或者是更为普遍且不可预测的(如杂糅)。

在下一章中,我们转向如何从构式的角度理解语言在语境中的演变这一问题。

第五章　构式化语境

5.1　引言[①]

"语境"是构式语法研究中的一个重要部分。然而,正如贝格斯和迪沃尔德(Bergs and Diewald 2009a)在他们的《语境和构式》导言中所指出的那样,它的概念是不清晰的。他们将之限定为"语用和篇章的重合部分"(p.3)。这种说法和凯(Kay 2004)关于如何理解 let alone 构式的讨论相一致:

(1) Fred won't order shrimp, ***let alone*** Louise, squid.
　　福瑞德不会点虾的,更不用说路易斯啦,点鱿鱼。

凯认为听者对(1)的成功理解存在于:

如果他能根据路易斯单方面想点鱿鱼的愿望包含了福瑞德

[①]　本章的部分内容出现在特劳戈特(Traugott 2012a、2012b),但是在语法化,而非构式框架之内。

想点虾的愿望的一系列假设作为谈话的共同基础来发现或建构的话。(Kay 2004:676)

这里"语境"可以被理解为相关隐性语用意义的一个复杂结构化集合,其中一些涉及先前的话语,但尤其是被标量构式 let alone 引起的语用义。凯的角度是共时的,但即使是在共时框架中,仅对语用和语篇语境的关注对被理解为形式语义配对的构式还是不够的。一方面,有包括了特定的组合关系分布、启动等形式的语境;另一方面,还有网络语境——能够引起类比思维的相关节点。世界知识和社会语境,比如说话者-听者的地位、性别、话语地点等都可能起作用。从历时角度来看,主要问题是确认在引起或需要哪种语境时哪些构式被常规化,我们将在5.3中讨论这一观点。

语境也是语法化研究中的一个重要部分。在一个被多次引用的论断中,拜比、帕金斯和帕柳卡(Bybee,Perkins,and Pagliuca 1994:297)指出:"一个语法语素的意义所发生的一切,之所以发生是因为其所使用的语境"。希梅尔曼(Himmelmann 2004)对此进行了扩展:

严格来说,从来不只是正在语法化的成分经历语法化。相反,是在组合关系语境中正在经历语法化的成分被语法化。也就是说,语法化合理应用的单位是句法组合②,而不是孤立的词

---

② 正如3.2.2注脚9提到的,希梅尔曼所用的"construction"指的是句法字符串或组合。

第五章 构式化语境

汇成分。(Himmelmann 2004:31;斜体来自原文)

例如,lot 只有在 a lot of (a) N 类型的不定双名词语境中才被新分析为一个数量词。近来,加勒特(Garrett)也说道:

> 如果没有找到演变发源的关键语境而且不能理解这种语境的特征是如何引起演变的话,我们就无法理解一个事物是如何变化成另一个的。(Garrett 2012:71)

我们认同这些评论,并注意到,当两位学者提到语法化时,他们所说的普遍语言演变,包括词汇变化都是正确的,虽然组合关系语境作用在语法构式化中比词汇构式化更为明显。另外,由于构式是形式语义配对,我们所观察到的语境中构式化前后的演变在我们看来必须包括形式和语义两者——因此前面的"关键"(pivot)可能是语篇-功能的、语用或语义的,也可能是形式的。

那么,什么是语境? 卡特福特(Catford 1965)试图区分"共现语境(co-text)——语言语境、相关的文本环境"和"情状语境(context of situation)——参与者、互动类型,如面对面互动、旁观者状态、文化等"。后来,研究者发现这个区分很难站住脚,因为它部分依赖于其所采纳的语言学方法。由此,我们这里使用的是普遍术语"语境"(context),我们所说的语境是指作为语言学环境下广义上的语言学共现语境(co-text),包括句法、形态、音韵、语义、语用推测、文体(书面/口语)以及有时更广阔的语篇和社会语言学语境。将文体归入语境基于演变可能受到文体的影响这样的观察,因为语言结构可能因演变是和书面语还是和口语相关从而具有显著的差异。(Biber and Finegan 1997)

语境理解为严格定义的共现语境一直受限于句子中元素的选择性限制。比如,柯尼格和委佐齐(König and Vezzosi 2004)讨论了复杂反身回指词的发展。上古英语中这些回指词是没有标记的,如(2),但在当代英语翻译中被-self 标记出来了。

(2) *hine*　　　he　　　bewerað
　　 3SG. ACC　3SG. NOM　defend. 3SG-PRES
　　 himi　　　hei　　　defends
　　 mid　　wæpnum.
　　 with　weapons. DAT. PL
　　 with　weapons
　　 "He defends himself with weapons."
　　 他用武器保护自己。
　　　　　　　　　　　(König and Vezzosi 2004:228)

柯尼格和委佐齐将回指词-self 发展的源起语境定义为"带有其他指向及物动词和第三人称单数主语的句子"。莱曼(Lehmann 2008:211)同样讨论了对比分裂在"复杂句"内的发展,甚至他将"信息结构操作"看成"和普遍语篇的操纵有关"。然而,随着学界对于口语中的演变、启动(priming)以及信息结构和句法间的界面等因素兴趣的增加,以句子为语境的观点变得不可持续。

第五章　构式化语境

句子是书面语言的单位,因此不适合用作口语语篇的分析。这里,"小句"或更受青睐的"语调单位"是分析的主要单位(Chafe 1994)。正如在 1.7 中提到的,由于我们的历史文本到近期都只是书写的,因此句子被认为是可行的分析单位。然而,在 17 世纪以前,句子的概念(最早意为"观点、判断")的编码性比现在更弱。基于句子的标点在很多情况下是由现代编辑们添加的。因此,事实上,句子作为一个可行的单位只适用于英语历史中相对近期的一个时段。构式语法避免了这个问题,因为"句子"不是一个构式。演变产生的更大语境是典型的"局部"构式网络,即最强烈地受到扩展激活影响的那部分网络。在语法构式化中,局部的领域可能是一个特定的小句;在词汇构式化中,局部的领域可能是一个构词图式、短语或小句。

本章旨在展示对语境和构式化的理想阐释所须关注的三个因素,它们在前面章节中也已经被提及:

(a) 口语和写作的线性流动(联合关系、组合关系和索引性轴)。
(b) 可提供的替代物(相似、选择、聚合/范例关系和图标性轴)。
(c) 影响当时语言网络中的节点和链接的更为普遍和系统的变化。

直到近年来,因素(a),线性分布的变化一直是很多形态句法变化和语法化研究的焦点。因素(b)直到过去几年还仅限于屈折形态或词汇研究。语法化多元分析变异研究现已开始阐明共变量在选择轴线("竞争")上发生的语境(该问题的综述可见 Poplack 2011,Torres Cacoullos and Walker 2009)。希尔伯特 (Hilpert 2008)的历时搭配结构分析将(a)(b)两因素结合起来,并在线性搭配中确认变化的聚合/范例关系选择。(c)因素,指的是个别变化和语言中更大的系统演变的关系,正如费希尔(Fischer 2007)指出的,还没有被足够地关注;同时未受足够关注的还有网络间的链接(De Smet 2010)。然而,近年来尤其是纳尔戈尔-索伦森,赫尔托夫特和肖斯勒(Norgård-Sørensen, Heltoft,and Schøsler 2011)将(b)(c)两因素结合起来并已经取得了进展,他们使用了一个比本书采纳的更受限的组合关系概念。

在本章中,我们并不寻求例证理想的完整标量的语境分析,而是指出对引发构式化的渐变的分析应当思考的一些因素。因此,我们不讨论 4.8 所讨论的类型的瞬时发展语境。我们首先介绍最初用于解释语法化但我们将之修改后用来解释构式化的框架来分析语境(5.2)。在 5.3 中,我们简单例证 5.2 阐述的框架的各种变化,其中许多例子(但不是全部)在前面的章节中出现过。我们区分构式内部的语境、那些涉及网络中其他构式的语境以及那些语篇功能广泛的语境,比如竞争性争论。因此,我们也区分特定构式语境(内部)、网络语境(构式间的链接),以及说话者对构式的语篇使用。5.4 将讨论构式化之后引发语境 (enabling contexts)的持续性。5.5 是小结。

5.2 语境的思考框架

在前面的章节中,我们已经指出先构式化构式演变引发(但并不预测)构式化,后构式化构式演变可能引发扩展(能产性增强)和新构式的缩减,无论是图式还是微观构式。这个观点直接基于前人对语法化和词汇化的语境研究(如 Heine 2002,Diewald 2002、2006, Himmelmann 2004)。我们在 5.2.1 中讨论先构式化构式演变的主要因素,在 5.2.2 中讨论后构式化演变的主要因素。

5.2.1 先构式化构式演变中的主要语境因素

正如前面章节中提到的,先构式化构式演变中的主要语境因素如下:

(a) 一个新构式的潜在浮现能够在因某特定集合构例的语块切分、规则化和反复选择而引起细微、次要形态句法的重新调整的起始语境中得到确认,所有都可作为渐变的证据。
(b) 这些"起始"(onset)语境包括语用,如"受邀推测"(Traugott and König 1991),或"诱导理解语境"(Heine, Claudi, and Hünnemeyer 1991);它们出现在口语或写作的语流中。
(c) 起始语境和可确认新表达的语境不同,后者被称作"转换"语境(Heine 2002)和"孤立"语境(Diewald 2002、2006)。

(d) 起始语境中一系列微小的重复调整的结果可能促成系统中的共时梯度(Traugott and Trousdale 2010b)。

引起争论的一点是起始语境是否必须是模糊的,如果是模糊的话是在语法的哪个层次上。模糊性是思考新分析的基础,正如下面关于重新分析的陈述所例证的:"重新分析主要依赖于一个由表面模糊性或多个分析的可能性为特征的类型"(Harris and Campbell 1995:51)。另一方面,海因(Heine 2002)和迪沃尔德(Diewald 2002、2006)都回避了表面和结构的模糊性,相反强调隐蔽的语用模糊性。海因将他描述的语用推测特征称作"桥梁语境",而迪沃尔德则称作"非典型"语境,后来又称为"关键语境",带有"多种结构和语义模糊性"(Diewald 2002:103)。

虽然文本记录说明许多语法构式化的案例之前都有模糊性(见下文 5.3.4 中对 BE going to 的讨论),但并不是全都如此。因此,模糊性不能被认为是语法构式化新分析的必要条件。2.7 中讨论的 way-构式的案例并没有明显的语用模糊性的证据,也不清楚它是否可能存在;加强的语用和非典型的形态句法分布是该构式发展的关键因素。另一个缺乏模糊性的案例是 15 世纪的 like 变成了一个(现在是非标准英语)表达"行为难以回避"的情态助词 BE like to(Kytö and Romaine 2005,Traugott 2012a)。

第五章 构式化语境

这里有必要澄清一些在共时分析中常用的术语。模糊性通常被认为是语义，它指两种或两种以上不同结构句法分析的可用性。如果不同的语义不能以一种合理的方式连贯起来，如 bill of a bird（鸟的喙）和 bill to pay（要付的账单），它们是同形异义词；如果连贯则是多义词，尤其是当它们有共同的来源，如 book 作为写作的产物，book 作为阅读材料，以及 book 作为物体（Pustejovsky 1995）。含糊性指的是杂糅，同时表达一个更普遍意义的子类，如 aunt 作为妈妈的姐妹和 aunt 作为爸爸的姐妹（Tuggy 1993、2007）。在认知文献中，"含糊性、多义和同形异义代表了一个图式性缩减和语例显著性增强的梯度"（Lewandowska-Tomaszczyk 2007:158）。也就是说，它们处于一个连续统上而且并不容易在特定例子中，尤其是历时案例中，去区分它们。

第四个概念，语用模糊性（Horn 2001:第六章，Sweetser 1990），已经成为语言演变研究中至关重要的部分。斯威策（Sweetser 1990:76）将语用模糊性定义为"单个语义……根据语用环境以不同的方式来应用"。例如，because 在下面例（3）中是语用模糊而非语义模糊（Sweetser 1990:77）。

(3) a. John came back because he loved her.
约翰回来因为爱她。
b. John loved her, because he came back.
约翰爱她，因为他回来了。
c. What are you doing tonight, because there's a good

movie on.

你今天晚上打算做什么,因为这里要放映一部好电影。

语义上,because 表达原因。(3a)中它在语用上实例化了真实世界关系,约翰回来的原因;(3b)中,是说话者认为"John loved her"(约翰爱她)的原因;(3c)中是说话者问"What are you doing tonight"(你今晚打算做什么)的原因。同样,cousin[堂(表)兄弟姐妹]表达了一种亲属关系,但在 My cousin married an actress[我堂(表)兄(弟)同一位女演员结婚了]中,男女性别的 cousins 的区别被激活了。这个很明显是受限于语境的:在一些文化中,My cousin married an actress 的典型期待会被激活,在听者的头脑中,"男性堂(表)兄弟"而非"女性堂(表)姐妹"的节点被激活。然而这也可在一些允许同性恋婚姻的社会中被推翻,但会要求更显著的语境知识(这里的语境包括从特定文化知识到说话者知识以及其个人关系等)或者说话者给予明确的澄清。这些在语境中产生的各种语用义不是一个表达微观上固有的,而是被用来将某一话语和同它一起出现的被称为"环境调节"的其他话语的理解统一起来(Hansen 2008:23,基于 Cruse 1986:52)。正如我们会在下面的章节中论证的那样,它们是很多变化的主要因素。然而,和语义含糊、多义和同形异义一样,并不是总能在"固有微观意义"和调节之间做出清晰的区分,尤其做历史研究更加如此。正如拜比(Bybee 2010:52)观察到的那样,"在派生于语境的意义的各个方面和那些作为词汇

第五章 构式化语境

成分或构式固有语义的各个方面之间没有明晰的区分"。

通过构式化产生的新构式通常和旧构式有语义上的相似处。目前,被广泛用于构式语法和语法化研究文献中的"多义"是指共享的意义。由于这个术语被用于不同的方法中,因此需要在此澄清。正如2.4.1中提到的,戈登伯格扩展了"多义"这个术语,通常用于词汇成分使用中的意义相似,来指共时子图式间的意义类似,也指确认网络中构式间的链接,尤其是"意义上紧密相连的一个家族"范畴(Goldberg 1995:31)。然而,在语法化研究文献中,"多义"这个术语被广泛使用于一个特定微观构式类似的层次来指来源和目标间的历时关系。[③] 在强调意义变化的语法化模式中,一个新(目标)语法化的成分通常被认为是其来源的多义形式,直到来源消失或分裂成为一个同形异义。一个假说是当语用多义被新分析时它在语法化的转换阶段被新分析为语义多义。例如,在早期版本的语法化语境模式中,海因、克劳迪和许内梅耶(Heine, Claudi, and Hünnemeyer 1991:73)认为语法化之后形式"F 有了两个'多义形式'A 和 B,它们可能最终成为'同形异义'"。语法化成分的新和旧层次的多义被霍珀和特劳戈特(Hopper and Traugott 2003:102)认为是当然的,其中语法成分被认为是"明显的多义"。近来,拜比评论道:

---

③ 然而,它有时被用来指跨范畴的多义重复,如吉冯(Givón 1991:292)提到了希伯来语中一组带补足语动词的"系统多义"。

由于新的意义在特定的语境中产生,它们不能马上代替旧的意义;相反可能会有长期的新旧意义共存的重合或多义。(Bybee 2010:199)

将语用义新分析为语义在我们看来是许多构式化案例中非常重要的步骤。正如1.4.2.3中讨论的,它导致了错配,因此需要一个术语来表达更早的微观构式1和稍后的微观构式2之间共享的意义。正如在2.4.1中所提及的,我们提议使用"历时多义"(heterosemy)这个术语来指更早和稍后构式共享的语义,即作为两种意义间的历时联系。该术语出自佩尔森(Persson 1988),利希滕伯克(Lichtenberk 1991a)认为它比"多义"更准确,

其中两个或多个历史上相关的意义或功能,从派生自同一个最终来源的意义上讲,被属于不同形态句法范畴的共同来源成分的反射作用所传达。(Lichtenberk 1991a:476)

使用术语"历时多义"和"多义"使我们能够区分因构式化而在历史上相关联构式的意义链接(历时多义)和构式图式子类间的共时意义链接(多义)。例如,部分词和数量词 a lot of 之间是历时多义,但在数量词构式子类间是多义(如大体积的双名词数量词集合包括 a lot/load/heap of 和小体积数量词集合如 a bit/shred/smidgen of 等)。同样,复合词 cyning | dom "king jurisdiction"(国王管辖)和词缀构词 king. dom "royal

第五章　构式化语境

territory"(皇家领地)之间是历时多义,而中古英语中表达地位或条件的名词构词子图式之间是多义(见 4.5.3)。因此,我们修订上面引用的拜比的论断如下:

由于新的意义产生于特定的语境中,它们不能立即代替旧的意义;相反,可能会有长期的新旧意义重叠或新旧意义共存的历时多义。

一个学者经常争论的问题是在一个特定的变化中,起始语境应该被认为是背景因素还是前景因素。这个问题的关键在于如何理解"背景"和"前景",它们是通过最初的"来源"用法来确认还是新的"目标"用法来确认的[这两个术语都是后来表示先语法化阶段(来源)和正在语法化或后语法化阶段(目标)]。受邀推测假说的设定,具体来说就是多数语义和语法变化开始于语用,这就认为最初作为背景的隐含义在变化之前就得到了发展并成为前景(Traugott and Dasher 2002:34—40)。同样,海因(Heine 2002:86)认为引发语法化的桥梁语境浮现的结果是"目标义被作为前景"。特尔古拉菲(Terkourafi 2009)也提出了类似有关语境因素前景化的假设,但包括了作为第三者的非语言语境。根据古德温和杜兰蒂(Goodwin and Duranti 1992),她提出进行中的讲话涉及一个话语("主角"figure),一个最小语境("参照"包括说话者和场景),以及一个背景(百科知识),其中的参照是"同时被背景制约并授义"(Terkourafi 2009:34)。她认为"通过同化作用,这些语境参数变得凸显"(p.35)。也就是说,一些用法在一些语境中的重复会使该语境成为前景。这个假设的一个问题是"凸显"并没有被广泛理解,怎样在无意识变化模式中理解它也是个问题,如凯勒(Keller 1994)的"看不见的手"模式(见 Hansen 2008,关于认知语言学的凸显,见 Schmid 2007)。语法化中变化的这些理解都说明了先前语境的语用在新浮现"目标"指向上的增强(见 3.2.2 依据丧失-获得模式对语义漂白的讨论)。相反,汉森和瓦尔特赖特(Hansen and Waltereit 2006)和汉森(Hansen 2008)则反对海因和特劳戈特和达舍的假说,认为当达到转换/孤立语境阶段时,海因所称的桥梁理解(语用的增强)"仍是相对于来源意义的背景,而且只向前景移动"(Hansen 2008:63)。博耶和哈德(Boye and Harder's 2012)认为语法化涉及将次要、附加、背景的语义归于表达(见3.2.1)的假说也和语用语境逐步增强并且对于群体说话者的可及性不断增强的假说不一致。虽然有这些反对意见,我们还是认为语用语境必须前景化才能被足够激活并引发演变。几个有关发展的语料库语料都支持这个观点,这一点我们会在涉及数量词 a lot of(5.3.2)、数量词 several(5.3.2)和将来时 BE going to(5.3.4)的发展语境时进一步讨论。

5.2.2 后构式化语境变化

语法化以后的语境限制大体上和"实现化"或跨新元素系统的扩展有关(见 Timberlake 1977,Andersen 2001,De Smet 2012)。这里我们提及三条思考线索并说明它们怎样被运用于构式化框架之中。第一条和逐渐扩展及类比化有关,第二条和

第五章 构式化语境

持续性有关,第三条和"压制"有关。

虽然希梅尔曼(Himmelmann 2004)讨论了宿主类型、语义-语用以及句法扩展都是语境扩展,但他几乎没有提到这些扩展的限制。近年来学界的兴趣主要在扩展中那些极细微而无法觉察的步骤的证据收集上,这种想法和微观变化相一致。德斯梅(De Smet 2012:629)关注类比证据和相似关系的重要性,提出引导实现化的限制"至少部分来看,是某个指定创新具有和已被语法批准的既存类型的相似功能",而且"如果结果和某个已确立的共现路径相似的话,实现化过程中的新步骤更加容易发生"(p. 625)。他给出的例子是弱化词组 all but(<"everything except")。这个弱化词组最早和名词谓语连用[见 4(a)],后来和形容词谓语连用[4(b)]:

(4) a. Pshaw, pshaw! This is **all but** the whining end of a modern novel.
算了吧,算了吧! 这几乎是现代小说的悲哀结局。

(1773 Goldsmith, *She Stoops to Conquer*
[CL 1; De Smet 2012:611])

b. as if the works of nature were not **all but** infinite,
好像自然的本质不是无限的。

(1821 *North American Review* [COHA])

下一步是扩展到被动(5a),然后随着频率的增加变成了动词(5b):

(5) a. The boat was now ***all but*** jammed between two vast black bulks.

船现在几乎是被夹在两个大黑块之间。

(1851 Melville, *Moby Dick* [COHA])

b. He ***all but*** fell down and knocked his head on the table out of sheer helpless astonishment.

纯粹出于突然惊吓,他几乎跌倒并且头撞到了桌子上。

(1948 Allen, *Toward Morning* [COHA; De Smet 2012:612])

德斯梅认为动词搭配的路径是其共同点之一,并且被动过去分词代表了我们所称的转化点,具有动词和形容词之间的相似关系(p.612)。他找到了事实确认,即语料中动词最喜欢的搭配是在形式上和过去分词相同的过去时形式,如 finished、thought (p.612)。因此,all but "可被认为是从一个环境沿着链接这些环境的相似关系的网络扩展到另一个环境"(p.616)。另外,虽然稍远一些,在这个情况中网络的语义链接很可能是和 ALL-准分裂句中一样的,即 all 义为"仅"的使用。

德斯梅还讨论了早期分布可能会影响其后来的发展,他指出 fun 和 key 形容词用法的出现展现了其和早期用作修饰性不可数名词的关系。在德斯梅看来,虽然 fun 被用作形容词可出现在谓语和定语语境中,而 key 在其出现(大约 1950 年到 1980 年)开始时更倾向于用在形容词前的定语语境中,当时谓语用法已经开始占主导(6b,6c):

(6) a. Therefore, we shall start our description of the behavior of electric charges in motion by summarizing the ***key*** experimental observations.

因此,我们应该通过主要的实验观察结论来描述运动中的充电行为。

(1961 Sherwin, *Basic Concepts of Physics* 〔COHA;De Smet 2012:623〕)

b. We are totally independent, and that's a very ***key*** point.

我们完全独立,这就是非常关键的一点。

(2002 CBS, *Sixty Minutes* 〔COCA;De Smet 2012:624〕)

c. Oh, absolutely. Cars are very ***key***.

喔,绝对是。车是非常重要的。

(2003 CBS, *Sixty Minutes* 〔COCA;De Smet 2012:624〕)

德斯梅将这个阶梯式步骤发展归因于部分反映了 key 最初作为一个可在定语中出现的可数名词的用法(如 a key factor),而 fun 最初就是个不可数名词,因此可以既作谓语,又做定语(the fun game, that's fun)。

这里讨论的 all but 和 key 的发展路径"持续"了或保持了和早期分布的联系,在下面的 5.4 中我们会详细讨论"回顾"(look-back)效果。德斯梅(De Smet 2012)也希望可以在类比的基础上预测什么会被一个成分最大概率地"吸收"(p.609)。和"持续"不同,这是"向前伸展"(reach-forward)效果。既存范畴的新成员倾向于以它们现在所属范畴的相同方式来使用这一事实在构式语法中被理论化为"压制"。戈登伯格（Goldberg 1995）提及而米凯利斯（Michaelis 2004:25）详细讨论的压制是指一种推测过程或类型转变，经由此过程或转变"词汇成分的意义符合它所嵌入的结构的意义"。压制预设的前提是词汇性名词和动词可能有某些内在的语义，即使它们不可确定，且这些语义受语法性构式的影响。比如，根据米凯利斯，典型的部分构式涉及类型转换——部分词

被设计用来将词汇性补语（比如 a piece of pie 中的 pie）的无界配价（必须是未确定的）转换为和中心语（piece）关联的有界配价[并且]**要求**以 of 为中心语的介词短语的名词性补语表示一个物质实体。（Michaelis 2003:173，粗体为后加）

这个引用中的"要求"值得评价。米凯利斯这里根据的是戈登伯格的想法"一个构式要求并非由特定词汇成分独立编码的一个特定理解"（Goldberg 1995:159）。一个著名的例子是可数名词不带冠词使用时被理解为不可数名词（如，There's lizard on the road, 意为路上有某类蜥蜴物质，可能是因为一条蜥蜴被车碾过）。另一个就是由终点完结动词表达的事件当和进行时连用时被理解为一直还没有完成，如 Joan was winning when she fell（琼正快要赢时摔了一跤）并不隐含琼赢了；相反，Joan was running when she fell（琼正跑步时摔了一跤）隐含的是琼跑步了，因为 run 是无终体动作动词。另一个她引用的例子是 way-

第五章　构式化语境

构式,如 She elbowed her way through the room(她用手肘支撑走过房间)中的 elbowed 常被认为是获得了障碍和困难的隐含义以及"通过使用 X 来推进"这种来自构式类型义的语义。

从使用的角度,压制应被看作图式和范本模板的语境效果——在一个图式语法性构式的语境中使用一个词汇性构式可能会触发错配,因为听者潜在地校准——在网络中的一个节点和另一个节点之间产生一个链接,而且其表现并不和说话者的头脑表现相同。这样,默认的组合性被覆盖了,听者即时解决了语义冲突。压制在很大程度上被认为是共时固化良好的类型,如前面提到的可数/不可数、终点/非终点等错误匹配。虽然有共时的有效性,它们更应该被理解为约定俗成的、正常的、而且是概率性的,而不是绝对的要求。否则,变化不会产生,也不会出现上文讨论的阶梯式步骤。另外,我们可期望那些被纳入到既存图式中的微观构式是和那些具有更少的特殊性和独特限制的典型图式相匹配,而非因为压制是"要求"某种特定理解的一个直接强势的力量而匹配。正如我们在 2.5 和 3.5.1 中所提出的并会在 5.3.4 中进一步展示的那样,既存构式的新成员开始是典型范畴的边缘成员,随着时间流逝而被完全吸纳。

齐格勒(Ziegeler 2007,2010)对于压制是否是一个独立的机制提出了质疑。特劳戈特(Traugott 2007)鉴于变化产生,也对它是否总是"必须的"提出了疑问。然而,毫无疑问的是某构式在特定的历史时期倾向于某些搭配,但这可能会改变,这一点已被希尔伯特(Hilpert 2008)对于变化的搭配构式的大量研究所证明。另外没有任何疑问的是如果一个新动词在 way-构式中被使用,基于它具有能够和该构式兼容的某种语义,应该已经适应了这个构式的意义。如果一个毫无意义的动词被双宾语构式使用,则可能被理解为属于该构式的默认范畴(give 类型),如 to grung someone something 可能会被理解为表达转移,而非故意转移(bake 类型)。戈登伯格(Goldberg 2006:116)讨论过这样的实验,其中 60%的英语说话者理解她的 she mooped him something 为 she "gave" him something。然而,这样的理解应该部分建立在当时的语境和图式之上——grung Sheilah a degree 可能和 grung Sheilah a cake 的理解不同,moop Alex a story 和 moop Alex a ball 不同。在我们看来,错配不可避免地来自即时生产和复杂图式中需要填充的结构槽所做出的选择之间的互动,以及图式中结构槽之间的关系。遭遇错配的听者试图找到一个合适的理解。某些错配是非常普遍的,因此相对于其他而言更有可能被固化。这就是被认为的压制的意义。但是理解 She was winning when she fell 或 There's lizard on the road 的能力原则上和听者遭遇创造性使用时所显示的能力没有不同。正如迪沃尔德(Diewald 2006:10)在其与语法化的关系时说:

压制,被理解为在先前不兼容构式中,某语素被使用并重新理解,是基于像隐喻扩展(这一点,也可以被看成是类比转换)和格莱斯(Grice)的会话含义那样的认知和语用过程。

迪沃尔德还继续指出这种由对话者语用激活的理解和米凯

第五章 构式化语境

利斯(Michaelis 2004:7)将压制效果描述为"当理解者必须统一词汇性填充物的意义和形态句法构式的意义时被激活"是一致的。这是创造的基础。来源的更早语境和目标浮现的更新语境总是在不断互换中。在这个过程中,错配一直出现,语言使用者能够很好地理解它们。我们得出结论,压制既不是构式决定性特征也不是构式的独特特征。这个术语以及它的讨论方法说明了既存图式严格的"自上而下"效应。然而,我们的观点是"自下而上",本质上和德斯梅基于感知相似的概率性匹配相一致。

虽然压制意味着理解错误匹配和违反常规(通常是复杂图式)现象,但"阻止"(blocking)——既存形式对新形式和类型的优先权——能解释对于覆盖的抵制。该优先权的最有名的例子是词汇性的,如 thief 对 *stealer 的优先权,或形态的,如 men 对 *mans 的优先权(Langacker 2008:235)。有时,同音异义形式的阻止也有可能产生(如小猪是 piglet,小小的书是 booklet,但小玩具不是 toylet,后者被 toilet 优先了,而 waiter "服务餐饮的人员"阻止了更透明组合以及普遍的 waiter "等待的人"(Giegerich 2001)。④ "对覆盖的抵制"暗指了阻止不是决定性的。相反,它是频率的功能(Bybee 2006)和社会常规。比如,catched 在标准英语中被 caught 优先,但在很多其他英语变体中却没有。兰盖克认为具体的单位比抽象的单位"更有优势"。也就是说,说话者容易得到既存的形式。这是事实,但因为抽象的(子)图式是可及的,且类比思考是可以轻易激活的,因此新的

---

④ 详见布拉(Plag 1999)关于同音异义阻止概念的相关问题讨论。

形式能够被导入。对新形式优先或者抵制的不是既存形式或（子）图式,而是说话者的常规使用。

5.3 构式化语境类型

在本章节中,我们关注一些构式化案例,重点是构式化之前的起始语境,也讨论构式化后演变的语境。我们根据构式内部结构的直接位置是否能够作为引起构式化因素的假设来选择演变场景。这些场景基本上根据即时局部语境到更广的语篇语境的范围来组织。构式内部语境是一个复杂构式的一个或多个成分作为引发因素的那些部分。通常,能够被检测到的是某些语用调节和分布倾向或限制。这是传统的选择限制的构式版本。我们会展示和目标相比,来源可能是复杂性程度不同或图式性层级不同的构式。在前面的章节中,我们已经讨论了很多案例,但是有两个没有讨论到:类词缀-lac 的发展(见 5.3.1)和数量词 several 的发展(5.3.3)。

5.3.1 构词图式发展的语境:-dom,-ræden 和-lac

在本节中,我们再次部分讨论 4.5 和 4.6 中讨论过的名词复合词发展成带有派生类词缀的名词,包括-dom 和-ræden 等,而且也介绍带-lac 的边缘性多产的中古英语图式,-lac 是用于派生抽象名词的类词缀。只有一个带-lac 的构词沿用到了现代英语:wedlock(最初指婚姻宣誓而不是婚姻状况)。在 4.5 中,我们指出了和构式化相关的一些因素,其中一个就是名词的最

第五章 构式化语境

普遍意义(如 dom 和 ræden)经历了变化。从语境的角度看,我们可以说只有第二个成分是 dom 的复合词在其第一个成分允许 dom 的普遍性理解而非更具体的语义理解("doom""dignity""power""choice")时经历了变化。正如接下来会讨论的,第一个(词干)名词成分有某些特定的语义特征。同样,只有第二个成分是 ræden 的复合词在其第一个成分允许 ræden 的理解为"condition"状况,而非更特定的语义("estimation"估计,"rule"规则)时经历了变化。在上古英语中,lac 是个名词,语义为"game,fight"游戏、战斗,但作为复合词的第二个成分它的语义为"action,proceeding"行为、进程(Haselow 2011:157)。再一次,我们可以说只有第二个成分是 lac 的复合词当其第一个成分允许 lac 作为"action or proceeding"的普遍理解而非特定义"game""fight"时才经历变化。

多道尔-帕菲尔(Dalton-Puffer 1996)、迪茨(Dietz 2007)、垂普斯(Trips 2009)和黑斯洛(Haselow 2011)都讨论了这些构词的两个方面。一个是词干的句法类型(名词、形容词和动词),另一个是词干的语义限制。对后者来说,需要指出如下几点。DOM 常被识解为复合词中的第二个成分,后来被理解为类词缀,如果其词干指以一群个体的行为为特征的状态(cristen|dom "christianity"基督教, martyr|dom),一群个体的等级(biscop|dom "rank of bishop"主教),一个行为的抽象结果(swic|dom "deceit"欺骗),或者一个特定品质所定义的状态(freo|dom "freedom"自由)(基于 Haselow 2011:153)。随着时间流逝,语义限制逐渐被转换或放松,|dom 被新分析为一个类词缀以及

后来的词缀,例如,biscop|dom 逐渐意指某主教的权利范围所在,而非作为主教的地位。这些过程说明了拥有权威是当代英语.dom 的主要语义特征。对词干的语义限制的放松导致了中古英语中词干的扩展。拿 RÆDEN 来说,它最可能被理解为一个复合词成分,后来当第一个成分是表示司法关系(mann|ræden "service,dues paid by tenant to owner of house"服务、责任),以及社会关系(feond|ræden "enmity"敌意)的名词时变成了类词缀。在 4.5.2 中提到过,ræden 是成为派生词缀的名词集合的边缘成员。lac 也是如此,它的语义在指"带有高度动能和含有物理能量的行为"的词干语境中被漂白。如 heaðo|lac "warfare"战争,wif|lac "carnal intercourse" 性交,reaf|lac "robbery" 抢劫,bryd|lac "celebration of marriage"庆祝婚礼 (Haselow 2011:137)。这些语义语境是词干句法功能的一部分。对 DOM 来说,其形容词词干都涉及"品质"(freodom 自由,wisdom 智慧)。LAC 在中古英语中主要跟形容词词干连用(可能受到古挪威语同源词-leikr 的影响),导致了表示状态和状况词干的一个短期扩展(freo "free"—freolac "voluntary offering"自愿提供;god "good"—godlac "goodness"良好) (Dalton-Puffer 1996:81)。

  这里讨论的三个构词案例中,词干的语义限制随着时间流逝,随着构词变得更能产而被放松了。这是词汇端宿主类型的扩展。复合词中第二个成分的意义是其派生而来那个名词的最普遍意义,而且随着时间流逝该派生构式的意义进一步普遍化,词干的意义也进一步普遍化。这是语义-语用略有缩减(语义漂白)的案例。在句法语境方面,必须涉及词干,主要是形容词或名词,但在某些情况下是动词。因使用-dom 和-lac 类词缀,其词干句法类型得以扩展的证据明显存在。然而,因为是名词,就不存在扩展到更广阔句法语境的证据,如词干被使用为语境中的论元角色,或用作一个语用标记等。综上所述,扩展在构词图式之内是相当局部的。

5.3.2 双名数量词发展的表部分语境:a lot of

上一小节提到构式化的语境是复合词,即带形态依赖性的复杂图式和词干的语义的结合。在这一小节中,我们再次讨论表部分和度量的双名词表达如 a lot of 变成数量词的发展。同样,这也是个复杂图式,但是带有句法依赖性的复杂图式;在这里,修饰语 NP 的语义是关键。

在语法化文献中,上古英语中带有所有格屈折形式的部分词在正常情况下不被纳入数量词语法化的讨论中,因为其形式没有被保留。然而,从构式化的角度来看,由于关注构式家族,这些是在不定子图式("准部分词")的语用量化变得凸显的普遍图式层级上的相关前身。

所有格中带有修饰语的一个上古英语例子是(7):

(7) On   Fearnes   felda   ge   byrað   twega   manna
    in   Fearn's   field   you   extend   two   men's
    hlot   landes   in   to   Sudwellan.
    parcel   land.GEN   in   to   Southwell

"In Fearn's field extend a parcel/share of land large enough for two men…"

在费恩的领地上将一宗地扩展大到足够给两个人。

(958 Grant in Birch *Cartul. Sax.* III. 230 [OED lot n. 2. a.])

在上古英语中没有不定冠词,但有理由假设它被理解为非回指且不定的。写于 1200 年左右的文献《奥尔姆的小书》(*Ormulum*)是 lot 被发现带一个不定冠词和 of 的最早文本之一,如(8)。这里,因为 NP$_2$ 是"people",lot 可以被理解为类似"group":

(8) tat   tegg   wisslike   warenn   **an** **lott** **off**
    that   they   certainly were   a   part   of
    tatt   Judisshenn   follc.
    that   Jewish   people

"that they [Pharisees] certainly were a part of that Jewish people."

那他们[法力赛人]当然是犹太人的一部分

(c1200 *Ormulum* 16828 [PPCME, Brems 2011:211])

在同一个文本中 lot 使用的意义接近于"kind":

(9) Ne   nan   off   þise   cullfress   þatt   sindenn   i
    not   none   of   these   doves   that   are   in

第五章 构式化语境

þiss midderrærd **an lott off manne fode.**
this world a part of man's food
"Nor any of these that are on earth part/kind of man's food"

地球上的任何事物莫不是人类食物之一种。

(c.1200 *Ormulum*, 10939 [MED *man* 1a.c])

在后来的例子中,lot 可模糊地表示"销售单位"的意义,如(10),但这个构例在严格意义上来说不是我们讨论的"准部分词"构式(见第一章脚注 17),因为它是定指且带有定语形容词: [210]

(10) You must tell Edward that my father gives 25s. a piece to Seward for **his last lot of sheep**, and, in return for this news, my father wishes to receive some of Edward's pigs.

你必须告诉爱德华我父亲会给他 25 先令一只来买最后的那些羊,而且作为这个消息的回报,我父亲还希望能够得到爱德华的猪。

(1798 Austen, *Letter to her Sister* [CL 2])

这些例子都展示了"语境调节"——由不同搭配所给出的语用增强,都在部分词构式之内。

部分暗指了数量,一群暗指一个相对大的数量,如(11):

(11) a. said he, I understand you sell Lambs at London; I wish I had known it, I would have brought ***a Lot of Lambs*** for you to have sold for me. He told me he liv'd at Aston-Cliston; I said that was a pretty Way; but he said ... the Butcher could take but few at a Time, and he wanted to sell them all together.

他说,我理解你在伦敦卖羊;我希望我能知道这件事,我会把你卖给我的羊带给你。他告诉我他住在阿斯顿-克里斯顿。我说那是个好方法,但他说……屠夫每次屠宰不了几只羊而他想把所有的一起卖掉。

(1746 Trial of John Crips, t17460702-25 [OBP])

b. and there shall be a warm seat by the hall fire, and honour, and ***lots of bottled beer*** to-night for him who does his duty in the next half-hour.

在大厅壁炉旁应该有一个温暖的位子,而且最荣耀的是,为今晚值接下来半个小班的人提供了许多以瓶子装着卖的啤酒。

(1857 Hughes, *Tom Brown's School Days* [CL 3])

在这些例子中,a lot of 和 lots of 可被理解为"个别单位"(individual units)或者"许多"(many、much)。用复数形式(lots of)时,数量义变得特别凸显,尤其有趣的是(11a)其中关于单独卖羊(a few at a time)还是群体卖羊(all together)的讨论。然而,(11b)更可能是"much beer sold in bottles"许多以瓶子装着卖的啤酒,虽然也可以被理解为"packs of bottled beer"瓶装啤酒。这些例子中,数量义体现为前景而非背景。

(12a)中的数量解读是最为合理的,因为黄蜂(不像蜜蜂)不喜群体活动(以 a piece/share/unit/group of wasps 等来解释是语义上不和谐的)。同样,(12b)中的数量解读是可确认的,因为抽象空间不以单位出现:

(12) a. The next day the people, like ***a lot of wasps***, were up in sundry places.

第二天人们,像许多黄蜂,从不同的地方涌出来。

(c1575 J. Hooker, *Life Sir P. Carew* (1857) 49 [OED lot n. 8. a.])

b. Clear away, my lads, and let's have ***lots of room*** here!

收拾一下,兄弟们,这样我们就有许多空间。

(1843 Dickens, *Christmas Carol* [CL 2])

近年来的语法理论认为数量词用法是"非正式的"(如 Quirk, Greenbaum, Leech, and Svartvik 1985:264)。比伯、约翰森、利奇、康拉德和法恩根(Biber, Johansson, Leech, Conrad, and Finegan 1999:277)评论说以 of 结尾的数量词是"最近出现的","因此它们相对稀少并不奇怪,当它们出现时,它们通常出现在对话里或带有强烈非正式对话的言外之意"。正如(12a)展示的,假如 1857 年 OED 的版本忠实于其 1575 年初始版本的话，a lot of 的最初形式并不是近期出现的。然而，a lot of 在19世纪以前很少用作数量词。相关语料说明它主要出现在口语-书面语连续统中的对话端，如《老比利程序》(*Old Bailey Proceedings*)。在书面文体中，如 CLMETEV 中的哲学和很多小说中，a lot of 大量被用于"fate"而非数量，如(13)，这也可能是其早期被排斥的部分原因。

(13) the consciousness of that remaining tie ... could alone have sustained the victim under ***a lot of*** such unparalleled bitterness.
保留联系纽带的意识可能已经让受害者处于那种无与伦比的痛苦的命运之下。

(1837 Disraeli, *Venetia* [CL 2])

正如在 1.5.3 中提到的，数量解读是在回指指称不是 a lot（回指为 it），而是复数 NP$_2$ [(14a) 中的 them、they] 时获得的。(14b) 中处于存在构式中的 be 是和 beasts 一致的复数形式，而非和 a lot 一致的单数形式。这些也体现了希梅尔曼 (Himmelmann 2004) 为语法化所确认的句法（形态）语境扩展：

(14) a. Q. You bought ***a lot of sheep*** at Salisbury. — A. Yes. We brought *them* from there to Willsdon to graze; *they* were purchased on the 12th of August.

第五章　构式化语境

你们在索尔兹伯里买了许多羊。——是的，我们从那里买然后赶到威尔逊去放牧。他们是8月12号买的。

(1807 Trial of John King, t18071028-3 [OBP])

b. and soon got among a whole crowd of half-grown elephants, at which I would not fire; there *were a lot of fine beasts* pushing along in the front, and toward *these* I ran as hard as I could go.

很快就陷入一大群幼象中，这样我不能开火。有许多健康的大象在前面跑，而看到这些我尽可能地跑。

(1855 Baker, *Eight Years Wandering in Ceylon* [CL 3])

这些变化为构式化的发生和语义-句法匹配的解决提供了证据。构式化的进一步证据是和抽象名词的搭配，如 fun、hope、truth，这些名词无一能被识解为部分。这就是希梅尔曼指出的语义-语用语境扩展。

正如在1.5.2所讨论的，数量词用法不仅说明了构式化前更抽象量化的语义磨损（具体的"piece, share"），而且也说明了后构式化演变中语素界限和音韵的缩减（在非标准写作中出现的 alotta 和 a lotta，以及网络形式 allot of）。这样的后构式化磨损是由在非正式相对快速话语（一个外部语境）中的频繁使用所引起的。

这里展示的例子说明了数量词 a lot of 构式化的即时语境

是部分词图式,尤其是 N_2 的语义。但是,这个发展不能被认为是独立于更广泛的部分词＞数量词演变集合,或布雷姆斯(Brems 2010、2011)讨论的双名词度量(如 loads of)＞数量词演变集合,以及双名词类型＞类似/近似构式集合(Denison 2002、2011,Brems 2011),如 a sort/kind of。后者在 a sort of moss(某种苔藓)中初始意思为"一种",后被用在如 a sort of (a) wife(类似妻子)中作为一个模糊类似的表达。每一个双名词构式有自己的历史,但所有都有导致构式化的相同结构和标量语义,之后是进一步的搭配扩展。

正如在 2.3.2 提到的,部分词构式早期的前身和毫无疑问的部分引发者是 dæl "part"。在(15a)中语法学家阿尔弗里克(Ælfric)用扩展关系短语("back of the head"头的后部)翻译拉丁 hoc occiput "this occipital lobe"头部枕骨。(15b)中的 of 原本应该是表达初始空间义("out of,from"),但在这里似乎语义被漂白了(of PLACE 的表达是高频率的搭配类型):

(15) a. *hoc   occiput   se   æftra   **dæl**   ðæs*
This   occipital   lobe   that   posterior   part
heafdes
that. GEN head. GEN
"this occipital lobe:the back part of the head"
这个头部枕骨:头的背后部分
(c. 1000 *Ælfric's Grammar* 74.6 [DOE])

b. Ic gife **þa twa dæl of Witlesmere.**
　 I bequeath the two parts of Witlesmere
　 我留下了威特尔斯莫尔的两部分
(a1121 *Peterb. Chron.* (LdMisc 636)[MED *del* n2,1a])

(16)显示了 dæl 用作单位和用作'数量'之间的语用模糊,因为两者都由一个数量形容词修饰(micel "much", god "goodly/sizeable"相当大的),且 NP_2 为不可数名词(wæter "water", huniʒ "honey")。

(16) Micel **dæl bewylledes wæteres** on
　　 great part boiled.GEN water.GEN in
　　 huniʒes godum dæle.
　　 honey.GEN good.DAT measure.DAT
　　 "(Measure) a great amount of boiling water into a goodly measure of honey."
　　 (测量)大量开水倒入相当多的蜂蜜中。
　　　　　(c1000 *Sax. Leechd.* II. 202 [OED *deal* n1,3])

然而句法上,这里明显是部分词,因为第一个 NP_2 被形容词(bewylled "boiled"煮开的)修饰,而 honey 被前置了。

随着在如 micel "much"、great 这样的量化形容词和不可数名词的关键语境中 dæl 不定用法的出现,这种数量义变得常规

化,引发了类似(17)这样的一些例子,两者在语用上都是模糊的:

(17) a. On   leches   heo   hadde   i-spendedet
        On   physicians   she   had   spent
        Muche   del   of   hire   guod.
        great   part   of   her   wealth
        她已经在医生上花费了她财富的大部分。

        (c1300 *SLeg. Kath.* [MED *spenden*])

b. A   smot   him   on   þe   helm...   Wyþ
   he   smote   him   on   the   helmet... with
   þat   stroke   a   schar   away   a   gret
   that   stroke   he   sheared away   a   great
   del   of   ys   hare.
   part   of   his   hair
   他狠狠地击打他的头盔……因为那种击打他扯掉了他的大部分头发。

        (c1380 *Firumb.*(1)(Ashm 33) [MED *cappe*])

　　数量义在和一些抽象名词,尤其是情感名词(如 love、sorrow、whining)搭配时,完全被构式化了。MED 中并没有采用 a del of 作为数量义 "large amount" 的例子。早期现代英语中,a deal of 偶尔作为不带修饰语的数量词出现,见(18b),但更频繁发现的例子是带如 great 的修饰语(18a):

(18) a. and talk'd *a deal of impudent stuff*.
　　　并说了大量无礼的话
　　　(1730 Trial of Margaret Fache, t17320705-27 [OBP])
　　b. The Prisoner with *a great deal of whining* denied the thing.
　　　这个有无数哀诉的囚犯拒绝了这个东西。
　　　(1678 Trial of Mary Read, t16781211e-8 [OBP])

这个构式很有可能不是 a lot of 的直接范本,因为像(18a)这种不带修饰语 a deal of 的语例要比带修饰语的少得多:到早期现代英语,当数量词 a lot of 开始被使用时,a great deal of 已经是一个非常固定的短语了,如(18b)。另一个部分候选者是 a bit of(<"a bite out of"),但它的规模比较小。它也是发展于 18 世纪,但是不像 a lot of,在标准英语中它已经被接受了。

弗朗西斯和汤浅(Francis and Yuasa 2008:50)在对双名字符串中像"bunch"这种量化名词语法化的研究中,得出的结论是初始义从具体的"bundle"到抽象的"large quantity"的漂白。

(19) bundle(束、捆)＞collection(收集)＞large quantity(大量)

(19)只适用于单数形式,因为 bunches"只能被理解为 bundle(束、捆)"(p.52)。弗朗西斯和汤浅否定了布雷姆斯(Brems 2003)主张的 a bunch of 被语法化,并且认为对于 a bunch of 而言并没有句法中心语转换,因此仅有语义的错配。他们认为一致现象是可变的且并不是中心语转换的判断标准,并且认为 lot 和 bunch 在双名词字符串中不可和 much 及 many 互换说明了它们不是普通的数量词(pp.50—51)。然而,布雷姆斯(Brems 2003、2011)认为虽然 bunches of 不用作数量词义,也没有语法化,但是 a bunch of 是被语法化了,虽然在当代英语中其语法化程度不如 a lot of。这是因为 a bunch of 是能产的(出现在很多类型构式中),不受修饰时的语例频率很高,并经历了中心语转换,其证据是句法一致。它倾向于带"可评价的"语义,尤其出现在否定韵律中(Brems 2011:182—183)。⑤ 弗朗西斯和汤浅(Francis and Yuasa 2008)关于不可(部分)被 much 和 many 替换的观点忽视了历史事实,即尽管像这样较早的数量词大致等同于核心情态词,因为它们反映了较早的句法类型,但双名结构中的数量词是能产的而且在分布上与迂说介词性句法(类比于迂说助动词)一致。他们的观点还忽视了统计证据,即每个双名词(至少在某些文体)都和具体频率从 0% 的量化语例(bunches of)到 100%(a lot of/lots of)的量化语例相关(Brems 2010、2011;见 3.3.1 的图表 3.1)。另外,汤浅和弗朗西斯对解决错配证据的反对是基于认为集体名词都有单数和复数一致这种看法是有问题的,因为双名数量词的更大集合包括如 a bit of 构式,并没有集体语义,因此从集体名词出发的争辩是站不住脚的。我们得出结论,如果一个部分词已发展了数量语义,且有

---

⑤ 更多的证据来自音韵缩减,如书面的 buncha〔见《城市辞典》(*Urban Dictionary*)〕。

句法中心语转换的证据,正如一致和回指模式所验证的那样,或者如果已经存在数量词的音韵缩减,那么语法构式化就已发生了。

这些变化出现在初始部分词构式的局部语境中,也出现在数量词图式的更大语境(该图式本身随着每一新数量词的加入而改变)中。同样重要的是英语形态句法向迁说表达的普遍转换。正如我们已经看到的,上古英语中名词修饰语以属格形式出现;of 的主要发展是在中古英语时期。不定冠词的发展也是如此,因此上古英语中 hlot lands 的对等词就是现在的 a lot/parcel of land。这样的变化也是我们在下个小节中讨论的 NP 中槽位类型扩展的一部分。

5.3.3 表差异的形容词发展成数量词的语境:several

这一小节,我们讨论另一个数量词的发展,several 是从一个修饰形容词演变而来。这个发展进一步丰富了数量词图式(但并没有参与迁说表达的发展)。数量词构式类型的增长是英语历史上名词经历演变的更大集合的一部分,这些变化之一涉及限定词(DET)结构槽在中古英语中的发展,随后的所谓的 DP 加前置限定词如 all 和量化修饰 a lot of(all the girls、a lot of the girl)的发展,以及从 18 世纪末开始从 quite(quite a rake、quite the gentleman) 到自由关系小句(what appeared to be a male vampire)(见 Van de Velde 2011 关于 NP 的左边缘扩展的讨论)范围内不断增长的可选集合的发展。演变的第二个主要集合出现在早期现代英语中,涉及名词前修饰形容词(MODADJ)

215 构式的各种变化。尤其是存在于 NP 中构式联合可能性的各种类型扩展(见 Adamson 2000, Breban 2010、2011a、2011b 等)。当代英语中 NP 的范畴是普遍认同的(见 Payne and Huddleston 2002, Gonzálvez-Álvarez, Martínez-Insua, Pérez-Guerra, and Rama-Martínez 2011)。它们逐渐产生并且在共时中有梯度(Denison 2006)。在早期现代英语中,MODADJ 是通过为部分状语性强化构式提供子修饰语结构槽的发展来扩展的,如 pretty 在 a pretty nasty quarrel 中 pretty 修饰后面直接跟随的形容词而不是名词。pure 和 pretty 被用于 MODADJ 图式的子修饰结构槽中做准副词,这里它们修饰形容词。其他经历类似发展的形容词包括 lovely(Adamson 2000),强化词如 well weird 中的 well(Stenström 2000, Macaulay 2004),pure white sheets 中的 pure(Vandewinkel and Davidse 2008),以及 pretty ugly 中的 pretty。这个集合中的 very(来自法语 verrai "true")变成了一个类似 pretty 的子修饰语,而且后来被新分析为一个副词。

在一些其他情况中,表示差异或相同的定语形容词被用作后置的量化限定词,后来在 DET 中被用作数量词,如 several、sundry、various、different 和 distinct(Breban 2008、2010、2011a)。这里,我们主要观察 several 首先作为后置限定词然后作为量化限定词(D-QUANT)的发展。

初始的 several 主要用作定语,意为"不同的(separate)、独特的(distinct)",如(20):

(20) a. Of whech xiii Defendauntz, iche

第五章　构式化语境

of which thirteen defendants each
persone by ye lawe may have a
person by the law may have a
several Plee and Answere.
separate plea and answer
"Of these thirteen defendants, each is entitled by law to submit a separate plea and have an answer".
在这十三个被告中,每个人都可依据法律来提出一个不同的诉求并会得到回复。

(1436 *RParl* [MED *defendaunt*(n.)])

b. All men should marke their cattle with
all men should mark their cattle with
an open ***severall*** marke upon their flanckes.
an open distinctive mark on their flanks
所有的人都应该在他们的牛头上标上一个可见的独特标记来标识自己的牛。

(1596 Spencer, *State Irel*. [OED *several* Adj, A I.i.d; Breban 2010:348])

在如(21)中带复数名词这种受限语境中的使用可能已成为新分析的关键语境,因为明显的复数人物或物品隐含的数量多于一个:

(21) All the sommes of the said xth part...be

all the sums of the said tenth part...to-be restored and repayed to the ***severall*** payers therof. restored and repaid to the separate payers of-it 所有上述第十部分……都被恢复并分别返还给支付的人。

(1474 RParl. [MED paier(e)(n.)])

216　several 早期用作后置限定词,标记独立的分布式复数,如(22)。这就是涉及对后置限定词结构槽的指派和语义变化的构式化。

(22) The Psalmist very elegantly expresseth to us the ***several*** gradations by which men at last come to this horrid degree of impiety.
赞美诗作者非常优雅地向我们表达了不同的阶段,通过这些阶段人们最终成为现在这种不虔诚的状况。

(1671 Tillotson, *Sermons* [HC ceserm3a; Breban 2010:325])

这些变化的证据包括语例频率的增加(虽然它并不总是可靠的指标)、分布变化(单数 NPs 的减少,以及后期定指复数 NPs 的减少)以及前置修饰串中和其他元素相关的位置变化。如今,只有 several open marks 可以说,而 an open several mark(20b)已不成立。

后来,当 several 用作(23)中的量化限定词(D-QUANT)时就有了深层的构式化。新的语义大致为"a few"(没有分布义)。形式上有了新的分布:(23)中和单数 thousand 连用而非复数

第五章　构式化语境

thousands(Breban 2010:327):

(23) We have provided accommodation now for *several thousand* of the most helplessly broken-down men in London.
我们现在已经为伦敦几千无助和无家可归的人提供住宿。

(1890 Booth,*Darkest England*[CL 3; Breban 2010:326])

和 pure 一样,several 自开始就是多功能的,而且也和 pure 的变化类似,其变化主要由语例频率的增长得以确认。这样的增长说明数量的推测被前景化。然而,虽然大多数形容词变成了强化的子修饰词或后置限定数量词,several 最初用于如(20)中的定语语义("distinct")在 18 世纪末消失了(这一点如同谓语使用),到了 20 世纪,数量词用法成为主导(Breban 2010:324)。现在只有 several open marks 成立,而非 an open several mark(20b)。

量化限定词 several 的一些最近例子如(24)中与叠加形容词连用。(24b)显示了 several 用于 DET 中置于 MODADJ 之前带有子修饰语 pretty:

(24) a. probably the most visible one of *several unending distinct financial supervision services* there are actually is the credit-based card.

大概确实存在的那些无休止独特财务监管服务中最可见的一个是信用卡。

(*Network Technology*, Nov. 30th 2010, http://www.ntkmart.com/network-technolgy/the-best-thingto-realize-to-get-a-credit-card; accessed May 31st 2011)

b. I picked up a cheap hard drive camera a month or so ago and have done *several pretty ugly grilling related videos* for my Vimeo channel.

一个月或以前我买了一个便宜的硬盘驱动的摄像机而且用它为高清视频频道录制了几个相当丑陋的与烧烤相关的视频。

(http://vimeo.com/928412, accessed May 31st 2011)

(24)中 NP 的"致密化 densification"(Leech, Mair, Hundt, and Smith 2009:第十章)即 N 前多个成分叠加,是比 DP 发展以及 MODADJ 的准状语性子修饰语的发展更深入更近期的变化,但也可看成是和经历了千年的 NP 系统扩展有关。

5.3.4 将来时 BE going to 发展的语境

BE going to 发展的各个方面已在第三章中得到介绍。这里我们关注从动作变化到将来的语境,以及如何看待其来源:到底是目的动作构式还是 go 和网络中构式集合的联合?通常的看法是 BE going to 是产生于 go"动作+目的"用法的一个"即时"或"安排"的将来时标记。最近,加勒特(Garrett 2012:66—

第五章　构式化语境

70)挑战了这些假设。他认为 BE going to 产生自 go 的扩展用法,他称之为开始"转向或准备进行一个行为"[依照 OED go 34a,包括"to turn to(转向)、betake oneself to(致力于)、proceed to(着手)"]。⑥ BE going to 最初用作时间时表达相对"be about to"而非绝对时态"will"的观点是很吸引人的,因为它能解释 17 世纪"about to"和"ready to"的释义(见下文)。然而,这种 go 的扩展"转向或准备"意义的观点存在问题,因为它通常引入一个名词而非动词。加勒特指出(p.67)这里的名词可以是带 ing 的动名词,并引用了 goe to writing or reading(来自 1577 的文献);在这样的情况下名词有动词特征。在下面的讨论中,我们指出早期的例子说明 BE going to 最初作为一个相对、非绝对将来时出现时,意为"later"(和"about to"一致),但确实是产生于动作动词 go。也就是说,我们对这个特定语法构式化的分析是相当不同于前人已提出的分析,包括本书的第一作者(Traugott 2012a、2012b)之前所做的分析。然而,特劳戈特(Traugott 2015)的分析和这里是一致的。

　　在 5.2.1 中,我们指出模糊性通常被认为是语法新分析的必要条件。在 BE going to 的案例中,支持迪沃尔德的"非典型"和"关键"语境概念的证据可以在长达一百三十多年的文

---

⑥　努涅斯-佩特霍(Núñez-Pertejo 1999)早前指出 BE going to 表示时间最初意为"be prepared to(事前准备)"。她认为(p.137)purpose to、be about to、be about V-ing、be upon V-ing、be on the point of 等构式可能已为 BE going to 做了铺垫。埃卡特(Eckardt 2006:102)也指出该动作表达的新分析为"being in preparation of、or about to do X"。

本语料中找到,不仅包括语用模糊(非典型)也有形态句法特定化(关键)。两个潜在的模糊表达出现在15世纪末的语料中。由于第一个例子(25a)是从阿拉伯语翻译而来的,有可能会受到质疑,但是引用较多的第二个例子仅五年后就出现在一个英国修士的启示汇报中(25b),说明了形态句法的特定化正在出现:

(25) a. ther   passed a theef byfore alexandre
       there   passed a thief before Alexander
       that **was goyng to** be hanged whiche saide …
       who was going to be hanged who said
       在那个即将被吊死的亚历山大之前过来一个小偷他说

   (1477 Mubashshir ibn Fatik, Abu al-Wafa', 11th C;
   Dictes or sayengis of the philosophhres
   [LION; EEBO; Traugott 2012a])

b. while this onhappy sowle by the vyctoryse
   while this unhappy soul by the victorious
   pompys of her enmye **was goyng to** be
   pomps of her enemies was going to be
   broughte into helle for the synne and
   brought into hell for the sin and
   onleful lustus of her body

unlawful lusts　of her body

"While this unhappy soul was going to be brought into hell by the victorious ostentatious displays of her enemies for the sin and unlawful lusts of her body"

当时这个悲惨的灵魂因其罪过和肉体的非法欲望而使仇人展示获胜炫耀,因而将被带到地狱。

(1482 Monk of Evesham, *Revelation* 43 [OED go 47b; Arber 1869:43; Danchev and Kytö 1994:61])

(25)中的两个例子都可能被说话者和听者理解为带有目的的动作,因为在空间上的两个动作都可以出现在小句的其他位置:(25a)中的 passed byfore 和(25b)中的 broughte into helle。对于21世纪的读者来说,灵魂被带着穿过街道这样的想法是非常异常的,但在中世纪时代并非如此,确实在该文本记录的初期修士报告了所看到的灵魂被一群恶魔领着游逛并被它们当网球一样抛来打去的景象:

(26) loe after that noyse and creye folowde a cursyd
　　 lo! after that noise and cry   followed a cursed
　　 companye of wyckyd spyrytys and a mighty ledyng
　　 company of wicked spirits and a mighty leading
　　 with hem　anone　　　as they hopyde to helle a
　　 with them immediately as they hoped   to hell a

> soule of a woman late   departyd fro   her
> soul of a woman recently departed from her
> body...Tho   wekyd spyryteys... castyd that
> body...those wicked spirits...   casted that
> soule amonge hem   as a tenyse balle.
> soul among themselves like a tennis ball
> "Lo! After that noise and cry followed a cursed and large company of wicked spirits leading with them immediately, they expected, to hell, a soul of a woman recently departed from her body... those wicked spirits...tossed that soul among them like a tennis ball".
> 来看吧！在它们被那诅咒的大群恶鬼带领之后立即发出了嘈杂声和哭声，它们想，去地狱，那个最近才从其肉体脱离的一个妇女的灵魂……这些恶鬼……它们像打网球一样把她的灵魂抛来打去。
>
> (1485 Monk of Evesham, *Revelation*[Arber 1869:42])

然而，了解了 BE going to 的后期历史发展，我们可以合理地认为至少有些读者可能已经将(25a)和(25b)两者中的 was goyng to 解释为和稍后事件的目的而不是动作更相关，因为被动语态降级了配价，因此通过(25a)中的小偷和(25b)中的灵魂也降级了动作。如果如此，(25a、25b)例示了非典型桥梁隐含，我们也可以得出结论，对于一些说话者和听者来说，有可能已经

第五章 构式化语境

存在激活一个目的和将来时动作间语用模糊的语境调节。对他们来说,时间上后来的语用可能已经成为前景。

(25)中的两个例子都说明了 go 的非平常但"关键"的形态句法语境。事实上,这些结合的关键语境允许了模糊的隐含。一个关键语境是我们所称的"先进行时"(pre-progressive)Being(在中古英语,Being 很罕见,"直到 1700 年以后才是动词系统中一个语法化体貌标记",Rissanen 1999:216)。然而,没有 be 的形式(因此不太可能是"关键"语境)在依附小句中的出现非常频繁,如:

(27) Vor ij   days ***goyng*** to Cogysbyry to gete tymbyr
     for two days going to Cogsbury to get timber
     vorthe cherche
     forthe church
     去考士伯里给教堂运了两天木材。

     (1447—1448 *Acc.Yatton in Som.RS* 4 [MED])

另一个关键语境是用于目的构式中。如果该情况出现,指向性 PP 通常插入在 going 和目的 to 之间,如(27)。这说明了(25)中 BE going to 加动词的目的用法是非同寻常的。第三个关键语境是目的小句中的被动,又如(25)。⑦ 除了罕见以外,BE

---

⑦ 然而,彼得·彼得里(Peter Petré 未出版)质疑了被动是否有这里所提的那么重要,或者进行时态是否有这里所提的那么罕见。

going to V 的例子所出现的语境中动作不但是合理的解读并且经常是通过关注动作或处所来启动的,且可被识解为比相对将来时更凸显的语境,例如:

(28) Than this sir Garses *went* to delyuer them and as he *wente* sir Olyuer Clesquyn mette him and demaunded wheder he *went* and *fro whens he came*. *I come* fro my lorde the duke of Aniou and **am goynge to** delyuer the hostages.

"Then this Sir Garses went to deliver them(hostages), and as he went, Sir Oliver Clesquyn met him and demanded whither he went and from whence he came. 'I come from my lord the Duke of Anjou and am going to deliver the hostages'".

然后嘎瑟斯长官去给他们(人质)送信,当他走时,奥利弗克勒斯坤长官碰到了他并查问他去哪里和从何处来。"我从安茹公爵那里来,去给人质送信。"

(1525 Froissart,3rd 4th *Book of Cronycles of Englande* [LION:EEBO; Traugott 2012a])

因此,我们认为在某些情况,语境的效果最好理解为从在周围语篇中(频繁)出现的语义相关的概念出发的激活扩展:语篇的参与者首先关注的不仅是普遍的时间参考(sir Garses went, he wente),而且是一个时间与另一个时间的对比。这是由

wheder he went（暗含稍后时间的参考）和 fro whens he came（暗含过去时间参考）来建构的；这一点平行于（虽然可以反向）I come from（过去参考）和 am goinge to（稍后时间的参考）。这里引用的所有例子都说明了前面语篇的更大语境是理解任何构例和思考演变语境的关键。如果这里只引用 I … am goynge to delyuer the hostages,(28)就更可能表现为"相对将来时"，然而如果包括前面的语境，则几乎不可能有这样的理解（虽然后来时间的暂时语用因为目的而得以默认的）。这些例子也说明了，虽然对后来时间的推测可以被如(28)中的扩展动作语境覆盖并作为背景，但在很多情况下是置于前景的，也就是说，更具有潜在的可及性。

虽然对 BE going to 最终构式地位为相对的以及后来的绝对将来时没有什么异论，但产生的一个问题是其来源本身是否是一个构式，正如语法化文献普遍暗指的"动作＋目的"。关注以语境和大于单个词汇成分的字符串来思考语法化的重要性，拜比说：

在语法化中，不仅新构式产生于既存的构式，而且采取了进一步的步骤，因为该构式中的词汇成分承担了语法地位。(Bybee 2010:30)

在拜比(Bybee 2006:720)看来，她指出了一个目的＋动作构式的认知表征。这种对助动词来源的解释在我们从语法构式化角度看来是有问题的。我们需要一种能够找到引起新意义发展使用的"关键",因此我们认为 BE going to 并非来源于目的+动作构式。相反,它来源于微观构式 go(即词汇微观构式)用于和特定构式集合的联合,具体为:PURPOSE$_{ITR}$(带不及物动词目的构式缩写)、BE-ing("先进行时"),以及可选的 PASSIVE (被动)。在这组构式中,PURPOSE$_{ITR}$ 隐含着后来某个时间点(相对将来时)的活动目的,Be-ing 指正进行的动作,PASSIVE 降级了动作的施事。在这组构式构成的语境中重复使用 go 引起了语义扩展:在某个将来时间行动目的的语用编码,并在动作不可能或没有必要的动词前使用(宿主类型扩展)。

例(29)属于最早得到验证的 BE going to 用作时间而非动作动词的合理语例。在(29a)中,"he"不可能去任何地方来用吊袜带做个套索,他只需要弯腰;在(29b)中,这个上学郎不可能到远处被鞭打(虽然也有这个可能):

(29) a. So, for want of a Cord, hee tooke his owne garters off; and as he **was going to** make a nooze ("noose"), I watch'd my time and ranne away.
所以,为了得到绳子,他把吊袜脱下来,而且当他去做套索的时候,我看了下时间就跑开了。

(1611 Tourneur, *The Atheist's Tragedie*
[LION; Garrett 2012:69])

b. He is fumbling with his purse-strings, as a school-boy with his points when he **is going to** be whipped, till the master weary with long stay forgives him.

他惊慌地揉捏着包上的线,因为他是将被鞭打学生中的一员,等校长厌倦了就原谅他。

(1628 Earle, *Microcosmography* §19 [cited by Mossé 1938:16; Garrett 2012:69])

BE going to 常规化成时间标记且被当作时间标记来辨认是在 17 世纪早期,这一点出现在被广泛引用的名叫作普尔(Poole)的语法学家于 1646 年所做的陈述中:

(30) About to, or *going to*, is the signe of the Participle of the future … ; as, my father when he was about [to] die, gave me this counsell. I am [*about*] or *going* [*to*] read.

正要,或将要,是将来时分词的形式……比如,当我父亲要去世时,他给我这个计划。我将要或正要去阅读。

(1646 Poole, *Accidence* 26 [Danchev and Kytö 1994:67;括号原来就有])

略早一点的证据也出现在对某段《圣经》的注解中:And Jakob said, Sell to me this day thy first birthright. And Esau said, Loe I am going to dye; and wherefore serveth this first-birthright unto me? (雅各布说,卖给我第一次与生俱来的权

利;以扫说,我要死了:我为什么要为第一次与生俱来的权利)其注解为:

(31) going to die] that is, ready or in danger to die: which may be meant, both in respect of his present hunger, which could not (as he profanely thought) be satisfied with the title of his birthright: and of his daily danger to be killed by the wild beasts, in the field where he hunted.

将要死去]就是,准备或处于要死的危险中:这一点可能意味着,两者都涉及当前的饥荒,这一点不可能用(因为他亵渎神灵来思考过)他与生俱来的头衔来满足;也涉及他每天处于被野兽所捕杀的危险中,那片他曾经打猎过的田野。

(1639 Ainsworth *Annotations upon the five books of Moses, the book of the Psalmes and the song of songs* http://books.google.com/books?id=ki1BAAAAcAAJ; brackets original; accessed June 6th2011)⑧

虽然安斯沃思(Ainsworth)的注解可能意为神学而非语言学,但可以确定的是他在这个文本中有意将 be going to 用作时间

---

⑧ 感谢理查德·富特雷尔(Richard Furell)提供了这个材料。

义,因此除普尔外至少还有一人意识到了这种新用法。同时,也可以确认当时 be going to 被认作相对的而非绝对将来时。

　　向绝对将来时的转换似乎发生在如 3.3.2 中所讨论的完全助动词地位转换的语境中。这种转换跟 BE going to 加 be 和其他静态动词的使用,以及在提升构式(raising constructions)中的使用等相关,如(32)。(32a)为第三章中的(20b),这里重复是为了简便:

(32) a. I am afraid there ***is going to*** be such a calm among us,that...
我怕我们之间会有如此的沉默……
(1725 Odingsells,*The Bath Unmask'd*
[LION; English Prose Drama])

b. Burnham. I should be glad to know what Freedom there was between us.
我应该会很高兴地知道我们间曾有什么自由。
Bowers. There ***was going to be*** a pretty deal of Freedom,but I lost it in the mean Time.
曾经会有相当多的自由,但此时我丢掉了它。
(1741 Trial of Esther Burnham and Godfrey Nodder,t17411204-5 [OBP])

　　希尔伯特(Hilpert 2008)讨论了从早期与终点动词如 say、give make、tell 和 marry 的搭配连用扩展到 19 世纪与高频率动词如 be、have、do 连用的情况。这样的扩展说明了在 18 世纪表时间的 BE going to 逐渐被识解为和引发它的多种来源的网络联系越来越少。

其间接语境之一毫无疑问是既存的助动词图式，当时它已经有了一些成员。这些成员被组织在两个主要的子图式中：单音节形式的更高语例频率"核心"情态词（will、shall、must 等）和迂说集合（be to、have to、ought to）。虽然 BE going to 的形式和迂说助动词部分匹配，其意义并非如此。迂说助动词更多涉及将来时的强制性和可能性而不仅是将来，不管是关系的还是指示的。因此，最初的 BE going to 只是间接地和这两个集合匹配。

虽然比"核心"集合使用频率低得多，但是迂说集合和英语不断增加的分析性句法保持了和谐一致，因而被认为是由类比思考激发的默认的助动词形式。当说话者在 17 世纪初开始使用 BE going to 表示相对将来时，他们被认为将该用法同迂说子图式相匹配。当时以及 18 世纪初，"绝对将来"的语义在核心助动词如 will 和 shall 中能找到［Nesselhauf 2012 用术语"预测"（prediction）表示绝对将来］。随着时间流逝，因为宿主类型扩展和句法扩展的各种类型出现在 17 世纪，BE going to 的语义逐步开始和一些核心情态词的语义匹配，这是一个语义的构式演变。

我们承认类比思考可能涉及 BE going to 将来时的发展，正如费希尔（Fischer 2007、2010）所主张的那样。然而，和她的分析显著不同的是：意义是发展的关键，只有类比思考而非类比化

第五章 构式化语境

是可能的诱发因素。另外,迂说助词和核心情态两者被认为是与变化相关的语境。虽然费希尔认为 BE going to 是因瞬时使用而被纳入助动词范畴而且是基于对迂说助动词形式的类比,但是这里展示的语料说明最初进入助动词时 Be going to 处于边缘地带——最初它明显是相对将来和 go 用于多层继承构式中的错配。这是渐变的一个显著特点。德斯梅(De Smet 2012:604)指出了表近似的 about 从无生命到有生命补语的一个类似扩展,如 about ten people left,并将有生命特征纳入该构式。他指出,about"在某段时间无法完全实现其潜能,相反或多或少被基于相似性的表层普遍性所限制"。同样,我们可以说对 BE going to 来讲说话者在某段时间无法将其作为完全的助动词而仅将它当作该构式的边缘成员来使用。

上面陈述的观点对传统认为的在动作和将来时 BE going to 之间存在多义的假设有一定影响。正如 5.2.1 中提到的,历时多义是更适于一个早期和后来构式共享语义的概念,但是这里我们已经论证了不存在更早的动作+目的构式,因此这里并没有历时多义。但是,假定语言使用者基于形式认为构例之间有某种联系,尤其是书面语,这种假设是合理的。但是,同样明确的是任何相似的可及性随着时间流逝而越来越弱,因为众所周知 BE going to 将来时的后期发展涉及口语使用中音韵缩减(甚至书面语中也会出现)BE gonna。OED 中第一个例子出现在 20 世纪初(Mair 2004),如:

(33) Yo're *gonna* get a good lickin'.

你将会受到一顿痛击。

(1913 C. E. Mulford *Coming of Cassidy* ix. 149[OED gonna])

贝里隆德(Berglund 2005)指出,gonna 在当代英语口语中已经成为最主要变体。

虽然,当代英语的使用者知道 BE going to V 能够用于表达动作+目的构式,但它在文献中没有被讨论太多的一个因素是无法明确在多大程度上它确实是这样使用的。特劳戈特(Traugott 2012b)指出在《老贝利程序》(*Old Bailey Proceedings* 1674—1723)前 50 年的文本中很难找到这个形式的构例,明确表达动作义的不仅在语义变化为时间之前出现,也在其后出现。这一点似乎是持续如此。对谷歌图书(Google Books)的简单检索出现了(34)这个例子:

(34) We *are going to accept* your kind invitation to visit your city; we *are going to visit* the historic battlefields that surround the city of Richmond; we *are going there* not out of curiosity, but we *are going to drop a tear* in memory...

我们将会接受你友好的邀请来访问你的城市;我们将会访问里士满市周边的历史战场;我们去那里不是出于好奇,而是我们将在记忆中落一滴泪。

(1904 *The National Engineer*, Vol 8∶11;accessed April 12th 2012)

这里的搭配 accept、drop a tear 要求将来时的解读，visit 允许但并不要求动作解读。(34)中只有 are going there 明确要求动作义。

总之，我们已经指出 BE going to 将来时发展的启动语境是在继承于一系列构式构例中的使用。其他的语境包括既存的助动词和助动词的系统扩展，尤其是情态词（见 Krug 2000 关于情态词浮现的讨论）。正如 3.3.1 中提到的，这不断促使新助动词的纳入，如 be fixing to（大量用于美国南方英语，可推测是对 BE going to 的类比）、got to、want to，甚至是非动词也被纳入，如（had）better。

5.3.5 结构槽作为雪克隆效应发展的语境：not the ADJest N_1 in the N_2

内部条件对后来批准新构词的类词缀子图式的渐变构式化是足够的。而且，在词汇图式构式化产生之后新微观构式的形成过程中还有语义簇聚（词汇集合）的证据。这种簇聚在雪克隆效应所批准的微观构式中也可以观察到。这里，语境包括"引发类比思考的相关节点"（见 5.1）的想法是尤其重要的。从这个角度来考虑 4.7 中讨论的雪克隆效应的公式[[not the ADJest N_1 in the N_2]] ←→ ["not very clever"]]，重点在形容词上。COCA 中这个雪克隆效应的例子包括：

(35) a. Junior's ***not the sharpest knife in the drawer***.
朱尼尔不是个聪明人。（不是抽屉里最锋利的那把刀）

(1999 Karon, *A New Song* [COCA])

b. she's as nutty as a fruitcake, a stuck-up mean girl, and ***not the brightest bulb in the pack***.

她傻乎乎的，一个高傲刻薄的姑娘，而并非最聪明的人。

(2011 Connors, *Kelly's Reality Check* [COCA])

c. Poor Bill Frisk was ***not the quickest bunny in the warren***.

可怜的比尔·弗里斯克不是反应最快的。

(2009 Lehner, *Southwest Review* 94 [COCA])

在这些例子中，整体图式的意义和主语 NP 指称的智力相关。第一个形容词是多义的，其中一个意思（比喻）和理解能力相关，但该表达中其余成分的语义聚合依赖于一个可选择（非比喻）的意义。该非比喻义是它修饰的名词的一个凸显特征（小刀有锋利的刀刃，兔子跑得快等）。这个方面是该图式中填充结构槽 N_1 名词的意义部分。除了语言学上的语义，通常还有做语境背景部分的常识性意义（见 Terkourafi 2009 和 5.2.1）。Not the ADJest 之后 PP 中的名词通常是用来盛装被修饰名词指称物的容器（小刀通常被放在抽屉里，灯泡常成包出售等）。然而，一个典型的容器并不是该图式中填充结构槽 N_2 的名词的中心意义——不是放在抽屉里小刀的语义部分，也不是成包售卖灯泡的语义部分。很多雪克隆都有这个特点，意义的这个部分是常识性的，而且文化上可变。说话者必须利用常识来理解雪克

第五章　构式化语境

隆效应。雪克隆的图式完全批准其形容词的一个意义常规性地和智力相关的表达,但剩下的语境基于和该形容词相关的更书面的意义,并基于该容器和名词 N_2 之间关系的常规知识。

和雪克隆效应相关的语境意义只有当该表达被当作一个雪克隆而非字面义时才能被激活。然而,部分批准也得以验证。比如,sweet 字面上和味觉相关,但因是愉悦特征才有一个隐喻联想,而不是[not the ADJest N_1 in the N_2]形式的雪克隆效应默认的智力。这种情况可能引起类似(36)的表达:

(36) He's **not the sweetest candy in the box**, but I would be real reluctant to accuse him of this level of lying about Paul's stance.

他并非最适合的人选,但我对是否该谴责他对保尔的立场撒谎这一点上还是犹豫不决。

(http://www.westernjournalism.com/ron-paul-denies-accusation-he-thinks-bush-responsible-for-911/; accessed 29th November 2012)

同样地,hot 在隐喻上同性诱惑产生关联,这个意义可能引发类似(37)的表达:

(37) Also, during the story, Steven develops a crush on Renee Albert, who is the hottest girl in eighth grade. The odds of that happening are extremely

unlikely. Let's just say he *is not the hottest marshmallow in the fire.*

同样,在这个故事中,斯蒂文疯狂地迷恋上了芮妮艾伯特,那个八年级最火辣的女孩。这种事情的发生是极度不可能的,我们只能说斯蒂文并非最疯狂的一个。

(http://booknook.marbleheadcharter.org/2011/11/10/drums-girls-and-dangerous-pie/;accessed 29th November 2012)

这样扩展的常规化程度还需要思考,但已经有证据显示对当代英语的使用者来说,以[not the ADJest N_1 in the N_2]为形式的图式从"not very intelligent"抽象成"not very ADJ"(其中 ADJ 是常规上和该构式形式端的形容词相关的隐喻义)。也就是说,这个雪克隆效应的发展体现了一个构式演变,具体来说是意义的普遍化。

5.3.6 准分裂句产生的语境

到目前为止我们已经讨论的案例中,相关的语境都是网络中的构式。这里我们来讨论 ALL-和 WHAT-准分裂在更宽泛语篇语境⑨中的构式化,尤其是那些"竞争"和"对话"语境——

---

⑨ 见余斯特曼(Östman 2005)关于如何将更大语篇语境作为构式的思考。然而,他关注的是语体风格而非这里的争辩性目的。

第五章 构式化语境

它们暗含了其他选择(见 Schwenter 2000 关于对话性的讨论,另见 White 2003,Traugott 2010b)。

3.5.2 中已经提到,在 ALL-准分裂的前身中,all 被正面理解为"everything",如(38)[即第三章中的(42a),这里再次重复]:

(38) I loue thee dearer then I doe my life,
　　　And **all I did**, *was* to aduance thy state,
　　　To sunne bright beames of shining happinesse.
　　　我爱亲爱的你胜过我的生命,
　　　我所做的所有,是为了国家,
　　　为了像太阳光辉那样闪耀的快乐。

(1601 Yarrington, *Two Lamentable Tragedies* [LION:EEBO])

但是,存在真实的风险是一个人的所有可能对他人来说并不足够,正如(39)中明确表达的[即第三章的(41b),这里被扩展]。这里,在阿金库尔战场上,亨利王祷告,谴责他的父亲查理四世谋杀了理查德二世。他也引用了一些他所做的事情来为这个赎罪,并保证会做更多,但他也认识到无论他做什么都可能是不够的:

(39) ... More will I do.
　　　Though **all that I can do** *is nothing worth*,
　　　Since that my penitence comes after all,
　　　Imploring pardon.

我会做更多。

虽然我能做的所有并无价值，

因为我的忏悔毕竟到来，

乞求宽恕。

(1600 Shakespeare, *Henry V*, IV. i. 320 [LION:Shakespeare])

这样的冲突情况成为新的 ALL- 和 WHAT- 准分裂产生的散漫语境，因为那些早期语例，尤其是带 do 的语例，出现在其他选择产生却常常被拒用的争论性文本中。在一些例子中，如(40b)，其他人所做出的理解被明确地拒绝了：

(40) a. Concerning the name of *Picardy*, it is a difficulty beyond my reading and my conjecture. **All that I can do is**, to overthrow the less probable ("plausible、viable") *opinions of other Writers*

关于皮卡第这个名称(的来历)，其解读的困难超出我的阅读和想象。我所能做的是推翻其他作者的那些不太可靠的观点。

(1656 Heylyn, *France Painted* [LION:EEBO])

b. If it be objected that I preached to separate Congregations; my Answer is, That I preach'd only to some of many Thousands that cannot come into the Temples, many of which never heard a Sermon of many years. And **what I did**,

第五章 构式化语境

was only to preach to such as could not come to our Churches.

如果我宣扬的分离会众被拒绝;那么我的回答是我只是对那些成千上万无法来到教堂的人们宣扬,他们之中很多多年未曾听到布道。我所做的只是对那些无法来我们教堂的人宣扬。

(1697 Baxter, *Mr. Richard Baxter's Last Legacy* [LION:EEBO])

(40a)中,语境 difficulty beyond my reading(超过我解读的难度)中的 all that I can do(所有我能做的)引发的推测是任何事情是不足够的或无价值的,因此第二个小句指定的动作在有效性的标量上是很低的;事实上,作者唯一可做的事是推翻其他人可能性低的想法。(40b)中 what I did 引发的推测是采取的行动受到第二个小句中行为的限制,且不包括作者谴责的行为类型。only 明显地说明了这一点。

可以看到同一个句子当中同一行为的两种不同潜在理解的有趣例子是:

(41) By all which your Honours may perceive, how he [Master Pet Senior] hath falsly traduced the Commissioners of the Navie,... and ***all he drives at****, is by his unjust aspersions to bring the Parliament and them at ods*, that so he might accomplish his own ends.

通过所有阁下可以看到的,他[宠物大师]错误地诽谤了纳维耶的专员,……他所有的用意是他不公正的诽谤使得国会出现争执,由此他可能达到他的目的。

(1646 mscb[ICAME:Lampeter])

根据作者所言,Master Pet Senior(宠物大师)意图做的每件事情都是制造不和谐,是他行为之后可期望的一个因素。从 Master Pet 的角度来看这可能是正面的。然而从作者的角度,却是负面的并且处于道德标量的低端——falsly 和 unjust 是基于作者的,而非 he,因为宠物大师不会鉴定自己的行为并以此方式做出评论。

指定性构式排除其他选择,而且是当一些说话者使用新的指定性准分裂句时他们使这些准分裂句部分变得冗余[见(40b)only 的使用,另如 if it be objected]。也就是说,语篇-语用功能在此语篇和文本中以各种方式变得明显,而且提问者的任务是"找到,或从中建立……一系列假设的共同基础",正如凯(Kay 2004)在分析 let alone 时指出的那样(见 5.1)。随着时间流逝,ALL-和 WHAT-准分裂的结构特征逐渐被等同于指定性穷尽列表,且准分裂能被用在更广阔的语境当中。

我们已经关注了产生准分裂的即时争论语境。更大的系统语境有可能是早期现代英语中标记焦点关系新方式的出现(Los 2009)。例如,洛斯和科曼(Los and Komen 2012)将 15 世纪英语第二动词(V_2)句法的消失并由此"丧失了可承担对比成分的第一位置"(p.884),和 IT 分裂语例频率的增加尤其是"强

调"分裂的产生如(42)联系起来:

(42) It is ***just twenty years*** that we had that very happy meeting at dear Coburg … !
只是二十年前,我们在亲爱的科伯格欢乐地聚会。
(186x:1271.694 Victoria [Los and Komen 2012:892])

然而,这个发展和准分裂产生是如何直接相关的还有待研究。

5.4 引发语境的持续性

在 5.2.2 中提到的持续性观点与德斯梅(De Smet 2012)的观点相关,即实现化产生于一些维持先前相同用法的小步骤中,例如 all but 和 key。布雷班(Breban 2009:80)稍早前也指出"一个成分的新浮现用法必须'符合'其来源结构,即它被来源结构用法'批准',并且在结构上以可识别的方式被来源用法所定型",例如表区别的形容词 different 和 other。布雷班和德斯梅从结构和句法的角度来看持续性。然而,持续性最初主要是基于意义的讨论 (Hopper 1991,Bybee,Perkins,and Pagliuca 1994)。无论哪一种情况,来源的分布或语义都影响后来的发展,也对后来的发展发挥某种回拉(pull-back)作用,由此来限制构式化的元素可能出现的语境。这意味着规则可能沉淀并维持(或甚至加强)网络中的链接。持续性的主题被认为是"语法化原则"之一(Hopper 1001:22)。然而,总的来说,它是演变的一个因素。

霍珀对持续性的讨论和德斯梅的小步骤实现化都关注具体成分的变化。在语用隐含方面，通常以新编码的语义角色来持续。正如我们在 BE going to 的案例中看到的，由 PURPOSE$_{ITR}$ 来的"相对将来"的含义被语义化为 BE going to 的意义 (Eckardt 2006)。这就是一个过程，库特夫(Kuteva 2001：151)将之称作"语境吸收"，而且是 go 在特定的语境中作为时间实现的小步骤变化。同样，来自部分词如 a bit of 中的数量含义被语义化为双名数量词的一个特征。初始来源部分词的语义被部分保留，正如布雷姆斯(Brems 2011)展示的那样，保留在小量部分(a bit/shred of)或测量(an iota/smidgen of)中。

至于关键的形态句法语境，再次来看 BE going to，尤其是看目的构式的语境，该语境要求目的小句中有一个施事动词。利用历时的搭配结构分析，希尔伯特(Hilpert 2008)指出了企图意义如施事性、及物性、有界性不仅是 18、19 以及 20 世纪初时和 BE going to 搭配动词选择的关键，而且一直持续，即使是静态动词(be、like)出现，事实上轻动词(do、get、have)现在已经成为优先选择的语境。也就是说，扩展的宿主类型和来源的目的语境部分一致。他还通过对比 BE going to 和荷兰语同源词 gaan"go"+V-infinitive 说明了这种语境的持续性程度是基于特定语言的。早在 17 世纪，荷兰语 gaan 和荷兰语中如 zitten "sit"(Hilpert 2008：114)的积极姿态动词搭配比 17 世纪英语中 BE going to 同积极姿态动词的搭配要少。荷兰语逐渐向有界性和更低企图义转换(比如和姿态动词联系在一起)；而且，目前更倾向于认知反应动词(beminnen "love"、denken "think")。这说明了英语说话者在将来时宿主类型扩展已出现的(除了最初go在特定构式语境中的分化)这三个世纪中已经保留了初始来源语义语境(施事,同目的相关的意图)的大部分。另一方面,荷兰语使用者并没有保留初始来源的施事性语义,却扩展了从一开始就存在的一个较少行为取向的搭配子类。⑩

本章中讨论特定成分变化的案例之一是 several 的发展(5.3.3)。这个案例可能和 a lot of、BE going to 以及准分裂的案例不同,因为 several 的最初用法中"有区别的"这一语义消失了。然而,其发展的步骤还是和德斯梅提出的现实化路径相一致。布雷班在几个地方(Breban 2009、2010 等)都讨论过表差异形容词如 different、other 等显示了部分类似的历史,她指出这些表差异形容词更早的历史可能在后来的分布、语义和演变路径中有所反映。她确认了带有被较早结构用法部分定型的 NP 内部结构的表差异形容词子图式。

从表差异形容词不同用法的图式来看,不是所有的持续性都是具体成分的实现化演变。迪沃尔德(Diewald 2002、2006)在讨论语法化的关键形态句法语境时指出这些语境在语法化之后不再持续,不像那些持续的非典型语境(隐含义)(2006:4)。她的证据来自德语情态词的发展。在这个案例中,消失的是一个情态形态图式。构式方法能帮助我们区分和早期意义相连的

---

⑩ 另一个可能性是荷兰语 gaan 的使用并不像英语 BE going to 那样独特地表示目的,并主要簇聚在表起始动词周围(inchoative)(见 Olmen and Mortelmans 2009;感谢 Martin Hilpert 提供这个参考)。

特定成分的现实化和至少在一些环境下不仅能引发演变并能持续的分布。图式消失当然不属于这种情况,但在双名数量词、[not the ADJest N_1 in the N_2]、BE going to、准分裂或表差异形容词这些案例中,初始的引发图式并没有消失。

在词汇构式化情况下,引发语境的持续性很难确定。我们在 4.9 中讨论的威尔士语中特定成分 nôl "fetch"的发展,根据威利斯(Willis 2007)的分析,是遵循一步一步的发展,其中后来的步骤受限于前面的步骤。然而,引发复合的初始步骤在何种程度上在图式中定型后来的创新还有待研究。在-lac 案例中,如我们在 5.3.1 中提到的,较早的上古英语复合词体现了物质动态和能量的显著元素,这本身就说明了 lac 的词汇义"game、fight"的持续性。然而,在一些例子中,并不总清楚图式中一个特定的微观构式是如何遵循这个普遍性的,如 wedlock "marriage vow"和中古英语 shendlac "disgrace"。其他派生构式的词干,如-dom 是否也同样较少地受到来自持续性限制,是未来的研究问题。可以预见的是,如果一个图式消失了并且一个原子微观构式的构式化接着产生(见 garlic、barn 和 stirrup),就没有引发/关键语境或非典型语境的持续。

至于词汇构式化的其他方面,引发语境的持续性看似比语法性构式的发展情况更具可变性。

5.5 小结

在本章及前面章节中我们已经展示了:

第五章　构式化语境

(a) 语境是构式演变中的一个关键因素。

(b) 正如语法化文献已提出的,语境的贡献在构式化前后并不相同。对语用和形态句法语境的重复涉及可能导致"转换/孤立"语境和形式$_{新}$-语义$_{新}$构式发展的构式化的构式演变。

(c) 对于新的语法微观构式,在构式化之前,语用调节和在首选的"关键形态句法"语境中的使用产生。构式化后,新的微观构式倾向于被强化和结晶化,部分原因是各种类型语境的扩展,而且是成为更大图式成员的结果。这些类型的语境扩展是希梅尔曼(Himmelmann 2004)所提出的:扩展的搭配(宿主类型扩展),此后扩展的语义语境和语用调节,以及扩展的句法分布。缩减出现在常规化和高频率使用中,尤其是在非正式和口语语体中。随之出现的可能是淘汰或领域受限(狭义句法语境)。

(d) 对于新的词汇图式构式,在构式化之前,语用调节和首选词汇子类(中心语类型集合)的连用产生。这里的语境可以被理解为局部网络语境,但在先构式化的演变中常和语体或文本类型相关。后构式化演变的新构式类型可能在图式模板中形成;模板中的规则用法和竞争可能导致结构缩减,可能导致微观构式和图式两者的淘汰,正如第四章中所讨论的那样。

(e) 网络中带有类似语义和形式的构式可能是重要的语境因素,并充当范本或诱因。

(f) 语言中系统演变的更大语境是一个重要的因素。

(g) 关键语境可能在具体成分层级或图式层级持续存在。

(h) 持续性可能是结构的也是语义的。

总之,单个语境中的个别变化需要根据一个构式使用的来源构例的意义和形式、构式所继承特征的首选图式构式、构式被纳入的(子)图式网络,以及当时出现在语言中的相关更宽泛的演变等因素来理解。

第六章 回顾及未来展望

6.1 引言

本章简要总结本书的主要目标,并提出本书在实现其主要目标时还未涉及的主题(6.2)。随后,提出一些领域作为未来研究的方向(6.3)。

6.2 主要目标

本书的目标是从认知构式语法的角度探索语言演变概念化(或更广义的被识解)的方法。从构式角度来重新思考之前的语言演变研究的一个主要贡献是该理论框架能够使我们平等地从形式意义的角度思考演变,同时也思考一个网络中构式间的链接的产生及变化。正因为如此,全书采纳了语言网络这个概念。

该网络模型允许我们从完整一致的角度思考符号内部及符号之间的变化,以及新符号的产生。符号内部的变化我们认为是构式演变:这些变化是网络中节点内部的。新词汇微观构式的产生可能是瞬时的,如一个新节点的产生是语言使用者从其他语言中借用词汇构式的结果，或者通过词汇构式从一个范畴转换为另一个范畴的构词过程。或者，一个新的微观构式或图式的产生可能是网络中其他地方一系列构式变化的产物。这样新节点的逐步产生可能引发该网络中节点间链接的重新建构。这就是本书所关注和描述的渐变构式化。构式化既适用于微观构式也适用于图式。

在讨论这个方法可能的影响时，我们希望已经设计出了一些基本要点作为本框架未来研究的基础。虽然个别地看它们主要是对语言演变研究文献中一些著名论断的重新组构，但是我们的框架最重要的一点是它们一起形成了关于构式演变本质的一套合乎逻辑的理论：

(a) 演变研究中形式和语义两者需同等地考虑。

(b) 演变需要从特定（微观）和抽象（宏观）两个角度来考虑。

(c) 演变需要依据从经历什么类型的过程、在构式演变的什么阶段以及一个新构式如何形成的假设来考虑。

(d) 由于词汇和语法变化位于内容端到程序端的一个连续统上，应将两者看成互补的，而非对立的。

(e) 演变需要依据使用和网络来理解。

(f) 创新（即个别网络的特征）只有被常规化并被他人使用的情况下（即在一定人数的网络中变得显著）才可以被认为是变化。

(g) 变化通常发生在各不相干的细小步骤中（历时的渐变

第六章 回顾及未来展望

性),引发了变异(共时的梯度)。

(h) 由于具有梯度性,常规类型和使用的规范允许变化随时间逐步浮现。
(i) 类比化和对集合的匹配是演变的重要机制,但是由于所有的变化都涉及新分析,新分析是更具包容性的演变类型。
(j) 微观构式和它们参与的图式都有自身的历史,受到它们参与的更广泛系统的制约和影响。

我们致力于整理有关语法化和词汇化研究的文献,因为它们在最近几十年有如此大的影响而且能够依据构式语法来进行再思考。在我们看来,本书所发展的语言演变的构式方法的"增加价值"在于针对符号在多层次的抽象性中演变的基于使用的网络方法,该方法使得我们能够重新思考语言演变的复杂性。具体就是:

(a) 语法和词汇构式化不等同于语法化或词汇化。然而,语法化和词汇化的某些方面能够被纳入到一个更加综合视角下作为符号演变的语言演变之中。
(b) 在构式梯度的内容性和程序性两端之间的连续统说明语法化和词汇化并不是对立发展的。当分析部分内容性和部分程序性构式的发展时,以及依据具体和图式演变来重新思考去语法化案例时,这一点尤为清晰。
(c) 基于形式-语义配对的方法消除了对模块间的界面进

行阐述的需要。
(d) 观察网络、图式和微观构式如何产生、成长及消亡的能力，以及在两个层级上跟踪类型发展的能力，使得研究者能观察到每个微观构式在更大类型限制下（最即时的图式，但也可是更大的相关网络节点）的自身变化。
(e) 扩展和缩减是相互交织的。因此，变化的指向性比先前研究通常所认为的更细致。

我们也指出了从变化角度重新思考认知构式语法能够获益的一些领域，其中包括：

(a) 网络和网络中的子类组合。
(b) 组合性。最好是依据语义端的组合性和形式端的分析性的区别来考虑。
(c) 从既存的变异来影射初始的用法（见3.4.3）。
(d) 压制作为"要求"特定的理解，是鉴于词汇的（内容性）和语法的（程序性）语义（见5.2.2）之间的错配。压制有可能是并不需要作为独立于转喻和最佳适配理解的概念。
(e) "新造词类型"和构式的区别（见4.7）。

正如我们对语言演变进一步研究所提出的基础观点，这些观点多数并不是新的。我们希望我们的观点能够关注特定的问题，而且提出能够推动争论向前发展的一些方法。

6.2.1　总结性案例：ISH

现在我们转向一个我们认为能够说明本书许多主要观点的涉及构式化和构式演变的简单案例。我们选择这个案例,因为我们认为它证明了构式方法"价值增加"的本质。我们的案例是英语的 ISH。这个英语中的案例已经被库兹马克(Kuzmack 2007)从(反)语法化的角度、诺德(Norde 2009)从去语法化角度以及特劳斯代尔(Trousdale 2011)从构式化的角度分别给予了讨论。库兹马克(Kuzmack 2007)区分了最早的上古英语时期词缀派生形容词的两种类型：

(1) a. ish_1,作为名词的后缀指民族或种群(如 English、Welsh、Jewish)。
　　b. ish_2,作为"类名词"的后缀来构成意为"X 或类似 X 的"的形容词。

由于这两种情况中的派生构词都是转自名词而且两个有相同的语义,所以我们认为在上古英语中有一个如(2)类型的构词图式：

(2) 上古英语.ISH 图式
　　$[[N_i . isc]_{Aj} \leftrightarrow [having\ character\ of\ SEM_i]\ PROPERTY]_j]$
　　$[[名词_i . isc]形容词_j \leftrightarrow [[具有语义_i 的特征]特性]_j]$

这个图式有两个子图式,其中一个的名词表示民族或族群"族群.ish"(Ethnic.ISH):

(3) 族群.ISH 子图式

[[N_i.isc]$_{Aj}$ ←→ [[having character of ethnic group$_i$] PROPERTY]$_j$]

[[名词$_i$.isc]形容词$_j$ ←→ [[具有族群$_i$的特征]特性]$_j$]

这个族群 ISH 子图式在中古英语后期变成了隐性的,且不再具有能产性。然而,它的一些成员在形态上变得更加透明(如 Scott.ish 代替了上古英语的 Scytt.isc),在一些例子中由于频繁使用出现了部分磨损,最初的双语素结构消失了(如 Welsh),而且一些成员如 Greek.ish 不再被使用,这是图式重组的一个典型现象。

第二个子图式("关联 ISH"Associative ISH),以普通名词为词干,始于上古英语,但直到早期现代英语才变得能产。这种情况的子图式为:

(4) 关联 ISH 子图式

[[N_i.isc]$_{Aj}$ ←→ [[having character of entity$_i$] PROPERTY]$_j$]

[[名词$_i$.isc]形容词$_j$ ←→ [[具有实体$_i$的特征]特性]$_j$]

早期的例子是 cild. isc "childlike",它们出现在上古英语中,但直到中古英语的文本之前它没有带任何一点语例频率,menn. isc "human",fool. ish(是中古英语的构词)。这些例子说明很多在语用上是贬低性的,后来的词干也通常是负面语义的(Marchand 1969:305 其引用的例子包括 hell. ish、hogg. ish)。从"典型的 N"到"典型并有负面特征的 N"的语用扩展是构式演变。关联 ISH 子图式持续能产,尤其是带有贬低性的语用更是如此。

在某些情况中,后缀. ish 不仅指"特征"而且也弱指"类似/近似"如 water. ish,MED 解释为"包含大量的水,稀释"。中古英语时期,新一组词干开始被使用:颜色形容词(如 yellow. ish、blu. ish)。在这些语境中,后缀. ish 意义为"类似"(近似量 ISH)。库兹马克(Kuzmack 2007)将这种用法称作 ish_3。她指出她所称的 ish_2 如 childish(即关联 ISH)强调和词干的类似性,但后缀. ish 的这个新意义强调差异性。这个语义变化可能猛一看是构式演变。然而,近似量 ISH 的发展是构式化,因为该后缀附着的形式可能是形容词和名词,且其意义也和关联 ISH 的意义不同:

(5) 近似量 ISH 图式

$[[A_i/N_i. ish]_{Aj}$ ←→ $[[$having character like $SEM_i]$ PROPERTY$]_j]$

$[[$形容词$_i$/名词$_i$. ish$]$形容词$_j$ ←→ $[[$具有像语义$_i$的特征$]$特性$]_j]$

这个图式持续能产。

我们发现到了19世纪ISH扩展到了复杂词干,有时是复合词,有时是小句。正如库兹马克指出的,这种扩展在我们看来是构式演变,在关联ISH和近似量ISH两者中都会找到。然而,在语料中,用ISH所搜索到的实例前者比后者更多。(6)作为关联ISH,ish 意为"特征"其形式不再受限于无修饰的名词。这说明了从后缀到语缀形式的构式演变可能已经产生。

(6) A *clean cravatish* formality of manner.

一个整洁领结式的正式礼节。

(1836 Dickens, *Sketches byBoz* [OED *-ish* suffix1,2])

库兹马克(Kuzmack 2007)引用了 pale yellow-ish(浅黄色的,带被修饰形容词),right now-ish(恰好现在的)为近似量ISH 的扩展。一个最近的例子是(7),其中 ISH 的作用范围是前修饰的形容词(new),而非其松散依附着的名词(member)。这样的构例比关联ISH 的构例更难解析,因为其结构连接更松散:

(7) *New* member (*ish*) first ever thread.

首次联系的近似新成员

(2008 http://www.cliosport.net/forum/showthread.php?
328235-New-member-(ish)-first-ever-thread;
accessed 3rd December 2012)

第六章 回顾及未来展望

库兹马克将我们所称的近似量 ISH 看作 ish 单独成词的来源。这实际上是进一步的构式化。由于新的形式发展了一个特定的程序性语义,它是部分语法构式化:已经历了形式新分析(从语缀到独立词),和语义新分析(从表近似到认识性标记,这一点我们马上会在下面分析)。在(8)中,它用作对话中的回答,意为"是、左右、大概"。该文本是某剧本的台词:

(8) CANARY　　How are you? ... You've had two divorces and a pug named Pip.
你好吗?……你离了两次婚,还有一只叫皮普的哈巴狗。
You collect hats and advise people to drink great quantities of spring water.
你收集帽子,并建议人们多喝矿泉水。

LLOYD　　You look completely different.
你看起来完全不一样了。

CANARY　　You look the same.
你一点也没变。

LLOYD　　**Ish.** I mean, my nose.
有点吧。我指的是我的鼻子。

CANARY　　Well, that.
哦,那个。

LLOYD　　At least you're alive.
至少你还活着。

CANARY	***Ish.***
	差不多。
LLOYD	I thought you were dead.
	我以为你死了。
CANARY	We've said all that.
	我们已经说了那些。
LLOYD	Right.
	是的。

(1994 Beth，Revelers [COHA])

(8)中独立词 ish 的语义和其作为后缀的语义一致"类似/大概"。诺德(Norde 2009:225)指出 ish 作为独立词的用法和剪辑形式如 ism 的用法不同，ism"用作所有以-ism 结尾的词的上位词(hypernym)"。对于(8)来说这显然是正确的。我们可以发现这里 ish 作为回答用在 Yes、No、Right、Sort of 都适合的结构槽位置，因此已被指派为不仅是程度修饰词而且也有认识性特征。它也不是强化用法的上位词，如(9)中"very very ish"强化了"10pm-ish"的近似性：

(9) Show starts at 10pm-*ish*（very，very *ish* because we'll still have the Clucking-Blossom fundraiser going on）.

演出开始于 10 点钟左右(非常非常的大概，因为我们到时候会有各种筹募资金活动进行)

(2010 http://fbxshows.com/wp/bb/topic.php? id=244;

accessed May 21st 2012)

第六章 回顾及未来展望

最近一个进一步的演变已经发生,其中一个新的形容词义"不确定的"已经产生,如(10):

(10) If you're like me and feel a little ***ish*** about dirty dining, you'll need more than a couple drinks.

如果你和我一样还对于肮脏的餐厅还有点想法的话,你还需要多喝几杯。

(2007 http://yelp.co.uk/biz/the-majestic-diner-atlanta?start=40;accessed Dec. 5th 2012)

虽然这里讨论的构词类型涉及词汇的内容性微观构式,而且独立的 ish 含有形容词词类的特征(如被 very 修饰),然而,(8)中示例的近似量的 ish 微观构式更倾向于语法性一端,因为它被连接到程度修饰词和程序性标量成分的网络。程度修饰词的集合本身在早期现代英语时期因新成员形成而成倍地扩展,包括 very、pretty、fair(ly)(见 Peters 1994, Nevalainen and Rissanen 2002)。近似量的 ish 作为独立词的发展相对来说是独特的:它有某些形容词的特征(如加 very 强化),但并没有其他特征如用在比较级和最高级中*。派生 ISH 参与了基本的词汇图式;某些情况下,ish 作为独立词也主要是词汇性的。然而,那些涉及近似量的用法,包括独立词 ish 的用法,使其连接到了标量程度修饰词表达,因此在意义上是部分程序性(语法

---

* 即没有形容词的比较级和最高级形式。——译者

性)的。这使得该派生图式的组合性更低,即形容词的产生更不凸显,而且说话者逐步将该成分分类真实性的评估和承诺编码为一个特定集合的成员。而且,该图式随着时间流逝已经被重组,使得族群 ISH 图式不再能产。总的来说,没有被淘汰的图式的多产性和图式性都得到了增强。

6.3 未来研究的某些领域

当前的研究仅是我们所希望的从认知构式语法角度更全面深入地探讨语言演变的开始。我们只探索了很小一部分的语例。在这个框架下,语言演变的大量领域还有待考察,比如语序变化以及各种从句类型的发展。许多挑战依然存在,包括如何分析音韵变化,如无关意义却对构式有重要影响的元音大转移。和构式化直接相关的音韵和语音变化的许多方面在这里都没有得到详细的阐述(相关研究见 Bybee 2010)。尤其是"语块切分"(chunking)问题,本书只是间接提到,但其明显对我们认为的演变的主要机制如新分析有重要影响。由于,语块是"记忆组织的一个单位"(Newell 1990:7),一个新语块是认知系统中新固化的部分。拜比观察到:

倾向于缩减是语块切分的结果:在单位序列被重复时,使用的发音姿势倾向于缩减或重合。(Bybee 2010:37)

正如我们已看到的,作为构式化的产物(无论是语法性的如 BE

gonna,或词汇性的如 barn)固化的微观构式通常显示了内部语音的合并。

我们已从历时的角度讨论了那些已经成为标准英语的语例。我们这里提倡的微观分析要求对不同时期的文本记录有深刻的知识和理解。其他英语变体的历史,包括世界英语(World Englishes),尤其是其他语言的历史发展都需要专家们以微观和宏观同等关注的态度来考察。运用和英语不同的构式组织并有悠久历史的语言如汉语和日语等来验证本书提出的假设尤其有价值。在发展中考虑类型构式差异的研究将会特别有收获,比如论元结构系统和信息建构系统的类型学构式发展研究等。

我们在应用构式语法的相关模式时采用了兼容并蓄的办法,采用了构式语法不同模式的框架,比如,基于符号的构式语法(SBCG),并比较它是如何为构式化和构式演变做出贡献的,这也是非常有价值的。很明显的是 SBCG 在精确形式化方面有明显的优势,且早期的 HPSG 在运用方面取得了显著的成功(见 Fried 2008、2010 等)。在 SBCG 中需要考虑的问题是仅有意义或仅有形式的构式是否有可能发展。一个问题是 SBCG 并不是基于使用的(或至少不是普遍认为),但是精确的形式化允许分析者在合理的粒度层次上跟踪微观变化。另外,本书阐述的演变的构式模式和最简方案之间的详细比较会受到欢迎。罗伯茨(Roberts 2010)提出的共时梯度和历时渐变观点所使用的模式完全不同于本书所采用的方法(另见 Roberts and Roussou 2003)。然而,虽然他使用了一个涉及扩展映射和各种功能中心语精细区别的模式,但他太过于关注形态句法演变中的微观步骤,如文本记录中出现的渐变性是一系列相关微观变化的结果。虽然分析人类语言能力的最简方案和构式方法有明晰的本质区别,但毫无疑问两者在一些领域存在着可以详细探索的统一。②

本书提出了构式化和构式演变的定性研究方法。在这一点上,我们不同于希尔伯特(Hilpert 2013),他的研究是按照传统的量化语料库语言学方法进行的。我们认为定性和定量分析在历史语言学研究中是互补的,并期望在发展中的语言演变研究中将两者结合起来的可能性,将个体说话者层面的微观变异分析和社会群体层面的宏观变异的量化分析相结合。这样的量化研究能够为频率和固化的关系,以及说话者群体组织其语言知识各个方面的抽象程度提供一个更为细致的方法。在本书中,我们讨论了语义化和能产性及语义普遍性相关的某些方法,但未提供这些变化的具体测量。定量方法能够为图式的固化本质以及微观构式层面典型的形成提供深层视角。回到本章节开头的观察,由于语块切分是微观构式发展的重要因素,基于数据库的定量方法能证明一个"语块"如何随着时间流逝而固化为一个微观构式(对于这一点见 Bybee 2010,但她未使用"微观构式"这个术语)。

我们非常热衷于展示倾向于程序性一端(语法构式化)和倾向于内容性一端(词汇构式化)的构式化两者间的演变既有共同

---

② 特劳斯代尔(Trousdale 2012b)在分析 what with 构式中讨论了构式方法和最简方案对于语法演变的一些异同点,但这仅是编程性的,如更详细分析的话会有更多收益。

第六章 回顾及未来展望

点而也有不同之处,并一贯强调程序性和内容性两者在这一点上的梯度。虽然我们提到了中间构式,我们并没有深刻讨论"中间性"或"混合性"。在第二章中,我们详细考察了 way-构式的发展,强调的事实是一些语言学家认为它是个词汇变化,而另一些则认为它是个语法变化。我们指出近来的变化说明这个构式正变得更加程序性(由于获得了体貌功能),因此它也正变得混合。其他一些构式则更明显地处于程序-内容的梯度上。正如在 1.6.3 中所提到的,当讨论 He gave the team a talking to "He berated the team 他训斥团队"这一案例时,特劳斯代尔(Trousdale 2008a)认为微观构式:[[NP_i GIVE NP_j [a V-ing]$_{NP}$]←→[" NP_i 在身体上攻击或谴责 NP_j "]]是个混合构式。该构式的某部分,主要同 give 的功能相联,但也包括各种 NP 起的作用,是程序性的,体现了终结体。该构式的另一部分,同动词 V 的意义相联,是指称性和习惯用法性的,因为 give someone a talking to 不仅仅包括和他们说话。另外,虽然这个构式只是部分组合性的,它也是部分分析性的(如第三个 NP 的名词可能被形容词修饰)。这个构式看起来并非能产(当然要比其他相关的带轻动词的构式,如 take a walk 或 have a bath 要低产得多),也不是高度普遍性的。也就是说,按照全书讨论的三个关键参数:图式性、能产性和组合性来看,该构式混合性的本质使得它既不像一个语法性构式(如 WHAT-准分裂)也不像一个词汇性构式(如 garlic)。我们认为未来对这样的混合性构式的历史发展及其特征的研究尤其重要。

综上所述,我们认为本书采纳的构式方法为程序性、指称性以及混合性符号发展的系统定性研究提供了基础。我们将讨论限于英语中(许多)说话者使用的符号,并主要关注程序性或内容性符号产生的发展,而较少关注中间构式的发展。我们的焦点不仅是说明微观构式的发展,而且说明随着时间流逝,图式的所得和所失,以及历时上参与扩展和压缩图式的微观构式随后的变化和置配。为了做到这一点,我们采纳了构式网络的概念,我们认为这个概念有助于分析微观构式的变化以及链接微观构式的图式的变化。

参考文献

Aarts, Bas. 1998. Binominal noun phrases in English. *Transactions of the Philological Society* 96:117-158.
Aarts, Bas. 2007. *Syntactic Gradience: The Nature of Grammatical Indeterminacy*. Oxford: Oxford University Press.
Adamson, Sylvia. 2000. A lovely little example. Word order options and category shift in the premodifying string. In Fischer, Rosenbach, and Stein, eds. , 39-66.
Aikhenvald, Alexandra Y. 2007. Typological distinctions in word formation. In Timothy Shopen, ed. , *Language Typology and Syntactic Description*, Volume III: *Grammatical Categories and the Lexicon*, 1-65. Cambridge: Cambridge University Press.
Allan, Kathryn. 2012. Using OED data as evidence for researching semantic change. In Kathryn Allan and Justyna A. Robinson, eds. , *Current Methods in Historical Semantics*, 17-39. Berlin: De Gruyter Mouton.
Allen, Cynthia. 1995. *Case Marking and Reanalysis: Grammatical Relations from Old to Early Modern English*. Oxford: Oxford University Press.
Allerton, David J. 1991. The greater precision of spoken language: Four examples in English. *English Studies* 72:470-478.
Andersen, Henning. 1973. Abductive and deductive change. *Language* 49: 765-793.
Andersen, Henning. 2001. Actualization and the(uni)directionality. In Henning Andersen, ed. , *Actualization: Linguistic Change in Progress*,

225-248. Amsterdam: Benjamins.

Andersen, Henning. 2008. Grammaticalization in a speaker-oriented theory of change. In Thórhallur Eythórsson, ed. , *Grammatical Change and Linguistic Theory: The Rosendal Papers*, 11-44. Amsterdam: Benjamins.

Anderson, Earl R. 2003. *Folk-Taxonomies in Early English*. New Jersey: Fairleigh Dickinson University Press.

Anttila, Raimo. 1989. *Historical and Comparative Linguistics*. Amsterdam: Benjamins, 2nd ed.

Anttila, Raimo. 2003. Analogy: The warp and woof of cognition. In Joseph and Janda, eds. , 435-440.

Arber, Edward, ed. 1869. *The Revelation to the Monk of Evesham*. London: Murray.

Arbib, Michael A. 2012. Compositionality and beyond: Embodied meaning in language and protolanguage. In Werning, Hinzen, and Machery, eds. , 475-492.

Archer, Dawn. 2006. (Re)initiating strategies: Judges and defendants in Early Modern English courtrooms. *Journal of Historical Pragmatics* 7: 181-211.

Archer, Dawn. 2007. Developing a more detailed picture of the English courtroom (1640-1760): Data and methodological issues facing historical pragmatics. In Susan Fitzmaurice and Irma Taavitsainen, eds. , *Methods in Historical Pragmatics*, 185-217. Berlin: Mouton de Gruyter.

Auer, Peter. 2005. Projection in interaction and projection in grammar. *Text* 25: 7-36.

Auer, Peter and Stefan Pfänder. 2011a. Constructions: Emergent or emerging? In Auer and Pfänder, eds. , 1-21.

Auer, Peter and Stefan Pfänder, eds. 2011b. *Constructions: Emerging and Emergent*. Berlin: De Gruyter Mouton.

Axmaker, Shelley, Annie Jaisser, and Helen Singmaster, eds. 1988. *Berkeley Linguistics Society 14: General Session and Parasession on Grammaticalization*. Berkeley, CA: Berkeley Linguistics Society.

参 考 文 献

Baayen, R. Harald. 2001. *Word Frequency Distributions*. Dordrecht: Kluwer.

Baayen, R. Harald. 2003. Probabilistic approaches to morphology. In Rens Bod, Jennifer Hay and Stefanie Jannedy, eds., *Probabilistic Linguistics*, 229-287. Cambridge, MA: MIT Press.

Baayen, R. Harald and Antoinette Renouf. 1996. Chronicling *The Times*: Productive lexical innovations in an English newspaper. *Language* 72: 69-96.

Ball, Catherine N. 1991. The Historical Development of the It-Cleft. PhD dissertation, University of Pennsylvania.

Ball, Catherine N. 1994. The origins of the informative-presupposition it-cleft. *Journal of Pragmatics* 22: 603-628.

Barlow, Michael and Suzanne Kemmer, eds. 2000. *Usage Based Models of Language*. Stanford, CA: CSLI Publ.

Barðdal, Jóhanna. 2008. *Productivity: Evidence from Case and Argument Structure in Icelandic*. Amsterdam: Benjamins.

Barðdal, Jóhanna. 2013. Construction-based historical-comparative reconstruction. In Hoffmann and Trousdale, eds. 438-457.

Barðdal, Jóhanna, Spike Gildea, Elena Smirnova, and Lotte Sommerer, eds. 2015. *Diachronic Construction Grammar*. Amsterdam: Benjamins.

Barðdal, Jóhanna and Thórhallur Eythórsson. 2003. The change that never happened: The story of oblique subjects. *Journal of Linguistics* 39: 439-472.

Barðdal, Jóhanna and Thórhallur Eythórsson. 2012. Reconstructing syntax: Construction Grammar and the comparative method. In Boas and Sag, eds., 257-308.

Bauer, Laurie. 1983. *English Word-Formation*. Cambridge: Cambridge University Press.

Bauer, Laurie and Rodney Huddleston. 2002. Lexical word-formation. In Huddleston and Pullum, 1621-1722.

Beadle, Richard. 2009. *The York Plays: A Critical Edition of the York Corpus Christi Play as Recorded in British Library Additional MS*

35290, Vol. I. Oxford: Oxford University Press.

Beavers, John, Beth Levin, and Shiao-Wei Tham. 2010. The typology of motion expressions revisited. *Journal of Linguistics* 46:331-377.

Bencini, Giulia. 2013. Psycholinguistics. In Hoffmann and Trousdale, eds. 379-396.

Berglund, Ylva. 2005. *Expressions of Future in Present-Day English: A Corpus-based Approach*. Acta Universitatis Upsaliensis, Studia Anglistica Upsaliensia 126.

Bergs, Alexander and Gabriele Diewald, eds. 2008. *Constructions and Language Change*. Berlin: Mouton de Gruyter.

Bergs, Alexander and Gabriele Diewald, eds. 2009a. Introduction: Contexts and constructions. In Bergs and Diewald, eds. ,1-14.

Bergs, Alexander and Gabriele Diewald, eds. 2009b. *Contexts and Constructions*. Amsterdam: Benjamins.

Berlage, Eva. 2012. At the interface of grammaticalisation and lexicalisation: The case of *take prisoner*. *English Language and Linguistics* 16:35-55.

Bermúdez-Otero, Ricardo. 2006. Phonological change in Optimality Theory. In Keith Brown, ed. , *Encyclopedia of Language and Linguistics*, 2nd ed. , Vol. IX:497-505. Oxford: Elsevier.

Bharucha, Jashmed J. 1987. Music cognition and perceptual facilitation: A connectionist framework. *Music Perception* 5:1-30.

Biber, Douglas. 2003. Compressed noun-phrase structures in newspaper discourse: The competing demands of popularization vs. economy. In Jean Aitchison and Diana M. Lewis, eds. , *New Media Language*, 169-181. London: Routledge.

Biber, Douglas and Bethany Gray. 2011. Grammatical change in the noun phrase: The influence of written language use. *English Language and Linguistics* 15:223-250.

Biber, Douglas and Bethany Gray. 2012. The competing demands of popularization vs. economy: Written language in the age of mass literacy. In Nevalainen and Traugott, eds. ,314-328.

参 考 文 献

Biber, Douglas and Edward Finegan. 1997. Diachronic relations among speech-based and written registers in English. In Terttu Nevalainen and Lena Kahlas-Tarkka, eds. , *To Explain the Present. Studies in the Changing English Language in Honour of Matti Rissanen*, 253-275. Helsinki: Société Néophilologique.

Biber, Douglas, Bethany Gray, Stig Johansson, Geoffrey Leech, Susan Conrad, and Edward Finegan. 1999. *Longman Grammar of Spoken and Written English*. Harlow, Essex: Pearson Education.

Bisang, Walter. 2009. On the evolution of complexity: Sometimes less is more in East and mainland Southeast Asia. In Geoffrey Sampson, David Gil, and Peter Trudgill, eds. , *Language Complexity as an Evolving Variable*, 34-49. Oxford: Oxford University Press.

Bisang, Walter. 2010. Grammaticalization in Chinese: A construction-based account. In Traugott and Trousdale, eds. , 245-277.

Bisang, Walter, Nikolaus P. Himmelmann, and Björn Wiemer, eds. 2004. *What Makes Grammaticalization—A Look from its Fringes and its Components*. Berlin: Mouton de Gruyter.

Blakemore, Diane. 1987. *Semantic Constraints on Relevance*. Oxford: Blackwell.

Blank, Andreas. 2001. Pathways of lexicalization. In Martin Haspelmath, Ekkehard König, Wulf Oesterreicher, and Wolfgang Raible, eds. , *Language Typology and Language Universals*, Vol. II: 1596-1608. Berlin: Walter de Gruyter.

Bloomfield, Leonard. 1933. *Language*. New York: Holt and Co.

Blumenthal-Dramé, Alice Julie. 2012. Entrenchment in Usage-Based Theories: What Corpus Data Do and Do not Reveal about the Mind. Unpublished PhD dissertation, Albert-Ludwigs-Universität Freiburg im Breisgau.

Blythe, Richard A. and William Croft. 2012. S-curves and the mechanisms of propagation in language change. *Language* 88: 269-304.

Boas, Hans C. 2005. Determining the productivity of resultative constructions: A reply to Goldberg and Jackendoff. *Language* 81:

448-464.

Boas, Hans C. 2008. Resolving form-meaning discrepancies. In Jaako Leino, ed., *Constructional Reorganization*, 11-36. Amsterdam: Benjamins.

Boas, Hans C. 2013. Cognitive construction grammar. In Hoffmann and Trousdale, eds., 233-252.

Boas, Hans C. and Ivan A. Sag, eds. 2012. *Sign-Based Construction Grammar*. Stanford, CA: CSLI Publications.

Booij, Gert. 2005. Compounding and derivation: Evidence for construction morphology. In Wolfgang U. Dressler, Dieter Kastovsky, Oskar E. Pfeiffer, and Franz Rainer, eds., *Morphology and its Demarcations*, 109-32. Amsterdam: Benjamins

Booij, Gert. 2007. *The Grammar of Words. An Introduction to Morphology*. Oxford: Oxford University Press, 2nd ed.

Booij, Gert. 2010. *Construction Morphology*. Oxford: Oxford University Press.

Booij, Gert. 2013. Morphology in Construction Grammar. In Hoffmann and Trousdale, eds., 255-273.

Börjars, Kersti and Nigel Vincent. 2011. Grammaticalization and directionality. In Narrog and Heine, eds., 163-176.

Boroditsky, Lera. 2000. Metaphoric structuring: Understanding time through spatial metaphors. *Cognition* 75: 1-28.

Boye, Kasper and Peter Harder. 2012. A usage-based theory of grammatical status and grammaticalization. *Language* 88: 1-44.

Breban, Tine. 2008. The grammaticalization and subjectification of English adjectives expressing difference into plurality/distributivity markers and quantifiers. *Folia Linguistica* 42: 259-306.

Breban, Tine. 2009. Structural persistence: A case based on the grammaticalization of English adjectives of difference. *English Language and Linguistics* 13: 77-96.

Breban, Tine. 2010. *English Adjectives of Comparison: Lexical and Grammaticalized Uses*. Berlin: de Gruyter Mouton.

Breban, Tine. 2011a. Secondary determiners as markers of generalized instantiation in English noun phrases. *Cognitive Linguistics* 22: 211-233.

Breban, Tine. 2011b. Is there a postdeterminer in the English noun phrase? *Transactions of the Philological Society* 108:248-264.

Brems, Lieselotte. 2003. Measure noun constructions: An instance of semantically-driven grammaticalization. *International Journal of Corpus Linguistics* 8:283-312.

Brems, Lieselotte. 2010. Size noun constructions as collocationally constrained constructions: Lexical and grammaticalized uses. *English Language and Linguistics* 14:83-109.

Brems, Lieselotte. 2011. *Layering of Size and Type Noun Constructions in English*. Berlin: de Gruyter Mouton.

Brems, Lieselotte. 2012. The establishment of quantifier constructions for size nouns: A diachronic study of *heap(s)* and *lot(s)*. *Journal of Historical Pragmatics* 13:202-231.

Brems, Lieselotte, Lobke Ghesquière, and Freek Van de Velde, eds. 2012. Intersections of Intersubjectivity. Special issue of *English Text Construction* 5.

Brinton, Laurel J. 1988. *The Development of English Aspectual Systems*. Cambridge: Cambridge University Press.

Brinton, Laurel J. 1998. 'The flowers are lovely; only they have no scent': The evolution of a pragmatic marker. In Raimund Borgmeier, Herbert Grabes, and Andreas H. Jucker, eds., *Anglistentag* 1997, 9-33. Trier: Wissenschaftlicher Verlag Trier.

Brinton, Laurel J. 2006. Pathways in the development of pragmatic markers in English. In Kemenade and Los, eds., 307-334.

Brinton, Laurel J. 2008a. *The Comment Clause in English: Syntactic Origins and Pragmatic Development*. Cambridge: Cambridge University Press.

Brinton, Laurel J. 2008b. 'Where grammar and lexis meet': Composite predicates in English. In Seoane and López-Couso, eds., 33-53.

Brinton, Laurel J. and Elizabeth Closs Traugott. 2005. *Lexicalization and*

Language Change. Cambridge:Cambridge University Press.

Broccias, Cristiano. 2012. The syntax-lexicon continuum. In Nevalainen and Traugott, eds. ,735-747.

Broccias, Cristiano. 2013. Cognitive Grammar. In Hoffmann and Trousdale, eds. ,191-210.

Broz, Vltako. 2011. Kennings as blends and prisms. *Jezikoslovlje* 12:165-185.

Brugman, Claudia and George Lakoff. 1988. Cognitive topology and lexical networks. In StevenL. Small, Garrison W. Cottrell, and Michael K. Tanenhaus, eds. , *Lexical Ambiguity Resolution: Perspectives from Psycholinguistics, Neuropsychology and Artificial Intelligence*, 477-508. San Mateo, CA:Morgan Kaufmann.

Buchstaller, Isabelle, John R. Rickford, Elizabeth Closs Traugott, and Thomas Wasow. 2010. The sociolinguistics of a short-lived innovation:Tracing the development of quotative all across spoken and internet newsgroup data. *Language Variation and Change* 22: 191-219.

Bybee, Joan L. 1985. *Morphology: A Study of the Relation between Meaning and Form*. Amsterdam:Benjamins.

Bybee, Joan L. 1994. The grammaticization of zero: Asymmetries in tense and aspect systems. In Pagliuca, ed. ,235-254.

Bybee, Joan L. 2001. *Phonology and Language Use*. Cambridge: Cambridge University Press.

Bybee, Joan L. 2002a. Sequentiality as the basis of constituent structure. In T. Givón and Bertram F. Malle, *The Evolution of Language out of Pre-Language*, 109-132. Amsterdam: Benjamins. (Reprinted as Chapter 15 of Bybee 2007.)

Bybee, Joan L. 2002b. Word frequency and context of use in the lexical diffusion of phonetically conditioned sound change. *Language Variation and Change* 14:261-290. (Reprinted as Chapter 11 of Bybee 2007.)

Bybee, Joan L. 2003. Mechanisms of change in grammaticization:The role of frequency. In Joseph and Janda, eds. , 602-623. (Reprinted as

Chapter 16 of Bybee 2007.)

Bybee, Joan L. 2006. From usage to grammar: the mind's response to repetition. *Language* 82:711-733.

Bybee, Joan L. 2007. *Frequency of Use and the Organization of Language*. New York:Oxford University Press.

Bybee, Joan L. 2010. *Language, Usage and Cognition*. Cambridge: Cambridge University Press.

Bybee, Joan L. and Dan I. Slobin. 1982. Rules and schemas in the development and use of the English past tense. *Language* 58: 265-289.

Bybee, Joan L. and David Eddington. 2006. A usage-based approach to Spanish verbs of 'becoming'. *Language* 82:323-355.

Bybee, Joan L. and James L. McClelland. 2005. Alternatives to the combinatorial paradigm of linguistic theory based on domain general principles of human cognition. In Nancy A. Ritter, The Role of Linguistics in Cognitive Science. Special Issue of *The Linguistic Review* 22:381-410.

Bybee, Joan L. and Joanne Scheibman. 1999. The effect of usage on degrees of constituency: The reduction of don't in English. *Linguistics* 37:575-596.

Bybee, Joan L. and Östen Dahl. 1989. The creation of tense and aspect systems in the languages of the world. *Studies in Language* 13: 51-103.

Bybee, Joan L. and Rena Torres Cacoullos. 2009. The role of prefabs in grammaticization: How the particular and the general interact in language change. In Roberta L. Corrigan, Edith A. Moravcsik, Hamid Ouali, and Kathleen Wheatley, eds., *Formulaic Language: Volume 1. Distribution and Historical Change*, 187-217. Amsterdam: Benjamins.

Bybee, Joan L. Revere Perkins, and William Pagliuca. 1994. *The Evolution of Grammar: Tense, Aspect and Modality in the Languages of the World*. Chicago:University of Chicago Press.

Bybee, Joan L., William Pagliuca, and Revere D. Perkins. 1991. Back to the future. In Traugott and Heine, eds., Vol. II:17-58.

Campbell, Lyle. 1991. Some grammaticalization changes in Estonian and their implications. In Traugott and Heine, eds., Vol. I:285-299.

Campbell, Lyle. ed. 2001. Grammaticalization: A Critical Assessment. Special issue of *Language Sciences* 23.

Catford, J. C. 1965. *A Linguistic Theory of Translation*. London: Oxford University Press.

Chafe, Wallace L. 1994. *Discourse, Consciousness and Time: The Flow and Displacement of Conscious Experience in Speaking and Writing*. Chicago: University of Chicago Press.

Cheshire, Jenny. 2007. Discourse variation, grammaticalization and stuff like that. *Journal of Sociolinguistics* 11:155-193.

Chomsky, Noam. 1957. *Syntactic Structures*. The Hague: Mouton.

Claridge, Claudia and Leslie Arnovick. 2010. Pragmaticalisation and discursisation. In Andreas H. Jucker and Irma Taavitsainen, eds., *Historical Pragmatics*, 165-192. Berlin: de Gruyter Mouton.

Clark, Eve V. and Herbert H. Clark. 1979. When nouns surface as verbs. *Language* 55:767-811.

Clark, Lynn and Graeme Trousdale. 2009. The role of frequency in phonological change: Evidence from TH-Fronting in east central Scotland. *English Language and Linguistics* 13:33-55.

Colleman, Timothy and Bernard De Clerck. 2011. Constructional semantics on the move: On semantic specialization in the English double object constructions. *Cognitive Linguistics* 22:183-209.

Collins, Allan M. and Elizabeth F. Loftus. 1975. A spreading activation theory of semantic processing. *Psychological Review* 82:407-428.

Collins, Peter C. 1991. *Cleft and Pseudo-cleft Constructions in English*. London: Routledge.

Cowie, Claire. 1995. Grammaticalization and the snowball effect. *Language and Communication* 15:181-193.

Craig, Colette G. 1991. Ways to go in Rama: A case study of

polygrammaticalization. In Traugott and Heine, eds., Vol. II: 455-492.

Croft, William. 2000. *Explaining Language Change*. An Evolutionary Approach. Harlow: Pearson Education.

Croft, William. 2001. *Radical Construction Grammar: Syntactic Theory in Typological Perspective*. Oxford: Oxford University Press.

Croft, William. 2003. Lexical rules vs. constructions: A false dichotomy. In Cuyckens, Berg, Dirven, and Panther, eds., 49-68.

Croft, William. 2005. Logical and typological arguments for Radical Construction Grammar. In Östman and Fried, eds., 273-314.

Croft, William. 2007a. Construction grammar. In Geeraerts and Cuyckens, eds., 463-508.

Croft, William. 2007b. Beyond Aristotle and gradience: A reply to Aarts. *Studies in Language* 31: 409-430.

Croft, William. 2013. Radical Construction Grammar. In Hoffmann and Trousdale, eds., 211-232.

Croft, William and D. Alan Cruse. 2004. *Cognitive Linguistics*. Cambridge: Cambridge University Press.

Cruse, D. Alan. 1986. *Lexical Semantics*. Cambridge: Cambridge University Press.

Culicover, Peter W. and Ray Jackendoff. 2005. *Simpler Syntax*. New York: Oxford University Press.

Culpeper, Jonathan and Merja Kytö. 2010. *Early Modern English Dialogues: Spoken Interaction as Writing*. Cambridge: Cambridge University Press.

Curzan, Anne. 2012. Revisiting the reduplicative copula with corpus-based evidence. In Nevalainen and Traugott., eds., 211-221.

Cuyckens, Hubert, Thomas Berg, René Dirven, and Klaus-Uwe Panther, eds. 2003. *Motivation in Language: Studies in Honor of Günter Radden*. Amsterdam: Benjamins.

Cuyckens, Hubert, Thomas Berg, René Dirven, and John R. Taylor, eds. 2003. *Cognitive Approaches to Lexical Semantics*. Berlin: Mouton de

Gruyter.
Dahl, Östen. 2004. *The Growth and Maintenance of Linguistic Complexity*. Amsterdam: Benjamins.
Dalton-Puffer, Christiane. 1996. *The French Influence on Middle English Morphology: A Corpus-based Study of Derivation*. Berlin: Mouton de Gruyter.
Danchev, Andrei and Merja Kytö. 1994. The construction *be going to* + *infinitive* in Early Modern English. In Kastovsky, ed. ,59-77.
Davidse, Kristin, Tine Breban, and An Van linden. 2008. Deictification: The development of secondary deictic meanings by adjectives in the English NP. *English Language and Linguistics* 12:475-503.
Davidse, Kristin, Tine Breban, Lieven Vandelanotte, and Hubert Cuyckens, eds. 2010. *Subjectification, Intersubjectification and Grammaticalization*. Berlin: de Gruyter Mouton.
Degand, Liesbeth and Anne-Marie Simon-Vandenbergen, eds. 2011. Grammaticalization, pragmaticalization and/or (inter) subjectification: Methodological issues for the study of discourse markers. Thematic issue: *Linguistics* 49.
Dehé, Nicole and Anne Wichmann. 2010. Sentence-initial *I think* (that) and *I believe* (that): Prosodic evidence for use as main clause, comment clause and discourse marker. *Studies in Language* 34:36-74.
Denison, David. 2002. History of the sort of construction family. Paper presented at the Second International Conference on Construction Grammar (ICCG2), University of Helsinki, Sept. 6-8. http://www.humanities.manchester.ac.uk/medialibrary/llc/files/david-denison/Helsinki_ICCG2.pdf (Accessed: May 22nd 2013).
Denison, David. 2003. Log (ist) ic and simplistic S-curves. In Raymond Hickey, ed. , *Motives for Language Change*, 54-70. Cambridge: Cambridge University Press.
Denison, David. 2006. Category change and gradience in the determiner system. In Kemenade and Los, eds. ,279-304.
Denison, David. 2010. Category change in English with and without

structural change. In Traugott and Trousdale, eds., 105-128.

Denison, David. 2011. The construction of SKT. Plenary paper presented at the Second Vigo-Newcastle-Santiago-Leuven International Workshop on the Structure of the Noun Phrase in English (NP2), Newcastle upon Tyne, Sept 15. https://www.escholar.manchester.ac.uk/item/? pid=uk-ac-man-scw:172513 (Accessed: May 22nd 2013).

Denison, David and Alison Cort. 2010. *Better* as a verb. In Davidse, Vandelanotte and Cuyckens, eds., 349-383.

Denison, David, Alan K. Scott, and Kersti Börjars. 2010. The real distribution of the English 'group genitive'. *Studies in Language* 34:532-564.

De Smet, Hendrik. 2009. Analysing reanalysis. *Lingua* 119:1728-1755.

De Smet, Hendrik. 2010. Grammatical interference: Subject marker *for* and phrasal verb particles *out* and *forth*. In Traugott and Trousdale, eds., 75-104.

De Smet, Hendrik. 2012. The course of actualization. *Language* 88: 601-633.

Diessel, Holger. 1999. *Demonstratives: Form, Function and Grammaticalization*. Amsterdam: Benjamins.

Diessel, Holger. 2003. The relationship between demonstratives and interrogatives. *Studies in Language* 27:635-655.

Diessel, Holger. 2011. Review article on Joan L. Bybee, *Language, Use and Cognition*. *Language* 87:830-844.

Diessel, Holger. 2012. Bühler's two-field theory of pointing and naming and the deictic origins of grammatical morphemes. In Kristin Davidse, Tine Breban, Lieselotte Brems, and Tanja Mortelmans, eds., *Grammaticalization and Language Change: New Reflections*, 37-50. Amsterdam: Benjamins.

Dietz, Klaus. 2007. Denominale Abstraktbildungen des Altengischen: Die Wortbildung der Abstrakta *auf -dom*, *-had*, *-lac*, *-ræden*, *-sceaft*, *-stæf* und *-wist* und ihrer Entsprechungen im Althochdeutschen und im Altnordischen. In Hans Fix, ed., *Beiträge zur Morphologie*.

Germanisch, Baltisch, Ostseefinnisch, 97-172. Odense: University Press of Southern Denmark.

Diewald, Gabriele. 2002. A model for relevant types of contexts in grammaticalization. In Wischer and Diewald, eds. ,103-120.

Diewald, Gabriele. 2006. Context types in grammaticalization as constructions. *Constructions* SV1-9. http://elanguage. net/journals/index. php/constructions/article/viewFile/24/ 29(Accessed: May 22nd 2013).

Diewald, Gabriele. 2011a. Grammaticalization and pragmaticalization. In Narrog and Heine, eds. ,450-461.

Diewald, Gabriele. 2011b. Pragmaticalization(defined) as grammaticalization of discourse functions. In Degand and Simon-Vandenbergen, eds. *Linguistics* 49:365-390.

Diewald, Gabriele, Gisella Ferraresi. 2008. Semantic, syntactic and constructional restrictions in the diachronic rise of modal particles in German: A corpus-based study on the formation of a grammaticalization channel. In Seoane and López-Couso, eds. ,77-110.

Doyle, Aidan. 2002. Yesterday's affixes as today's clitics: A case study in degrammaticalization. In Wischer and Diewald, eds. ,67-81.

Du Bois, John W. 1985. Competing motivations. In John Haiman, ed. , *Iconicity in Syntax*, 343-365. Amsterdam: Benjamins.

Eckardt, Regine. 2006. *Meaning Change in Grammaticalization: An Enquiry into Semantic Reanalysis*. Oxford: Oxford University Press.

Elmer, Willy. 1981. *Diachronic Grammar: The History of Old and Middle English Subjectless Constructions*. Tübingen: Niemeyer.

Erman, Britt and Beatrice Warren. 2000. The idiom principle and the open choice principle. *Text* 20:29-62.

Erman, Britt and Ulla-Britt Kotsinas. 1993. Pragmaticalization: The case of *ba'* and *you know*. *Studier i Modernspråkvetenskap* 10: 76-93. Stockholm: Almqvist and Wiksell.

Faarlund, Jan Terje. 2007. Parameterization and change in non-finite complementation. *Diachronica* 24:1,57-80.

Fanego, Teresa. 2012a. Motion events in English: The emergence and diachrony of manner salience from Old English to late Modern English. *Folia Linguistica Historica* 33:29-85.

Fanego, Teresa. 2012b. Motion events in the history of English: The emergence of the 'sound emission to motion' construction. Paper presented at the Seventeenth International Conference on English Historical Linguistics(ICEHL17), Zürich August 20-25.

Fillmore, Charles J. 1968. The case for case. In Emmon Bach and Robert T. Harms, eds. , *Universals in Linguistic Theory*, 1-88. New York: Holt, Rinehart and Winston.

Fillmore, Charles J. 1988. The mechanisms of 'Construction Grammar'. In Axmaker, Jaisser, and Singmaster, eds. , 35-55.

Fillmore, Charles J. 1997. Construction Grammar Lecture Notes. http://www1.icsi.berkeley.edu/~kay/bcg/ lec02.html(Accessed: May 22nd 2013).

Fillmore, Charles J. 1999. Inversion and constructional inheritance. In Gert Webelhuth, Jean-Pierre Koenig and Andreas Kathol, eds. , *Lexical and Constructional Aspects of Linguistic Explanation*, 113-128. Stanford, CA:CSLI Publications.

Fillmore, Charles J. 2013. Berkeley Construction Grammar. In Hoffmann and Trousdale, eds. , 111-132.

Fillmore, Charles J. and Colin F. Baker. 2001. Frame semantics for text understanding. *Proceedings of WordNet and Other Lexical Resources Workshop*, 59-63. Pittsburgh: NAACL.

Fillmore, Charles J. and Colin F. Baker. 2010. A frames approach to semantic analysis. In Bernd Heine, and Heiko Narrog, eds. , *The Oxford Handbook of Linguistic Analysis*, 313-340. New York: Oxford University Press.

Fillmore, Charles J. and Paul Kay. 1997. Berkeley Construction Grammar. http://www1.icsi.berkeley.edu/~kay/bcg/ConGram.html(Accessed: May 22nd 2013).

Fillmore, Charles J. Paul Kay, and Mary Catherine O'Connor. 1988. Regularity and idiomaticity in grammatical constructions. *Language*

64:501-538.
Fischer, Kerstin, ed. 2006. *Approaches to Discourse Particles*. Amsterdam: Elsevier.
Fischer, Olga. 2004. What counts as evidence in historical linguistics? In Martina Penke and Anette Rosenbach, eds. , What Counts as Evidence in Linguistics? The case of Innateness. Special issue of *Studies in Language* 28:710-740.
Fischer, Olga. 2007. *Morphosyntactic Change: Functional and Formal Perspectives*. Oxford: Oxford University Press.
Fischer, Olga. 2010. An analogical approach to grammaticalization. In Stathi, Gehweiler, and König, eds. , 181-220.
Fischer, Olga, Anette Rosenbach, and Dieter Stein, eds. 2000. *Pathways of Change: Grammaticalization in English*. Amsterdam: Benjamins.
Fischer, Olga, Muriel Norde, and Harry Peridon, eds. 2004. *Up and Down the Cline—The Nature of Grammaticalization*. Amsterdam: Benjamins.
Fitzmaurice, Susan and Jeremy Smith. 2012. Evidence for the history of English: Introduction. In Nevalainen and Traugott, eds. , 19-36.
Fleischman, Suzanne. 1982. *The Future in Thought and Language: Diachronic Evidence from Romance*. Cambridge: Cambridge University Press.
Flickinger, Dan. 1987. Lexical rules in the hierarchical lexicon. PhD dissertation, Stanford University.
Fodor, Jerry. 1983. *The Modularity of the Mind*. Cambridge, MA: MIT Press.
Francis, Elaine J. and Etsuyo Yuasa. 2008. A multi-modular approach to gradual change in grammaticalization. *Journal of Linguistics* 44: 45-86.
Francis, Elaine J. and Laura A. Michaelis. 2003. Mismatch: A crucible for linguistic theory. In Elaine J. Francis and Laura A. Michaelis, eds. , *Mismatch: Form-Function Incongruity and the Architecture of Grammar*, 1-27. Stanford, CA: CSLI Publ.
Fraser, Bruce. 1988. Types of English discourse markers. *Acta Linguistica*

Hungarica 38:19-33.

Fried, Mirjam. 2008. Constructions and constructs: Mapping a diachronic process. In Bergs and Diewald, eds. ,47-79.

Fried, Mirjam. 2010. Grammar and interaction: New directions in constructional research. *Constructions and Frames* 2:125-133.

Fried, Mirjam. 2013. Principles of constructional change. In Hoffmann and Trousdale, eds. ,419-437.

Fried, Mirjam and Jan-Ola Östman. 2004a. Construction Grammar: a thumbnail sketch. In Fried and Östman, eds. ,11-86.

Fried, Mirjam and Jan-Ola Östman eds. 2004b. *Construction Grammar in a Cross-Language Perspective*. Amsterdam: Benjamins.

Gahl, Susanne. 2008. 'Thyme' and 'Time' are not homophones. Word durations in spontaneous speech. *Language* 84:474-496.

Garrett, Andrew. 2012. The historical syntax problem: Reanalysis and directionality. In Jonas, Whitman and Garrett, eds. ,52-72.

Geeraerts, Dirk. 1997. *Diachronic Prototype Semantics: A Contribution to Historical Lexicology*. Oxford: Clarendon Press.

Geeraerts, Dirk. 2002. The interaction of metaphor and metonymy in composite expressions. In René Dirven and Ralf Pörings, eds. *Metaphor and Metonymy in Comparison and Contrast*, 435-465. Berlin: Mouton de Gruyter.

Geeraerts, Dirk and Hubert Cuyckens. 2007a. Introducing Cognitive Linguistics. In Geeraerts and Cuyckens, eds. ,3-21.

Geeraerts, Dirk and Hubert Cuyckens, eds. 2007b. *The Oxford Handbook of Cognitive Linguistics*. New York: Oxford University Press.

Gelderen, Elly van, ed. 2011. *The Linguistic Cycle: Language Change and the Language Faculty*. Oxford: Oxford University Press.

Giacalone Ramat, Anna. 1998. Testing the boundaries of grammaticalization. In Anna Giacalone Ramat and Paul Hopper, eds. , *The Limits of Grammaticalization*, 107-127. Amsterdam: Benjamins.

Giegerich, Heinz J. 2001. Synonymy blocking and the Elsewhere Condition: Lexical morphology and the speaker. *Transactions of the*

Philological Society 99:65-98.
Giegerich, Heinz J. 2004. Compound or phrase? English noun-plus-noun constructions and the stress criterion. *English Language and Linguistics* 8:1-24.
Giegerich, Heinz J. 2005. Associative adjectives and the lexicon-syntax interface. *Journal of Linguistics* 41:571-591.
Giegerich, Heinz J. 2012. The morphology of *-ly* and the categorial status of 'adverbs' in English. *English Language and Linguistics* 16: 341-359.
Gildea, Spike. 1997. Evolution of grammatical relations in Cariban: How functional motivation precedes syntactic change. In T. Givón, ed., *Grammatical Relations: A Functionalist Perspective*, 155-198. Amsterdam: Benjamins.
Gildea, Spike. 2000. On the genesis of the verb phrase in Cariban languages: Diversity through reanalysis. In Spike Gildea, ed., *Reconstructing Grammar: Comparative Linguistics and Grammaticalization Theory*, 65-105. Amsterdam: Benjamins.
Gisborne, Nikolas. 2008. Dependencies are constructions: A case study in predicative complementation. In Trousdale and Gisborne, eds., 219-256.
Gisborne, Nikolas. 2010. *The Event Structure of Perception Verbs*. Oxford: Oxford University Press.
Gisborne, Nikolas. 2011. Constructions, Word Grammar and grammaticalization. In Hoffmann and Trousdale, eds., *Cognitive Linguistics* 22:155-182.
Gisborne, Nikolas and Amanda Patten. 2011. Construction grammar and grammaticalization. In Narrog and Heine, eds., 92-104.
Givón, Talmy. 1979. *On Understanding Grammar*. New York: Academic Press.
Givón, Talmy. 1991. The evolution of dependent clause morpho-syntax in Biblical Hebrew. In Traugott and Heine, eds., Vol. II:257-310.
Givón, Talmy. 1995. *Functionalism and Grammar*. Amsterdam: Benjamins.
Goldberg, Adele E. 1995. *Constructions: A Construction Grammar Approach to*

Argument Structure. Chicago:University of Chicago Press.

Goldberg, Adele E. 2002. Surface generalizations: an alternative to alternations. *Cognitive Linguistics* 13:327-56.

Goldberg, Adele E. 2003. Constructions: A new theoretical approach to language. *Trends in Cognitive Sciences* 7:219-224.

Goldberg, Adele E. 2006. *Constructions at Work: The Nature of Generalization in Language*. Oxford:Oxford University Press.

Goldberg, Adele E. 2013. Constructionist approaches. In Hoffmann and Trousdale, eds. ,15-31.

Goldberg, Adele E. and Ray Jackendoff. 2004. The English resultative as a family of constructions. *Language* 80:532-568.

Gonzálvez-Álvarez, Dolores, Ana Elina Martínez-Insua, Javier Pérez-Guerra, and Esperanza Rama-Martínez, eds. 2011. The Structure of the Noun Phrase in English:Synchronic and Diachronic Explorations. Special issue of *English Language and Linguistics* 15.

Gonzálvez-Garcia, Francisco. 2011. What snowclones reveal about actual language use in Spanish:A constructionalist view. Paper presented at the Forty-fourth Meeting of the Societas Linguistica Europea(SLE44), Logroño, September 8-11.

Goodwin, Charles and Alessandro Duranti, eds. 1992. *Rethinking Context: Language as an Interactive Phenomenon*. Cambridge: Cambridge University Press.

Green, Lisa J. 2002. *African American English: An Introduction*. Cambridge:Cambridge University Press.

Greenberg, Joseph H. 1991. The last stages of grammatical elements: Contractive and expansive desemanticization. In Traugott and Heine, eds. ,Vol. I:301-314.

Gries, Stefan Th. 2004. Shouldn't it be breakfunch? A quantitative analysis of the structure of blends. *Linguistics* 42:639-667.

Gries, Stefan Th. and Anatol Stefanowitsch. 2004. Extending collostructional analysis:A corpus-based perspective on alternations. *International Journal of Corpus Linguistics* 9:97-129.

Hagège, Claude. 1993. *The Language Builder: An Essay on the Human Signature in Linguistic Morphogenesis*. Amsterdam: Benjamins.

Haiman, John. 1994. Ritualization and the development of language. In Pagliuca, ed. , 3-28.

Hansen, Maj-Britt Mosegaard. 2008. *Particles at the Semantics/Pragmatics Interface: Synchronic and Diachronic Issues: A Study with Special Reference to the French Phasal Adverbs*. Amsterdam: Elsevier.

Hansen, Maj-Britt Mosegaard and Richard Waltereit. 2006. GCI theory and language change. *Acta Linguistica Hafniensia* 38:235-268.

Harley, Trevor A. 2008. *The Psychology of Language*. Hove: Psychology Press.

Harris, Alice and Lyle Campbell. 1995. *Historical Syntax in Cross-Linguistic Perspective*. Cambridge: Cambridge University Press.

Haselow, Alexander. 2011. *Typological Changes in the Lexicon: Analytic Tendencies in English Noun Formation*. Berlin: de Gruyter Mouton.

Haspelmath, Martin. 1998. Does grammaticalization need reanalysis? *Studies in Language* 22:315-351.

Haspelmath, Martin. 1999. Why is grammaticalization irreversible? *Linguistics* 37:1043-1068.

Haspelmath, Martin. 2000. The relevance of extravagance: A reply to Bart Geurts. *Linguistics* 38:789-798.

Haspelmath, Martin. 2004. On directionality in language change with particular reference to grammaticalization. In Fischer, Norde and Peridon, eds. , 17-44.

Haspelmath, Martin. 2008. Parametric versus functional explanation of syntactic universals. In Theresa Biberauer, ed. , *The Limits of Syntactic Variation*, 75-107. Amsterdam: Benjamins.

Hawkins, John A. 2004. *Efficiency and Complexity in Grammars*. Oxford: Oxford University Press.

Hay, Jennifer. 2001. Lexical frequency in morphology. Is everything relative? *Linguistics* 39:1041-1070.

Hay, Jennifer. 2002. From speech perception to morphology: Affix ordering revisited. *Language* 78:527-555.

Hay, Jennifer and R. Harald Baayen. 2005. Shifting paradigms: Gradient structure in morphology. *Trends in Cognitive Sciences* 9:342-348.

Heine, Bernd. 2002. On the role of context in grammaticalization. In Wischer and Diewald, eds. ,83-101.

Heine, Bernd and Tania Kuteva. 2002. *World Lexicon of Grammaticalization*. Cambridge: Cambridge University Press.

Heine, Bernd and Tania Kuteva. 2005. *Language Contact and Grammatical Change*. Cambridge: Cambridge University Press.

Heine, Bernd and Tania Kuteva. 2007. *The Genesis of Grammar: A Reconstruction*. Oxford: Oxford University Press.

Heine, Bernd and Mechthild Reh. 1984. *Grammaticalization and Reanalysis in African Languages*. Hamburg: Buske.

Heine, Bernd, Ulrike Claudi, and Friederike Hünnemeyer. 1991. *Grammaticalization: A Conceptual Framework*. Chicago: University of Chicago Press.

Hengeveld, Kees, ed. 2011. *Transparency in Functional Discourse Grammar*. Amsterdam: Benjamins.

Higgins, Francis Roger. 1979. *The Pseudo-cleft Construction in English*. New York: Garland.

Hilpert, Martin. 2008. *Germanic Future Constructions: A Usage-based Approach to Language Change*. Amsterdam: Benjamins.

Hilpert, Martin. 2012. Diachronic collostructional analysis meets the Noun Phrase: Studying *many a Noun* in COHA. In Nevalainen and Traugott, eds. ,233-244.

Hilpert, Martin. 2013. *Constructional Change in English: Developments in Allomorphy, Word-Formation and Syntax*. Cambridge: Cambridge University Press.

Hilpert, Martin. 2014. *Construction Grammar and its Application to English*. Edinburgh: Edinburgh University Press.

Himmelmann, Nikolaus. 2004. Lexicalization and grammaticization: Opposite or orthogonal? In Bisang, Himmelmann, and Wiemer, eds. ,21-42.

Hinterhölzl, Roland and Svetlana Petrova, eds. 2009. *Information Structure and Language Change: New Approaches to Word Order Variation in Germanic*. Berlin: Mouton de Gruyter.

Hinzen, Wolfram, Markus Werning, and Edouard Machery. 2012. Introduction. In Werning, Hinzen and Machery, eds. , 1-16.

Hoffmann, Sebastian. 2004. Using the OED quotations database as a corpus—a linguistic appraisal. *ICAME Journal* 28:17-30.

Hoffmann, Sebastian. 2005. *Grammaticalization and English Complex Prepositions: A Corpusbased Study*. London: Routledge.

Hoffmann, Sebastian and Joybrato Mukherjee. 2007. Ditransitive verbs in Indian English and British English: A corpus-linguistic study. *Arbeiten aus Anglistik und Amerikanistik* 32:5-24.

Hoffmann, Thomas and Graeme Trousdale, eds. 2011. Variation, Change and Constructions in English. Special issue of *Cognitive Linguistics* 22.

Hoffmann, Thomas and Graeme Trousdale, eds. 2013. *The Oxford Handbook of Construction Grammar*. New York: Oxford University Press.

Hollmann, Willem B. 2003. Synchrony and Diachrony of English Periphrastic Causatives. PhD dissertation, University of Manchester.

Hopper, Paul J. 1987. Emergent grammar. In Jon Aske, Natasha Berry, Laura Michaelis, and Hana Filip, eds. , *Berkeley Linguistics Society 13: General Session and Parasession on Grammar and Cognition*, 139-157. Berkeley, CA: Berkeley Linguistics Society.

Hopper, Paul J. 1991. On some principles of grammaticization. In Traugott and Heine, eds. , Vol. II:17-35.

Hopper, Paul J. 2001. Grammatical constructions and their discourse origins: Prototype or family resemblance? In Mario Pütz, Susanne Niemeier, and René Dirven, eds. , *Applied Cognitive Linguistics I: Theory and Language Acquisition*, 109-129. Berlin: Mouton de Gruyter.

Hopper, Paul J. 2008. Emergent serialization in English: Pragmatics and typology. In Jeff Good, ed. , *Linguistic Universals and Language*

Change, 252-284. Oxford: Oxford University Press.

Hopper, Paul J. 2011. Emergent grammar and temporality in interactional linguistics. In Auer and Pfänder, eds. , 22-44.

Hopper, Paul J. and Elizabeth Closs Traugott. 2003. *Grammaticalization.* Cambridge: Cambridge University Press, 2nd revised ed.

Hopper, Paul J. and Janice Martin. 1987. Structuralism and diachrony: The development of the indefinite article in English. In Anna Giacalone Ramat, Onofrio Carrubo, and Giuliano Bernini, eds. , *Papers from the 7th International Conference on Historical Linguistics*, 295-304. Amsterdam: Benjamins.

Hopper, Paul J. and Sandra A. Thompson. 2008. Projectability and clause combining in interaction. In Ritva Laury, ed. , *Crosslinguistic Studies of Clause Combining: The Multifunctionality of Conjunctions*, 99-123. Amsterdam: Benjamins.

Horie, Kaoru. 2011. Versatility of nominalizations: Where Japanese and Korean contrast. In Foong Ha Yap, Karen Grunow-Hårsta, and Janick Wrona, eds. , *Nominalization in Asian Languages. Diachronic and Typological Perspectives*, 473-496. Amsterdam: Benjamins.

Horn, Laurence R. 2001. *A Natural History of Negation.* Stanford, CA: CSLI Publ. (Originally published by Chicago University Press, 1989.)

Horobin, Simon. 2012. Editing early English texts. In Nevalainen and Traugott, eds. , 53-62.

Huber, Magnus. 2007. *The Old Bailey Proceedings, 1674-1834:* Evaluating and annotating a corpus of 18th- and 19th-century spoken English. In Anelli Meurman-Solin and Arja Nurmi, eds. , *Studies in Variation, Contact and Change in English, Vol. I: Annotating Variation and Change. eVARIENG.* http://www. helsinki. fi//varieng/journal/volumes/01/huber/(Accessed: May 22nd 2013).

Huddleston, Rodney and Geoffrey Pullum. 2002. *The Cambridge Grammar of the English Language.* Cambridge: Cambridge University Press.

Hudson, Richard A. 1984. *Word Grammar.* Oxford: Blackwell.

Hudson, Richard A. 1990. *English Word Grammar.* Oxford: Blackwell.

Hudson, Richard A. 2007a. *Language Networks: The New Word Grammar*. Oxford: Oxford University Press.

Hudson, Richard A. 2007b. Word Grammar. In Geeraerts and Cuyckens, eds. 509-539.

Hudson, Richard A. 2008. Word grammar and construction grammar. In Trousdale and Gisborne, eds. ,257-302.

Hudson, Richard A. 2010. *An Introduction to Word Grammar*. Cambridge: Cambridge University Press.

Israel, Michael. 1996. The *way* constructions grow. In Adele Goldberg, ed. ,*Conceptual Structure*, *Discourse and Language*, 217-230. Stanford: CSLI Publ.

Jackendoff, Ray. 1990. *Semantic Structures*. Cambridge: MIT Press.

Jackendoff, Ray. 2002. *Foundations of Language: Brain, Meaning, Grammar, Evolution*. New York: Oxford University Press.

Jackendoff, Ray. 2013. Constructions in the Parallel Architecture. In Hoffmann and Trousdale, eds. ,70-92.

Jäger, Gerhard and Annette Rosenbach. 2008. Priming and unidirectional language change. *Theoretical Linguistics* 34:85-113.

Jakobson, Roman. 1960. Closing statement: Linguistics and poetics. In Thomas Sebeok, ed. , *Style in Language*, 350-377. Cambridge, MA: MIT Press.

Janda, Richard D. 2001. Beyond 'pathways' and 'unidirectionality': On the discontinuity of transmission and the counterability of grammaticalization. In Campbell, ed. ,265-340.

Jonas, Dianne, John Whitman, and Andrew Garrett, eds. 2012. *Grammatical Change: Origins, Nature, Outcomes*, Oxford: Oxford University Press.

Joseph, Brian D. 2001. Is there such a thing as 'grammaticalization'? In Campbell, ed. ,163-186.

Joseph, Brian D. 2004. Rescuing traditional (historical) linguistics from grammaticalization 'theory'. In Fischer, Norde and Peridon, eds. , 45-71.

Joseph, Brian D. and Richard D. Janda. 2003a. On language, change and language change—or, of history, linguistics, and historical linguistics. In Joseph and Janda, eds. , 3-180.

Joseph, Brian D. and Richard D. Janda, eds. 2003b. *The Handbook of Historical Linguistics*. Oxford: Blackwell.

Jurafsky, Daniel. 1991. An on-line computational model of human sentence interpretation. *Proceedings of the 13th Annual Conference of the Cognitive Science Society*, 449-454, Chicago, IL.

Jurafsky, Daniel. 1996. Universal tendencies in the semantics of the diminutive. *Language* 72: 533-578.

Kaltenböck, Gunther, Bernd Heine and Tania A. Kuteva. 2011. On thetical grammar. *Studies in Language* 35: 852-897.

Karttunen, Lauri. 2013. You will be lucky to break even. In Tracy Holloway King and Valeria dePaiva, eds. , *From Quirky Case to Representing Space: Papers in Honor of Annie Zaenen*, 167-180. Stanford, CA: CSLI Publ.

Kastovsky, Dieter. 1991. *Historical English Syntax*. Berlin: Mouton de Gruyter.

Kastovsky, Dieter. 1992. Semantics and vocabulary. In Richard M. Hogg, ed. , *The Cambridge History of the English Language*, Vol. I: The Beginnings to 1066, 290-408. Cambridge: Cambridge University Press.

Kastovsky, Dieter. 1994. *Studies in Early Modern English*. Berlin: Mouton de Gruyter.

Kay, Paul. 2004. Pragmatic aspects of grammatical constructions. In Laurence R. Horn and Gregory Ward, eds. , *The Handbook of Pragmatics*, 675-700. Malden, MA: Blackwell.

Kay, Paul. 2013. The limits of (construction) grammar. In Hoffmann and Trousdale, eds. , 32-48.

Kay, Paul and Charles J. Fillmore. 1999. Grammatical constructions and linguistic generalizations: The *What's X doing Y?* construction. *Language* 75: 1-34.

Kay, Paul and Laura Michaelis. 2012. Constructional meaning and compositionality. In Claudia Maienborn, Klaus von Heusinger and

Paul Portner, eds., *Semantics: An International Handbook of Natural Language Meaning*. Vol 3, 2271-2296. Berlin: de Gruyter Mouton.

Keller, Rudi. 1994. *On Language Change: The Invisible Hand in Language*. Translated by Brigitte Nerlich. London: Routledge. (Originally published in 1990 in German.)

Kemenade, Ans van and Bettelou Los, eds. 2006. *The Handbook of the History of English*. Oxford: Blackwell.

Kemmer, Suzanne. 2003. Schemas and lexical blends. In Cuyckens, Berg, Dirven and Panther, eds., 69-97.

Kiparsky, Paul. 1968. Linguistic universals and linguistic change. In Emmon Bach and Robert T. Harms, eds., *Universals in Linguistic Theory*, 171-202. New York: Holt, Rinehart and Winston.

Kiparsky, Paul. 2012. Grammaticalization as optimization. In Jonas, Whitman, and Garrett, eds., 15-51.

Kiss, Katalin É. 1998. Identificational focus versus information focus. *Language* 74: 245-273.

Kohnen, Thomas and Christian Mair. 2012. Technologies of communication. In Nevalainen and Traugott, eds., 261-284.

König, Ekkehard and Letizia Vezzosi. 2004. The role of predicate meaning and the development of reflexivity. In Bisang, Himmelmann and Wiemer, eds., 213-244.

Koops, Christian and Martin Hilpert. 2009. The co-evolution of syntactic and pragmatic complexity: Diachronic and cross-linguistic aspects of pseudo-clefts. In T. Givón and Masayoshi Shibatani, eds., *Syntactic Complexity, Diachrony, Acquisition, Neuro-cognition, Evolution*, 215-238. Amsterdam: Benjamins.

Koptjevskaja-Tamm, Maria. 2009. 'A lot of grammar with a good portion of lexicon': Towards a typology of partitive and pseudo-partitive nominal constructions. In Johannes Helmbrecht, Yoko Nishina, Yong-Min Shin, Stavros Skopeteas, and Elisabeth Verhoeven, eds., *Form and Function in Language Research*, 329-346. Berlin: Mouton de

Gruyter.
Kortmann, Bernd. 1991. *Free Adjuncts and Absolutes in English: Problems of Control and Interpretation*. London: Routledge.
Krug, Manfred G. 2000. *Emerging English Modals: A Corpus-based Study of Grammaticalization*. Berlin: Mouton de Gruyter.
Kuryłowicz, Jerzy. 1975[1965]. The evolution of grammatical categories. In Jerzy Kuryłowicz, *Esquisses linguistiques*, Vol. II: 38-54. Munich: Fink. (Originally published in Diogenes 51: 55-71, 1965.)
Kuteva, Tania. 2001. *Auxiliation: An Enquiry into the Nature of Grammaticalization*. Oxford: Oxford University Press.
Kuzmack, Stefanie. 2007. Ish: a new case of antigrammaticalization? Paper presented at the meeting of the Linguistic Society of America (LSA), Anaheim, January 4-7.
Kytö, Merja and Suzanne Romaine. 2005. We had like to have been killed by thunder & lightning: The semantic and pragmatic history of a construction that like to disappeared. *Journal of Historical Pragmatics* 6: 1-35.
Labov, William. 1994. *Principles of Linguistic Change. Vol. I. Internal Factors*. Oxford: Blackwell.
Labov, William. 2007. Transmission and diffusion. *Language* 83: 344-387.
Lakoff, George. 1987. *Women, Fire and Dangerous Things. What Categories Reveal about the Mind*. Chicago: University of Chicago Press.
Lamb, Sidney. 1998. *Pathways of the Brain: The Neurocognitive Basis of Language*. Amsterdam: Benjamins.
Lambrecht, Knud. 1994. *Information Structure and Sentence Form: Topic, Focus and the Mental Representations of Discourse Referents*. Cambridge: Cambridge University Press.
Lambrecht, Knud. 2001. A framework of the analysis of cleft-constructions. *Linguistics* 39: 463-516.
Langacker, Ronald W. 1977. Syntactic reanalysis. In Li, ed. 57-139.
Langacker, Ronald W. 1987. *Foundations of Cognitive Grammar*, Vol. I:

Theoretical Prerequisites. Stanford:Stanford University Press.

Langacker, Ronald W. 1991. *Foundations of Cognitive Grammar*, Vol. II:*Descriptive Application*. Stanford:Stanford University Press.

Langacker,Ronald W. 2000. A dynamic usage-based model. In Barlow and Kemmer,eds. ,1-63.

Langacker, Ronald W. 2005. Construction grammars: Cognitive, radical, and less so. In Ruiz de Mendoza Ibáñez,Francisco J. ,and M. Sandra Peña Cervel, eds. , *Cognitive Linguistics: Internal Dynamics and Interdisciplinary Interaction*, 101-159. Berlin:Mouton de Gruyter.

Langacker, Ronald W. 2007. Constructing the meaning of personal pronouns. In Günter Radden, Klaus-Michael Köpcke, and Thomas Berg,eds. ,*Aspects of Meaning Construction*,171-187. Amsterdam: Benjamins.

Langacker,Ronald W. 2008. *Cognitive Grammar: A Basic Introduction*. New York:Oxford University Press.

Langacker, Ronald W. 2009. *Investigations in Cognitive Grammar*. Berlin:Mouton de Gruyter.

Langacker,Ronald W. 2011. Grammaticalization and Cognitive Grammar. In Narrog and Heine,eds. ,79-91.

Lass,Roger. 1990. How to do things with junk: Exaptation in language evolution. *Journal of Linguistics* 26:79-102.

Lass, Roger. 1997. *Historical Linguistics and Language Change*. Cambridge:Cambridge University Press.

Leech, Geoffrey, Marianne Hundt, Christian Mair and Nicholas Smith. 2009. *Change in Contemporary English: A Grammatical Study*. Cambridge:Cambridge University Press.

Lehmann, Christian. 1985. Grammaticalization: Synchronic variation and diachronic change. *Lingua e Stile* 20:303-318.

Lehmann,Christian. 1989. Grammatikalisierung und Lexikalisierung. *Zeitschrift für Phonetik, Sprachwissenschaft und Kommunikationsforschung* 42: 11-19.

Lehmann,Christian. 1992. Word order change by grammaticalization. In

参 考 文 献

Marinel Gerritsen and Dieter Stein, eds., *Internal and External Factors in Syntactic Change*, 395-416. Berlin: Mouton.

Lehmann, Christian. 1995. *Thoughts on Grammaticalization*. Munich: LINCOM EUROPA(2nd revised ed. of *Thoughts on Grammaticalization: A Programmatic Sketch*, 1982).

Lehmann, Christian. 2002. New reflections on grammaticalization and lexicalization. In Wischer and Diewald, eds., 1-18.

Lehmann, Christian. 2004. Theory and method in grammaticalization. In Gabriele Diewald, ed., Grammatikalisierung. Special issue of *Zeitschrift für Germanistische Linguistik* 32: 152-187.

Lehmann, Christian. 2008. Information structure and grammaticalization. In Seoane and López-Couso, eds., 207-229.

Levin, Beth and T. Rapoport. 1988. Lexical subordination. *Chicago Linguistic Society* 24, Part I: 275-289.

Lewandowska-Tomaszczyk, Barbara. 2007. Polysemy, prototypes, and radial categories. In Geeraerts and Cuyckens, eds., 139-169.

Lewis, Diana. 2003. Rhetorical motivations for the emergence of discourse particles, with special reference to English *of course*. In Ton van der Wouden, Ad Foolen, and Piet Van de Craen, eds., Particles. Special issue of *Belgian Journal of Linguistics* 16: 79-91.

Li, Charles N. ed. 1977. *Mechanisms of Syntactic Change*. Austin: University of Texas Press.

Liberman, Mark. 2006. The proper treatment of snowclones in ordinary English. Language Log, February 4. http://itre.cis.upenn.edu/~myl/languagelog/archives/002806.html(Accessed: May 22nd 2013).

Lichtenberk, Frantisek. 1991a. Semantic change and heterosemy in grammaticalization. *Language* 67: 475-509.

Lichtenberk, Frantisek. 1991b. On the gradualness of grammaticalization. In Traugott and Heine, eds., Vol. I: 37-80.

Lightfoot, David W. 1979. *Principles of Diachronic Syntax*. Cambridge: Cambridge University Press.

Lightfoot, David W. 1999. *The Development of Language: Acquisition*,

Change,*Evolution*. Oxford:Blackwell.
Lightfoot, Douglas J. 2011. Grammaticalization and lexicalization. In Narrog and Heine,eds. ,438-449.
Lindquist, Hans and Christian Mair, eds. 2004. *Corpus Approaches to Grammaticalization in English*. Amsterdam:Benjamins.
Lindström, Therese Å. M. 2004. The History of the Concept of Grammaticalization. PhD dissertation,University of Sheffield.
Lipka, Leonhard. 2002. *English Lexicology: Lexical Structure*, *Word Semantics and Word formation*. Tübingen:Max Niemeyer Verlag(3rd revised ed. of An Outline of English Lexicology,1990).
Los, Bettelou. 2009. The consequences of the loss of verb-second in English: Information structure and syntax in interaction. *English Language and Linguistics* 13:79-125.
Los,Bettelou and Erwin Komen. 2012. Clefts as resolution strategies after the loss of a multifunctional first position. In Nevalainen and Traugott,eds. ,884-898.
Losiewicz, Beth L. 1992. The Effect of Duration on Linguistic Morphology. PhD dissertation,University of Texas at Austin.
Macaulay,Ronald K. S. 2004. *Talk that Counts*:*Age*,*Gender*,*and Social Class Differences in Discourse*. New York:Oxford University Press.
McMahon, April M. S. 1994. *Understanding Language Change*. Cambridge:Cambridge University Press.
Mair,Christian. 2004. Corpus linguistics and grammaticalisation theory: Statistics, frequencies, and beyond. In Lindquist and Mair, eds. , 121-150.
Mair,Christian. 2012. From opportunistic to systematic use of the Web as corpus:*Do*-support with *got*(*to*) in contemporary American English. In Nevalainen and Traugott,eds. ,245-255.
Marchand, Hans. 1969. *The Categories and Types of Present-Day English Word Formation*: *A Synchronic-Diachronic Approach*. Muenchen:Beck'sche Verlagsbuchhandlung.
Massam,Diane. 1999. *Thing* is constructions:The thing is,is what's the

right analysis? *English Language and Linguistics* 3:335-352.

Mattiello, Elisa. 2013. *Extra-grammatical Morphology in English: Abbreviations, Blends, Reduplicatives and Related Phenomena*. Berlin:De Gruyter Mouton.

Meillet,Antoine. 1958[1912]. L'évolution des formes grammaticales. In Antoine Meillet, *Linguistique historique et linguistique générale*, 130-148. Paris:Champion. (Originally published in *Scientia* (*Rivista di scienza*) XXII,1912.)

Meillet,Antoine. 1958[1915/16]. Le renouvellement des conjonctions. In Antoine Meillet,*Linguistique historique et linguistique générale*,159-174. Paris:Champion. (Originally published in *Annuaire de l'École pratique des Hautes Études*, 1915-1916.)

Meurman-Solin, Anneli. 2012. The connectives *and*, *for*, *but*, and *only* as clause and discourse type-indicators in 16th-and 17th-century epistolary prose. In Meurman-Solin,López-Couso and Los,eds. ,164-196.

Meurman-Solin, Anneli, María José López-Couso, and Bettelou Los, eds. 2012. *Information Structure and Syntactic Change in the History of English*. New York:Oxford University Press.

Michaelis,Laura A. 2003. Word meaning,sentence meaning,and syntactic meaning. In Cuyckens,Dirven,and Taylor,eds. ,163-210.

Michaelis, Laura A. 2004. Type shifting in construction grammar: An integrated approach to aspectual coercion. *Cognitive Linguistics* 15: 1-67.

Michaelis,Laura A. 2013. Sign-Based Construction Grammar. In Hoffmann and Trousdale,eds. ,133-152.

Milroy,James. 1992. *Linguistic Variation and Change*. Oxford:Blackwell.

Mondorf, Britta. 2011. Variation and change in English resultative constructions. *Language Variation and Change* 22:397-421.

Mossé, Ferdinand. 1938. *Histoire de la forme périphrastique être + participe présent en germanique*. Paris:Klincksieck.

Muysken, Peter. 2008. *Functional Categories*. Cambridge: Cambridge University Press.

Narrog, Heiko and Bernd Heine, eds. 2011. *The Oxford Handbook of Grammaticalization*. New York: Oxford University Press.
Nesselhauf, Nadja. 2012. Mechanisms of language change in a functional system. The recent semantic evolution of future time expressions. *Journal of Historical Linguistics* 2:83-132.
Nevalainen, Terttu. 1991a. *BUT, ONLY, JUST: Focusing on Adverbial Change in Modern English 1500-1900*. Helsinki: Société Néophilologique.
Nevalainen, Terttu. 1991b. Motivated archaism: The use of affirmative periphrastic *do* in Early Modern English in liturgical prose. In Kastovsky, ed. ,303-320.
Nevalainen, Terttu and Elizabeth Closs Traugott, eds. 2012. *The Oxford Handbook of the History of English*. New York: Oxford University Press.
Nevalainen, Terttu and Matti Rissanen. 2002. Fairly pretty or pretty fair? On the development and grammaticalization of English downtoners. *Language Sciences* 24:359-380.
Nevis, Joel A. 1986. Decliticization and deaffixation in Saame: Abessive *taga*. In Brian D. Joseph, ed. , *Studies in Language Change* (The Ohio State University Working Papers in Linguistics), 1-9.
Newell, Allen. 1990. *Unified Theories of Cognition*. Cambridge, MA: MIT Press.
Newmeyer, Frederick J. 1998. *Language Form and Language Function*. Cambridge MA: MIT Press.
Newmeyer, Frederick J. 2001. Deconstructing grammaticalization. In Campbell, ed. ,187-229.
Noël, Dirk. 2007. Diachronic construction grammar and grammaticalization theory. *Functions of Language* 14:177-202.
Noël, Dirk and Timothy Colleman. 2010. *Believe*-type raising-to-object and raising-to-subject verbs in English and Dutch: A contrastive investigation in diachronic construction grammar. *International Journal of Corpus Linguistics* 15:157-182.
Norde, Muriel. 2002. The final stages of grammaticalization: Affixhood and

beyond. In Wischer and Diewald, eds. ,45-65.

Norde, Muriel. 2006. Demarcating degrammaticalization: The Swedish s-genitive revisited. *Nordic Journal of Linguistics* 29:201-238.

Norde, Muriel. 2009. *Degrammaticalization*. Oxford: Oxford University Press.

Nørgård-Sørensen, Jens, Lars Heltoft and Lene Schøsler. 2011. *Connecting Grammaticalisation. The Role of Paradigmatic Structure*. Amsterdam: Benjamins.

Nunberg, Geoffrey, Ivan A. Sag and Thomas Wasow. 1994. Idioms. *Language* 70:491-538.

Núñez-Pertejo, Paloma. 1999. *Be going to*+infinitive: Origin and development. Some relevant cases from the Helsinki Corpus. *Studia Neophilologica* 71:135-142.

O'Connor, Edward. 2007. The snowclones data base. http://edward.oconnor. cx/2007/07/snowclones-database(Accessed: May 22nd 2013).

Olmen, Daniël van and Tanja Mortelmans. 2009. Movement futures in English and Dutch: A contrastive analysis of *be going to* and *gaan*. In Anastasios Tsangalidis, Roberta Facchinetti, and F. Frank Robert Palmer, eds. , *Studies on English Modality: In Honour of Frank Palmer*, 357-386. Frankfurt am Main: Peter Lang.

Östman, Jan-Ola. 2005. Construction discourse: A Prolegomenon. In Östman and Fried, eds. ,121-144. Amsterdam: Benjamins.

Östman, Jan-Ola and Mirjam Fried, eds. 2005. *Construction Grammars: Cognitive Grounding and Theoretical Extension*. Amsterdam: Benjamins.

Pagliuca, William, ed. 1994. *Perspectives on grammaticalization*. Amsterdam: Benjamins.

Parkes, M. B. 1991. *Pause and Effect: An Introduction to the History of Punctuation in the West*. Berkeley: University of California Press.

Partee, Barbara. 1984. Compositionality. In Fred Landman and Frank Veltman, eds. , *Varieties of Formal Semantics*, 281-312. Dordrecht: Foris.

Patten, Amanda L. 2010. Grammaticalization and the *it*-cleft construction.

In Traugott and Trousdale,eds. ,221-243.
Patten,Amanda L. 2012. *The English IT-Cleft:A Constructional Account and a Diachronic Investigation*. Berlin:de Gruyter Mouton.
Paul,Hermann. 1920. *Prinzipien der Sprachgeschichte*. Halle:Niemeyer, 5th ed.
Pawley, Andrew and Frances Hodgetts Syder. 1983. Two puzzles for linguistic theory: Nativelike selection and nativelike fluency. In Jack C. Richards and Richard W. Schmidt, eds., *Language and Communication*, 191-225. London:Longman.
Payne,John and Rodney Huddleston. 2002. Nouns and noun phrases. In Huddleston and Pullum,323-523.
Perek,Florent. 2012. Alternation-based generalizations are stored in the mental grammar:Evidence from a sorting task experiment. *Cognitive Linguistics* 23:601-635.
Pérez-Guerra,Javier and David Tizón-Couto. 2009. On left-dislocations in the history of English: Theory and data hand in hand. In Benjamin Shaer, Philippa Cook, Werner Frey, and Claudia Maienborn, eds., *Dislocated Elements in Discourse: Syntactic, Semantic, and Pragmatic Perspectives*, 31-48. London:Routledge.
Persson,Gunnar. 1988. Homonymy,polysemy and heterosemy: The types of lexical ambiguity in English. In Karl Hyldgaard-Jensen and Arne Zettersten,eds., *Symposium on Lexicography III: Proceedings of the International Symposium on Lexicography*,May 14-16,269-280. Tübingen:Niemeyer.
Peters,Hans. 1994. Degree adverbs in Early English. In Kastovsky,ed., 269-288.
Petré, Peter. 2012. General productivity: How *become* waxed and *wax* became a copula. *Cognitive Linguistics* 23:27-65.
Petré,Peter and Hubert Cuyckens. 2008. Bedusted, yet not beheaded: The role of be-'s constructional properties in its conservation. In Bergs and Diewald,eds. ,133-169.
Pichler,Heike. 2013. *The Structure of Discourse-Pragmatic Variation*.

Amsterdam: Benjamins.

Pichler, Heike and Stephen Levey. 2011. In search of grammaticalization in synchronic dialect data: General extenders in northeast England. *English Language and Linguistics* 15:441-471.

Plag, Ingo. 1999. *Morphological Productivity: Structural Constraints in English Derivation*. Berlin: Mouton de Gruyter.

Plag, Ingo. 2006. Productivity. In Bas Aarts and April McMahon, eds., *The Handbook of English Linguistics*, 537-556. Malden, MA: Blackwell.

Plank, Frans. 1984. The modals story retold. *Studies in Language* 8:305-364.

Poplack, Shana. 2011. Grammaticalization and linguistic variation. In Narrog and Heine, eds., 209-224.

Poplack, Shana and Sali Tagliamonte. 2000. The grammaticization of *going to* in (African American) English. *Language Variation and Change* 11:315-342.

Prince, Ellen F. 1978. A comparison of WH-clefts and *it*-clefts in discourse. *Language* 54:883-906.

Pullum, Geoffrey. 2003. Phrases for lazy writers in kit form. *Language Log*, October 27.

Pullum, Geoffrey. 2004. Snowclones: Lexicographical dating to the second. *Language Log*, January 16.

Pulvermüller, Friedemann, Bert Cappelle and Yury Shtyrov. 2013. Brain basis of meaning, words, constructions, and grammar. In Hoffmann and Trousdale, eds., 397-416.

Pustejovsky, James. 1995. *The Generative Lexicon*. Cambridge, MA: MIT Press.

Queller, Kurt. 2003. Metonymic sense shift: Its origin in hearers' abductive construal of usage in context. In Cuyckens, Dirven, and Taylor, eds., 211-241.

Quirk, Randolph, Sidney Greenbaum, Geoffrey Leech and Jan Svartvik. 1985. *A Comprehensive Grammar of the English Language*. London:

Longman.

Ramat, Paolo. 1992. Thoughts on degrammaticalization. *Linguistics* 30: 549-560.

Ramat, Paolo. 2001. Degrammaticalization or transcategorization? In Chris Schaner-Wolles, John Rennison, and Friedrich Neubarth, eds., *Naturally! Linguistic Studies in Honour of Wolfgang Ulrich Dressler Presented on the Occasion of his 60th Birthday*, 393-401. Torino: Rosenbach and Sellier.

Ramat, Paolo and Davide Ricca. 1994. Prototypical adverbs: On the scalarity/radiality of the notion ADVERB. *Rivista di Linguistica* 6: 289-326.

Ratcliff, R. and G. McKoon. 1981. Does activation really spread? *Psychological Review* 88:454-462.

Raumolin-Brunberg, Helena and Arja Nurmi. 2011. Grammaticalization and language change in the individual. In Narrog and Heine, eds., 251-262.

Rebuschat, Patrick, Martin Rohrmeier, John A. Hawkins, and Ian Cross, eds. 2012. *Language and Music as Cognitive Systems*. Oxford: Oxford University Press.

Reisberg, Daniel. 1997. *Cognition: Exploring the Science of the Mind*. New York: Norton.

Rice, Sally. 1996. Prepositional prototypes. In Martin Pütz and René Dirven, eds., *The Construal of Space in Language and Thought*, 135-165. Berlin: Mouton de Gruyter.

Rice, Sally. 2003. Growth in a lexical network: Nine English prepositions in acquisition. In Cuyckens, Dirven, and Taylor, eds., 243-280.

Rickford, John R. 1999. *African American Vernacular English: Features, Evolution, Educational Implications*. Oxford: Blackwell.

Rissanen, Matti. 1991. Spoken language and the history of do-periphrasis. In Kastovsky, ed., 321-342.

Rissanen, Matti. 1999. Syntax. In Roger Lass, ed., *The Cambridge History of the English Language: Vol. III: 1476-1776*, 187-331.

Cambridge:Cambridge University Press.

Rissanen, Matti. 2004. Grammaticalisation from side to side: On the development of *beside(s)*. In Lindquist and Mair, eds., 151-170.

Rissanen, Matti. 2007. From *op* to *till*: Early loss of an adverbial subordinator. In Ursula Lenker and Anneli Meurman-Solin, eds., *Connectives in the History of English*, 61-75. Amsterdam:Benjamins.

Rissanen, Matti. 2012. Corpora and the study of the history of English. In Merja Kytö, ed., *English Corpus Linguistics: Crossing Paths*, 197-220. Amsterdam:Rodopi.

Rizzi, Luigi. 1997. *Parameters and Functional Heads: Essays in Comparative Syntax*. Oxford:Oxford University Press.

Robert, Stéphane. 2005. The challenge of polygrammaticalization for linguistic theory: Fractal grammar and transcategorial functioning. In Zygmunt Frajzyngier, Ada Hodges and David S. Rood, eds., *Linguistic Diversity and Language Theories*, 119-142. Amsterdam: Benjamins.

Roberts, Ian. 1993. A formal account of grammaticalization in the history of Romance futures. *Folia Linguistica Historica XIII*:219-258.

Roberts, Ian. 2007. *Diachronic Syntax*. Oxford:Oxford University Press.

Roberts, Ian. 2010. Grammaticalization, the clausal hierarchy and semantic bleaching. In Traugott and Trousdale, eds., 45-73.

Roberts, Ian and Anna Roussou. 2003. *Syntactic Change: A Minimalist Approach to Grammaticalization*. Cambridge:Cambridge University Press.

Rohdenburg, Günter. 1998. Clarifying structural relationships in cases of increased complexity in English. In Rainer Schulze, ed., *Making Meaningful Choices in English: On Dimensions, Perspectives, Methodology and Evidence*, 189-205. Heidelberg:Gunter Narr.

Rosch, Eleanor. 1973. Natural categories. *Cognitive Psychology* 4:328-350.

Rosenbach, Anette. 2002. *Genitive Variation in English: Conceptual Factors in Synchronic and Diachronic Studies*. Berlin:Mouton de Gruyter.

Rosenbach, Anette. 2010. How synchronic gradience makes sense in the light of language change(*and vice versa*). In Traugott and Trousdale, eds. ,149-179.

Rostila, Jouni. 2004. Lexicalization as a way to grammaticalization. In Fred Karlsson, ed. , *Proceedings of the 20th Scandinavian Conference of Linguistics*. http://www. ling. helsinki. fi/kielitiede/20scl/Rostila. pdf(Accessed: May 22nd 2013).

Rostila, Jouni. 2006. Storage as a way to grammaticalization. *Constructions* 1/2006 http://elanguage. net/journals/constructions/article/view/3070(Accessed: May 22nd 2013).

Sag, Ivan A. 2012. Sign-based construction grammar: An informal synopsis. In Boas and Sag, eds. ,69-202.

Sag, Ivan A. , Hans C. Boas and Paul Kay. 2012. Introducing sign-based construction grammar. In Boas and Sag, eds. ,1-29.

Saussure, Ferdinand de. 1959 [1916]. *Course in General Linguistics*. Translated by Wade Baskin. New York: McGraw-Hill. (Originally published in 1916 in French.)

Schiffrin, Deborah. 1987. *Discourse Markers*. Cambridge: Cambridge University Press.

Schlüter, Julia. 2005. *Rhythmic Grammar: The Influence of Rhythm on Grammatical Variation and Change in English*. Berlin: Mouton de Gruyter.

Schlüter, Julia. 2010. To dare to or not to: Is auxiliarization reversible? In An Van linden, Jean-Christophe Verstraete, and Kristin Davidse, eds. , *Formal Evidence in Grammaticalization Research*, 289-325. Amsterdam: Benjamins.

Schmid, Hans-Jörg. 2007. Entrenchment, salience, and basic levels. In Geeraerts and Cuyckens, eds. ,117-138.

Schneider, Agnes. 2012. Grammaticalization in non-standard varieties of English and Englishbased pidgins and creoles. In Nevalainen and Traugott, eds. ,666-675.

Schulz, Monika Edith. 2011. Possession and obligation. In Nuria Hernández,

参 考 文 献

Daniela Kolbe, and Monika Edith Schulz, eds. , *A Comparative Grammar of British English Dialects: Modals, Pronouns and Complement Clauses*, 19-51. Berlin: Walter de Gruyter.

Schwenter, Scott A. 2000. Viewpoints and polysemy: Linking adversative and causal meanings of discourse markers. In Elizabeth Couper-Kuhlen and Bernd Kortmann, eds. , *Cause—Condition—Concession—Contrast: Cognitive and Discourse Perspectives*, 257-281. Berlin: Mouton de Gruyter.

Selkirk, Elisabeth O. 1977. Some remarks on noun phrase structure. In Peter Culicover, Adrian Akmajian, and Thomas Wasow, eds. , *Formal Syntax*, 283-316. New York: Academic Press.

Seoane, Elena and María José López-Couso, eds. , in collaboration with Teresa Fanego. 2008. *Theoretical and Empirical Issues in Grammaticalization*. Amsterdam: Benjamins.

Shibatani, Masayoshi. 1991. Grammaticization of topic into subject. In Traugott and Heine, eds. , Vol. II: 93-133.

Siewierska, Anna and Willem B. Hollmann. 2007. Ditransitive clauses in English with special reference to Lancashire dialect. In Mike Hannay and Gerard J. Steen, eds. , *Structural-Functional Studies in English Grammar*, 83-102. Amsterdam: Benjamins.

Sinha, Chris. 2007. Cognitive linguistics, psychology and cognitive science. In Geeraerts and Cuyckens, eds. , 1266-1294.

Slobin, Dan I. 1977. Language change in childhood and in history. In John MacNamara, ed. , *Language Learning and Thought*, 185-214. New York: Academic Press.

Slobin, Dan I. 2004. The many ways to search for a frog: Linguistic typology and the expression of motion events. In Sven Strömqvist and Ludo Verhoeven, eds. , *Relating Events in Narrative, Vol. II. Typological and Contextual Perspectives*, 219-257. Mahwah: Lawrence Erlbaum Associates.

Smirnova, Elena. 2015. Constructionalization and constructional change: The role of context in the development of constructions. In Barðdal,

Gildea, Smirnova, and Sommerer, eds.

Snider, Neal. 2008. An Exemplar Model of Syntactic Priming. PhD dissertation, Stanford University.

Sowka-Pietraszewska, Katarzyna. 2011. The evidence from the Latinate loan-verbs for the rise of the alternative prepositional object construction in the Middle English period. Paper presented at the Helsinki Corpus Festival, Sept 28-Oct 2.

Spencer-Oatey, Helen and Stefanie Stadler. 2009. The Global People Competency Framework. Competencies for Effective Intercultural Interaction. Warwick Papers in Applied Linguistics 3. http://www.globalpeople.org.uk/ (Accessed: May 22nd 2013).

Speyer, Augustin. 2010. *Topicalization and Stress Clash Avoidance in the History of English*. Berlin: de Gruyter Mouton.

Stathi, Katerina, Elke Gehweiler, and Ekkehard König, eds. 2010. *Grammaticalization: Current Views and Issues*. Amsterdam: Benjamins.

Stenström, Anna-Brita. 2000. *It's enough funny, man*: Intensifiers in teenage talk. In John M. Kirk, ed., *Corpora Galore: Analyses and Techniques in Describing English*, 177-190. Amsterdam: Rodopi.

Stolova, Natalya I. 2008. From satellite-framed Latin to verb-framed Romance: Late Latin as an intermediate stage. In Roger Wright, ed., *Latin Vulgaire, Latin Tardif : Actes du VIIIème Colloque International sur le Latin Vulgaire et Tardif, Oxford 6-7 Septembre 2006*, 253-262. Hildesheim: Olms.

Stolova, Natalya I. 2015. *Cognitive History of Romance Motion Verbs: Exploration in Lexical Change*. Amsterdam: Benjamins.

Sweetser, Eve E. 1988. Grammaticalization and semantic bleaching. In Axmaker, Jaisser, and Singmaster, eds., 389-405.

Sweetser, Eve E. 1990. *From Etymology to Pragmatics: Metaphorical and Cultural Aspects of Semantic Structure*. Cambridge: Cambridge University Press.

Talmy, Leonard. 1985. Lexicalization patterns: Semantic structure in lexical forms. In Timothy Shopen, ed., *Language Typology and*

Syntactic Description, *Vol. III*: *Grammatical Categories and the Lexicon*, 57-149. Cambridge: Cambridge University Press, 2nd ed.

Talmy, Leonard. 2000. *Toward a Cognitive Linguistics*, *Vol. I. Concept Structuring Systems*. Cambridge, MA: MIT Press, 2 Vols.

Taylor, John R. 2002. *Cognitive Grammar*. Oxford: Oxford University Press.

Terkourafi, Marina. 2009. On de-limiting context. In Bergs and Diewald, eds., 17-42.

Terkourafi, Marina. 2011. The pragmatic variable: Toward a procedural interpretation. *Language in Society* 40: 343-372.

Timberlake, Alan. 1977. Reanalysis and actualization in syntactic change. In Li, ed., 141-177.

Tomasello, Michael. 2003. *Constructing Language: A Usage-Based Theory of Language Acquisition*. Cambridge, MA: Harvard University Press.

Torrent, Tiago Timponi. 2011. The construction network hypothesis. In Construções Emergentes: Gramática de Construções e Gramaticalização. Special issue of *Letras & Letras* 27 http://www.letraseletras.ileel.ufu.br/viewissue.php?id=21(Accessed: May 22nd 2013).

Torrent, Tiago Timponi. 2015. On the relation between inheritance and change: The construction network reconfiguration hypothesis. In Barðdal, Gildea, Smirnova, and Sommerer, eds.

Torres Cacoullos, Rena and James A. Walker. 2009. The present of the English future: Grammatical variation and collocations in discourse. *Language* 85: 321-354.

Traugott, Elizabeth Closs. 1988. Pragmatic strengthening and grammaticalization. In Axmaker, Jaisser, and Singmaster, eds., 406-416.

Traugott, Elizabeth Closs. 2003. Constructions in grammaticalization. In Joseph and Janda, eds., 624-647.

Traugott, Elizabeth Closs. 2007. The concepts of constructional mismatch and type-shifting from the perspective of grammaticalization. *Cognitive Linguistics*: 18: 523-557.

Traugott, Elizabeth Closs. 2008a. Grammaticalization, constructions and the incremental development of language: Suggestions from the development of degree modifiers in English. In Regine Eckardt, Gerhard Jäger, and Tonjes Veenstra, eds. , *Variation, Selection, Development—Probing the Evolutionary Model of Language Change*, 219-250. Berlin:Mouton de Gruyter.

Traugott, Elizabeth Closs. 2008b. The grammaticalization of NP of NP constructions. In Bergs and Diewald,eds. ,21-43.

Traugott, Elizabeth Closs. 2008c. 'All that he endeavoured to prove was …':On the emergence of grammatical constructions in dialogic contexts. In Robin Cooper and Ruth Kempson, eds. , *Language in Flux: Dialogue Coordination, Language Variation, Change and Evolution*,143-177. London:King's College Publications.

Traugott, Elizabeth Closs. 2010a. Grammaticalization. In Silvia Luraghi and Vit Bubenik,eds. , *Continuum Companion to Historical Linguistics*, 269-283. London:Continuum Press.

Traugott, Elizabeth Closs. 2010b. Dialogic contexts as motivation for syntactic change. In Robert A. Cloutier, Anne Marie Hamilton-Brehm, and William Kretzschmar, eds. , *Variation and Change in English Grammar and Lexicon*, 11-27. Berlin:De Gruyter Mouton.

Traugott, Elizabeth Closs, eds. 2010b. *Gradience, Gradualness, and Grammaticalization*. Amsterdam:Benjamins.

Traugott, Elizabeth Closs. 2012a. The status of onset contexts in analysis of micro-changes. In Merja Kytö, ed. , *English Corpus Linguistics: Crossing Paths*,221-255. Amsterdam:Rodopi.

Traugott, Elizabeth Closs. 2012b. On the persistence of ambiguous linguistic contexts over time: Implications for corpus research on micro-changes. In Magnus Huber and Joybrato Mukherjee, eds. , *Corpus Linguistics and Variation in English:Theory and Description*, 231-246. Amsterdam:Rodopi.

Traugott,Elizabeth Closs. 2015. Toward a coherent account of grammatical constructionalization. In Barðdal,Gildea,Smirnova,and Sommerer,eds.

Traugott, Elizabeth Closs and Bernd Heine, eds. 1991. *Approaches to*

Grammaticalization, Amsterdam: Benjamins, 2 Vols.

Traugott, Elizabeth Closs and Ekkehard König. 1991. The semantics-pragmatics of grammaticalization revisited. In Traugott and Heine, eds., Vol. I: 189-218.

Traugott, Elizabeth Closs and Graeme Trousdale. 2010a. Gradience, gradualness and grammaticalization: How do they intersect? In Traugott and Trousdale, eds., 19-44.

Traugott, Elizabeth Closs and Richard B. Dasher. 2002. *Regularity in Semantic Change*. Cambridge: Cambridge University Press.

Trips, Carola. 2009. *Lexical Semantics and Diachronic Morphology: The Development of -hood, -dom and -ship in the History of English*. Tübingen: Max Niemeyer Verlag.

Trousdale, Graeme. 2008a. Constructions in grammaticalization and lexicalization: Evidence from the history of a composite predicate construction in English. In Trousdale and Gisborne, eds., 33-67.

Trousdale, Graeme. 2008b. A constructional approach to lexicalization processes in the history of English: Evidence from possessive constructions. *Word Structure* 1: 156-177.

Trousdale, Graeme. 2008c. Words and constructions in grammaticalization: The end of the English impersonal construction. In Susan Fitzmaurice and Donka Minkova, eds., *Studies in the History of the English Language IV: Empirical and Analytical Advances in the Study of English Language Change*, 301-326. Berlin: Mouton de Gruyter.

Trousdale, Graeme. 2010. Issues in constructional approaches to grammaticalization in English. In Stathi, Gehweiler, and König, eds., 51-72.

Trousdale, Graeme. 2011. Ish. Paper presented at the Second International Society for the Linguistics of English Conference (ISLE2), Boston, June 17-21.

Trousdale, Graeme. 2012a. Grammaticalization, constructions, and the grammaticalization of constructions. In Kristin Davidse, Tine Breban, Lieselotte Brems, and Tanja Mortelmans, eds., *Grammaticalization and Language Change: New Reflections*, 167-198. Amsterdam: Benjamins.

Trousdale, Graeme. 2012b. Theory and data in diachronic Construction Grammar: The case of the *what with* construction. In Nikolas Gisborne and Willem Hollmann, eds. , Special Issue on Theory and Data in Cognitive Linguistics, *Studies in Language* 36:576-602.

Trousdale, Graeme and Muriel Norde. 2013. Degrammaticalization and constructionalization: two case studies. In Muriel Norde, Alexandra Lenz, and Karin Beijering, eds. , Special Issue on Current Trends in Grammaticalization Research, *Language Sciences* 36:32-46.

Trousdale, Graeme and Nikolas Gisborne, eds. 2008. *Constructional Approaches to English Grammar*. Berlin: Mouton de Gruyter.

Tuggy, David. 1993. Ambiguity, polysemy and vagueness. *Cognitive Linguistics* 4:273-291.

Tuggy, David. 2007. Schematicity. In Geeraerts and Cuyckens, eds. , 82-116.

Van der Auwera, Johan. 2002. More thoughts on degrammaticalization. In Wischer and Diewald, eds. ,19-29.

Van de Velde, Freek. 2011. Left-peripheral expansion of the NP. In Dolores González-Álvarez, Ana Elina Martínez-Insua, Javier Pérez-Guerra, and Esperanza Rama-Martínez, eds. , Special Issue on the Structure of the Noun Phrase in English: Synchronic and Diachronic Explorations, *English Language and Linguistics* 15:387-415.

Vandewinkel, Sigi and Kristin Davidse. 2008. The interlocking paths of development of emphasizer adjective *pure*. *Journal of Historical Pragmatics* 9:255-287.

Verhagen, Arie. 2009. The conception of constructions as complex signs: Emergence of structure and reduction to usage. *Constructions and Frames* 1:119-152.

Verroens Filip. 2011. La construction se mettre à: syntaxe, sémantique et grammaticalisation. PhD dissertation, University of Ghent.

Verveckken, Katrien. 2012. Towards a constructional account of high and low frequency binominal quantifiers in Spanish. *Cognitive Linguistics* 23:421-478.

Von der Gabelentz, Georg. 1901. *Die Sprachwissenschaft, ihre Aufgaben, Methoden und bisherigen Ergebnisse*. Leipzig: Weigel, 2nd ed.

Von Fintel, Kai. 1995. The formal semantics of grammaticalization. *NELS Proceedings* 25:175-189.

Walsh, Thomas and Frank Parker. 1983. The duration of morphemic and nonmorphemic /s/ in English. *Journal of Phonetics* 11:201-206.

Ward, Gregory, Betty Birner and Rodney Huddleston. 2002. Information packaging. In Huddleston and Pullum, 1363-1147.

Warner, Anthony R. 1993. *English Auxiliaries: Structure and History*. Cambridge: Cambridge University Press.

Warner, Anthony. 2004. What drove 'do'? In Christian Kay, Simon Horobin and Jeremy J. Smith, eds., *New Perspectives on English Historical Linguistics: Syntax and Morphology*, Vol. I: 229-242. Amsterdam: Benjamins.

Weinreich, Uriel, William Labov, and Marvin Herzog. 1968. Empirical foundations for a theory of language change. In W. P. Lehmann and Yakov Malkiel, eds., *Directions for Historical Linguistics*, 95-189. Austin: University of Texas Press.

Werning, Markus, Wolfram Hinzen, and Edouard Machery, eds., 2012. *The Oxford Handbook of Compositionality*. New York: Oxford University Press.

White, P. R. R. 2003. Beyond modality and hedging: A dialogic view of the language of intersubjective stance. *Text* 23:259-284.

White, R. Grant. 1871. *Words and their Uses*. New York: Sheldon and Co.

Wichmann, Anne, Anne-Marie Simon-Vandenbergen, and Karin Aijmer. 2010. How prosody reflects semantic change: A synchronic case study of *of course*. In Davidse, Vandelanotte and Cuyckens, eds., 103-154.

Willis, David. 2007. Syntactic lexicalization as a new type of degrammaticalization. *Linguistics* 45:271-310.

Wischer, Ilse. 2000. Grammaticalization versus lexicalization—'methinks' there is some confusion. In Fischer, Rosenbach, and Stein, eds., 355-370.

Wischer, Ilse and Gabriele Diewald, eds. 2002. *New Reflections on Grammaticalization*. Amsterdam: Benjamins.

Wray, Alison. 2002. *Formulaic Language and the Lexicon*. Cambridge: Cambridge University Press.

Wray, Alison. 2006. Formulaic language. In Keith Brown, ed., *Encyclopedia of Language and Linguistics*, Vol. IV: 590-597. Amsterdam: Elsevier, 2nd revised ed.

Zhan, Fangqiong. 2012. The Structure and Function of the Chinese Copula Construction. PhD dissertation, Stanford University.

Ziegeler, Debra. 2007. A word of caution on coercion. *Journal of Pragmatics* 39:990-1028.

Ziegeler, Debra. 2010. Count-mass coercion, and the perspective of time and variation. *Constructions and Frames* 2:33-73.

Zwicky, Arnold. 2006. Snowclone mountain? *Language Log*. March 13. http://itre.cis.upenn.edu/~myl/languagelog/archives/002924.html (Accessed: May 22nd 2013).

Zwicky, Arnold M. 2007. Extris, extris. Paper presented at Stanford SemFest 7, March 16. http://www.stanford.edu/~zwicky/SemFest07.out.pdf (Accessed: May 22nd 2013).

Zwicky, Arnold M. 2012. Parts of the body. Paper presented at Stanford SemFest 13, March 16th.

主要历史语例索引

（注：页码为英文原书页码，即本书边码。）

a bit of, 17, 23, 26, 27, 53, 58, 77, 93, 106, 114, 116—118, 121, 126—127, 213—214, 228

a bunch of, 27, 116, 213—214

a deal of, 49, 53, 55—56, 58, 93, 106, 126, 212—213

a heap of, 53, 58, 114—117, 201

a lot of, 17, 23—29, 36—37, 49, 53, 58, 93, 106, 114—118, 121, 125, 196, 201, 209—214

a shred of, 77, 93, 127

all but, 203—204

ALL-cleft（ALL-准分裂）, 136—147, 225—227

BE going to, 18, 67, 68, 102, 106—107, 114—118, 122, 126, 158, 217—224, 228, 230

beside(s), 110—112

Ditransitive（双及物）, 14, 71—72, 96

-*dom*, 64, 68, 169, 170—173, 207—209

-*fire*, 179—180

give X a V-ing, 26, 34, 239

habeo cantare（拉丁语）, 32, 37, 38, 97

-*hood*, 169, 175—177

-*ish*, 233—237

IT-cleft（IT-分裂）, 72—73, 146, 227

-*lac* "practice（行为）"（古代英语）, 207—209, 229

-*leac* "leek（葱）"（古代英语）, 12, 167, 180—181

-*lian*（古代英语）, 178—179

Not the ADJest N_1 in the N_2, 184—185

Partitive（部分词）, binominal（双名词）, 24—27, 49

Quantifier（数量词）, binominal（双

名词),24—27,115,126,201—202,209—214

-ræden "condition(条件)"(古代英语),173—177,207—209
-s genitive(所有格),129—131
several,214—217
-ship,173,175—176
-some,69,165

-th,17,68—69,181
TH-cleft(TH-准分裂),137—139,141,143,146

X is the new Y,151,183—184

way-construction(way-构式),76—90,114,118,120,125,150—151,186
WHAT-cleft(WHAT-准分裂),136—147,182,186,187
what with,133—135
will be lucky to,183

yn ol "after(以后)"(威尔士语),190—191

人名索引

（注：页码为英文原书页码，即本书边码。）

Aarts, Bas 巴斯·亚特 25,56,74
Adamson, Sylvia 西尔维亚·亚当森 215
Aijmer, Karin 卡琳·艾杰默 30,110
Aikhenvald, Alexandra Y. 亚历山德拉·Y.艾亨瓦尔德 162
Allan, Kathryn 凯瑟琳·艾伦 61
Allen, Cynthia 辛西娅·艾伦 69—70
Allerton, David J. 戴维·J.阿勒顿 137
Andersen, Henning 亨宁·安德森 2,21,36,40,55,75,98,128,173,190,203
Anderson, Earl R. 厄尔·R.安德森 180
Anttila, Raimo 兰莫·安蒂拉 32,37,99
Arber, Edward 爱德华·阿伯 218
Arbib, Michael A. 迈克尔·A.阿尔比布 19
Archer, Dawn 唐·阿彻 41

Arnovick, Leslie 莱斯利·阿尔诺维克 103
Auer, Peter 彼得·奥尔 47,143

Baayen, R. Harald R.哈拉尔德·巴艾昂 18,87,152
Baker, Colin F. 科林·F.贝克 9,50
Ball, Catherine N. 凯瑟琳·N.鲍尔 73,138
Barlow, Michael 迈克尔·巴洛 3
Barðdal, Jóhanna 约翰娜·巴左达尔 14,17,40,113—114,116—119
Bauer, Laurie 劳里·鲍尔 153,162,164
Beadle, Richard 理查德·比德尔 42
Beavers, John 约翰·比弗斯 33
Bencini, Giulia 朱利亚·本希尼 46
Berglund, Ylva 于尔娃·贝里隆德 223
Bergs, Alexander 亚历山大·贝格斯 39,195

Berlage, Eva 伊娃·伯利奇 150
Bermúdez-Otero, Ricardo 里卡多·贝尔拉格-奥特罗 36
Bharucha, Jashmed J. 贾世默德·J. 巴如查 50
Biber, Douglas 道格拉斯·比伯 41, 196, 210
Birner, Betty 贝蒂·伯尼 136
Bisang, Walter 沃尔特·比桑 40
Blakemore, Diane 黛安娜·布莱克莫尔 12
Blank, Andreas 安德烈亚斯·布兰克 156, 162
Bloomfield, Leonard 伦纳德·布卢姆菲尔德 150
Blumenthal-Dramé, Alice Julie 爱丽丝·朱莉·布卢门撒尔-德拉姆 5, 55
Blythe, Richard 理查德·布莱思 53, 68
Boas, Hans C. 汉斯·C. 博厄斯 2, 4, 5, 15, 17, 47, 59, 62
Booij, Gert 格特·布伊吉 8, 53, 93, 152—154, 159, 161—162, 165, 168—169, 172—173
Börjars, Kersti 克斯特·博尔佳斯 99, 124, 129—130
Boroditsky, Lera 莱拉·博罗迪特斯基 54
Boye, Kasper 卡斯帕·博伊 20, 53, 104—105, 122, 155, 162, 202
Breban, Tine 蒂尼·布雷班 130—131, 215, 227, 229
Brems, Lieselotte 莱斯洛特·布雷姆斯 23, 25, 39, 49, 52—53, 58, 105, 115—116, 126—127, 211, 213—214, 228
Brinton, Laurel J. 劳雷尔·J. 布林顿 32—34, 71, 73, 109, 156, 158—160, 163, 182
Broccias, Cristiano 克里斯琴·罗布罗西亚斯 50, 90
Broz, Vltako 弗塔克·布罗兹 168, 169
Brugmann, Claudia 克劳迪娅·布鲁格曼 9
Buchstaller, Isabelle 伊莎贝尔·布赫施塔勒 71, 193
Bybee, Joan L. 琼·L. 拜比 3, 11—12, 14, 16, 18, 20—21, 31, 35, 38, 43, 44, 46—48, 50, 65, 74, 94, 98, 100, 105—107, 114, 119, 120, 122, 126, 132, 183, 186, 195, 200—202, 206, 220, 227, 238

Campbell, Lyle 莱尔·坎贝尔 34, 35, 36, 100, 127, 131, 199
Cappelle, Bert 伯特·卡佩勒 45
Catford, J. C. J. C. 卡特福特 196
Chafe, Wallace L. 华莱士·L. 蔡菲 197
Cheshire, Jenny 珍妮·切希尔 132
Chomsky, Noam 诺姆·乔姆斯基

基 43
Claridge, Claudia 克劳迪娅·克拉里奇 103
Clark, Eve V. 伊芙·V. 克拉克 167, 187
Clark, Herbert H. 赫伯特·H. 克拉克 167, 187
Clark, Lynn 林恩·克拉克 6
Claudi, Ulrike 乌尔丽克·克劳迪 27, 98, 100, 199, 201
Colleman, Timothy 蒂莫西·科尔曼 14, 39, 40, 71
Collins, Allan M. 艾伦·M. 柯林斯 55
Collins, Peter C. 彼得·C. 柯林斯 136
Conrad, Susan 苏珊·康拉德 210
Cort, Alison 艾莉森·科特 114
Cowie, Claire 克莱尔·考伊 161
Craig, Colette G. 科利特·G. 克雷格 108
Croft, William 威廉·克罗夫特 1—4, 6—8, 11, 13—15, 21, 40, 48, 50, 53, 61, 62, 68, 91, 151
Cross, Ian 克罗斯·伊恩 50
Cruse, D. Alan 艾伦·D. 克鲁斯 2, 4, 7, 48, 200
Culicover, Peter W. 彼得·W. 卡利科弗 3
Culpeper, Jonathan 乔纳森·卡尔佩珀 41
Curzan, Anne 安妮·柯赞 145

Cuyckens, Hubert 休伯特·凯肯斯 2, 155

Dahl, Östen 奥斯滕·达尔 100, 107
Dalton-Puffer, Christiane 克里斯蒂亚娜·多尔顿-帕菲尔 170, 172, 174—176, 178, 208
Danchev, Andrei 安德烈·丹奇夫 218, 221
Dasher, Richard B. 理查德·B. 达舍 26, 112, 202
Davidse, Kristin 戴维斯·克里斯廷 130, 215
DeClerck, Bernard 伯纳德·德克莱克 14, 39, 40, 71
Degand, Liesbeth 莱斯贝丝·德甘 103
Dehé, Nicole 妮科尔·德赫 110
Denison, David 戴维·丹尼森 56, 74, 114, 120, 130, 211, 214
De Smet, Hendrik 亨德里克·德斯梅 29, 38, 47, 56, 58, 115, 117, 120, 198, 203—204, 206, 223, 227—229
Diessel, Holger 霍尔格·迪塞尔 47, 136
Dietz, Klaus 克劳斯·迪茨 171, 174, 208
Diewald, Gabriele 加布丽尔·迪沃尔德 12, 28, 39, 95, 101, 103—104, 108, 195, 198, 199, 206, 217, 229

Doyle, Aidan 艾丹·多伊尔 131—132

Duranti, Alessandro 亚历山德罗·杜兰蒂 202

Du Bois, John W. 约翰·W. 杜波依斯 124

Eckardt, Regine 雷金·埃卡特 36—37, 217, 228

Eddington, David 戴维·埃丁顿 186

Elmer, Willy 威利·埃尔默 69

Erman, Britt 布里特·埃尔曼 103, 182

Eythórsson, Thórhallur 索哈德吕尔·艾索尔森 40

Faarlund, Jan Terje 简泰耶·法阿伦德 131

Fanego, Teresa 特雷莎·法内戈 33, 80, 82, 87, 89

Ferraresi, Gisella 吉塞拉·费拉雷斯 104

Fillmore, Charles J. 查尔斯·J. 菲尔墨 3—4, 9, 39, 50, 61, 166, 185

Finegan, Edward 爱德华·法恩根 196, 210

Fischer, Kerstin 克斯廷·费希尔 109

Fischer, Olga 奥尔佳·费希尔 21, 36, 37, 40—41, 58, 99, 126, 127, 198, 222

Fitzmaurice, Susan 苏珊·菲茨莫里斯 40

Fleischman, Suzanne 苏珊娜·弗莱施曼 32

Flickinger, Dan 丹·弗利金杰 161

Fodor, Jerry 杰里·福多尔 11

Francis, Elaine J. 伊莱恩·J. 弗朗西斯 19, 27, 36, 213—214

Fraser, Bruce 布鲁斯·弗雷泽 109

Fried, Mirjam 米丽娅姆·弗里德 21, 36, 39, 40, 237

Gahl, Susanne 苏珊娜·加尔 110

Garrett, Andrew 安德鲁·加勒特 117, 196, 217, 221

Geeraerts, Dirk 德克·盖拉茨 2, 65, 74, 169

Gelderen, Elly van 艾莉范·格尔德伦 75

Giacalone Ramat, Anna 安娜·拉马特·贾卡龙 159

Giegerich, Heinz J. 海因茨·J. 格里希 153, 157, 206

Gildea, Spike 斯派克·吉尔德 40

Gisborne, Nikolas 尼古拉斯·吉斯伯恩 9, 11, 21, 40, 58, 63, 90, 113

Givón, Talmy 泰尔米·吉冯 37, 47, 65, 99—101, 128, 201

Goldberg, Adele E. 阿黛尔·E. 戈登伯格 1—8, 12, 14—15, 21, 38—40, 45, 50, 54, 59—62, 72, 76—79, 84, 88—89, 114, 118,

122,146,200—201,204—205

Gonzálvez-Álvarez, Dolores 多洛雷丝·冈萨雷斯-阿尔瓦雷斯 215

Gonzálvez-Garcia, Francisco 弗朗西斯科·冈萨雷斯-加西亚 186

Goodwin, Charles 查尔斯·古德温 202

Gray, Bethany 贝萨妮·格雷 41

Green, Lisa J. 莉萨·J. 格林 102

Greenbaum, Sidney 西德尼·戈林鲍姆 210

Greenberg, Joseph H 约瑟夫·H. 格林伯格 129

Gries, Stefan Th. 斯蒂芬·Th. 格里斯 18

Hagège, Claude 克劳德·海格戈 26

Haiman, John 约翰·海曼 18

Hansen, Maj-Britt Mosegaard 玛伊-布里特 摩斯高·汉森 200,202

Harder, Peter 彼得·哈德 20,53, 104—105,122,155,162,202

Harley, Trevor A. 特雷弗·A. 哈利 54

Harris, Alice 艾丽斯·哈里斯 35, 36,199

Haselow, Alexander 亚历山大·黑斯洛 64,162,170—176,208

Haspelmath, Martin 马丁·哈斯佩尔马斯 3,32,36,37,66,75,97,

100,112,124—127,190

Hawkins, John A. 约翰·A. 霍金斯 47,50

Hay, Jennifer 珍妮弗·海 122,152

Heine, Bernd 贝恩德·海因 26, 28,35,36,38,94—95,98,100, 101,110,133,198—199,201—202

Heltoft, Lars 拉斯·赫尔托夫特 19,37,40,99,136,198

Hengeveld, Kees 基斯·亨格维尔德 20

Herzog, Marvin 马文·赫佐格 2,43

Higgins, Francis Roger 弗朗西斯·罗杰希·金斯 136

Hilpert, Martin 马丁·希尔伯特 18,20,145,198,205,222,228, 238

Himmelmann, Nikolaus 尼古劳斯·希梅尔曼 18,28,32,106—107, 112—114,124,145,156,163, 191,196,203,211,230

Hinterhölzl, Roland 罗兰·欣特霍尔兹 30,136

Hinzen, Wolfram 沃尔弗拉姆·欣曾 19

Hoffmann, Sebastian 塞巴斯蒂安·霍夫曼 43,64,71,98,106,114

Hollmann, Willem B. 威廉·B. 霍尔曼 7,39,40

Hopper, Paul J. 保罗·J. 霍珀 32, 37,47,63,65,96,97,134,143—

479

144,151,155,201,227,228
Horie,Kaoru 堀江熏 40
Horn,Laurence R. 劳伦斯·R.霍恩 200
Horobin,Simon 西蒙·霍罗宾 41
Huber,Magnus 马格纳斯·胡贝尔 41—42
Huddleston,Rodney 罗德尼·赫德尔斯顿 136,164,215
Hudson,Richard A. 理查德·A.哈德森 3,9—11,50,54—57,60—61,68,152
Hünnemeyer,Friederike 弗里德里·许内梅耶 26,98,100,199,201
Hundt,Marianne 玛丽安娜·亨特 18,42,66—67,102,216

Israel,Michael 迈克尔·伊斯雷尔 16,39,40,76—82,86,88,90,93,211

Jackendoff,Ray 雷·杰肯道夫 3,12—13,76—77,79,86,87,152
Jäger,Gerhard 格哈德·贾格尔 54
Jakobson,Roman 罗曼·雅各布森 99
Janda,Richard D. 理查德·D.扬达 40,128,190
Johansson,Stig 斯蒂格·约翰森 210
Joseph,Brian D. 布赖恩·D.约瑟夫 40,147

Jurafsky,Daniel 丹尼尔·朱拉夫斯基 13,133

Kaltenböck,Gunther 冈瑟·卡滕伯克 101
Kartunnen,Lauri 劳里·卡顿嫩 183
Kastovsky,Dieter 迪特尔·卡斯托夫斯基 110,169
Kay,Paul 保罗·凯 2—4,19—20,39,61,62,166,182,185—187,195,227
Keller,Rudi 鲁迪·凯勒 22,26,125,202
Kemmer,Suzanne 苏珊娜·凯默 3,14
Kiparsky,Paul 保罗·凯巴斯基 37,98,109,127,129
Kiss,Katalin É. 卡塔林·É.基斯 73
Kohnen,Thomas 托马斯·科恩 41
Komen,Erwin 欧文·科曼 227
König,Ekkehard 埃克哈德·柯尼格 26,57,196—197,199
Koops,Christian 克里斯琴·库普斯 144
Koptjevskaja-Tamm, Maria 玛丽亚·科普特杰文斯卡娅-塔姆 23
Kortmann,Bernd 伯恩特·科特曼 134
Kotsinas,Ulla-Britt 乌拉-布里特·科茨西娜 103

人名索引

Krug, Manfred G. 曼弗雷德・G. 克鲁格 67, 114, 158, 224
Kuryłowicz, Jerzy 叶尔兹・库里沃维奇 99, 106, 161
Kuteva, Tania A. 塔妮娅・A. 库特夫 36, 56, 94, 101, 110, 133, 228
Kuzmack, Stefanie 斯蒂芬妮・库兹马克 233—235
Kytö, Merja 梅里亚・凯 41, 199, 218, 221

Labov, William 威廉・拉波夫 2, 41, 43, 46
Lakoff, George 乔治・莱考夫 3, 4, 9, 45, 152
Lamb, Sidney 西德尼・兰姆 50
Lambrecht, Knud 克努德・兰布雷赫特 73, 102, 136
Langacker, Ronald W. 罗纳德・W. 兰盖克 1—4, 7—12, 14—16, 20, 27, 36, 44, 47—51, 53, 55, 61, 113, 122, 124, 126, 131, 133, 206, 207
Lass, Roger 罗杰・拉斯 129
Leech, Geoffrey 杰弗里・利奇 18, 42, 66—67, 102, 210, 216
Lehmann, Christian 克里斯琴・莱曼 32—34, 37, 43, 65—66, 73, 75, 96—98, 100—104, 106, 108—110, 112, 122—124, 134, 136—137, 144—145, 156—160, 162, 171, 177, 190, 197
Levey, Stephen 斯蒂芬・利维 132
Levin, Beth 贝丝・莱文 33, 76
Lewandowska-Tomaszczyk, Barbara, 芭芭拉・柳安多斯卡-托马什奇克 74, 200
Lewis, Diana 黛安娜・刘易斯 112
Liberman, Mark 马克・利伯曼 186
Lichtenberk, Frantisek 弗兰蒂泽克・利希滕伯克 60, 74, 201
Lightfoot, David 戴维・莱特福特 10, 36, 63, 76
Lightfoot, Douglas J. 道格拉斯・J. 莱特福特 150—151, 157, 159, 161
Lindström, Therese Å. M. 特蕾丝・Å. M. 林德斯特伦 158
Lipka, Leonhard 伦哈德・利普卡 34, 159
Loftus, Elizabeth F. 伊丽莎白・F. 洛夫特斯 55
López-Couso, María José 玛利亚・何塞・洛佩斯-科索 30, 136
Los, Bettelou 贝特卢・洛斯 30, 136, 227
Losiewicz, Beth L. 贝丝・L. 洛西耶维奇 49

McClelland, James L. 詹姆斯・L. 麦克莱兰 16, 18, 38, 114, 119, 122
McKoon, G. G. 麦克库恩 55

McMahon, April M. S. 阿普丽尔·M. S. 麦克马洪 30

Macaulay, Ronald K. S. 罗纳德·K. S. 麦考利 215

Machery, Edouard 爱德华·马谢利 19

Mair, Christian 克里斯琴·梅尔 18, 41, 42, 43, 66—67, 102, 216, 223

Marchand, Hans 汉斯·马钱德 64, 68, 176, 178, 234

Martin, Janice 贾尼丝·马丁 32

Martínez-Insua, Ana Elina 安娜·埃琳娜·马丁内斯-因苏亚 215

Massam, Diane 黛安娜·马萨姆 143

Mattiello, Elisa 埃莉莎·马蒂洛 187—188

Meillet, Antoine 安托万·梅耶 35—37, 65, 102, 136, 141, 157

Meurman-Solin, Anneli 安妮莉·默尔曼-索林 30, 32, 136

Michaelis, Laura A. 劳拉·A. 米凯利斯 19, 20, 182, 204—205, 206

Milroy, James 詹姆斯·米罗伊 21

Mondorf, Britta 布丽塔·蒙多夫 76, 77, 86, 89—90

Mossé, Ferdinand 斐迪南德·莫斯 126, 221

Mukherjee, Joybrato 乔伊布拉托·穆克吉 71

Muysken, Peter 彼得·迈斯肯 74

Nesselhauf, Nadja 纳迪亚·内塞尔霍夫 222

Nevalainen, Terttu 特尔图·内瓦莱嫩 32, 71

Nevis, Joel A. 乔尔·A. 内维斯 132

Newell, Allen 艾伦·纽厄尔 237

Newmeyer, Frederick J. 弗雷德里克·J. 纽迈耶 98, 127, 190

Noël, Dirk 德克·诺埃尔 1, 39, 40

Norde, Muriel 缪里尔·诺德 34, 99, 103, 127—132

Nørgård-Sørensen, Jens 延斯·纳尔戈尔-索伦森 19, 37, 40, 99, 136, 198

Nunberg, Geoffrey 杰弗里·南伯格 166, 182

Núñez-Pertejo, Paloma 帕洛玛·努涅斯-佩特霍 217

Nurmi, Arja 阿加·努尔米 46

O'Connor, Edward 爱德华·奥康纳 183

O'Connor, Mary Catherine 玛丽·凯瑟琳·奥康纳 3, 166

Östman, Jan-Ola 简-奥拉·余斯特曼 21, 36, 225

Pagliuca, William 威廉·帕柳卡 31, 94, 98, 100, 106—107, 132,

195,227
Parker,Frank 弗兰克·帕克 49
Parkes,M. B. M. B. 帕克斯 41
Partee,Barbara 芭芭拉·帕蒂 19
Patten,Amanda L. 阿曼达·L. 帕滕 39,40,72—73,90,113,136—138
Paul,Hermann 赫尔曼·保罗 46
Pawley,Andrew 安德鲁·波利 18,182
Payne,John 约翰·佩恩 215
Perek,Florent 弗洛伦特·佩雷克 62,72
Pérez-Guerra,Javier 哈维尔·佩雷斯-格拉 139,215
Perkins,Revere D. 里维尔·D. 帕金斯 31,94,98,100,106—107,132,195,227
Persson,Gunnar 冈纳·佩尔森 201
Peters,Hans 汉斯·彼得斯 236
Petré,Peter 彼得·彼得里 119,120,155
Petrova,Svetlana 斯维特拉娜·彼得罗娃 30,136
Pfänder,Stefan 斯蒂芬·普凡达 47
Pichler,Heike 海克·皮希勒 122,132
Plag,Ingo 英戈·布拉 87,206
Plank,Frans 法兰斯·普兰克 63,74
Poplack,Shana 莎娜·帕普拉

102,198
Prince,Ellen F. 埃伦·F. 普林斯 73,144
Pullum,Geoffrey 杰弗里·普勒姆 183
Pulvermüller,Friedemann 弗里德曼·普尔弗米勒 45
Pustejovsky,James 詹姆斯·普斯特约夫斯基 199

Queller,Kurt 库尔特·奎勒 54
Quirk,Randolph 伦道夫·夸克 210

Rama-Martínez,Esperanza 埃斯佩兰萨·罗摩-马丁内斯 215
Ramat,Paolo 保罗·拉马特 74,127,190
Rapoport,T. T. 拉波波特 76
Ratcliff,R. R. 拉特克利夫 54
Raumolin-Brunberg,Helena 海伦娜·劳莫林-布龙伯格 46
Rebuschat,Patrick 帕特里克·雷布施特 50
Reh,Mechthild 梅希蒂尔德·雷 36,94,100
Reisberg,Daniel 丹尼尔·赖斯伯格 9
Renouf,Antoinette 安托瓦尼特·雷努夫 87,152
Ricca,Davide 达维德·里卡 74
Rice,Sally 萨莉·赖斯 54,91—92
Rickford,John R. 约翰·R. 里克

483

福德 71,159,193

Rissanen,Matti 马蒂·里萨宁 42, 68,103,110—111,219,236

Rizzi,Luigi 路易吉·里兹 33

Robert,Stéphane 史蒂芬妮·罗伯特 108

Roberts,Ian 伊恩·罗伯茨 10,21, 36,74,75,238

Rohdenburg,Günter 冈特·罗登伯格 143

Rohrmeier,Martin 马丁·罗尔迈耶 50

Romaine,Suzanne 苏珊娜·罗曼 199

Rosch,Eleanor 埃莉诺·罗施 74

Rosenbach,Annette 安妮特·罗森巴赫 54,129

Rostila,Jouni 约尼·罗斯蒂娜 1, 95—96

Roussou,Anna 安娜·卢梭 10, 21,238

Sag,Ivan A. 伊万·A.萨格 2,4, 62,161,166,182

Saussure,Ferdinand de 费迪南·德·索绪尔,4,9,43,53,99,167

Scheibman,Joanne 乔安妮·沙伊布曼 122

Schiffrin,Deborah 德博拉·希夫林 109

Schlüter,Julia 朱利亚·施吕特 30,67

Schmid,Hans-Jörg 汉斯-约格·施密德 55,202

Schneider,Agnes 阿格尼丝·施奈德 35

Schøsler,Lene 琳恩·肖斯勒 19, 37,40,99,136,198

Schulz,Monika Edith 莫妮卡·伊迪丝·舒尔茨 68

Schwenter,Scott A. 斯科特·A.舒温特 225

Scott,Alan K. 艾伦·K.斯科特 130

Selkirk,Elisabeth O. 伊丽莎白·O.塞尔扣克 23

Shibatani,Masayoshi 柴谷正佳 101

Shtyrov,Yuryv 尤雷夫·什特罗夫 45

Siewierska,Anna 安娜·谢维尔斯卡 7

Simon-Vandenbergen, Anne-Marie 安妮-玛丽·西蒙-范登伯根 30, 103,110

Sinha,Chris 克里斯·辛哈 45

Slobin,Dan I. 丹·I.斯洛宾 33, 48,124

Smirnova,Elena 埃琳娜·斯米尔诺娃 20

Smith,Jeremy 杰里米·史密斯 40

Smith,Nicholas 尼古拉斯·史密斯 18,42,66—67,102,216

Snider,Neal 尼尔·斯奈德 54

Sowka-Pietraszewska, Katarzyna

卡塔日娜·索夫卡-彼得拉莲娜 72
Spencer-Oatey, Helen 海伦·斯潘塞-欧地 144
Speyer, Augustin 奥古斯汀·斯派尔 30
Stadler, Stefanie 斯蒂芬妮·施塔德勒 144
Stefanowitsch, Anatol 阿纳托尔·斯蒂芬奥维奇 18
Stenström, Anna-Brita 安娜-布丽塔·斯登斯特罗姆 215
Stolova, Natalya I. 纳塔利娅·I. 斯托洛娃 33
Svartvik, Jan 简·斯瓦特维克 210
Sweetser, Eve E. 伊芙·E. 斯威策 105, 200
Syder, Frances Hodgetts 弗朗西丝·霍杰茨·西德尔 18, 182

Tagliamonte, Sali 萨利·塔利亚蒙特 102
Talmy, Leonard 伦纳德·泰尔米 33, 78
Taylor, John R. 约翰·R. 泰勒 47, 166
Terkourafi, Marina 玛丽娜·特尔古拉菲 13, 202, 224
Tham, Shiao-Wei 谭萧魏 33
Thompson, Sandra A. 桑德拉·A. 汤普森 143—144
Timberlake, Alan 艾伦·廷伯莱克 203
Tizón-Couto, David 戴维·帝森-科托 139
Tomasello, Michael 迈克尔·托马塞洛 4, 45, 47
Torrent, Tiago Timponi 蒂亚戈·蒂姆波尼·托伦特 72
Torres Cacoullos, Rena 卡库洛斯·雷娜·托里斯 18, 68, 102, 198
Traugott, Elizabeth Closs 伊丽莎白·克洛斯·特劳戈特 11, 16, 22, 23, 25, 26, 31, 32, 33—34, 36, 38—40, 56, 57, 71, 73, 96—97, 105, 108, 112, 116, 136, 138, 145, 155, 156—160, 163, 182, 193, 195, 199, 201, 202, 205, 217—219, 223, 225
Trips, Carola 卡萝拉·垂普斯 162, 169—170, 175—176, 208
Trousdale, Graeme 格雷姆·特劳斯代尔 5, 11, 14, 16, 22, 26, 35, 38, 39, 56, 63, 68, 70, 74, 75, 95, 112, 130—131, 132, 134—135, 150, 163, 164, 190, 193, 199, 238, 239
Tuggy, David 戴维·塔格 14, 200

Van der Auwera, Johan 约翰·范·德奥维尔纳 34, 190
Van linden, An 安·范林登 130
Van de Velde, Freek 弗里克·范德维尔德 14, 131, 214, 131, 214

485

Vandewinkel, Sigi 西格·范德温克尔 215
Verhagen, Arie 阿里·维哈根 7
Verroens, Filip 菲利普·韦罗内 40
Verveckken, Katrien 卡特琳·维尔维肯 39,40
Vezzosi, Letizia 莱蒂西亚·委佐齐 196—197
Vincent, Nigel 奈杰尔·文森特 99,124,129—130
Von der Gabelentz, Georg 格奥尔格·冯·德加贝伦茨 102,124
Von Fintel, Kai 芬特尔·冯·卡伊 12

Walker, James A. 詹姆斯·A.沃克 18,68,102,198
Walsh, Thomas 托马斯·沃尔什 49
Waltereit, Richard 理查德·瓦尔特赖特 202
Ward, Gregory 格雷戈里·沃德 136
Warner, Anthony R. 安东尼·R.沃纳 21,63,74
Warren, Beatrice 比阿特丽斯·沃伦 182
Wasow, Thomas 托马斯·瓦索 71,166,182,193
Weinreich, Uriel 尤里尔·魏因赖希 2,43
Werning, Markus 马库斯·沃宁 19
White, P. R. R. P. R. R. 怀特 225
White, R. Grant 格兰特·R.怀特 126
Wichmann, Anne 安妮·威克曼 30,110
Willis, David 戴维·威利斯 190—191,229
Wischer, Ilse 伊尔丝·维舍 101,156,160,162
Wray, Alison 艾莉森·雷 182

Yuasa, Etsuyo 汤浅津吉 27,36,213—214

Zhan, Fangqiong 詹芳琼 40
Ziegeler, Debra 德布拉·齐格勒 205
Zwicky, Arnold M. 阿诺德·M.兹维基 143,166,184

主题索引

（注：页码为英文原书页码，即本书边码。）

Acquisition 获得,21,35,47,48
　adult 成人,21,125
Activation 激活,133,186,200,203,207,219,223,225
　另见 Spreading activation
Actualization 实现化,120,203,227—229
Adjective 形容词
　as base 做词干,69,171,175,178,181
　as context 做语境,58,93,126,172
　of difference 差异的,214—217,228—229
　quantifying 量化的,55—56,212
Adjunct 附加语,72,81,133,219
Adposition 附置词 97—98,108
Adverb 副词
　deadjectival 去形容词性,215—217
　directional in the *way*-construction 构式中的指向性,76—90
　use as pragmatic marker 用作语用标记词,71,110,111

status on lexical-grammatical gradient 在词汇-语法梯度上的状况,73—74,95,132,157,187,215
　use as subordinator 用作从属连词,108,111
Agent argument 施事论元,15,186,220
Affix 词缀
　as output of change 作为演变结果,36,97—99,100,162,165,169
　另见 Debonding
Affixoid 类词缀,153—229
　characterized 被特征化,153—154
Alignment 一致,对齐,148,232
　degree of 程度,57,68,138
Ambiguity 模糊性,29,52,185,191,199—200,212,219
Analogical thinking 类比思维,21—22,38,57—58,92,98—100,126—127,148,195,207,222,224
Analogization 类比化,35,37—38,

57—58,92,93,96,99,119,126,146,148,203,222,232

Analogy 类比,21,35,37—38,56—58,99,109,118—119,126—128,146,203—204,222
 exemplar-based 基于范本,35,37,57,74,92—93,96,109,127—128,165
UG-based 基于普遍语法,109

Analyzability 可分析性,20,27,69,113,121,182,233

Anaphora 回指,109,141,143—145,182,211,214

Argument structure 论元结构,5,9,12,15,40,60,69—70,108,113,187

Aspect 体貌,12,71,72,108,219,239
 habitual 惯常的,65,94
 iterative 反复的,13,26,87—88,90,94,178—179
 stative 静态的,107,115,142,144,221,228
 telic 目的的,34,155

Attraction 吸引,3,19,118—120,123,127,165,212,230

Attrition 磨损,100—101,123—124,147,211,234

Auxiliary 助动词,14,38,63,67,97—98,102,106,109,117—118,126,199,214,221—224
 subject-auxiliary inversion(SAI) 主语-助动词倒装,12,61—62

Awareness, of change 意识,演变的,22,28,57,173,221
 social 社会的,125

Backgrounding 背景,202,210,220

Binominal 双名结构,25—27,49,55,58,114,209—214,另见"主要历史语例索引"中 a lot/bunch/deal/lot/heap/shred of

Bleaching 语义漂白,33,64,90,102,105,106,147,174,193,208,212,213

Blocking 阻止,206

Bondedness 黏合性,101—102,110,129,131,133,169

Case 格,32,40,66,69—70,108,129—132,168,171
 genitive 属格,29,209,214,另见"主要历史语例索引"中 -s
 另见 Argument structure

Cataphora 后指,109,143—145,182

Categorization 范畴化,36,50,61

Category 范畴,4,6—7,10,12,13,35,48,57,66,73—74,78,114,133,151,201,205
 as attractor 作为诱因,118
 grammatical 语法的,101
 margin of 边缘的,64,205
 strengthening of 强化的,90

Change, characterized 演变,特征化

的,2
Chunking 语块切分,100,122—124,147,199,237
Cleft 分裂句,102—103
　另见 Pseudo-cleft
　另见"主要历史语例索引"中 IT-cleft
Cline 梯度,12,90,119,162,200
　of grammaticalization 语法化的,38,65,97—100
Clitic 语缀,38,63,97—98,109,122,128—132,190,235
Coalescence 合并,34,101,109—110,123,158,182,238
　rate of 比例,122
Coercion 压制,204—206
Cognition 认知,50
Cognitive linguistics 认知语言学,1—8,11,39,47,50,166
Coining 新造,78,155,165,187
　patterns of 类型,186
Common ground 共同基础,195,227
Comparative reconstruction 比较级重构,40—41
Competition among alternatives 选择间的竞争,18,65,68,89,105,175,198,230
　另见 Motivation, competing
Compositionality 组合性,5,19—20,22—24,27,34,83,112,122,160—161,164,166—169,176,177—182,185,187,193,205,233

decrease in 降低,23,49,68,90,96,113,120—122,123—124,158,164,191
increase in 增加,96,131
Compound 复合词,22—23,153—154,156,158—161,162,164—174,179—181,202,207—209,229,235
　另见 Affixoid
Condensation 压缩,101,109
Conditional construction 条件构式,19—20,107
Constraints 限制,1,2,29,37,60,61,68,72,100,102,103—104,109,127,135,140,146,184,203,206—208,229,233
Construct 构例,2,17
Construction 构式,13,40,151,163
Construction, defined 构式,定义的,1,11
　type 类型,83,113—114,118,136,137,147,174,186,230
Construction grammars 构式语法,2—3
　models of 模式,2—8
Constructional change（CC）构式演变,
　characterized 特征化的,26
Constructionalization(Cxzn) 构式化,
　characterized, 特征化的 22
Contentful construction 实词构式,12—13,22,26

Context, defined 语境，确定的，195—198
  bridge 桥梁, 101
  critical 关键的, 101, 199, 212, 215, 217, 219—220, 228—229, 230
  isolating 孤立的, 28, 199, 230
  switch 交换, 28, 199, 201, 230
Context-absorption 语境吸收, 56, 58, 228
Continua 连续统, 30, 73—74, 104, 149, 150, 156, 182, 186, 188, 211 另见 Gradience
Conventionalization 常规化, 2, 5, 8, 15—17, 20—21, 45—46, 52—53, 91, 104, 163
Conversion 类转, 30, 34, 86, 161, 167, 187, 190, 231
Corpora, use of 语料, 应用, 41—42

Data bases, use of 数据库, 应用, 43
Debonding 去黏合化, 129, 131—132
Decategorization 去范畴化, 116
Degrammaticalization 去语法化, 103, 127—131, 147, 190—194, 232, 233
Degree modifier 程度修饰词, 117, 236
Deinflectionalization 去屈折化, 128—132
Derivation, morphological 派生, 形态的, 30, 64, 128, 154—155,

161—162, 168—169, 172, 174—178, 190, 208, 229, 234, 237
Determiner 限定词, 103, 128, 130—131, 214—216
Diachronic construction grammar 历时构式语法, 18, 30, 39—40, 198, 228
Directionality, of change 指向性, 演变的, 54, 99—100, 107—112, 120, 124—127, 147—149, 163—164, 190, 233
Discourse 语篇
  argumentative, contesting 辩论, 争议 138, 145, 198, 225—227
  context 语境, 195, 220
  function 功能, 5—6, 8, 57
Discourse marker, 话语标记, 见 Pragmatic marker
Domain-general processes 一般领域过程, 3, 46, 51

Emergence 浮现, 47—48, 92, 105, 168, 186, 199, 202, 206, 227
Encyclopedic knowledge 百科知识, 202, 224—225
Entrenchment 固化, 5, 9, 55, 122—124, 238
Exemplar-based analogy 基于范本的类推, 见 Analogy, exemplar-based
Expansion 扩展, 18, 27, 28, 32, 33, 65, 85—90, 96—97, 105—12, 123—126, 145—146, 147—148,

149，163—165，168，172，183，192—193，198，203，209，211，214—217，220，222，230，233，235

host-class 宿主类型，18，83，90，107，114，115，135，144，163，172，175，191，192，208，220，222，228，230

semantic-pragmatic 语义-语用，106，107，110，112，145—146，211

syntactic 句法，103，105—107，111，124，135，146，193，211，222

Feature 特征，4，7，8，10，21，36—37，46，53，56—58，61，74—75，91，93，101，121，123，124，148，208

Fixation 固化，101，123

Focus 焦点，72—73，95，102—104，137—139，144—145

Foregrounding 前景，160，202，210，216，219，220

Frequency 频率，5，18，33，35，48—49，64—65，67，105，110，113—115，119，122，127，151—152，173，177，206，214，238

 token 例，18，124

 type 类，18，113—114，119—120，152，162，169，171，173，175—176，181

Fusion 融合，28，34，97—98，100，109，122，161，165，177

Future 将来，1，36—37，66，97—98，102，105，122，126，132，217

 deictic 指示，217，220，221

 relative 关系，217，220，222，228

 另见"主要历史语例索引"中 BE going to

Generalization 普遍化，48，53，64，68，72，106，118，132，146，154，155，169，172，174，183—184，208，223，225

Genre 文体，64，67，68，125，211，225，230

Gradience 梯度，11，16，20，27，56，59，74—75，116，122，123，151，159，163，166—167，170，177，178，182，199，215，232，238

Gradient, contentful-procedural 梯度的，实词的-虚词的，13，44，90，50，154，155，157，239

Gradualness 渐变性，18，22，26，28，29，30，44，56，64，70，74—76，113，116—117，130，132，135，161，170，172，175，177，178，182，186，189—190，192，199，215，223，231，232，238

Grammar, characterized 语法，特征化，2，3

Grammatical construction 语法构式，见 Procedural construction

Grammaticalization, characterized

语法化,特征化,32
Grounding, nominal 基础,名词性,130—131

Hapax legomena 一次性频词,87,152,169,176
Heterosemy 历时多义,60,107,201—202,223
Homonymy 同义,199—201,206
Host-class 宿主类型,见 Expansion, host-class

Idiom 习惯用语,3,21,121,151,159,163,166,182,183,239
Idiosyncrasy 特质,3,11,28,34,44,46,50,68,150,151,163,165,182,188—189,205
Impersonal 非人称,40,63,69—71,95,160
Inflection, morphological 屈折,形态,17,37—38,49,65—66,97,103,128—131,132,153,160,161,190,209
Information structure 信息结构,8,12,13,32—33,73,103,136,141,145,197
Inheritance 继承,2,3,7,59,61—62,71—72,153,166,187
  default 默认,61,152,164,185
  multiple 多种的,10,61
Innovation 创新,2,15,17,21,46—48,52,53,54,57,71,90,91,100,124,141—142,187—188,203,229,232
Instantaneous change 瞬时变化,22,26,29—30,75,167,175,186—190,192—194,231
Integrity parameter 整合参数,101—102,109,110
Intensifier 强调成分,154,215,216—217
Invited inference 受邀推测,26,56,57,91,199,202
Invisible hand theory of change 看不见的手的演变理论,125,202

Knowledge-system 知识系统,50

Lexicalization, overview of 词汇化,总览,33—35,156—160
Lexicon 词库,9
Loss-and-gain model 丧失-和-获得模式,105

Marginality 边缘性,50,52,60,63—67,71,88—89,120,127,147,205,207—208,222—223
Mechanism 机制,21—22,35—38,41,58,93,99,118,126,205,232
Metaphor 隐喻,9,60,105—106,163,206,224,225
Metatextual marker 元文本标记词,见 Pragmatic marker
Metonymy 转喻,23,105,233

主题索引

Micro-construction, characterized 微观构式,特征化,16—17

Micro-step 微观步骤,22,29,36, 39,58,75,91,186,238

Mismatch 错配,19,45,50,52,57, 58,83,91,121,124,201,205— 206,213,222,233
 resolution of 解决,27,53,121, 123,211,214

Modals 情态,49,63,66,72,74,98, 108,158,183,199,222,224,229
 core 核,67,68,114
 semi-核,67,114

Modularity 模块化,11,30,54,73, 101,103,148,150,151

Motivation 动因,35,38,57,99, 124—127
 competing 竞争,42,146

Neoanalysis 新分析,21,22,25,27, 35—38,46,49,58,71,75,79, 93,99,121,122,148,166,179, 190—191,199,201,215,217, 232,237

Network 网络,1—3,8—11,14— 15,22,38,44,45—46,50—51, 53—57,59—77,84—92,108, 120,126—127,139—140,146— 147,148,149,151,163—164, 172,175,188,192,195,197— 198,204,205,217,222,230, 231—233,236,239

links in 链接于,3,9—10,44—46, 51,57,59—73,139,201,228

node 节点,3,9,158

social 社会的,52,74

Noun, use of count as mass 名词, 视为物质的用法,204—205,212

Obsolescence 淘汰,50,55,66,69, 74,89,92,147,155,160,169, 172,176,192,230

Organization, cognitive 组织,认知 的,47,50

Paradigmatic variability 聚合变异, 102—103,109,134

Paradigmaticity 聚合性,5,37,40, 67,98—99,101—104,109,129, 132,162,197,198

Paradigmatization 聚合化,101, 106,123

Parameters 参数,75,96,101— 103,106,109,112,128,239

Particle, modal 助词,情态,104

Partitive 部分数量词,23
 另见"主要历史语例索引"中 a lot/bunch/deal/lot/heap/shred of

Periphrasis 迂说法,39,65,76, 100,102,114,124,126,214,222

Persistence 持续,19,52,66,68, 70,113,130,163,192—193, 204,227—230

Polarity 极性,77,93,126—127,183

Polygrammaticalization 多向语法化,108

Polysemy 多义,9,15,57,59,67,72—73,77,92,191,199—202,223,224
 另见 Heterosemy

Post-constructionalization 后构式化演变,27—28,92,95,115,124,169,172,178,181,186,193,198,203,211,230

Pragmatic marker 语用标记,71,73,74,101,103—104,109—110,112,145,160,209

Pragmaticalization 语用化,103

Pre-constructionalization 先构式化演变,27—29,63,84,91,95,186,198,230

Prepositional "paraphrase" of ditransitive,双及物的介词迂说表达62,72

Priming 启动,54—55,84,134,195

Procedural construction,characterized 程序性构式,特征化的,12,13,22

Processing 处理,16,37,51,55,71,91,122

Productivity 能产性,17—19,22,26,33,67—68,71,85,87,90,96,112—114,118—120,123,126,130,153,155,163—165,172,174—175,181,185—186,191,192—193,198,237,238—239

Projector 映射设置,143—145,182

Prosody,negative 韵律,否定,213

Prototype 原型,9,65,74,83,120,133,204,205,238

Pseudo-cleft 准分裂句,136—137,143—144
 另见"主要历史语例索引"中 ALL-/TH-/WHAT-cleft

Punctuation 标点符号,41,197

Purposive 目的性,72,102,140,146,217,219,220,228

Quantifier 数量词,17,25,51,58,114
 另见"主要历史语例索引"中 *a lot/bunch/deal/lot/heap/shred of*

Reanalysis 重新分析,21,36—38,75,199
 另见 Neoanalysis

Reduction 缩减,27,32—34,41,64,67,92,96—97,100—102,108—109,112—113,114,122,124,126,129,132,134,143—144,146,147—148,151,156,159,162,163,164,170,172,177,178,181,191,192—193,198,208,223,230,233,237

Renewal 更新,65—66

Reorganization of construction-types 构式类型的重组,72,76,87,92,172,234

Resultative 结构体,15,60,76—77,89,90
Rule/list fallacy 规则/目录谬误,48

Sanction, characterized 批准,特征化,15—17,23,44,49—50
Schema, characterized 图式,特征化,12—13
　subschema 子图式,17
Schematicity 图式性,12,13—17,22,67,90,96,112—120,123,130,147—149,164,165—166,181,193,200,207,237
Scope, change in 范围,演变,101—103,108—109,111,112,235
Snowclone 雪克隆,150,183—186,224—225
Specificational construction 特定构式,见 Cleft
Specificity 特定性,8,11,12,14,51,103,106,113,144,146
Spreading activation 扩展激活,54—58,60,197,219,121,128,151
Step 步骤,见 Micro-step
Storage 储存,5,48,49
Stress clash 重音冲突,67
Subject-auxiliary inversion(SAI)主语助动词倒装(SAI),见 Auxiliary
Substantive construction 实体性构式,12—14,17,33,94—95,181,198,217,224

Synonymy 同义,62,72
Systemic changes 系统变化,29,63,70,75,129,178,197,227,230

Taxonomy 分类,3,7,13,44,59,61
Tense 时态,12,17—18,95
　future 将来,见 Future
　past 过去,17—18,20,48—49,61,63,68,78,203
Token 象征,见 Frequency, token
Transitivity schemas 及物图式,60—61,69—70,80,84—85
　另见 Verb, intransitive, transitive
　另见"历史语例索引"中 Ditransitive
Transmission 传播,21,74
Type 类型,见 Frequency, type

Unidirectionality 单向性,见 Directionality
Unit 单位,1,3,8,11,18,22—23,27,34,35,40,48—50,57,92,100,104,126,133,157,158,168,183,195,196,197,207,237
Universal Grammar(UG)普遍语法,24,43
Universals 普遍性,2—7,126,109
Usage-based model, characterized 基于使用的模式,特征化,3

Vagueness 模糊性,199—200
Verb 动词
　acquisition 获得,78,80—83,186

495

cognitive 认知, 228
deadjectival 去形容词性, 151
intransitive 不及物, 6, 74, 78—85, 87—89, 118, 142—143, 145, 155
motion 动作, 6, 13,
transitive 及物, 77—85, 87—89, 95, 96, 118, 142, 152, 191, 197
另见"主要历史语例索引"中 BE going to
另见"主要历史语例索引"中 Ditransitive
Word-formation 构词, 30, 34, 69, 87, 122, 150—152, 154, 156, 160—170, 172—175, 183, 186—189, 192—194, 197, 202, 207—208, 224, 231, 234, 236
Word Grammar 词语法, 3, 9, 59, 61
Word order 语序, 29, 37, 63, 97, 99, 102—104, 121, 136, 156, 162, 183, 237

图书在版编目(CIP)数据

构式化与构式演变/(美)伊丽莎白·特劳戈特，(英)格雷姆·特劳斯代尔著；詹芳琼，郑友阶译.—北京：商务印书馆，2019
(国外语言学译丛·经典教材)
ISBN 978-7-100-17270-7

Ⅰ.①构… Ⅱ.①伊… ②格… ③詹… ④郑… Ⅲ.①语法学—教材 Ⅳ.①H04

中国版本图书馆 CIP 数据核字(2019)第 061774 号

权利保留，侵权必究。

构式化与构式演变

〔美〕伊丽莎白·特劳戈特
〔英〕格雷姆·特劳斯代尔 著
詹芳琼 郑友阶 译

商 务 印 书 馆 出 版
(北京王府井大街36号 邮政编码100710)
商 务 印 书 馆 发 行
北 京 冠 中 印 刷 厂 印 刷
ISBN 978-7-100-17270-7

2019年7月第1版　　　开本 880×1230 1/32
2019年7月北京第1次印刷　印张 16⅜

定价：52.00元